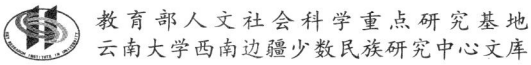
教育部人文社会科学重点研究基地
云南大学西南边疆少数民族研究中心文库

新民族志实验丛书·第二辑
主编 何明

清泉转弯的地方
元阳县新街镇箐口村哈尼族村民日志

马翀炜　张雨龙 编
张明华 记录

学苑出版社

目　录

2015 年村民日志 /1489

2016 年村民日志 /1667

2017 年村民日志 /1845

2015年
村民日志

2015年1月1日，星期四，农历十一月十一，属牛，晴

今天是 2015 年 1 月 1 日，是新一年的开始，就是元旦节。可是，对哈尼族村寨来说，我没有听说过有哪一个寨子过元旦节。只是，现在的社会发展了，经济条件允许了，人们之间交往更频繁了，我们箐口村又离新街镇比较近，只有 8 千米，交通情况又好，随时都有车辆来往，每天可以来往多次。所以，有的年轻人就会到城里与朋友或者亲戚过元旦节，我就是其中的一个，因有朋友相约就到新街镇那边过节去了，说过节其实就是喝酒。我们小时候希望过节，时时希望过节是因为一到过节就有糖果吃、有肉吃，可以打打牙祭，补补身体。现在是害怕过节了，就是害怕喝酒，上午喝这家，下午又喝那家，有时一天里不知道喝几家，有时也不知道多少天没有吃饭。肚子里面空空的，一身的酒气，闻不来酒味的得离远些，浑身有气无力，不伤身体才叫怪事。所以，就是害怕过节了！其实就是害怕喝酒了！有时真的是想着怎样躲开这些朋友，怎样躲开酒。只是没有办法，人到哪里都得有自己的朋友，就是这样矛盾。遇到事情，总会有朋友约你，约你商量事情，有时候就是请你帮忙，首先就是请你吃饭、请你喝酒，往往就是在喝酒吃饭中看你的人品和酒品。

箐口村就是离城近，过节了，就会有年轻人也有中年人到城里买东西回来。比如今天我就看见卢荣买了 1 只鸡和其他一些蔬菜，说是"今天汉人过元旦节，我们也要过元旦节"。

我记得是大前天吧，卢迁家是因为亲家那边有人过世，就约了家族的人去奔丧，该是到了出殡的时间。今天又是约了几个家族的人带着小猪去参加丧事，等明天又返回来。

对于村里本民族的葬礼，相比其他附近的民族来说是繁杂了一些，特别是老人过世的葬礼，只要过世了就要通知亲戚来奔丧，被通知到的家人得带着 1 只鸡，约一些自己家族的人来。要是搁置时间有点长，亲戚家还会买一些糖果、烟酒等，请一个会唱哈尼哈巴歌的人来养一个晚上，到了开祭的一天又得来祭一头小猪。如果是最亲近的亲戚，可能还会祭一头牛。这样的小则可能花费上千元,大则可能花费上万元。过后一旦来祭的对方出现这样的事情,主人家还得如此还礼,如此一来,我认为,村民的很多人力、物力是被耗在丧事上了。我是亲身经历过了,前年老母亲过世,来的亲戚有点多,这两年不是这家亲戚出事就是那家亲戚出事,还得一一像他们来的那样过礼。当时没有经历过的人认为是亲戚多,来得就多,面子就大,现在到了要回礼的时候才知道当时花费的是自己的财力、物力,很费劲的。我知道,改变一个习俗不容易,但这样费劲的事情是应该适当地改一改,把不该耗费的经济拿来解决其他生活上的事情肯定要好些。

2015年1月2日,星期五,农历十一月十二,属虎,晴

前两天是因为过元旦节,根据规定学生也放假回来,可以适当地放松一下在学校里紧张的学习生活,今天是收假了回到各自的学校,接受新的知识。

下午,看见张祥一家人都从外地打工回来了。说到张祥一家,他们一家在外地打工已经多年了,他的两个子女都是在他们打工的地方长大的。原来说是在开远市生活了20几年,现在是到更远的地方去了。大儿子读书不成,却找到了老婆,已经有了孩子。女儿已经大学毕业,现在做什么事情倒不清楚,他已经50岁上下了,已经当上爷爷了,还是很少回来自己的家。没有办法,"为了生活,人们四处奔波——"人,活着就得寻找自己的生活点。

说到张祥一家,就是因为常年在外,不能正常管理自己的田地了,前两年是给卢同则家栽种了,不收租。之后自己不但不收一颗粮食反而每年出300元补贴给李世科栽种,不知道什么原因,或者是水源不方便,或者就现在的劳动市场价值他们都核算过,栽种管理了两年后他们家又放弃了,自己的弟兄家人也不愿意管理,这两年田地就这样一直荒废着。原来的田里已经长满了杂草,有的村民会到那里放牛,已经不像田的样

子了。我看，恢复稻田是很费劲的了。这样的情况村里还有卢学昌家，也是因为几十年打工在外，不能回来管理自己的田地，我是没有去过，只是村里放牛的村民都说，"他家的田也是不像田的样子了"；还有张宽家，也是一家人一直在外地不能回来管理，现在给钱请人去整理，大家都说给的钱少而不愿意去干。我知道的村里的田放荒的就这几家，都是因为常年在外打工，自己的亲戚又不知道什么原因不愿意帮忙管理。以前听说饿肚子年代是租给人家管理还可以适当收取费用，现在是出钱给人家管理要是价钱不合理都不愿意了，社会真是变了一个大样。我看箐口村水源是方便些，都说要是放荒了一些年恢复就比较费劲，所以继续管理着。听说其他有的村寨放荒得还很严重，都像箐口这几户人家一样全家人一直在外地打工为生，愿意给钱叫别人管理也不愿意回来种田。因为放荒的田多有点严重了，所以引起政府重视，政府已经安排有关部门来管理了，就是不知道什么时候能够落实到村里来。

2015年1月3日，星期六，农历十一月十三，属兔，晴

前几天是有村民到麻栗寨村拿小猪去丧祭的，说是昨天送葬，按照附近这几个哈尼族的村寨民俗，今天是要到他家做客的，所以，今天还是有几个仗着关系的村民到那边去做客。有一个朋友（不说他的名字了）也是沾有亲戚关系的说："我家做事情的时候他们家不来，现在他们家出事了，我也不愿意去。"人，可能就是这样，别人有困难的时候你帮助他一把，你困难的时候他也会过来帮忙一把。要是你不去，别人也不一定来。这是做朋友和亲戚的事情，相互不来往的话，也就不是亲戚或者朋友了。

2015年1月4日，星期日，农历十一月十四，属龙，晴

李树华不任村民组长以后，一家人到昆明市嵩明县云南农业科学院一个基地去做管理。是身体的因素，说是在基地摔倒了，还住了一段时

间的医院。病情是好一点了，而他是哈尼族，也是一个摩批，没有理由不相信摩批文化。前几天回来后请摩批做了几个法事，今天又请张保祥摩批做一个法事，说是这个法事其他的朋友也可以参加，只要不把做法事吃剩的鸡鸭、小猪等肉类带回屋里就行，我被叫了去。可我怎么也找不出相信这些摩批的理由来。生病本是身体的事情，应该是吃药打针的事情，是见得着摸得着的事情。怎么叫摩批念念经，杀几只鸡鸭吃喝一两顿就会好呢？理由在哪里？哈尼族的摩批文化怎样去解释？又是怎样在人们的生活中根深蒂固地生存着？何时是个尽头呢？何时用什么样的话来解释呢？这个世上哈尼族就那么几个人，就地球上生存的人来说哈尼族不过是一小撮。

都说这两年工钱是高了，物价也上涨得快。说是现在很多人家因为没有养牛而懒得收稻草，叫养牛的亲戚或者朋友家去收也忙不过来，所以，去年一把1元的稻草现在是涨到1元5角了。今天，李文才给在黄草岭村民小组栽培魔芋的老板收购的稻草每把就是1元5角，多数收存起来的人都说是喂牛而不愿卖，所以想买的人买不到，没有养牛的嫌麻烦就一把火烧了没有收回来。谁能想到这草也能值这么多的钱。

2015年1月5日，星期一，农历十一月十五，属蛇，晴

以前饿肚子年代，租人家田地栽种，所收获的粮食要给主人家一半以上。现在是反过来了，栽种人家的田地主人家多少要补贴一些，要不是没有人给你管理的。卢建忠管理李庆林的田听说每年补贴400元，四五年了，觉得自己忙不过来就退了。马卫华管理李正林家的田，也是五六年，这几年孩子们都外出打工，粮食够家人吃了，要是不够，也可以打工挣钱回来补贴，给人家管理田地，一年到头都要辛苦，认为不划算，今年就给退了。而李正林已经是六七十岁的老人了，原本征用田地的时候他家也被征用了一些，就存了一点钱，平时自己做摩批挣来一点，基本够生活上的费用。当然，上了年纪，体力不支是主要方面。现在，多数村民家的田是整好了灌溉满了水放着，处于农闲一段时间，而他家的田没有整理。所以，今天请了卢同则去整理，现在的水有点冷，如果天气不好的话，我看，他也是不愿意的，只是这几天连续晴天，太阳一晒，估计水也不会冷多少吧。中午左右就完全可以进田间劳动了。

酒，这东西是好是坏？有的喝酒的人也不一定就说得清，或者是时好时坏，我是不善于喝酒的人，喝醉过多次了，都是朋友们招呼下休息了醒过来，不想再喝了，可是，有的场合真的不喝一点酒就真没有意思，只要求不要过量就好了。但是，年轻人喝酒怎么叫不过量呢？喝醉是常有的事情，特别是过年过节的时候，路上看见喝醉的年轻人是常事。这一段时间接近过年了，在外地的年轻人回来得多了，就会经常相约吃饭喝酒，就经常会出现喝醉的情况，今天就有一个，看见张牛后用自己的三轮港田车送回来几个年轻人，说是在街上喝多了，看见他们在街上歪歪倒倒的模样，想肯定是喝多了，就叫了张牛后送回来。是啊，一起喝酒的人，有人醉了有人醒着就好，要是一起醉了就可能要误事了。

2015年1月6日，星期二，农历十一月十六，属马，晴

从现在这几天来看，天气很好，连续几天一直都是晴朗的天气。我看，妇女们是开始准备春播的事情了，已经开始挖地了，今天看见的就有张明生的妻子、李小生的妻子、卢正华的妻子等。村里好像男女有所分工似的，挖地主要是妇女们的事情，男的一般负责耕田犁田。很少有女的耕田犁田，男的挖地的。当然，这也只能用"很少"两个字来说了，没有绝对的意思。这几天，她们趁着天晴把地挖翻，把土块捣碎，把地里的杂草晾晒在地上，等过些日子杂草晒干了就到地里把杂草烧成灰做肥料，到春节前后就可以播种了。这是村里妇女们种地的一般情况。不过，附近几个村寨都是人多地少，一家几亩田地，有的联产承包到户后分成几户的都不到一亩，一家三四口人几分田地的情况也有，一家人粮食根本不够吃。不过，现在社会好了，一家人都可以外出打工了，而且，

可以常年在外地，一年几百斤粮食也有剩余的。村民的说法是，以前一家人一年上千斤的粮食都不够吃，现在一年才几百斤的粮食也有多余的，原因是现在的油水足了，都不要吃饭，只管喝酒吃菜，有时候一两桌人几十个人吃饭都吃不完一锅饭，他们是这样解释的。

我做事情一向没有风顺的时候，有的人可能是会这样。今天见马帮们又休息了。说是今天没有材料可以驮运，人马都休息了一天。我看他们是有点着急了，因为这段时间正是要挣过年钱的时候，少做一天就少挣一点钱。我知道，我跟他们吃过两餐饭，多数都是三四十岁的人，都是当爹当爷的人，有的还是上有老下有小，粮食基本是不用愁的。可是家里人过年的吃喝拉撒多数指望他们带回来，他们的心能不急吗？

2015年1月7日，星期三，农历十一月十七，属羊，多云间晴

我看，不管做什么都要做好做精，这才是好的。种田也该是这样，只要你种好了，你的身体好，还是有你种的，还是有钱赚的。卢同则可能是50岁左右，身体还好，是村里种田出了名的人之一。他家的两个儿子分开后，他与小儿子过日子。分家后田地就变少了，自己家的田两三天就整好了。其他时间干什么呢？因为是中年人，一是守家；二是这把年纪的人了老板也少来叫就少出门打工了，自己家就养了一头牛，首先把自己家的田整理好以后，平时就给其他的村民家种田，挣一点生活费，今天是给李志文家犁田，听说，现在连牛带人每天的工价是250元，这样的春秋两季给不在家或者不会种田的人打工，算来可以挣到上万元，身体好、技术好的可能还要多些。难怪前些年有人说："公牛也会生牛崽啦。"是这样，春播的时候干一个月左右，秋收后干一个月左右，一年挣个万把元不成问题的，公牛就等于生了一个牛崽。

眼看，春播育秧苗的时间到了。可是，自己家的秧田由于平时缺乏管理，杂草丛生，像是一块草坪，到处长满了野草，这样的秧田怎么来育秧苗呢？今天的天气好，事情只会一天比一天多，说干就干，不能等。

于是，从中午 11 点左右到下午 6 点，我都在田里除草，非常吃力，这就是"平时不烧香临时抱佛脚"的下场。我在想，要是放荒两三年会怎么样，村里放荒了五六年的田怎么办。难怪，听有人说，已经放荒了五六年的张宽家的田（大概两亩）给 6000 元也没有人愿意干。

前一段时间县里召开了一个有关保护梯田的会议，不知道他们是讨论了什么，应该是因为这些问题的存在而召开会议的，确实希望有关人士和部门单位重视起来。

2015 年 1 月 8 日，星期四，农历十一月十八，属猴，阴

前几天的天气还好，村民们前一段时间都为了春播挖地整田了，今天天气就变得很冷，雾还浓，要下大雪的样子。所以，今天就很少看见村民出门做农事的。村里做农民就是有这样的休息时间，近期相对来说要清闲一些，要不然的话，每天都有事情做，特别是到了农忙的时候，是根本顾不上天阴下雨。我就这么想，既然不到播种的农忙时候就休息吧。今天就休息了一天。

2015 年 1 月 9 日，星期五，农历十一月十九，属鸡，阴，有雨

昨天是有大雾，今天村里是下大雨，不见雪，像是下雪的天气，还很冷，听说，其他海拔高一些的村寨是已经见雪了，难怪我们箐口村这么冷。这么冷的天气谁愿意出门做事，我才不。所以，村民还是躲在家里休息，就更不用说出来放牛了。

2015 年 1 月 10 日，星期六，农历十一月二十，属狗，阴，有小雨

昨天下的雨很大，听说海拔高的地方下雪了，村里的这场雨就是雪的化身，天气也够冷的了，只是今天稍微好一点了，眼睛可以看远一点，心情也觉得舒畅一点。

不好的是，因为昨天的那一场大雨，雨水暴满了梯田，很多村民家

的田埂都被冲倒了，天气稍微变好就得去修复。田里的水很凉，懒得进水里而已，辛苦了村民，只有天气晴朗一些才能到田里修复田埂了。我自己家的田块也倒了一个地方，我也得去砌起来。

2015年1月11日，星期日，农历十一月二十一，属猪，多云

接到云南大学马老师的电话，说是暑期学员又要来基地做实习调查，我就给基地打扫卫生，购物。他们在一天我就要尽一天的责任，得给他们一个干净舒适的环境。是人就得经常洗脸，是房子就得经常打扫。

村里运来几张宣传板，说是新街镇政府要在村里做一个示范宣传栏，就摆在进村口的停车场，就是政治礼仪方面的材料。

2015年1月12日，星期一，农历十一月二十二，属鼠，晴，早上有霜

听有人说："老牛老马难过冬。"我看，小牛小马难过冬吧。早上，卢正华家的小牛死了一头，他的母亲要以100元卖给在村里做工程驮运材料的施工队，只是卢正华认为这样太便宜了他们，约了李树华、李志文他们三人搭伙烧了吃。在生活发展好一些的地方，我相信他们是不会弄这些死牛烂马吃的，村里有少部分人也不愿意弄这些吃。只是，村民都还生活在困难的环境下，认为这样大的牲口可以美食几个人，很多人都会约伙来吃的，会弄一口大锅高温煮熟，再配一些作料，看他们吃一些也无妨，说不定还要吃醉几个。但是我建议："还是悠着点好。祸从口出，病从口入。"病不是一天两天的事情，只有预防没有商量，一旦发现了那可能是危险的时候了。

"有朋自远方来，不亦说乎。"这该是上学时的一句古话。当时，有点不太懂，现在，分析来看，意思应该是有朋友从很远的地方来，高兴才对。昨天就接到电话说马老师要带着学员来，我很高兴，还是继续在基地打扫卫生，辛苦是事实，但是，能为自己的兄长师生们做一点力所能及的事情也是值得庆幸的。他们都是来自不同的地方，每次来的学员都是硕士研究生、博士研究生、教授专家等，能够与他们共同度过一段时光，享受来自不同地方生活文化的气息不是一件高兴的事情吗？

2015年1月13日，星期二，农历十一月二十三，属牛，晴

无论在什么地方，生老病死是一个常事，只是怎样的生、怎样的老、怎样的病、怎样的死的问题，一般认为老年人的老是正常的，村民都会正常来往，今天又听说麻栗寨有个箐口村卢氏家族的老人老了，村里的卢氏家族又约人到麻栗寨奔丧，到了下午才回来。

昨天运来的宣传板今天有外地的人来给安装了，就安装在进村的停车场，是宣传什么诚礼信德等文明方面的几个人物，我认为没有什么大碍。可是，还是有村民反对，认为这一期宣传的这几个人物在村里也没有做什么好事，不值得张榜。

上午，我是到镇里买菜，给下午马老师等一共13人的暑期学员准备伙食，他们也是在下午5点左右顺利到达我们哈尼族调查点，出门求平安，能够顺利过来就好了。

2015年1月14日，星期三，农历十一月二十四，属虎，多云转晴

上小学六年级的学生都放假了，今天他们的父母帮着他们背行李回来，又要过一个愉快的寒假了。有句话用在这年头的孩子们身上不知是否合适，就是说"苦孩子早当家"。记得我们上小学五六年级的时候，也同样是在现在的新街中心小学校（水卜龙村）住校了，村里的我们几个放假了或者开学了都是自己背行李的，来去都是走路，根本没有车子坐的。即使有车子也坐不起，住宿条件、教学设备也就不用说了，就是差。几十年以后我认为是翻了天，学校条件好了，学生们的穿衣住行都好了。出生在这年头的孩子们就是好。有时候纳闷地想：我们是不是出生早了一些？

中午，卢新家运回来20立方的石头，说是要在现在的菜地里支砌倒墙。"树大分枝，人大分家。"他的两个儿子算是分了家，只是都在原来的老房子里隔离开来生活，每家也就是五六十个平方米，现在两个孩子又有了自己的孩子，房子小，人又多，生活的确不方便。近期是打算在现在的菜地里重新建一栋房子，今天运来的石头就是准备支砌石脚用的，等以后慢慢挣钱再建一幢大一点的房子。听说现在的石头价钱每立方包括运费到箐口村是85元。没有办法，箐口原来自己用的可以在自己或者亲戚或者朋友的田里地里找到，现在是没有了，也不许在附近挖沙取石了，只有出钱到其他地方去买。

云南大学民族研究院马翀炜教授负责哈尼族研究基地已经11年了，在这11年来，不知道往返了多少次，也在这期间认识了不少的本地干部和朋友，每次他的到来或者返回都会有朋友来迎送。知道他昨天到来，今天就有他的好朋友陈进忠来了，晚上，又陪他们喝了两杯，今天还好，没有喝多。我知道自己不胜酒力，陪兄长们喝一两杯也是常事。只是，有时在兄长们面前没有控制好，喝醉了醒来后感觉惭愧的也有。

2015年1月15日，星期四，农历十一月二十五，属兔，晴

或许是因为有的地方到了春节前后就放假了还是可以请假了，今天来村里的游客有点多，李有福从村里到省道800米左右的这一段路也运送了几次，每人收取五元钱都挣了几百块。说起李永福，还在得势的十几年前，他是看不起一天几十元钱的。年轻的时候，经人介绍在县交通局做了一点工程，赚了一点钱，口袋满了一些，在村里还小有了一点名气，头也抬得高了一些。这几年，看样子不怎么走运，都闲在家里，没有做什么事情。所以，口袋可能扁了，人总得过日子，一天运送几个游客，赚几个小钱填补家里的事情也做起来。还听说其他村民的钱也欠着些，所谓"人生路上阴晴圆缺在所难免"。

村里的田地是太少了，特别是一些家庭，一家五六口人只有一两亩

田地，在家是无法维持生活的。比如李上嘎家，一家六口人，他已经是60多岁当爷爷的人了，现在又是农闲时候，整天闲在家里也不是一个办法，为了维持生活，时常还是跟着老板外出做点事情找一点钱来维持家务。今天他又是外出了，看他样子还是比较辛苦的。

2015年1月16日，星期五，农历十一月二十六，属龙，阴，有雾

今天是新街镇的集日，所以，总是有几个村民要上街购物的。再者，听说上初中的学生们都放假了，要他们的父母去帮他们收拾行李，帮助他们背回来。这就有点惯养了。记得我们上学的时候，父母都忙于生产，自己的行李都是自己收拾回来的，很少有父母过来帮忙，这就有点变化了。

2015年1月17日，星期六，农历十一月二十七，属蛇，大雾，有雨

昨天晚上，有几个红河学院的老师来拜访正在基地带学生调查的马老师。昨天晚上交流得有点晚，到凌晨两点左右，说是今天还有事情，上午就返回学校去了。

今天天气不好，有大雾，还下着雨，还很冷。所以，村民是很少出去做事情了，连施工队驮运石头的马帮也因为天气的问题休息了。

听说，全福庄寨子有人过世了，可能是卢学锋的亲戚，他们家约了人前去。也就是全福庄寨子人去世来请卢正明去唱哈尼哈巴歌。听说他一晚上的补贴已经是150元到200元了，比前些日子上涨了一些。这种人才少，有时接连过世老人的时候，他过小日子的补贴还是会有一些的。

2015年1月18日，星期日，农历十一月二十八，属马，大雾，有雨

在去买菜的路上，遇到卢学锋的妻子，说是去买鸡，要去参加李小祥女儿的生日祝贺宴。在我们村里来说，过孩子的生日宴会可能与其他地方有点不同。一般是满12天的时候举行。根据自己家的情况，可以做大点，也可以做小些。这次他家是做小的，没有请多少人，只是请了

几个亲戚和最近的几户邻居，被请到的总不可能空着手去吧，卢学锋的妻子才来买鸡的。

天气不好，没有出去观察，村里的事情今天就暂时不去打听了，要是以后听到什么再来补充。

2015年1月19日，星期一，农历十一月二十九，属羊，大雾，有雨

今天的天气还是很坏，有雾又有雨，我去给做调查的师生们买菜都感觉麻烦。所以，回来的时候包了一辆三轮小港田车，可能是路况和天气的原因，平时只收10元钱，今天却收了我30元，我就想自己有一辆车就好了，一定要积攒一点钱买一辆车。现在的生活条件好了，别人能有的我也应该能有。

可能就是天气的原因，带着几个弟兄在外地做工程的小老板李世华今天也回来了，包括他的弟兄们也带回来了，既然下着雨，无法施工的话就不如回来休息。在家或许可以做一点自己家的事情。

2015年1月20日，星期二，农历十二月初一，属猴，阴转多云间晴

大前天，卢学锋家带着几个邻居到全福庄奔丧。可能是开祭的时间到了，他们几个弟兄今天在卢学明家商量怎么去的事情。

今天的天气有点好转了，而由于前几天连续下雨，田里的水暴满。甚至，有很多田埂都被冲倒了，所以，今天就有很多村民到田里修复田埂，以便于田里有水，以后整田才方便。我的田埂也倒了一处，有三四米宽，也只有带着锄头去修理了。

2015年1月21日，星期三，农历十二月初二，属鸡，多云

有人说："猫有猫路，耗子有耗子的路。"身体不正常的李四辉整天就在停车场了，一来可以给一些游客看看车，收一点小费；二来问问

没有坐车来的游客需不需要搭车，如果需要了，他就打电话叫李永福、李学、卢成等村民运送，以便从中收一点小费。村里开放旅游业以来他就是这样，家里的父亲因身体问题从老师行业退休在家，领着退休金持家，不愁没钱用。李四辉每天收的钱就基本上存着了，十几年来听说已经积攒了上万元了。

村里公路通了就是好事，离镇又近，所以，今天下午有外地的人来村里卖蔬菜，买的村民也不少，用村民的话说："现在是送货上门的年代，真是方便啊。"

2015年1月22日，星期四，农历十二月初三，属狗，晴

上午，新街镇安排工作人员来村里陈列室广场办人生礼仪知识讲座。对象就是箐口全村人民，像召开群众大会一样，要求每户村民都来参加。可是，村民可能忙于做事去了，来参加的没有几个人，少得很，才十几个，很不像一个农村会议的样子。要是像我任职的时间，要么不开这样的会议，要么不能出现这样的情况。

电脑坏了，工作秩序也打乱了。没有电脑我不能正常作业，就带着一个硕士生到新街镇检修，检查结果说是电脑主板坏了。我们问过处理方案：说是换一个主板需要600元，换一个主机需要1500元。我们觉得在这样的乡下不合适买这类东西，还是等着回昆明看看那边的情况再说吧，就带着旧机子回来了。城市和乡镇的区别就是这样。

今天的天气也不错，进村里来的游客也多。可能是进村的公路也好了，这几天每天都有外地的人来村里卖水果，有橘子、有苹果，还有蔬菜等。还真是方便村民的，不用上街就可以买到水果和蔬菜，有时候连肉也会来卖。村里看样子是一年比一年热闹，一天比一天好过起来了。

2015年1月23日，星期五，农历十二月初四，属猪，晴

今天的天气不错，早上就没有一丝的云彩，还有点风，凉爽极了。

我的心情不错，估计村民的心情也不会错，好像人的心情也跟天气变化有关系一样，做起事情来也挺精神的，可能也就是这样吧。今天还是有来卖水果、蔬菜等的，就是方便村民，不用上街就可以买到东西，这时候感觉有点像是小集镇一样热闹。

快要到过年了，在外的年轻人像夜幕来临回归的鸟儿一样陆续回自己的家来了。今天早上看见马略姑娘去买菜，说是昨天才从外地打工回来，今天要去买一点菜改善伙食，还要叫几个人吃饭喝酒。

2015年1月24日，星期六，农历十二月初五，属鼠，晴

我看村里的生产工具都有它一定的实用性，都是劳动人民在一定的生活环境中发明的。李祥的父亲已经是70多岁了，不可能再做繁重体力劳动。可是，与李祥分家后，二儿子与二儿媳都是残疾人，加上两个小孙子一家五口人过日子，挺辛苦的。近期就做些竹器来卖，比如，背箩、鸡笼等。今天是新街镇集日，他早早地就带着前两天做好的竹器去叫卖。

从我在村里调查这么多年的情况来看，首先，村民养牛的主要目的是维护耕田，延续世代保存的梯田；其次，可能是考虑经济的原因，因为人到了中年以后，体力肯定是要下降的，不可能同年轻力壮的时候相比，打工的机会就少，就可以养一两头牛，养到一定的程度就可以出卖，多少填补一点经济；再次，村里老人老了都要用一头牛（男的是公牛，女的是母牛），要是养在家里就可以备用了，要是到市场上购买得花近万元，要是家里养着牛，就像是存了10000元一样安心，大大减少经济上的开支；最后，我考虑过一头近万元的牛要养五六年，从劳动力价值来说，一天10元都赚不到，甚至是赔劳力的事情。可是，我在想：村里六七十岁的这一部分老年人要是没有养牛的话，他们能做什么呢？他们该做些什么呢？田地又少，他们的晚年时光怎样度过？我是想不出什么好办法来。或许，养一两头牛也是一种办法，早上吃过饭就赶着牛上山，等下午肚子饿了又赶着回来，天阴下雨不想出去就喂一点草料拴着，家里犁田犁地的问题也解决了。不知道我这样想合不合理。

2015年1月25日，星期日，农历十二月初六，属牛，晴

云南大学哈尼族调查点暑期调查学员在村里调查已经十多天了，或者是他们想放松一下心情，或者是改变一下饮食风味，今天他们要求上街自己购物就带着他们上街去了，主要买他们喜欢吃的东西。下午，还从朋友家借来两个烧烤架，还烧了竹筒饭。因为要热闹一下，还请了几个朋友来，尽兴之余，我也喝晕了一点，还好能招呼远方来的朋友。没有办法，有时候，明知道自己要喝醉了还是要喝，我就喝醉过多次了，还好有朋友相送。今天晚上还是有一个朋友喝多了，嘴里说他要开车回去，可是，我们看他不能驾驶了，为了安全起见，硬要求留下，是我们几个朋友扶他到房间的。我认为，朋友就是这样互相照顾，可以在一起喝酒，但最好不要劝别人喝酒，喝多了谁来管？

快要过年了，在外地打工的人这几天回来得就多了，今天，我是看见李正高夫妇回来，听说，他们是在远地方打工的，在一二十年前，打工的地点都比较近，基本都在省内。现在不同了，广州、浙江、上海、北京等各地方的都有。只是都是打工，没有听说谁是当上老板赚了很多钱的。

2015年1月26日，星期一，农历十二月初七，属虎，晴

今天的天气不错，正在村里做调查的师生们的心情也格外的开朗，我们就一同到新建起来的哈尼小镇走一走，看了外观确实不错。房子是房子，院子是院子，路是路，绿化是绿化，水源又好。只是，我本人看了房子以后，觉得采光不够，窗子矮小，使用起来好像不太合理。难怪很多参加建设的村民都不满意，说有的房子给他们都不愿居住，自己还得重新改装。不过打听来的消息是这些房子每个平方米都要七八千元，每幢房子都要上百万的，面积大的需要上千万元以上。这样昂贵的价钱

在目前来说，箐口村民是没有能力买下来的。

前几年，镇政府组织工作人员来征用村里的这一片土地的时候，给了200万元，分到每户一万元，使箐口村户户都是万元户是事实。可是，这么几年后，箐口村哪一户还留着那一万元不用？箐口村民失去的是土地，在没有改行的情况下，政府工作人员是失误了还是失职了？是少了工资还是下岗了？我时常这样想这样问。不知道这样说是不是冒犯了一些人。当然，我也很清楚。建设一个地方，需要很多人力、物力，为了大多数人的利益牺牲少部分人的利益，这是肯定的。但是，怎样才是既不失人民利益也搞好了建设呢？

箐口小学校下面李阿三的秧田放干已经一段时间了，原来不知道为什么放水不做秧田，今天看见有妇女背石头到那里，才知道原来是打算建房子的，说是李阿三已经70多岁了，不能一个人在白龙泉那边的田棚里，以便于以后生病的时候招呼。可是，这是一块秧田，不知道政府工作人员会不会来说什么，因为村里建设什么都要经过批准才行得通了。

村民有一点钱，想的第一件事情可能就是建房子了，卢正荣家前两年建了三层，可能是家里人口多，打工回来的时候不够居住，今天又买砖和水泥回来，请亲戚帮忙背回，说是准备再加建一层。没有办法，村里的民居确实拥挤，房子与房子之间多数都连着，几乎没有什么间隔，好像从屋顶都可以走过一个寨子一样，非常的拥挤。地块相当的有限，其他地方又不可能扩张，只有加建屋顶，或许可以缓和一下家人居住拥挤的情况。

2015年1月27日，星期二，农历十二月初八，属兔，晴

人的生活也是具有了一定的惯性，我们村民习惯了用电，要是没有电就觉得缺少什么，不自在，很多事情都做不了。或许是这两天风大，造成了线路出问题，或许是其他原因反正，村里上午是停电了，一直到下午6点左右才供电，中午需要用电才能做的事情就只有停下来了。

一是因为停电，不能在基地烧火煮饭；二是师生们都想出去走走。

我们在基地做调查的学员们都一起到大鱼塘村去,在那儿做调查,中午就在那里的一家饭店吃饭,卫生条件不错,比箐口村是干净些,可是,七八个人才点了七八个菜,打了一斤酒,没有拿烟,结账下来是500多元,我觉得是贵了一点。我们又没有点什么山珍海味,只是几道荤菜几道绿叶菜,怎么就会收那么多呢?开饭店的就是会赚钱。

2015年1月28日,星期三,农历十二月初九,属龙,晴

今天是新街镇的集日,村里早早地就多了几个上街的村民。因为是镇里的集日,来赶集的附近村民就多,要做什么买卖都比平时方便。很多村民特别是中老年人都喜欢选择新街镇集日上街,平时就忙着自己的农活吧。

上午,中宣部理论局的几个领导来村里举行赠书仪式,其书名叫《法治热点面对面》,要求村民都参加,可能快要到春节了,在家的人也多起来,来的人也不少。当然,来的也有很多妇女,即使她们不识字,也赠送给她们。因为是中宣部的人,今天上午就有县公安警察人员及县特殊警察人员来护卫,直到护送返回。

2015年1月29日,星期四,农历十二月初十,属蛇,晴

村民有钱了首先想到的就是装饰房子,当然,快要过年了,装饰一下也好。李高门平时在镇里务工,很少回来,今天是运回来一些建筑材料,说是准备加建第三层房屋,也好储存粮食,想在过年间把房子处理好一点,自己好居住,来一个客人也好些。

这几天的天气都很晴朗,村民都知道快要春播了,快要育秧苗了,也就开始准备工作了,所以,趁这几天天气好,整理秧田的村民很多。今天是有李平真、张文和等。他们这样的中年人都议论说过年前后就要育秧苗了。估计今年育秧苗的时间会早一些。

听说这两年田里泥鳅多起来了,这两天天气很好,晚上点泥鳅的人

就特别多，说有的一天可以点五六公斤，要是市场价一公斤六十的话，一个晚上就可以拿到三四百块了。我也觉得很好玩，想趁着做调查的这些学员还在，捉拿一些回来给他们加菜，想他们也品尝一点本地泥鳅的风味，今天晚上就带着两个学员去了，可是，我们就是拿不到，回来的时候所拿的泥鳅还没有人多，做事情都还是要师傅的，别人拿得到，我们为什么拿不到呢？估计还是需要一定的技术。

2015年1月30日，星期五，农历十二月十一，属马，晴

可能就是考虑到快要过年了，上午，听说有州县里的代表到村里来慰问几位贫困老党员，他们分别是卢建忠、李克福、李永贵。

吃过午饭以后，我看见给村里建设舞台驮运材料的马帮回去几个人了，带着他们的马匹。一个是没有材料可运了，工程可能告一个段落；一个是要到过年了，工人回家心切，都想早些回去料理家里的事务。其他的估计过几天也要回去了，听说这一项工程老板的资金不到位，不能按时给付他们的工资，留下来的几个就是等老板再拿一些工程款来付给他们过年去。

中午，在个旧市打工的李庆云回来一趟，说是家里有事回来，处理了以后今天还要返回工地上去，估计在过年前几天才会回来。

2015年1月31日，星期六，农历十二月十二，属羊，晴

这几天都是忙着给做调查的学员们买菜做饭，也很少去村里观察村民做事情，要写的材料可能就少一些了。中午，吃过饭后休息了一阵。下午，世博元阳旅游公司元阳分公司冯副总邀请他的朋友马老师到大鱼塘村农家乐吃饭，我也同去了。

2015年2月1日，星期日，农历十二月十三，属猴，晴

按照原来的计划，在调查点做了20天调查的马老师他们就要返回

学校了，就此告一段落。于是，今天我的任务就是给他们当好后勤部长，早早地出去买菜，这样便于买到村民自己栽种的蔬菜，一是新鲜；二是口感好多了，营养价值也要高些。因为买的菜多，也包了一辆三轮港田车一直进村里来。物价一涨，就什么都涨，包这样的车进村里来前两年15元就来了，现在却收30元，晚上可能还要高一些。目的很简单，就是加几个菜，让他们都喝几口，以表一点心意，下午，我都是一直忙着整他们的饭菜。

2015年2月2日，星期一，农历十二月十四，属鸡，多云

按照计划，今天早上，马老师带队来的这一批学员又结束了调查，都起得很早，收拾好他们的行李，于今天早上8点左右就从箐口村出发到镇上，他们要坐的是9点5分直到昆明的车，他们就是于今天返回学校的。无论他们看到了什么学到了什么都可以告一个段落，当了20天后勤部长的我也可以放松一下了。

2015年2月3日，星期二，农历十二月十五，属狗，多云

昨天送走了马老师他们这一期学员后，我觉得有点累，想放松一下精神就休息了，没有出去也不想做什么，只想好好睡一觉就休息了。

接近过年了，从外面打工回来的年轻人比较多，当中也少不了自己的亲戚和朋友，他们回来了难免叫我去吃饭喝酒的，基本上每天都有。今天是有侄子张崇祥一家人从昆明回来，好久不见，又得去喝两杯了，原来想这几天很累，喝两杯就回来休息。可是，去了又遇到一家人，还有几个好朋友来助兴，又喝了三四杯，有点醉了，好在还能自己走着回来。

2015年2月4日，星期三，农历十二月十六，属猪，多云

就是因为昨天晚上到侄子张崇祥家多喝了两杯，都有点醉了，今天是睡到10点左右才起来，困困的。这几天就是烦，什么事情也不想做，也没有出去观察村民都做些什么。估计都是正常地过日子，很多都要准备年货，年轻人就是喝酒，上午喝东家的，下午喝西家的，有的人是喝醒了，有的人是喝木了。没有办法，这年头喝酒成风，好比多年前听说的抽大烟一样上瘾了——不喝就不行。我可以不喝也行的，只是有的场合确实不行。

2015年2月5日，星期四，农历十二月十七，属鼠，多云

一般情况，打工回来过年的都会带一点钱的，至于怎么用就是自己家的事情了，有的会买年货、吃喝的，有的会买家具，有的要对自己家进行打理。今天知道李朝生家运回来一车砖，说是要在老房子上加一层屋顶存粮食。家人多，要是不建一层堆粮食的仓库，一家人连睡的地方都没有。

2015年2月6日，星期五，农历十二月十八，属牛，多云

我简单地认为，多数人过年是花钱的，而有一种人是赚钱的。李志学家处于寨子的中心，由于地理优势，开商店已经三四十年。而这几年可能又是退休了回来，夫妻又能很好地进行管理，估计生意很好，今天是运回来烟酒等百货，是在存年货，又想在过年间挣一点钱了。

李成一家人到蒙自市打工已经有三四年了，说是他们做建筑师傅的工资也不错。所以，只有过年过节和特殊的情况回来，正常时间就到他们的工地上上班了。快要过年了，今天下午就带着一家人回来，像是傍晚回归的鸟儿一样回到自己的家来。李成是我的表弟，晚上又请我喝酒了。

2015年2月7日，星期六，农历十二月十九，属虎，阴

从我们这地方来说，杉树也是一种经济林木，它生长快而且还很笔直，长大了做建筑材料或加工家具都可以，而且，还听说这个冬季栽种

的树很不会生虫,今天就约了表弟李成到牛角寨乡集市上去看看有没有杉树苗。结果是有的,都是他们已经捆好的,每捆50棵,一捆12元,都有五六十厘米了,觉得很便宜就没有跟他讨价还价了,买了四捆回来试种。

李生福一家人从广州回来,下午买菜回来的时候看见了我,晚上就约我到他家喝酒。这也好像成了一个不成文的规定,就是说一个刚从外地回来的朋友,肯定要带一点吃喝的回来,就会请亲戚朋友和老人们吃饭。

2015年2月8日,星期日,农历十二月二十,属兔,阴

附近一带用建筑材料最多的树种可能要数杉木树,还算是比较值钱的一种树种。表弟前天回来,昨天没有什么事情要做,就约了他到牛角寨乡赶集,买回来60棵杉树苗试栽。今天的天气阴冷,估计这种天气适合就去栽种。

2015年2月9日,星期一,农历十二月二十一,属龙,阴

听村民说,我们箐口村只要到二三月天气就是这样变化无常,今天可能是晴天,明天有可能是阴天。一会儿阴一会儿晴,一会儿雾一会儿雨。说主要是树叶要发芽了,燕子要回归来了,春姑娘就要来了,村民也可以播种了。这两天村民主要就是做播种前的工作,只要天晴,村民就出来做农事,天实在是阴了有雨了才休息或者在家做其他的事情。今天是阴天,很少有村民外出。

下午,有很多村民到大鱼塘村做客,说是谁家的孩子过生日了,给我们寨子里每户都发请柬来了。我不知道是谁家的,也就没有去。他们家要是请大客的话,黄草岭村民小组、大鱼塘村、箐口村,你不用认识人的,只要按照村民的花名册全部写上,管你认识不认识,请不请是我的事情,来不来是你的事情。所以,有时候很多不认识的都会写请柬过来,去不去由你。当然,要是老人过世的话,即使不认识,也要随村民随朋友去做客的,我就参加过几户人家了。

就是因为要到过年了,打工回来的年轻人增多了,每天都有三五个回来,有时候还会多。

2015年2月10日,星期二,农历十二月二十二,属蛇,多云转晴

也许是要过节了,也许是在村里的生意不错,这几天每天都有外地的人来村里卖蔬菜和水果,每天都有不少村民上街的,从早上到下午都有,来来往往,增加了节日的气氛。

也就是要过年了,下午有卢世文夫妇打工回来可能是赚了一些钱,这次回来还买了一辆新车,驾驶着自己的车回来。他们夫妇说是在蒙自市做建筑,他的手艺不错,也吃得住苦,每天都坚持上班,说是夫妻一起做一天都可以赚三四百元,这样已经有两三年了,有了钱能不买车吗?来去上班不就方便很多吗?

2015年2月11日,星期三,农历十二月二十三,属马,多云

也就是快要过年了,不知道是村里还是世博元阳旅游公司请了几个妇女打打扫村里的卫生,清理寨子周边的垃圾。特别是看得见的塑料垃圾,他们都要埋了或者烧了。

这一段时间,村民主要就是购买年货,买的多数是家具和吃喝的,看村民们都忙起来了。

又是到了春播的时候,所以,不买年货的村民是给地里施肥了。因为一过年就可以栽种苞谷、黄豆了,现在就提前做好不是很好吗?今天就有马卫华的妻子背肥料到她家地里,到栽种的时候就可以施肥了。

看见打工回来的有卢永贵、卢迁华、李爱守等,听说,他们三个是跟一个老板干的,已经有好多年了。那个老板要求严格,是附近几个县小有名气的一个,只有他们已经熟悉才容易相处,一般不认识的还不轻易被吸收入上班的。

2015 年 2 月 12 日，星期四，农历十二月二十四，属羊，多云

一家人总是要进一家门的，我与表哥经常会聚到一起，常听他说重楼这种药材的名贵。今天是抽出时间到他栽种的水卜龙重楼药材地里观看，看生长的样子不错，说是我们云南白药的配方之一，只是品种多，栽培需要一定的技术和时间，投资也大，没有一定的资本是做不起来的。而且，由于生长时间长，管理人员的工资该是考虑的一个问题。再说，如果不成一定的规模，收购的运送费也是要考虑的事情。

2015 年 2 月 15 日，星期日，农历十二月二十七，属狗，晴

眼看过年了，别人家都准备好鸡鸭猪的，自己拿什么过年呢？已经很多年没有杀猪，准备去买一头杀了吃，就约了李成到棕匹寨村买了一头猪回来，准备明天杀吃，做今年的过年猪。

2015 年 2 月 16 日，星期一，农历十二月二十八，属鼠，晴

要过年了，有能力的人家就会杀过年猪。习惯上一般村民是大年三十再杀猪的，我看明天是太忙了，自己又不要献什么饭，所以，就叫了亲戚和朋友今天就杀了，到明天就不要忙那么多了。

张祥一家人这些年都在外地打工，很少回来家里，除了他本家有事回来，其他张氏家族有遇到丧事都不回来。张氏家族凑钱凑米都没有人替他交，其子女都是外面领大的，他的儿子已经有了媳妇还生了一子，也许是多年来都没有办过请客的大事，今天是补办他儿子的婚礼。我是讨厌这样的人，你不来我家干吗我要来你家呢？听说来做客的人还是比其他的村民家偏少的。

2015 年 2 月 17 日，星期二，农历十二月二十九，属牛，晴

要过年了，按照村里的习俗，今天是大年二十九，是杀猪的时间。也许是生活条件都好了，今天杀猪的村民家很多。

2015年2月19日，星期四，农历一月初一，属虎，晴

今天是大年初一，村民的说法是不串亲的，习惯在自己家过节。不过，现在的年轻人是不会管那么多了，只要好玩，到处都可以来往。

2015年2月20日，星期五，农历一月初二，属兔，晴

谁知道咱们中国是从什么时候有了过年这门事，串亲的人多。

2015年2月21日，星期六，农历一月初三，属龙，晴

在箐口村来说，今天就算过了年，从今天早上献了一次后就不再献饭了，都可以相互来往了，串亲的人多。

2015年2月22日，星期日，农历一月初四，属蛇，晴

村里的习俗是过了初三就算是过完年了，就不用再献祭了。而过年间一般有外面的亲戚过世了都不会去奔丧的，所以，李学华家今天再叫家族的人到黄草岭村民小组奔丧。

很气人，云南大学在村里设立了自己的研究基地已经十多年，为箐口村或者说元阳县的发展做了不可低估的贡献。今天有何老师一家人来村里都被他们堵了要收费，人多事多，解释不了。出现了这样尴尬的事情确实不应该。

2015年2月23日，星期一，农历一月初五，属马，晴

"这个时候出来旅游不是时候。"这是何老师走的时候留给我的一句让我终生难忘的话。他们在箐口村设立基地，为我们箐口村为我们元阳县为我们哈尼族做了很多事情，可因为一路上车多人挤，哈尼梯田是什么样子都没有很好地观赏一下就返回了，很是扫兴。

今天是属马日，要出门打工的年轻人就做仪式了。好像真的做了这个出门仪式就能说明事情都不会发生，要风得风要雨得雨了，钱就会赚

很多了。

可能是记忆问题，也可能是社会发展的程度，记忆中过完初三，村民都要出去找事情做了，而现在，基本学着汉族，不过完小年就出门的少见。串亲的初三初四差不多结束了，今天知道有卢则龙家其媳妇家的亲戚来串亲，叫了几十个亲戚背糯米粑粑，送烟酒、鸡鸭蛋等，还是热闹的。考虑到家里没有多少人，老家这边也只有老母亲和大哥，伙食就办在老家这边，而没有到自己新建的房子那里去做。

2015年2月24日，星期二，农历一月初六，属羊，晴

整理秧田的多，有李庆亮、李志和、张文和等。这几天天气好，出太阳就热，村民认为可以育秧了，一般情况来说也是2月底3月初育秧苗的，也该是到时间了。老人说，育的时间晚了稻谷还会出现病变等情况。

据说是河南电视台的人，来村里拍摄《家有童星》。

2015年2月25日，星期三，农历一月初七，属猴，晴

刚过了年，听说有一个黄草岭村民小组的张氏老人过世，沾着亲戚关系的箐口村民又得去奔丧了。没有办法，以前老人怎么做现在也只能怎么做。

才过了年，村民还在酒肉味中晕着，李树华家又要到麻栗寨村丧祭了。原本是可以不去丧祭的，只是这笔账是以前就欠下人家的，对方到了这个时候就不得不还礼了。就召集了家族的人和亲戚朋友一起去，不准备请大客，也就没有叫再多的人了。

这几天是连续的晴天，天气好。有的村民就着急了，想着春播的时间到了，就开始着手整理秧田，捂秧苗，撒秧了。知道的是有卢荣家撒秧了，算是早一些的了。

卢荣已经50多岁，前妻过世后再续了一个，两个人身体还好，处理家务事情一点问题都没有。儿子和儿媳都在外地打工，家庭经济算来

是中上的，没有什么负担，他的主要事务就是管管田、管管家务，在家处理好村民与亲戚朋友的事情就好了，看起来比较幸福，种田育秧这些事情就会赶早了。

2015年2月26日，星期四，农历一月初八，属鸡，晴

都说是过年前后吃喝的多，这些天都有村民到外面做客的。今天到大鱼塘村做客的箐口村民也很多。我也被请到了，只是我确实不知道这个朋友，可能是考虑到箐口村、大鱼塘村、黄草岭村民小组是弟兄村寨而请的，既然是请了一个寨子的人就把我们不太熟悉的人都请了。不请是他的事，请了不去是我的事，这几天事情过多，我就没有去了。

李树华与我一起在村里共事了这么几年，还是结下了一定的感情。他家昨天到麻栗寨丧祭，今天返回来，我下午还是到他家帮忙了。当然，几个汉子遇在一起会做什么呢？免不了喝几杯了。很多时候，很多时间就是这样被喝酒浪费了。每当事情做不完的时候，我就是这样想。可是，有的时候有的事情就是喝酒喝出来的，问题自然解决的也多。我又反过来想：酒能误事也能成事，就看你在什么样的时候喝了什么样的酒。人确实很矛盾。想戒了酒又想着少了朋友，戒不得。还是把握一个度，醒着些好。

2015年2月27日，星期五，农历一月初九，属狗，晴

上午，有李国忠做一个法事，我们相处到现在还算不错，说是这种法事我们这些朋友都可以参加，他就请我们过去参加。

昨天，李树华家是从麻栗寨丧祭回来，下午做仪式，刚回来的。可能没有多少事情要做，下午，又要约我过去吃饭了，说是吃饭，几个年轻人在一起不喝一两杯恐怕是说不过去的，特别是这样的农村。

2015年2月28日，星期六，农历一月初十，属猪，晴

今天属猪，对箐口村民来说是一个好日子。"一年之计在于春"，又是今年的开始，年轻人都希望在今年里有好的开始、好的收获，特别是常年出门在外的年轻人。所以，今天就有几个村里的年轻人做祈福仪式的。我知道的就有李国忠，请的摩批是他的堂哥李建国，做这个仪式需要什么物品暂时不在这里说明，要说的是，他能在今年开头的第二个村民认为的好日子里请到李建国，是因为这些年李国忠做什么事情都有点不顺利，特别希望在今年处理好他家被征用的土地事情。所以，早就在一两个月以前就说好的。是这样的，这几年可能是年轻人外出打工的待遇提高了，或者社会也很不管村民们做这样那样的仪式，或者是两者的因素。村里这几年来年轻人做这种仪式的人多，村里摩批又少。所以，要做这种仪式的人家要提前一两个月就约好，往往因为村里的摩批少而要做这种仪式的人多就只得请外地村寨的摩批来做的，哪怕付出的费用高一点也无所谓了。而真的做了这样的祭祀后，一年里会不会带来好运我就不知道了，甚至，我是怀疑的。做了这样的仪式会好的话，谁不愿意做呢？我想，最好的摩批是自己了，做什么事情都三思而行，量力而行，估计不会出现太大的失误吧，所谓"谋事在人，成事在天"。

下午，我有一个小学时候的同学的儿子结婚，前几天就发了请柬来，人家也是考虑了才请的，就约了被请的朋友一起到土锅寨村做客。我身在他家，不能喝太多的酒，就没有喝多，吃好以后还是一起回来。

2015年3月1日，星期日，农历一月十一，属鼠，晴

今天，上初中的学生们都开学了，他们过了一个愉快的寒假以后，又各自回到自己的学校，接受新的知识。记得我们上学的时候条件辛苦，自己背着行李，还得徒步上学。从今天的情况来看，孩子们都由自己的家长陪着，在村口就搭上车直接到学校，一步路都不用走。出生在这年头的孩子多幸福，我真很羡慕。

"年轻人一年一年地长大，中年人是一年一年地老去。"这是村民常挂在嘴里的话。还认为是小女孩的李永女儿听说要出嫁了，请柬早已经发给亲戚和朋友们了。今天早上，就有他们请的十几辆车进村里来了，如同城里的汉族一样车子都做成了花车，上面贴着"百年好合"的字样，说是下午的宴席摆在他们上班的南沙镇元阳大酒店常青楼。说是大酒店，其实也没有多大，只是这样称呼而已。很好玩的，这年头不知道搞什么花样，听说，在此之前男方同样在这个酒店举办过婚礼宴席了，现在，女方又同样在这个酒店请客，都结婚了该是一家人了办一次酒席就够了，为什么还要这样呢？我搞不懂，确实搞不懂。结婚了都是一家人了，为什么要办两次酒席呢？是男女双方攀比谁家亲戚多？来的礼多？还是多收一点礼金？还是补请第一次没有来的亲戚或者朋友？还是选择日子呢？我认为这简直是神经，简直是开玩笑。

2015年3月2日，星期一，农历一月十二，属牛，晴

随着节日的收尾，这几天的游客是逐渐地少了，寨子也渐渐地平静下来。只是，今天来了几个老外游客，有几个还是五六十岁的，还有兴趣亲自到田里走走，可能走惯了平路坐惯了车，我看还是有点吃力。我从他们身上看到的是一种冒险，一种敢于实践的精神，是另外一种体验生活的热情，还是值得我们去学习参考的。

节日的时间慢慢远去，热闹的气氛慢慢减退了，燕子回归，春暖花开，村民要开始播种了。妇女们是开始播种黄豆和苞谷，男人们则忙着育秧苗。这两天天气好，今天是有李跃两弟兄育秧苗，用了塑料薄膜。这种村民用塑料薄膜育秧苗的方法还是这几年的事情，五六年前基本都是用传统的方法，到了2月底3月初气温升高后育秧，基本都不用塑料薄膜的。只是这几年云南农业大学在村里试验，每年都要在村里育一些秧苗，他们到了3月才开学，决定试验什么得用一点时间来决定，育秧就有点晚，用的都是薄膜育秧法。去年，县粮食局又在村里推广一个品种，他们配给了一些塑料薄膜,要求村民用这种方式育秧,很多村民就学着用了,而且很多人学会了就用。只是,有的村民还是不会用,他们不会注意气温的高低,有出现烧苗情况的,有的村民就不太喜欢用了,还是根据以前的方法来育种。

2015年3月3日,星期二,农历一月十三,属虎,晴

村民有了钱,想的第一个事情可能就是建好房子,一是政府这么多年反复地投入,新农村建设项目补助村民20吨水泥加外墙粉刷,一次性就改建了50家;二是这两年美丽家园三万元改建了几户;三是政府建设村庄的同时征用了村民的一些田地,多少补助了一些,拿到钱的村民第一个就是改建房子。所以,这两年村里的面貌是改变了很多,已经没有几户是老房子了。今天,又有李生福家买回来沙子和石头还有砖,看样子还是要改建他家从李啊攀手里花3000元买来的老房子了。他们一家人说是在广州一个厂里打工,已经有好几年了。听说他们还是挣了一些钱回来,想的第一件事就是把房子改建好些。

这几天天气好,是育秧苗的时候了,今天就有很多村民育秧苗。我看见的就有李文科家、李庆亮家等,都要基本育完了。想着让秧苗生长快些,他们家都用了塑料薄膜育秧法。

2015年3月4日,星期三,农历一月十四,属兔,晴

2月到4月是这一带最干旱的时期,村民的灌溉用水都很困难,很多村民反映上来以后,今天的村民小组组织去清理水沟,要求每户出来一人参加,而且是能干事的大人,小孩不准代表来参加。多数村民还是听话的,还是积极出来参加干活,到了中午一起把该修理挖通的地方挖好以后再回来。

中午,看见摆在卢永贵家的游戏机终于搬走了。谁知道过年期间他挣了多少箐口村民的血汗钱。而箐口村民也的确够憨的,明知道这是电脑组合的，分明要赚电费和他们的工钱的。但是，年轻人喝一点酒以后，过年间是每天晚上都挤满了人，不断地把钱丢给游戏机。是的，过年期间我去观察了一个晚上，整天夜里都有人在那里玩游戏机。

2015年3月5日，星期四，农历一月十五，属龙，晴

我观察的情况是，只要谁家有钱，想到的第一件事情是建房子，然后才是去做其他的事情。而建好的，还要进行装修，学着外面的人把室内都装修得很好，或者是装配家具。过了年就有人动手做事情了。今天我是看见卢落以家运回来建筑材料。

2015年3月6日，星期五，农历一月十六，属蛇，晴

我认为建房子设计是一步很关键的问题，要是设计不好，村民使用起来都不方便，过了几年还得重新拆建，我看李院生家可能就是这种情况。原本他建的老房子地基就小，可能只有三四十个平方米，没有能够设计出几个卧室，几年后孩子们都长大了，根据需要又重新改建了。今天他是组织亲戚拆掉老房子，清理原有的材料。

卢落以家加建第三层屋顶。听说是因为两个弟兄分开各建了一幢以后，认为原来的两层占的建筑面积太小，摆放不了家具，今天就请人开始做第三层了。

2015年3月7日，星期六，农历一月十七，属马，晴

可能就是经济上的原因，前些年建房子的时候，李朝生家只建了两层，没有加建半层搁置粮食。这次他的孩子们回来，可能是挣回来一点钱了，这次是加高半层来堆放粮食，今天是叫了几个亲戚来打屋顶了。

今天属马，是出门的年轻人祈福的好日子。我知道有卢迁华家祈福了，摩批是李建国。

2015年3月8日，星期日，农历一月十八，属羊，晴

下午，卢成家叫魂，听说是为卢成叫的。年轻人常常外出，难免遇到挫折，用村民的话说魂灵也有可能受到伤害，需要为他做这样一个法事保平安和健康。

村里没有什么工厂、企业给村民就业，年轻人没有钱花是待不住的。过了年以后，很多年轻人又要外出打工了，今天是看见有张祥一家外出的，他们还是一家子都出去了。

2015年3月9日，星期一，农历一月十九，属猴，晴转多云

过了年，丧事又不断来了。今天是有李氏家族到棕匹寨奔丧，卢氏家族到大鱼塘奔丧，这生老病死的事情谁也不能阻止。

寨子脚原来的一条水沟很少有人管，但是，我家和李志和家的田主要就是靠这条水沟维持水源的，眼看寨子里的水源无法灌溉到田里。今天，只有我和李志和去清理了。其实上，人手也不要多少，仅我们两个人几个小时就挖通了，我们两家的田再旱的天气也不用害怕了。

其他村民家的秧苗都育下去了，而李树华不知道干什么去了，到今天才过去育秧苗。听说他是用塑料薄膜的，不用害怕长不高。

晚上，新街镇来村里放电影，已经翻译成哈尼语，讲的是日本进一个哈尼族寨子的故事。

2015年3月10日，星期二，农历一月二十，属鸡，多云转晴

今天已经是3月10日了，村民的秧苗是长出来一些了。但是，新街镇农科站的工作人员今天才来育秧苗，他们都是用塑料薄膜育秧法，只要他们随时上来观察，不要发生烧苗的情况就没有事的。而且，用了塑料薄膜育秧的要比村民家自然育法长得快的。

2015年3月11日，星期三，农历一月二十一，属狗，晴

春暖花开，秧苗长高了，快要插秧的农忙时间了。我知道农事较认真的李文贵老人今天去耙田了。他一生以土地为宝，把自己的平生精力都奉献给土地和养育子女身上，已经70多岁了，还能正常劳动，撑持着这个家庭，我很钦佩。

这次耙田，说主要是将去年犁过后的土块耙平，松软土质，方便保水，做了这一道工序，等插秧时就不再费那么多精力，以后的程序就方便多了。

2015年3月12日，星期四，农历一月二十二，属猪，晴

李庆云是我的同学也是朋友，在个旧市打工已经多年了，不知道什么时候开始相信起村里的习俗，每当过了年要出门的时候总是会学着村民做祈福仪式，今天是属猪的日子，又叫了摩批去做。我问过他是否应验，他却回答不了。

晚上，我们张氏家族包括与我们张氏结拜的小李家族都召集了开会，是说明天要到大鱼塘村丧祭的事情，安排年轻人的工作，我忙了其他的事情没有去参加会议。可是，明天是肯定要去参加他们两家的丧祭了。

2015年3月13日，星期五，农历一月二十三，属鼠，晴

今天的天气还是不错的。早早的，李庆云就打了电话过来，要我与他们跟李庆亮家到大鱼塘村。我们是年轻人，肯定要打前站了，因为他们小李家族也是跟我们结拜的家族，我们跟着他们过去也无妨。张立新家有二哥他们参加，我们一家人也一家分一个到大鱼塘丧祭。

都是张家人的事情，参加哪一家都行，或者一家帮忙一阵也行，或者看你跟哪一户关系好一点就帮哪一家也行，没有特别的说法。

2015年3月14日，星期六，农历一月二十四，属牛，晴

今天中午，我们在大鱼塘村吃过饭就回来。我是参加李庆亮这一家了，中午休息了一阵以后，下午还是到他家吃饭。说是吃饭，几个年轻人在一起怎能不喝一点酒呢？我们是从下午4点左右就吃饭了，一直到晚上8点左右。吃好饭后，有人提出来要打牌，我说累了就跑回来休息了。

张立新家的话，原来是打算请客，今天中午就安排了人去购买蔬菜，准备明天要用的伙食。他们吃过饭还继续准备明天要吃的东西，为了吃一顿饭，还是得辛苦地准备。

2015年3月15日，星期日，农历一月二十五，属虎，晴

因为知道张立新家请客，我早早地就过去帮忙了。可能是他分家以后没有做过这样的大事，要不然，像这样丧祭的人家现在是少请客的，也许是这样，今天的伙食还是准备充分的。

人是有感情的，而人与人之间的感情会有多种。下午，接到初中时候同学的电话，我与李庆云又到攀枝花乡保山寨村参加一个初中同学母亲的丧事。他说是今天开祭，要我们前去参加。20年了，因为两个人都有点时间就过去了，给的礼金是每人200元，其他同学给三四百元的也有。我们在那里不能做什么，有同学统一给了礼金，吃过饭后就一起返回来了。

2015年3月16日，星期一，农历一月二十六，属兔，晴

到了这个时候，秧苗已经长得好高了。要是在以前，村民都要到田里犁田或者耙田了。只是，现在的年轻人只忙着赚钱，不怎么忙着去整田了，今天虽然天气很好也只看见有张文和老人耙田。现在离插秧还有一段时间，他也是像锻炼身体一样每天做一点，最多就是一两个小时，原本一天可以耙完的田都分几天来完成。

我知道，春末夏初是小龙虾繁殖最快的时候，要是现在不打一次药，恐怕要繁殖很多了，今天就去打龙虾药。我看见，这几天还是有其他村民也去打药的，这么多年以后，他们包括妇女都学会了打龙虾药的技术。只是龙虾繁殖太快，它们可以生活在田间、石缝里，也可以生活在箐沟里，有的冬眠时还躲得很深，就是消灭不了。一到这个春天天气暖和起来，它们就出来活动了。它们繁殖得特别快，有人曾经数过一个能繁殖的母龙虾最多带着300多只小龙虾，想象一下，而且小龙虾的生长速度也很快，几个月就长得好大了。

我知道，有的地方是把龙虾当作一种美食砌池塘来养殖的。我看过电视，生意还是不错的，只是在我们村里，田都是顺着山坡挖出来的，需要做田埂保水。这些龙虾就会在田埂上打洞，灌溉到田里的水会顺着这些被打开的洞口流出，村民又没有时间天天守着那几块田，再说也没有那么多水可以灌溉，田里经常就会干涸了。而且，雨水多起来，被打洞的田埂就容易倒塌。你说，谁不恨龙虾呢？

2015年3月17日，星期二，农历一月二十七，属龙，晴

今天，又有李龙福家拆除老房子，又要新建房子了。别人家都这么干，我不能不这样做的，要不然会被人笑。这是一般村民的看法。这样一来，村里以前的老房子就只剩几户了。要是一年拆除几户，再过一两年，这种传统的老房子就该拆除完了。

有的村民都到田里劳动了，因为天气好，我也学习了一阵后到田里劳动了一会儿再回来。

2015年3月18日，星期三，农历一月二十八，属蛇，晴

今天上午，知道大鱼塘村里有一个张氏家人过世，村里还是有人家去奔丧的。

2015年3月20日，星期五，农历二月初一，属羊，晴

这民俗，真的是有点麻烦，为了做一个法事，卢永华从昆明市赶回来，说他人不回来不行。要是做了这样的法事能改变一个人的命运，付出多一点的代价也行啊。

2015年3月21日，星期六，农历二月初二，属猴，晴转多云

卢永华家做法事，请的摩批是李建国。李建国这老人老实，只要他忙得过来，谁家的法事也不会推辞。当然了，谁家都不会少给他费用的。现在物价上涨，他们的费用村民也会酌情考虑给的，基本都不会少于50元。要是做祈福或者其他大一点法事都不会少于100元的。就那么几个小时，有肉吃有钱挣应该是他们学摩批的一点动力。

2015年3月22日，星期日，农历二月初三，属鸡，多云

在前面的日记里说到过的，大鱼塘村、黄草岭村民小组、箐口村只要有老人过世，其他两个寨子的家族人都要交定好的大米，组织人背到办事的主人家。接到大鱼塘村张氏家族的电话，今天村里就有张氏家族凑大米，要到大鱼塘村帮忙张氏家办丧事。说是帮忙办丧事，其实他们村里有年轻人，当然，各有各的事情，妇女有妇女的事情，老人有老人的事情，他们都会办好的，我们其他两个寨子的人只要在旁边休息就好了。要是我们出面去帮忙的话，他们村里的年轻人会觉得过意不去而不让我们做的。我也在家，就跟着他们过去了。

这两天，李国忠跟李红亮一起砌李红亮家的田埂，他们是朋友。可是，我知道，现在没有免费的午餐了，只要三天以上的事情都要付工钱，一两天的事情尚可以考虑，男的一般是100元，女的一般是六七十元。

李红亮家的这块田就在寨子脚，一块田里都是肥料。田埂容易倒塌，只要砌起来，埂子上栽种什么蔬菜都能长得很好，田里养鱼也比较肯长，所以，他家才下功夫这样做的。

2015 年 3 月 23 日，星期一，农历二月初四，属狗，阴，有雷雨

今天上午，我们几个在家的张氏年轻人还是到大鱼塘村帮忙，问过大鱼塘村的张氏弟兄知道他们村里年轻人多，不需要我们帮忙什么就吃了饭以后回来，送葬就是他们村民的事情了。

虽然天气不是很好，李红亮和李国忠还是继续砌李红亮家的田埂。这已经是第二天了，估计还需要两三天才能完成。

今天晚上，李爱生家来叫我参加他家的会议。我们是邻居，说是明天要到陈安村丧祭，邀请我也去参加，做一点力所能及的事情。

2015 年 3 月 24 日，星期二，农历二月初五，属猪，阴，有雾

根据葬礼的程序，今天有很多箐口村民到大鱼塘村做客，我稍微注意了一下，现在过礼的多数都是 50 元了，只有少数是 20 元和 30 元，还有部分是给 60 元、100 元的。随着社会的发展或者说变化，这过礼的数字也在不断变化着。

根据昨天的会议，今天李爱生家是到陈安村丧祭的，我们是邻居，要是平时有时间的话是一定要去的，只是今天我去大鱼塘做客了，等我从那边吃过饭回来时他们都出发了，我就没有参加了。

2015 年 3 月 25 日，星期三，农历二月初六，属鼠，阴，有雾

我昨天在李爱生家吃过中午饭后回来，休息了一阵以后，下午，他们继续在李爱生家做一个法事，之后，还是继续吃喝。我看，他们还是能吃喝的。平时都在一起生活，还是结下了一定的感情，我是免不了被抓去的，还是被灌晕了一点，好在路不远，感觉晕了就跑回来休息了。

2015 年 3 月 26 日，星期四，农历二月初七，属牛，阴，有雾

昨天是晕一点，邻居李绍明来叫的时候还躺在床上，直接是被他拖起来，没有办法，洗过脸还是要过去喝上两杯，今天就不敢喝多了。跑，就是最好的办法。

2015年3月27日，星期五，农历二月初八，属虎，多云转晴

就像前面说到的，年后的这段时间，村民家做各种祭祀的多，特别是做祈福仪式的，每到了适合的日子就肯定有人家做。今天我看见的是罗金得家做，请的摩批是李建国。这老人老实，只要他有时间他能做的都不会推辞。我参加过他做的几次仪式，他人不喝酒，只是象征性地配合我们抿一下嘴足够了，吃一点菜，交代我们该做的事情，会等我们吃好。话也不多，做事情认真，难怪会有那么多村民都喜欢请他来做各种仪式。

老来多病，李祥的父亲已经73岁了，我不知道得了什么病，听说是做了手术回来，该不是苦累了病出来的吧？也会是的。为了维持家庭正常的生活，我看他每天都是早起找一些竹子编鸡篓背篓，很辛苦的，到了新街镇的集日就早早地到街上叫卖，所卖的钱要么买些油盐回来，要么省着回来给孙子们上学用。白天，要么是去放牛，要么就到田里检查并做田间的事情。大儿子李祥在外地又很少回来照顾田里的事情，小儿子身体特殊只能撑持一点基本的家务。他都这把年纪了，还是很辛苦的。得这样的一次病也难免了，希望早点恢复起来再支撑几年。

2015年3月28日，星期六，农历二月初九，属兔，晴

按照往年的生产情况，到下个月底就是插秧的时候了。准备栽种杂交水稻的人家更是得提前一些，所以，慢慢地就有村民到田里劳动了。我今天是看见有李文科整理田埂了。说是他家也试育了一点杂交水稻，要在他们说的秧龄时间内插秧。

卢永贵出去打工已经几天了，昨天回来为儿子做一个休息台，我也参加了。他家几次到尼玛处算卦，都说他的儿子灾难会比较多，需要做一个休息台来消灾避难。主要做法是在村民经常往来的一条路上，找一些石头做一个可以供往来的村民休息的台子，给过路背东西的人们

休息用。这个事情是有点简单，只要一只鸡，煮一点糯米饭或者糖果，当然，烟也拿一包吧，给路过的人吃一点，把鸡煮好后献一点就可以回来了。

2015 年 3 月 29 日，星期日，农历二月初十，属龙，多云，有阵雨

表哥在水卜龙寨子旁边栽种了几亩的重楼药材，这几天天气变暖和，说是地里长出来草了，叫我过去帮忙除草，村里的事情知道得就少些。

2015 年 3 月 30 日，星期一，农历二月十一，属蛇，多云间晴

还是和昨天一样，早上起来就到水卜龙帮忙表哥除草去了。回来的时候已经天黑了，村里的事情没有来得及过问了。

2015 年 3 月 31 日，星期二，农历二月十二，属马，多云间晴

给表哥的重楼地里除草已经是第三天了，主要是给长势稍微好一点的地里除草，其他长势不太好的就没有去除草。我自己这边要慢慢整理田了，没有除完的叫他们自己除草吧。

2015 年 4 月 1 日，星期三，农历二月十三，属羊，晴

今天天气好，学习之余到田里走一走。秧苗都长高了，过 20 天左右就该插秧了。在田里劳动了一会儿回来。这种一会儿学习一会儿劳动的日子是清闲，劳逸结合对身心好。身体得到锻炼，心灵得到陶冶，感觉不错。就是赚不到钱，很难持家，要是再能找到一点钱过日子就好了。

2015 年 4 月 2 日，星期四，农历二月十四，属猴，晴

还是和昨天差不多，学习了一阵后到田里劳动。

2015 年 4 月 3 日，星期五，农历二月十五，属鸡，晴

早上听说生病有一段时间的李万祥他老母亲过世了。她已经 80 多岁了，我认为这样的老人过世是正常的。养过老人的人就知道，看着她驼背、行动起居不便的样子，做小的也会难受。老人生病了，吃不了药吃不了饭的，有时候真的会有"生不如死"的想法，只是生死之命只能由天，不能怨谁罢了。

今天村民就只有停下手里的事情到李万祥家帮忙了。他的家庭比较困难，而且他平时为人不错。谁家遇到这样的事情都会过去帮忙，村民今天都会过来他家帮忙的。

2015 年 4 月 4 日，星期六，农历二月十六，属狗，多云

我的好朋友李树华很年轻，才 49 岁。2006 年左右任村里的干部之后，我们一起共事过五六年，对村里的事情和人都有了自己的看法。风雨同舟，他为村里还是做了一些值得记忆的事情。本来就是弟兄，从中又结下了深厚的感情，一直到 2011 年我俩一起退了。退出村民职务以后，他通过朋友介绍，一家人到昆明市某县管理云南省农科院的一块基地，待遇有所提高，生活上得到一定的改善。每回来去都会通知我一声，都要喝上一两杯。可是，好景不长。就在昨天，他的父亲叫他上山了，要他与他一起放牛，他只得半夜从昆明回来，随他老人家去了。

这次回来，我的好朋友李树华不会喊我喝酒了！他默默地躺着，静静地等着我给他倒酒点烟。以前是他给我倒酒点烟，这次不同了，我也只有照做了……去吧，既然老人要你去陪他，你就安心地去吧。100 年以后，我再来陪你喝个够，说好了，不醉不休。

今天天亮以后，知道的亲戚都过来帮忙了，这个善良的人年轻的人批评过我们，也吵架过，也打架过，也听过我们的话，也为我们做了一点点他力所能及的事。今天，他要离开我们，就过来帮帮忙，送他一程。

这两天是清明时间，附近的彝族、汉族等兄弟民族纷纷买鸡买肉上坟了。我是接到表哥的电话后到水卜龙他的重楼药材基地去帮忙的，从小他们都是在箐口村长大的。他家的老房子还没有拆建呢，说是准备拆建了，每当他们过年过节都要通知我们一声，这样的清明时候也不例外。

2015年4月5日，星期日，农历二月十七，属猪，晴

昨天就是接到表兄的电话到水卜龙他的重楼药材基地帮忙，今天还是到他那里喝酒，还得清理昨天的战场。这年头做什么事情首先就是吃喝，我是怕了，害怕吃喝。不喝伤感情，喝了伤身体。不过，这两天是留了一点底线，吃过中午饭后，还是回来陪陪曾经做过同事的李树华。因为再过几天我就再也不用陪他了，他要离开我们到另外一个世界去了。

今天的话，主要是准备明天所需要的一切东西，因为是从外地断了气运回来的，有一部分人要随摩批在寨子外做法事。做这个法事需要的物资也多，具体在以前的日记里说到了，这里暂时不重复了。

2015年4月6日，星期一，农历二月十八，属鼠，晴

因为是年轻人，不能搁置太长。当然啦，算他们家的日子也是可以了。所以，李树华的丧事今天就主办了。由于是当了父亲的人，有了自己的子女，他的一切葬礼都是按照正常的程序办理。由于他的女儿没有长大，还叫麻栗寨的堂妹家来丧祭。本来已经是过了两三代人，没有直接的关系了，却还要叫堂妹家来丧祭。有点认亲、绷面子的感觉，我是这样想的。

这样的事情，我们年轻人就是干活。家里的指挥员叫干什么就干什么，一天下来还是有点累的。吃过饭回来就休息了，得自己调整身体。

2015年4月7日，星期二，农历二月十九，属牛，晴

今天，村民的事情主要是送李树华上山。毕竟当了几年的村民小组长，可以说是得罪过几个村民的。但是，总的来说还是结识了几个弟兄。来帮忙的村民还是多的，他的一切葬礼都能正常地进行。

挺忙的，年轻人回来之后，吃过饭还要准备明天的伙食。有很多年轻人要在他家闹到通宵的，我参加过很多家，今天是累了就没有跟年轻人闹而回来休息了。

2015年4月8日，星期三，农历二月二十，属虎，多云

既然送出去了，我就不再称呼他的名字，而就叫他妻子的名字吧。根据葬礼，李明里家今天要请客，接待村民和外地来的亲戚和朋友。因为我有其他的事情外出，今天没有去帮他家忙了。

到了这个时候，天气很好，一直都是晴天。每天的日光照射时间长，秧苗就长得快，村民就发慌了，得赶紧抓紧时间整理田。于是，有时间的村民就开始整理梯田了，今天是李明家请了李牛后去犁田，说他家育的是杂交水稻，秧龄不能过长，已经差不多到了，打算过几天就要插秧。

2015年4月9日，星期四，农历二月二十一，属兔，多云有小雨

我听说，"树老根多，人老了病就多"。卢龙的母亲已经是60多岁了，今天早上生病送医院，送到医院以后医生说不能给她打针，说是快不行了。家人着急，不能叫她死在外面又赶紧送回来。既然医生都说不能打针吃药，家人只能根据她以前的病况给她做哈尼族的摩批驱邪仪式，只有这样做了。

既然科学的不行，他们就来个土办法。于是，他们家请了摩批李建国，门口插上绿树枝，声明外面的不是一家人就不能进他家屋。有点俗话说的"不是一家人不进一家门"的意思。我们本村知道他家门口插着绿树枝，一般就不会与他们家人搭话，也不会进他们家门了。听其他村民说她这样的病已经发作过几次了，估计以前也是做了几个法事后恢复的。

上午，村民小组用喇叭通知宣传说以后不能用牛丧祭，上级政府知道了的话，每丧祭一头要罚款1000元，请村民自觉遵守。可是，我怀疑，谁来执法呢？没有执法人员的文件不是白下吗？有时候是自己打自己的嘴巴。我任过十年左右的村民干部，因为识几个字，也制定过认为够详细的《村规民约》，里面有详细的奖惩条例。可是，村里没有经费，不可能安排执法人员。即使要处罚，都是自己的村民，是自己的朋友或者亲戚，怎么处罚呢？早上不见晚上吃饭喝酒要见的，谁能下得了手？奖励呢？谁干了好事，比如考上重点大学，或者为村里争了光的村民，没有经费，你拿什么奖励？没有收入哪来的支出？所以，我回想当年的做法都不过是空想，有的话说了也不一定做得到，基本没有想象的那么好。当然，也不会有多坏吧。

2015年4月10日，星期五，农历二月二十二，属龙，阴，有小雨

村里的哈尼族老人过世了，有一个选择良辰吉日的说法。或许就是这样，李万祥的老母亲还未送上山。每天给她杀鸡献饭，晚上有亲戚来发糖果闹通宵。一直都是这样，说是还有几天，不过还是花费了他自己，甚至还有亲戚的好多精力、物力，还是挺累的。

我兄弟张明福妻子与李万祥家有亲戚关系，出于面子问题，今天晚上要带着人去唱哈尼古歌的。到九十点，要发糖果给在场的每一个人，十一二点又煮消夜给他们吃。请的歌手是团结村委会上广坪村里的一个中年人，因为我们是一家人，也叫我随他们一起去。其他人怎么休息都还说得过去。就是围着桌子唱歌，一桌子人至少要唱到凌晨鸡叫。等哈尼古歌的主唱人结束整个礼仪才能起身，再煮只必须摆在桌子上的鸡，吃一点早点再结束。这是我知道的一点。

2015年4月11日，星期六，农历二月二十三，属蛇，多云，有阵小雨

昨天晚上是跟兄弟在李万祥家闹通宵，没有休息好，早上醒来已经11点多了。起来发现下过一阵雨了。因为箐口村民的黄豆基本是在春节后不久栽下去的，只是我家寨子脚的地太干了，栽下去也一时发不了芽就没有播种。今天有阵小雨,是可以播种了才栽下去的,也算了结心中的一个小心愿。

等天气晴朗,秧苗长得好高了,过些日子就要插秧了。而李万祥母亲的丧事还没有了结,到主办他老母亲丧事的时候还要停止劳动来帮忙。所以,这两天就有不少的村民到田里劳动,想着在办李万祥母亲丧事之前尽可能把田里的事情整好一些。还看见李文科和李明两个弟兄修复田埂,挖了一块牛进不去的小田。

2015年4月12日,星期日,农历二月二十四,属马,多云间晴

今天是元阳县南沙镇傣族人民一年一度的泼水节。我参加过,所以知道南沙镇傣族人民的泼水节还是比较热闹的。现在的年轻人信息就是发达,村里知道这个的人还是有过去参加的。

因为天晴,整理梯田的村民多起来了,今天还是有几个的。

听说,李万祥母亲的丧事后天就要办了,他们李氏家族的人今天会过来一起准备的。

2015年4月13日,星期一,农历二月二十五,属羊,晴

昨天准备了东西以后,根据预定的日程,今天主办李万祥母亲的丧事。用来丧祭的牛,他五姐姐家有一头,他舅舅家有一头。他妻子家的话,说是那边一般不杀牛,就赶来了一头大猪。

2015年4月14日,星期二,农历二月二十六,属猴,晴

今天,村里的事情主要就是李万祥母亲的送葬。一般情况下,村民都要主动停下手里的活计。现在正巧不是很忙的时候,要是再过几天真的忙起来也没有办法。这两天还可以稍微放下一点,就基本上都过来帮忙了。

2015年4月15日，星期三，农历二月二十七，属鸡，晴

根据一般葬礼的程序，李万祥家今天还是请客。平时动惯了手脚的我也被叫去，主要负责煮鸡肉。今天做得还可以，基本上都吃完了。

2015年4月16日，星期四，农历二月二十八，属狗，晴

在农村就是事情多。从李万祥的母亲去世到今天就是半个月了，中间又帮忙李明里家几天，这两天又帮忙李万祥家，整整半个月时间就这样过去了。不行，还得做一点自己的事情，眼看人家都快整理梯田了，今天我也去整理梯田了。修补田埂，除草。只要人有心，田里的事情还要认真做的。

2015年4月17日，星期五，农历二月二十九，属猪，晴

我觉得很好玩的是，村民都要插秧了，今天却还有新街镇农科站来育秧苗，说是前两天云南农业大学又寄水稻品种过来叫他们育秧苗了。现在还来得及育苗，只要用塑料薄膜，注意不要烧苗就没有问题。秧苗是会长得高的，只是秧龄可能会短一些。

这两天我的事情主要就是整理梯田了，今天跟农科站的人育过秧苗后继续整理。

2015年4月18日，星期六，农历二月三十，属鼠，晴

说要插秧就插秧了。今天是有李永新家插秧，说是杂交水稻品种，根据买种子的时候说的秧龄不能过长，一般在45天左右，他家秧龄到了就要插秧的。他家的田块就在寨子脚，进田里的水都是肥料，土质很肥的。他是一个教师，不能做农活，老人已经70多岁，没有养牛。再说，就是他家的田块太肥了，这次插秧也没有犁没有耙的，只是他和老父亲前几天除了除草，修复了一些田埂，用锄头简单刮平一下就插秧了。对于其他犁田耙田的村民来说，很简单的。

听说，李建军家今天也拔秧苗了，他家以前的秧田被征用以后就只有大田旁边的一块。田里养着几只鸭子，几年后用作秧田的那一块很肥了。海拔低、气温高，他家育秧的时间早，自己家又没有劳动力。赶在其他村民前，就容易请到人手整田和插秧，路过跟他交谈所以知道这是他们家的做法了。

2015年4月19日，星期日，农历三月初一，属牛，晴

昨天是李建军家拔秧苗，今天是李明家拔秧苗。这些都是杂交水稻，它们的秧龄不能过长的，一般就要在45天到50天插秧的。所以他们有点赶时间，恐怕时间超过了就不行了。

李建军家插秧了，他家的田块也是大。还是需要十几个妇女才插得完，是寨子里田块比较大的人家之一。

晚上，我们在家门张学亮家开会，说是明天要到黄草岭村民小组丧祭。特别是年轻人，要安排先头部队早早地过去杀好牛，做好饭菜。

2015年4月20日，星期一，农历三月初二，属虎，晴

今天李明家插秧，也是杂交水稻。听他们说这几天是最合适的，就想办法栽下去，也是带着一点实验性质的。

你看看，前几天才在村里办理了两桩丧事，今天又有张学亮家到黄草岭丧祭，我们张氏家族的人又得去帮忙了，这个月很多村民的时间就用在丧事上。的确，哈尼族的这种礼仪应该减少一些程序，把更多的时间和精力用来生产和创新，或许进步得要快一些。

2015年4月21日，星期二，农历三月初三，属兔，多云间晴，晚上有阵雨

我们张氏家人昨天到黄草岭村民小组丧祭，今天吃过中午饭后才回来。中午休息一段时间后，下午还要到张学亮家参加一个法事。办了这

样大的祭祀，认为是家里出现了一个灾难，有必要请摩批杀鸡打扫卫生，把家里的灾难驱赶出去。

请的摩批是家族里的大摩批张正和。他把这个仪式做完以后，说是自己家明天要插秧，今天安排了人拔秧苗。还说家里还有人喝酒，他就只喝了两杯酒就回去陪客人了。

经常出面的人总是被人家记住，原本觉得有点累了想去休息，结果几个朋友就是要来拖我，只好下去喝了两杯就赶紧跑回来。

2015年4月22日，星期三，农历三月初四，属龙，多云，晚上有中雨

逐渐地，插秧的村民家增多了。今天有张正和家、李庆福家，这些赶在前面的在村里叫插秧妇女都不困难。要是到后面一点，就很少叫得到村里的妇女了，多数都要叫外地的妇女来插秧。

昨天送葬的黄草岭村民小组老人的儿子与我们是朋友关系，出于面子问题还是要去吃一顿饭的，回来后再到田里抓紧时间整理田。

看见李杰家拔秧苗，田块有点多需要的秧苗就多，他家也叫了六七个帮手。

2015年4月23日，星期四，农历三月初五，属蛇，多云

李清华的父亲退休在家，家里没有多少事情，就是力所能及地管管田水，养几只鸭子，养几只鸡，悠闲得很。所以，秧苗这些就管理得好，长得快，今天他家也是叫人拔秧了。秧田在寨子边，稻田在寨子脚四五百米处，需要人背过去。因为明天就会有插秧的妇女早早到田里了，需要今天安排背秧苗的人送过去。

昨天有李杰家拔秧苗，今天就去插秧了，田块多面积大，叫的人就多了，有十几个。

2015年4月24日,星期五,农历三月初六,属马,多云,有中雨

昨天晚上9点左右,村里下起了一阵中雨,灌满了田里,真是好,解决了田里用水的困难。这样一来,多数村民家的田就可以整理了,不愁没有水。今天插秧的有李文家、李清华家、李平发家,在这几户家田里水多了还要放的,以便于插秧时方便,要是水深了还不好插秧。

到了插秧的农忙时候了,原来我也是打算去整自己的田,只是昨天晚上表哥李世华打电话来说今天他家拔秧苗。考虑到他生痛风这么多年,平时对自己也不薄,他又不能进田劳动,就过去帮忙了,就算是自己不擅长拔秧苗,只要尽力还是可以凑一个人数的。今天拔秧的还有卢正学家、李世华家、李成家等。

2015年4月25日,星期六,农历三月初七,属羊,阴,有中雨

我不擅长拔秧苗,可是到了这个年纪就得学习。昨天是到表哥李世华家去拔秧苗,今天是帮兄弟张明福家拔秧苗,他家还叫了两个背秧苗的。我们今天的事情就是一些人拔秧苗,一些人背秧苗。到了明天插秧的妇女只用到田里去插秧就行了,这样做加快了明天插秧的速度,这是村民一直以来的方法。

只是这几年来,一个是一部分村民的秧田因建设需要而被征用;一个是考虑到背秧苗也很费劲,现在就有一大部分的村民到集中的田边育秧了。这样的话,每年就可以减少几个背秧苗的人手,还是很省力的,我就是其中的一个。

2015年4月26日,星期日,农历三月初八,属猴,多云

由于自己家的秧苗不够高,还可以让秧苗再长高些,这两天就都是帮亲戚家拔秧苗。昨天拔秧苗的兄弟张明福家今天插秧,请了10个妇女,天气好,基本没有受影响,到下午3点左右就插完了。

我去修复自己家的田埂,因为我要养鱼,需要保证田里的水。所以,有必要每块田埂都修复的，要不然，放进去的鱼白放，不是被晒死就是被水蛇或者猫吃完，白辛苦。

2015年4月27日，星期一，农历三月初九，属鸡，多云

我还是去修复田埂，今天的天气稍微凉快一点，在田里劳动也感觉不是那么热。要不然，天气晴朗的话，还是很热的。

2015年4月28日，星期二，农历三月初十，属狗，晴

我孩子的舅舅一般时候外出打工，农忙又回来，田地不多，需要的人手也不多。他家准备明天要插秧，今天是叫我过去帮忙的。其他的事情我就没有做什么了。

2015年4月29日，星期三，农历三月十一，属猪，晴

今天，又有大哥张明生家拔秧苗。虽然我不是那么擅长拔秧苗，但是，一家人，既然叫到了还是要去帮忙一下的，尽自己所能嘛。他也够辛苦的，几个儿子出门在外，田里的事情全部交给他来管理，已是60岁的人，还要像三四十岁的中年人一样劳作。毕竟是父亲的帮手，把我们领大，农忙时帮忙几天没有什么要说的。

2015年4月30日，星期四，农历三月十二，属鼠，晴

大哥张明生家昨天拔好秧苗并送到田里，今天的插秧妇女还是正常出来插秧，完成的时候是下午3点多。

2015年5月1日，星期五，农历三月十三，属牛，晴

昨天是帮二哥张明德家拔秧，今天二哥张明德家就插秧了。请了8个妇女，还是正常地在下午三四点钟完成。我们几个弟兄的田块基本是平均的，每家就是七八个插秧妇女的工。划分田地的时候，大哥已经有

了一两个子女，给他多了一点是正常的。

今年雨水丰富，能够正常整田。其他村民家的秧苗都要基本插完了，趁二哥今天不需要牛，我就去犁田了。因为前期田里的水都没有干过，田里的泥土都比较松软，我就放快了一点速度，原本两天才能犁完的田一天就犁完了。

我觉得我能一天犁完自己的田没有事，回来老人却还要发牢骚，说我不认真。其实，分家后我自己管田已经十多年了，自己的田自己最清楚了，没有事的。

2015 年 5 月 2 日，星期六，农历三月十四，属虎，晴

昨天一天能犁完的田，今天半天就够了，早早地出去，到 12 点左右就耙完了。回来时，大哥说："挺快的嘛。"这个在于平时，现在的泥土都松软了，只要平时管理好了，只要简单过一个场就行了。而要是平时不好好管理，现在又是除草又是犁田耙田的，还是挺累人的。

今天插秧的有李祥家。他在南沙上班，很少回来，家里的事情主要由他妻子和父亲管理，他只要拿钱回来付请工的钱就行了。

插秧的时间村里流行做什么祭祀呢？告诉你，是叫魂。村里的几个摩批都忙不过来，基本上每天都有村民叫魂。今天是卢家，明天是李家，后天是张家。村里几个摩批的时间都排满了，要是有准备叫魂的人家，都要提前定好时间，临时是叫不到的。

2015 年 5 月 3 日，星期日，农历三月十五，属兔，晴

前两天是五一劳动节，又是周末。学生们放了两天假回来，今天收假，都要回到学校接受新的知识。是该回学校了，现在的孩子有点不像以前的孩子。以前的我们到了农忙的时候是要帮父母管管牛、送一送午饭的。现在是有点不敢想了，他们能安心去上学就好了。

今天下午还是有叫魂的人家，是卢志林家，摩批是李建国。

2015年5月4日，星期一，农历三月十六，属龙，晴

我家今天拔秧苗，准备明天插秧，已经叫好了5个插秧的妇女。由于我家的田就在寨子脚，离得比较近，插秧的妇女走不了几分钟就到了。可以省很多时间插秧，要的人力自然要比远地方的少。拔秧也是，田块都在一起，可以一边拔秧苗一边就丢到田里，我也只叫了大舅子来帮忙就可以了，方便多了。

2015年5月5日，星期二，农历三月十七，属蛇，晴

昨天准备好了秧苗以后，我家今天就插秧，今天插秧的还有李世明家。

2015年5月6日，星期三，农历三月十八，属马，晴

今天插秧的有李金华家，李世忠家已进入后期，由于今年的雨水还算正常，这几天插秧的都算是后期的了。

李世华是经常带工人打工的小老板，现在插秧的农忙结束了，据说是他的大老板李万祥又给他一点事情做了，今天就带着一些弟兄出去了。

2015年5月7日，星期四，农历三月十九，属羊，晴

从寨子脚的田里来看，村民家的田都基本插好了，慢慢田里的事情要少一些了。

插秧的这一段时间村民主要做些什么祭祀呢？告诉你，主要是叫魂。要是你注意观察的话，几乎每天都有人家要做，今天下午是张牛后家在做。

2015年5月8日，星期五，农历三月二十，属猴，晴

今天李学光家拔秧苗。这个朋友原来是比较勤快的，只是这两年和大儿子的关系有点紧张，两父子经常吵架，经常会各在一边。而秧苗是要插下去的，这次是在朋友卢建忠的劝和下整好了田。今天拔了秧苗，同时也背到田边了，准备明天就插秧。

2015年5月9日，星期六，农历三月二十一，属鸡，晴

今天插秧的有李学光家。原本可以提前一点时间的，只是他们父子两个的关系有点紧张，一起在家的话就要吵架。心情不好谁想去劳动呢？这两天也是在其他亲戚的劝和下才一起去插秧的。看来"家和万事兴"是有道理的。

2015年5月10日，星期日，农历三月二十二，属狗，晴

孩子厌学是件麻烦的事情！张崇祥的孩子是村里出了名的调皮鬼，他的爷爷奶奶都拿他没有办法。今天答应去读了，明天又逃学回来了。或者嘴里答应去读，到了路上就躲了起来。因为这事，他的爸爸昨天从昆明回来，想着转学到昆明市在他打工的地方就读是不是会好一点，这次他回来就是办理这些事情的。

今天插秧的有李文才家，他家的田还是有点多的，请了插秧的妇女。只有田块不多的村民家才能自己家的妇女插好秧。需要5个以上插秧妇女的人家一般都是请人来插秧的。只有分的田地少的，只要两三个妇女插秧的，就可以一个人完成了。比如，从团结村委会迁过来的马卫华家，几个弟兄分家以后，他家只要3个插秧妇女。而子女长大以后，他们夫妇又不外出打工，基本都是男的拔秧、女的插秧，两三天就完成了，基本不要其他亲戚帮忙的。

2015年5月11日，星期一，农历三月二十三，属猪，晴

老人过世，我认为正常，还想得开些。可是年轻人过世，特别是上有老、下有小的家庭，还是主心骨的过世就有点想不开了。就如同顶梁柱倒塌一样，带给一家人的悲痛是难以承受的。可是，要是出现这样的事情也只有承受了。前一段时间过世的李志得就是这样一个例子。他上面有两个老人，自己的孩子又刚成家。所带来的伤口未来得及愈合，又听说全福庄的亲戚有老人过世了。他家用牛去丧祭过的，今天又得李家

去还了。还得找一笔钱购买物品，召集人力去兑现，很费力的。

2015 年 5 月 12 日，星期二，农历三月二十四，属鼠，晴

昨天到全福庄丧祭的李有明家今天中午从全福庄回来了，参加的人休息一阵后，下午还要在他家吃饭喝酒。

今天李春家从全福庄丧祭回来，算是还了人家的一笔账。我们的堂弟张学贵家今天也是到全福庄他老岳母去世处丧祭了。我认为，我们哈尼族的葬礼过于复杂了，应在今后的葬礼中减少一些程序。

2015 年 5 月 13 日，星期三，农历三月二十五，属牛，中雨转晴

村民小组可能是接到了上级的通知，宣传说不准用牛去丧祭。可是早已经形成的民俗，我看是不可能一时就取消的。今天箐口村的张学贵家到全福庄丧祭，因为他的岳母过世了，不得不去，我们张氏家族的人又得集中起来过去帮忙。

云南圣哥伟业公司的扫描仪工作组到箐口村来，他们要对箐口村概貌做一个整体的扫描，说是与云南大学配合着做的，要我也陪同他们一起做。

村民的秧苗基本要栽完了。今天云南农业大学的师生来栽种他们的试验水稻品种，他们开学的时候村民的秧苗都育下去了，只有开学了才来村里找田来育苗。原本可以在五一劳动节之前就来插秧的，只是他们说秧龄不够又等过了五一劳动节才来插秧。到今年，他们在村里做调查已经有十一二年了，不知道做出什么成果来没有。

2015 年 5 月 14 日，星期四，农历三月二十六，属虎，晴

不知道是什么原因，今天村里还是停电。我们用电才能做的事情就只能停下来了。正在村里做飞行扫描的工作人员也只能停下来，因为他们的飞行器需要充电。我们就到全福庄村里去，对基本农具做扫描，给他们的机器充电之后又回来。

中午，张学贵家从全福庄回来，要是没有其他的事情，我是免不了参加他家的丧祭的。只是今天因为有云南圣哥伟业公司的人在村里做扫描，要我配合他们处理一些事情就没有过去，晚上也没有跟他们喝酒去。

2015年5月15日，星期五，农历三月二十七，属兔，晴

没有电的日子真烦！特别是有特殊事情要做的时候，心里会特别着急，过一天也像过一年一样。今天还是停电，在村里做扫描工作的人员都无法正常开展工作，挺麻烦的。

2015年5月16日，星期六，农历三月二十八，属龙，多云间晴

今天，卢志华家打屋顶。因为插秧的事情基本忙完了，村里他家的亲戚朋友又多，就叫亲戚朋友及村民来帮忙。今天来的人不少，天气又好，到下午两三点就打好了。做习惯以后，村民们的动作还是挺快的。

2015年5月17日，星期日，农历三月二十九，属蛇，多云间晴

这几天村里的电不正常，总是白天停电，晚上再送来。说是电力公司在检修线路，过惯了有电日子的村民总是感觉差什么，就是不自在。似乎生活里缺少什么，特别是只有一两个人在家的家庭，连火都懒得生、饭也懒得做了。谁知道以前没有电的日子是怎么过的。

前面说过了，这一段时间村民流行做叫魂仪式。今天看见李志明要去买鸡鸭，准备今天晚上做。可是在车上，李生福的母亲告诉他今天是本月农历三月二十九，是农历三月的最后一天，也是月亮最缺的一天，不适合做叫魂仪式。他打了电话问摩批，回答说确实不适合做，才取消了这个想法，我也才知道原来村民还有这样的说法。

2015 年 5 月 18 日，星期一，农历四月初一，属马，多云，有阵小雨

今天停电，要想用电做的事情就是做不了。也可以读读柜子里的书，前几天种田累的，休息也是工作，有了精力才好接着做事情。

2015 年 5 月 19 日，星期二，农历四月初二，属羊，多云，有阵小雨

有了钱就盖房子、买车子是一般人的做法吧。今天卢生亮家接了一辆面包车回来，箐口村又多了一辆车。

建好了房子也要进行装修的，卢落以家把装修材料买回来，准备请人装修。

2015 年 5 月 20 日，星期三，农历四月初三，属猴，多云间晴，晚上有中雨

村里的电还是不正常，过习惯了有电的日子，没有电，我们村民的生活好像也不是那么正常了。

今天，我随黄雯博士在村里做调查，一起去访问卢正明老朋友。黄雯博士是镇源人，是哈尼族姑娘，在中央民族大学读博士，这次是来调查哈尼族迁徙史的，希望在村里调查出一点对她有用的资料。

2015 年 5 月 21 日，星期四，农历四月初四，属鸡，阴，有暴雨

今天中央民族大学黄雯博士继续在村里做调查，我在想，她要做的调查能在箐口收集到多少资料呢？哈尼族没有文字，老人识字的也没有几个。对于各个家庭的来历，只能是口传心记，知道的也不过是大概的说法，真正的迁徙史知道得也不多。所以，我是有点担心的。

昨天晚上下了一场暴雨，给田里的水灌溉满了。这几天的水源是基本上足够了，有的反而是多了，冲倒了田埂，还要家人过去修复。

2015年5月22日，星期五，农历四月初五，属狗，阴，有雨

在村里调查了几天以后，黄雯博士离开箐口村，说是还要到建水县一个哈尼族寨子去调查。做一点学问也是辛苦，为了她的学业，要从北京往返这样的边远地区，特别是一个女孩子家，跑来跑去的很辛苦。只是，有的路就是有进无退的路。我不知道做学问是不是这样。

秧苗已经插下去，应该没有多少事情了，只是，这个时候还是要招呼田里的水。昨天早上下了一阵雨后，我是担心还有雨水把田里的鱼都冲出去，送走了黄雯博士就到田里检查了。

2015年5月23日，星期六，农历四月初六，属猪，多云，有阵雨

张崇祥从昆明回来，主要是他的儿子在家里不愿意上学，他的父母无法教育而叫他回来的。这次回来就是要把儿子转学到昆明市他打工的地方，希望他儿子能有所改变。

2015年5月24日，星期日，农历四月初七，属鼠，多云间晴

我陪云南圣哥伟业公司的工作组人员姜伟他们，在村里做飞行扫描寨子的事情。他们的目的是要给寨子做一个航空拍摄的效果图，还带着小型飞机。每天风小的时候要给村里做扫描，之后导到电脑上处理。别看他们在村里放小飞机玩，其实他们都要做到半夜才休息，还是很辛苦的。

年轻人出门求财，原本是图吉利、求发财的。可是，我看很多年轻人并不是那么如人意，往往不能实现他们出门时的梦想。生在这样的年代，他们也会吃喝玩乐了。有时候，不要说他们挣到的钱给家里寄一些回来补贴家里的开支，更多的是家里还要寄给他们生活费用。已经在昆明打了十多年工的卢某就是其中一个。今天有个昆明市民生银行的工作人员及委托律师来村里找到他家，说是他向民生银行借了一些钱，已经两三年了，本金加利息已经3万多了。要家人通知他赶紧来还款，不然他们要向法院起诉,查封他的老房子。他又不在家,家里又没有那么多钱,搞得家人都非常恼火,得给他东找西凑借钱汇过去。

2015年5月25日，星期一，农历四月初八，属牛，晴

新街镇农科站的高国兴和唐永福来检查他们的秧苗情况。村民家是都栽下去了,就剩他们要实验栽种的那几块田没有栽下去。今天,他们是接到云南农业大学实验负责人的电话,已经安排了人员下来准备明天栽种。等到这个时候,主要是他们育秧的时间有点过晚。4月17日才育的秧苗,认为秧龄不够就拖到现在,可能是村里最后插的秧了。

对于祭祀来说,每年的这个时候做得最多的就是叫魂。今天下午又看见李庆五家做叫魂的祭祀,摩批是从麻栗寨请来的亲戚。李庆五姑姑嫁在黄草岭村民小组,代表她来的是她的儿子。为了做这个祭祀,李庆五从南沙工地上赶回来,还是有点麻烦的。

2015年5月26日，星期二，农历四月初九，属虎，晴

不是冤家不聚头,冤家聚头就有话说。上午,听说张女士与李女士聚到一起就吵架了,说是因为两家田脚的问题。男的是一个家族的人,都还没有来得及好好商量,女人知道了就要吵嘴,就要说上两句。这种事情就是难免,村民之间吵架、打架多数就是因为地界的问题。

新街镇农科站和云南农业大学按照昨天的计划,请了两男三女栽种他们于4月17日育的要试验的秧苗,栽种的田块是李平真家一块、李小生家一块、李金华家一块,是村里最后栽种的田块了。

2015年5月27日，星期三，农历四月初十，属兔，晴

云南圣哥伟业公司姜伟他们一行五人,在村里做了这么几天的小型飞机扫描以后,需要带材料到公司处理。他们今天离开箐口村,返回公司去了。

记得以前村里有几户人家是留有种鱼的。到了四五月份后，他们把种鱼捉到秧田让它们产卵，生长的鱼苗到11月左右，村民把田犁翻后放到里面，等到来年的四五月就可以抓吃了。这是以前的事情。现在，吃鱼的人多了，好像村里没有几户留有种鱼了，都要依靠外地人来村里叫卖。今天就有一个石屏县的人来村里卖鱼苗，每公斤25元。买的村民还多，生意不错。只是有的村民说，他们家的田由于这几天连续晴天，还在缺水，所以不敢买了放进去。

2015年5月28日，星期四，农历四月十一，属龙，晴

插秧的农忙结束了，年轻人又要外出打工了。今天看见的有卢永贵、卢迁华等，他们要到建水县一个已经熟悉多年的老板那里打工。由于他们认识多年，可以随时去也可以随时回来。只要家里有事他们就回来，等做完家里的事情又出去。好像是他们的上班单位一样，有点自由。要不然的话，很多地方是不可以这样的。

今天是新街镇的集日，早早地就有几个妇女背着米糠在村口的停车场等驾驶员来。一般村里的妇女卖米糠就是选择新街镇集日去，而且是早早地出去。卖完以后她们又可以早早地回来从事家务，这是要卖米糠的妇女的做法。

以前的话，打屋顶是男人的事情。现在有点不同了，村里自发地组织了一批打屋顶的妇女。只要哪里有打屋顶的活计，她们都会组织着去。今天，李庆文的妻子又组织到小水井村里去，可能这几天有几个地方，每天早上五六点就可以听到她们出去的讲话声了。

2015年5月29日，星期五，农历四月十二，属蛇，晴

孩子调皮是件麻烦的事情，做父母的都很担心。下午，听说卢建华的儿子将停放在停车场的三轮港田车推翻了并且被压伤住院了，住了两天医院到今天下午才出院回来。

又是连续几天晴天，村里的气温升高了很多，田里的水也干了很多。白天晚上都有村民给自己家的田里灌水，生怕自己家的秧苗被晒死。还好在箐口村有两大股泉水，灌溉着绝大多数的梯田。只是，这两天的气温的确是高了很多。听说，我们的县政府所在地南沙已经达到40度左右了，白天的大街上基本看不到人，都躲到房子里了，只有晚上才敢出来活动一下。

2015年5月30日，星期六，农历四月十三，属马，晴

有人说："唇齿相依，难免相碰。"一起生活的兄弟姐妹、隔壁邻居，都难免争吵。卢某某与卢某某家不知道什么原因结下了一点恩怨，今天下午又是因为什么，两家又吵架了，吵的时间还不短呢。

2015年5月31日，星期日，农历四月十四，属羊，晴

卢某云的妻子与婆婆吵架。听说而已，昨天是只动了嘴，今天上午是动手了。卢某云的妻子拿木棒打了她的婆婆，她的丈夫也没有办法，只能出来管一管了。说是他的丈夫之前也被她打伤过，人小力气也小，打不过就得躲得过。

伦理上讲，"尊老爱幼"是咱们中国人的一种美德，该是一代一代传承的。做儿媳的，长辈有什么不对也该用嘴劝劝，说说就可以啦。只是家务事，谁也说不清楚。

2015年6月1日，星期一，农历四月十五，属猴，晴

今天是六一国际儿童节，箐口村小学也放假了，愉快地过属于他们的节日了。只是，20年前热闹的箐口小学现在只有两个年级的学生了，生源少，学生年纪又小，看起来就冷清。说是要集中办学，从三年级就要到土锅寨村就读了，村里就只有一二十个还小的孩子也玩不了什么，有点像是办了一个很小的幼儿园一样。

大概是在 2008 年到 2009 年，具体的时间只有查看学校的记录才知道了，当学校说是集中办学，要把箐口小学三年级拆并到土锅寨小学时，我还是村里的主要负责人，征求过村民的意见。"可怜天下父母心"，问过的多数村民都认为孩子们还小，上学不是一两天的事情，无论天阴下雨都要去，冬季还得早起，都见不着路就要上学。可怜孩子们，再者，到土锅寨村又要经过一段公路，很不安全（在学生身上也出过几起交通事故），希望学校方还是把三年级以下的都放在本村就读，我们是与学校方争求过的。但是，他们的理由就是以集中办学，省师资长孩子们的见识、锻炼孩子们为理由，希望集中到一起就学，还是集中到土锅寨学校办学了。对此，村民们还是有一定的看法。

要说箐口村 20 年前热闹，是听老人说，箐口村办学到过五六年级，当时的大鱼塘村、黄草岭村民小组，甚至全福庄村的孩子都到箐口村来读，是附近几个寨子书生气比较旺盛的村寨。有些中老年人知道现在箐口村只办学两个年级都感到有点不好意思。

李永福在十多年前是村里有了一点名气的小老板，这两年有点落难了，多少年没有带弟兄们出门，耳边传来的都是不利于他的话。一个星期前他好像东山再起的那种样子，带了几个弟兄到建水县做一点工程，也许是干完了，还是什么原因，今天下午回来。他也不像以往那么气派，回来也不请弟兄们吃喝一顿了。要是十多年前是免不了吃喝一顿的。我就想，人原来是这样，时起时落，都不过是在波浪式地走自己的一程。

2015 年 6 月 2 日，星期二，农历四月十六，属鸡，晴

没有办法，有的企业、事业单位就是为了赚钱，为了养活公司，为了养活他们公司的人，有的政策就得改变。我看广播电视局这几年的发展就有点类似，刚出电视怎么收看有点不清楚了，而且，又是农村，只会收看几个频道，之后是出台了一个锅盖，可以收看几个频道，之后又出现闭路电视，去年关了。现在是出现数字网络电视，说是根据所交的不同费用收看的频道就不同。买来电视就是要看的，没有了电视日子怎么过？我看，有的村民是早就不会过没有电视的日子了，如同再好吃的菜里没有盐巴、辣椒一样，日子也没有味道了。所以，这几天都有村民家要安装数字网络电视的，他们每天都上来村里给村民们安装，有电视的村民家又不得不安装。

经过几次的修整，进村里来的公路虽然有点陡坡，但还是比以前好多了，进出都方便，大小车都能通过。所以，建筑材料可以运进来，吃喝的都可以运进来，这几天村里像是过年一样，每天都有外地的人来村里卖蔬菜、水果、肉，卖鱼的也有。确实，方便了村民，不用出远门就可以买到自己需要的东西。

2015年6月3日，星期三，农历四月十七，属狗，晴

在以前的很多日记里提到过，大鱼塘村、黄草岭村民小组、箐口村都属于土锅寨村委会，也都是哈尼族寨子。当然，联姻的也比较多。所以，几个寨子中无论哪一个寨子出了事情，有哪一家办什么大事都会被请到，要是丧事的话，不是亲戚也会来往的。比如，昨天就有大鱼塘的一个老人出殡，我是不知道他家人的。但是，现在是农闲时间，基本上没有多少事情，很多村民都去，我也还是随村民一起去做客了。后来，问了几个朋友都说不知道，这家人好像平时也不怎么出面，知道的村民还是少，只是农闲时间，大家都有时间，知道了就来了，估计箐口村来了100多个，稍微注意了一下给的礼金都是在20元、50元、100元的，随着社会经济的好转，给的礼金的数目有逐渐增大的趋势。

也是提到过几次了，村民养牛一个是耕田犁地；一个增加一点家庭收入。箐口地势西高东低，梯田也就是随山势开挖出来的。坡陡，很不便于用机器来开挖，只是前两年太干旱的时候有村民买过机器使用过，至今，多数还是用牛来犁田耙田。牛，还是主要的生产劳动力。我认为六七十岁的中老年人平时没有多少事情，要他们真闲下来恐怕做不到，养一两头牛，上午到山上放牧，下午回来，也是一种锻炼身体、安度晚年的一种办法吧。所以，箐口村的中老年人主要是放牛，天阴下雨是很辛苦，但是正常天气下早晚来去都相互招呼，看他们还是幸福的。特别是当谁养大了一两头牛卖得钱的时候，那种幸福的感觉只有他们知道。今天李则主家卖了一头牛，说是4000多元卖的，具体没有说，但是，他手里有了一点钱肯定是高兴的。

2015年6月4日，星期四，农历四月十八，属猪，多云间晴

从箐口村来看，插秧时节好像是叫魂的季节，特别多，寨子里的几个摩批每天都忙不过来，有时还得请其他村寨的摩批来，或者是提前预约好。所以，他们每天都有肉吃有酒喝还同样拿辛苦费，小日子不错的。从这几天来看，插秧已经基本结束，做叫魂仪式的也减少了，只是偶尔有一家，今天下午有张文和家做叫魂仪式，请了嫁到全福庄寨子的女儿过来。

以前就听有人唱过，"万物生长靠太阳——"可是，水稻的生长是需要水分的。前一段时间，村民的秧苗是基本插下去了，只是连续的晴天，不见雨水来临，很多田水都干完了，有的秧苗都要晒死了，能不着急吗？寨子脚"胡孤坡"一带的田离水源远，干得厉害。所以，今天是有张永福的母亲、李得云的妻子、张明生的妻子等六七个自发组织挖通寨子脚的"爱琼罗干"，可能便于灌溉一些。主要是这条水沟好久没有维修了，不能通水，只要适当清理一下就可以了。

2015年6月5日，星期五，农历四月十九，属鼠，多云，有阵小雨

安装数字网络电视的人员继续安装，已经好几天了，不知道村里安装了哪几户。

有红河州世界遗产申报办公室的工作人员张红开带着中央民族大学和中国林业大学的师生们来村里调查生态情况。也许是他在元阳县城建局工作时对箐口村路况都熟悉了，不需要村民小组或者村委会的人陪同。这样也好，村民小组和村委会的人拿的薪水少，事情又不见得少，还是前几年我任职的时候有时是一连陪同几天的，事情又多，还是辛苦的。

2015年6月6日，星期六，农历四月二十，属牛，凌晨有中雨

今年的旱情不是很大，可也不见得小，每次下雨都是逢场作戏般很少的，只能滋润地面表层。为了抢水，有村民差不多要吵架了。没有办法，人生来就是自私的。这几天又是连续的晴天，好在凌晨下了一场中雨，多少解决了村民的灌溉用水问题，解一点燃眉之急。

我们家的秧苗已经插好了，前一段时间疏通了"爱琼罗干"以后，灌溉比较方便，田里基本不缺水，但是，地里的苞谷和黄豆却没有种下去。凌晨下了一阵雨后，认为可以栽种了，今天就去挖地栽种了，希望早些栽下去，让庄稼早些发芽，别误了时间。

2015年6月7日，星期日，农历四月二十一，属虎，多云

李金祥参过军，退役后在附近打工，之后到昆明市打工几年了，多少对昆明市熟悉些，是朋友李树华的儿子，今天又要到昆明市去。孩子张源厌学，才15岁，只读了初一一个学期就休学，之后不愿去读书了，没有办法，在家一年多，可能是闲不住了，也要去打工。他妈妈与他舅舅联系了之后让李金祥带着出去。

对于孩子的辍学，我是痛定思痛的，怎么也想不通的，才15岁的孩子，正是长身体学知识的时候，从学校出来能做什么呢？什么单位收留你呢？现在又是要求知识、要求人才的时候。年纪小、知识少、身体差，你能做什么？我真的是想不通。不知道其他与我孩子一样辍学孩子的父母是怎么想的。

只能安慰自己："算了吧，社会也是一所大学校。只要找到适合自

己的路子，也许来路还是精彩的。"

2015年6月8日，星期一，农历四月二十二，属兔，多云

昨天，才15岁的儿子与李金祥到昆明市打工，说是去打工，才十五岁，能有人用他吗？我是怀疑的，只是没有办法，让他待在家里也不是办法，只有横下心来让他在社会上学习和锻炼了。

2015年6月9日，星期二，农历四月二十三，属龙，多云

今天是新街镇的集日，上街的村民自然比平时多几个，看早上就会很明显的，特别是一些妇女，她们一般都是选择新街镇的集日上街的。

2015年6月10日，星期三，农历四月二十四，属蛇，多云，有阵雨

今天，应大鱼塘村姐夫要求，请张保祥到他家做法事，我也陪同一起去，中午一个祭祀，下午一个祭祀，所以，从早上上去后直到晚上做好了才回来，时间又这样过去了一天。我听一些人说，一个摩批正常情况下是一天只做一个祭祀的。是这样说的，他每做一个祭祀都要背老祖传摩批的名字，要请他们来指导，处理所要祭祀人或者家庭的事情，意思是所说的经词都是他们传下来的，而非他创造，也就是一天只能请一次他们来，让他们吃一次饭菜就送他们回家了，如果再次请的话就不灵了。但是，现在的摩批或者有的家庭就不管这么多了，有时嫌麻烦就一次性做的也有。特殊情况就更不用说了。这次姐夫家也是这样打算吧。

2015年6月11日，星期四，农历四月二十五，属马，阴，有雨

记得小时候，村里很多人家都有本地鱼种的，包括我们家，每到插秧和收谷子农忙的时候鱼是吃不完的，鱼苗也是自己家种鱼产的，每到五六月间把秧田里的秧苗拔出去以后，种鱼就放到秧田产卵，秋收时把田犁翻后鱼苗就放到田里，来年春末夏初插秧时就可以抓吃了。可是，这几年村民家的种鱼都少了，只有少数几家还有，其他的都要买无敌鱼苗来养。知道秧苗都插下去了，今天就有一个石屏县的人来卖鱼苗，说是石屏县那边鱼塘多，养的鱼也多，就卖到元阳这边来了，今天卖的是25元一公斤，前几天村民认为雨水少，放到田里都是白放，会被晒死了，这两天来了一点雨水，今天就有村民买了。

朋友李祥的女儿生病多日了，住过一段时间院，还是学习期间，影响了她正常的学习。村民信摩批文化，相信有的东西是无法用科学来解释的。每家经历一些灾难，都会做一些法事，朋友李祥出过门，思想总比没有出过门的要开放些，但是，家里的事也不全是他说了算，有的还是要听妻子和老人们的。今天请了一个胜村村委会那边的摩批来做一个祭祀。作为朋友，他请我一同去，加上他父亲和张贵忠一共是我们五个人，我简单地观察了一下，用的是一对鸡，还是两只大的公鸡，一只就在祭祀场杀了，一只说是要摩批带回自己家去，其他的还有一碗糯米、一碗炒熟的黄豆、一升大米、一斗谷子，至于盐巴、味精、辣椒是吃饭的时候用的，不作为祭祀品对待。我们是早上10点左右过去的，时间有点长，祭祀完吃过饭回来就已经是下午4点多了，简单地把用具洗一下再回来。摩批就不再进李祥家的门，而是带着所要带的一斗谷子和一只鸡过去了，我们在外地祭祀吃不完的肉食品不能带回来，只能带回来盐、辣椒、味精，以及布匹等之类，进门时，留一样东西鸡箩或者砧板在门旁边，等一两天再收回来。

上面说到的李祥家做的这个祭祀有点麻烦，时间也会长，说是家人可能是被小人害了或者诅咒了而生病的，做这个祭祀就是要驱除所带来的灾难，在祭祀里算大一些的，给的钱也要比做其他的多一些。

2015年6月12日，星期五，农历四月二十六，属羊，阴，有雨

村民的秧苗是基本上插好了，前几天因为雨水少，为了自己家的田能多灌溉一点出现争吵了。这两天雨水来临，村民家的田里都基本灌溉满了，还有的村民家的田被冲垮了，又要去修复倒塌的田埂了。

雨水来了，瓜果蔬菜就出来了，这几天每天都可以看到有外地的人来村里卖蔬菜，可能是生意好，今天看见一对夫妇来卖豆腐。这就怪了，村民卢生亮买了面包车以后，一直都是买来蔬菜在家里叫他们的父母卖的，说是生意不好而想放弃了，为什么外地的人每天都会来卖呢？

因为一点个人的事情，我与朋友李祥到蒙自市去。

2015年6月13日，星期六，农历四月二十七，属猴，多云

昨天过去蒙自市，今天上午就回来了，坐车还是有点累的，今天只是在田里转了一下就回来做自己的事情，别的事情没有去观察。

2015年6月14日，星期日，农历四月二十八，属鸡，多云，有阵雨

今天上午10点左右，李文光运回来一车沙，说是从南沙镇运回来的，有12立方，准备让妇女们每立方以90元背到他家。又要准备干什么了，这样的一车沙背到他家就是1000多元了，包括材料和运费就2000多元了。我就想，在村里做一个房子由于不通公路，造价都要付出多一倍的，要是公路通了，就不用人背了，多省力。

2015年6月15日，星期一，农历四月二十九，属狗，多云，有阵雨

今天，我又看见云南农业大学的师生们在他们的试验田里做调查，到今年的话，他们在村里做调查已经10年左右了，调查的有气象方面的、空气湿度方面的、土壤方面的、水稻方面的等。在我知道的学生中，至少该有上百个了，有的是本科学士毕业，有的是硕士研究生毕业，有的是博士研究生毕业。为了学到自己理想的知识，每隔一段时间都要过来调查，很辛苦的。

2015 年 6 月 16 日，星期二，农历五月初一，属猪，多云，有阵雨

下午，有云南圣哥伟业有限公司安排了人员来村里，他们说是要在箐口做一些调查，主要是对箐口村的概貌做扫描，具体的就不知道做什么用。

2015 年 6 月 17 日，星期三，农历五月初二，属鼠，多云间晴

我继续跟着云南圣哥伟业有限公司的人员对村里的概貌拍照，他们为了早点做完，还要赶到公司去上班，从早上出去到晚上才回来，很辛苦的。

上午，有一对昆明市西山区的夫妇驾驶车辆来村里回收旧手机、旧电视等，他们拿来换的是不锈钢洗脸盆、炒锅等。我注意观察了一下，来交换的村民还是多，他们说："坏了，自己又不会修，拿去街上修理又不划算，放在家里也是废品一个了。"不如换了，最多的是手机，有的是拿来十个旧手机换一个不锈钢大洗脸盆。

2015 年 6 月 18 日，星期四，农历五月初三，属牛，多云间晴

上午，村里发放去年集体林退耕还林补助款和去年的门票收入提成三万元，说是每户可以分到 261 元。箐口村明天就要过端午节了，拿到钱的村民上街买菜的多，基本上每户都有一个了。

昨天在村里拍照的云南圣哥伟业工作人员今天早上早起，不要小看了她们两个女生，工作起来可积极了，早上 6 点左右就起床，上午 10 点左右就做完，说是公司里还有事情等着她们回去做，连中午饭都来不及吃就急着赶车去了，我很欣赏这样做事的人。

2015 年 6 月 19 日，星期五，农历五月初四，属虎，晴

说来有点奇怪，咱们全中国都是在农历的五月初五过端午节，可是，箐口村就是要在今天初四就过节了，问过多个老人这是为什么，他们的回答都有点模糊，都说早以前就是这样，我们都只能这样。有几个老人是这样说的：箐口村以前都是茅草房，过节要是不赶在其他村寨之前，箐口村就会发生火灾。

我认为这是没有理由的，可能是某些人胡编乱造，想当然地编造一些故事而已。火灾，很多情况下都是人为的，就是说也许是孩子也许是大人，都可能是在没有防备好的情况下才发生的，而绝大多数情况下不可能天然地发生，怎么有理由把人做的事情推到民俗的角度去呢？比如，今年因为村里组织不了咪古组，就做不了集体的祭祀活动了，也就是过不了往年正常过的昂玛突节、苦扎扎节等重大的祭祀，就真的会发生火灾吗？谁都不会说。而箐口村的火灾又不是每年都会发生，这样的说法可能是因为箐口村以前确实发生过几桩火灾，有的还很大，出现过人命的也有，他们想当然地就与此联系了说的。

明天就是其他村寨过端午节了，老师们要与家人过一个愉快的端午节，上新街中学的学生们都放假了回来，要与家人过节了。

2015年6月20日，星期六，农历五月初五，属兔，多云间晴

昨天是箐口村过端午节，我约了几个朋友来喝酒，我是有点喝多了，平时五六点钟起床的我今天到9点左右才起来。今天又应他们邀请，到新街镇朋友那里吃饭，说是吃饭，其实就是喝酒。我不知道其他人是怎样想的，我是害怕过节，说过节就是喝酒，今天喝一家，明天喝一家，或者上午喝一家，下午再喝一家。喝一两杯清醒一点的时候说昨天喝多了今天要少喝些，好话说吃一点保养一下身体。可是，两三杯下肚，脑袋就要发热，可以相互之间敬酒了，不喝的还要劝劝酒，五六杯下去，谁知道吃了什么、说了什么，你说怕不怕？我是害怕了。特别不喜欢过节，只喜欢平时约几个好朋友慢慢地喝一两杯，微微的晕以后睡一个没有梦的夜晚。

2015年6月21日，星期日，农历五月初六，属龙，晴

村里的摩批给别人家做法事，当然也能给自己家做了，今天有张排龙家做法事的。以前没有见过他亲自做的，这两年一是老人上了年纪；一是自己的功夫也可能到火候了，该拿出来验证了，毕竟自己也是40多岁的人了，选择了吃这碗饭就该出手了。

以前的茅草房是没有办法才建的，现在的茅草房是改装的，使用的村民很反感，有的嘴里说要拆除了却没有拆除，有的嘴里没有说就动手拆除了。今天是有李虎崩家拆除茅草房，说是因为被茅草盖住的房屋部分由于进水，不能晒干，导致屋顶都漏水了。

2015年6月22日，星期一，农历五月初七，属蛇，多云，有阵雨

前两天一个是周末，一个是端午节，学生们放了两天假，今天就收假回到自己的学校学习了。

2015年6月23日，星期二，农历五月初八，属马，晴

秧苗都已经插好了，村民都要进入农闲了，可是，卢小华却带着他的工人们回来，说是前一段时间做的一点工程已经做好了，晚上请他的弟兄们会餐。

2015年6月24日，星期三，农历五月初九，属羊，多云，有中雨

秧苗已经返青分蘖了，村民做什么呢？主要就是除除草、管管水，没有事情做的年轻人就要出去打工挣钱了。这时基本上处于农闲时间了。

2015年6月25日，星期四，农历五月初十，属猴，有暴雨

今天早上，下了一场暴雨，灌满了田里的水。我也到田里转了一下，发现自己家的田埂倒了两个地方，中午又得出去修复了，如果不及时修复好关水，秧苗有可能被晒死，也有可能被土狗等咬死，养在田里的鱼被晒死或者被老鼠吃了都说不定的，还是要及时修复的，管理水稻还是要付出劳动的，还是有点辛苦的。

李院生家打屋顶，由于房子的面积小，他家也有几个钱，不想欠村民的人情，基本上请了小工，自己的亲戚来几个就行了。

2015年6月26日，星期五，农历五月十一，属鸡，多云，有阵雨

我知道的土锅寨村委会的情况是这样的：原来的办公点在土锅寨村，其他几个寨子的人办公都要到土锅寨村，后来是搬到箐口村寨子头公路边，与茶厂一起办公。2009年到2010年世博元阳旅游公司元阳分公司进驻土锅寨村委会以后，征用了包括土锅寨村委会办公驻地在内的土地，政府又在箐口村的土地上建起200多户的哈尼小镇。今天是土锅寨村委会、土锅寨党总支部搬迁的时间，邀请了土锅寨党总支部的全部党员参加会议，村委会搬迁到哈尼小镇。

老人生病是要人招呼的，李燕婆婆就是张学的母亲这几天生病住院，她老人家不识字，不会说汉话，只有她做儿媳的去招呼了，今天下午还是到医院招呼其婆婆。

2015年6月27日，星期六，农历五月十二，属狗，晴

今天的天气好，有卢志华家打屋顶，他家亲戚多，不用请小工的，只要叫亲戚们过来帮忙一天就会完成，只要不是请小工的，一般知道的村民也会过来帮忙的，特别这一段时间又是农闲时间，很多村民都会来的。哪有谁不欠人情的，到了亲戚或者朋友有事情了，自己能做得到的还是得去帮忙。

下午，听说生病了好几年的卢虎木的母亲病危了，已经到了快要离开人世的地步，急忙打了电话叫在外面打工的子女们回来。

2015 年 6 月 28 日，星期日，农历五月十三，属猪，晴，有阵小雨

听说病危的卢虎木母亲昨天晚上十一二点就过世了，已经闭上双眼，真的睡着了，再也不睁开，离开家人而到天国的另一边，听到消息的村民今天都要过来帮忙的。

以前村民的经济能力小，村民都很穷，棺材基本上都是自己家出材料村民来做的，这几年，经济能力有点提高，很多都临时到木器厂或者专卖店买来。他家的话，说是不愿用买来的那些，她生病时候就说好了，由嫁到大鱼塘村的她女儿送一棵杉木树，所以，今天家人还要早早地组织年轻人去砍树，还要解开了木板运回来再做棺材，时间上就有点晚了。

很不是时候，我看村民们做棺材的时候，有演唱队在箐口村陈列室凉亭演唱，就是在卢虎木家的门前 20 多米，一边是在唱哀歌，一边是在唱喜歌，有点不对称。只是，他们也不知道，也不是对着唱罢了。

2015 年 6 月 29 日，星期一，农历五月十四，属鼠，晴

根据葬礼的程序，今天卢虎木家通知了亲戚来奔丧，来的人会多，一般情况下，村民都会过来帮忙的。我在家，还是过去帮忙了，别的村里的事情也就没有多观察了。

2015 年 6 月 30 日，星期二，农历五月十五，属牛，晴

可能是时间上合适了，今天的卢虎木家做准备了，准备明天就主办母亲的丧事了，他们家族的人特别是男人们晚上要集中开会，安排明天的人员情况。

2015 年 7 月 1 日，星期三，农历五月十六，属虎，多云间晴

今天，村里主要是办理卢虎木母亲的丧事。一个是农闲时间；一个是村里很多人都是亲戚，不是男方的亲戚就是女方的亲戚，或者是一个寨子的人，多少沾着一层关系，必须要相互帮忙。这个习惯村里一直都保存着，要是没有其他什么重大的事情，都会相互提醒，习惯地停止家里的事情来帮忙的。当然，寨子不算大，也不算小，来的人并不是所有的都会有事情做，多数就是要闲着凑热闹，吃了饭、喝了酒就可以回自己家休息了。忙着做事情的基本还是他们家的亲戚和朋友。就是说，有时候凑热闹也是一种帮忙。农村就是这样，往往在葬礼中表现出热闹的气氛，可以证明一家人或者一个人活着时的为人处世。

今天用牛来丧祭的有李院文家。李院文是过世老人的亲兄弟，就是卢虎木的舅舅。卢虎木的大舅舅李院生家正在建房子，说是自己家建房子也是一件大事，不便于参加这样的丧事，他们夫妻就没有出面来帮忙了，只是让他们的儿子参加。他们也没有参加李院文家丧祭的事情，生怕给他家建新房做喜事带来什么不好。

今天是7月1日建党节，以往是整个土锅寨党总支召开会议，通知所有党员参加会议。今年有点例外，土锅寨党总支会议已经在前几天就开过了，今天就没有开什么会议。而箐口村党分支部没有经费，今天就没有组织什么会议了。

2015年7月2日，星期四，农历五月十七，属兔，多云间晴

从目前我的观点来看，箐口村民都很团结，只要谁家出了大事都会主动来帮忙的。特别是老人过世的时候，主办的一天和出殡的一天，就是两天的时间，村民都会停止家里事情来帮忙的。本来，现在是农闲时候，家里的事务就少，来帮忙的村民自然就比平时多，当然，再一个方面是他们家平时的为人吧。要是平时为人差，到自己家有事情人就会少的。我担任村里的干部的时候就遇到过这样的事情：因为没有人手抬棺材出殡，我出面去叫一伙打麻将的年轻人过来帮忙时，他们就直接说，他们家平时都不来帮村民，现在我们都不去，就让他们一家人抬出去吧。很直接的，农村人讲话就是不用转弯。而卢虎木家不是这一类，来的村民很多的，把他家老人送到山上还回来吃饭的也有六七桌。晚上还有与

他们家人煮牛肉吃消夜喝酒的朋友。

今天，卢虎木的母亲就被送到山上了，一个人的一生就这样慢慢平静下去了。平时，健康的人都希望多活几年，能为人们多做一点事情。人，人终究是人，都不可能长生不老，起源于自然，终归于自然。生老病死是自然规律，谁都无法避免。健康的人怕死，希望多活几年，病的时间长了，老了不能活动了，活着也是一种累赘，一种生不如死的感觉，入土为安的想法可能会有的。听说，她老人家也是生病多年了，已经多年没有出门劳动了，都是依靠打针吃药维持生命。现在，她安息去了，家人也好像解脱了似的，比看着她生病的样子可能要轻松些了。

2015年7月3日，星期五，农历五月十八，属龙，多云间晴

根据村里的葬礼习俗，昨天卢虎木的母亲送上山以后，主人家今天是要接待村民的，而箐口村民也就在今天过礼。小时候，日子比现在难过，记得过礼多数是大米和谷子，钱也过，多1元2元的，5元10元的少有，逐渐地才是5元10元的。当时，可能是人们获取资金的机会少，积累的数目也不会多，过礼的数字自然不会大。现在，有点不同了，多数都是过钱。而且，水涨船高，过礼金的数字也在逐渐提高。前两年还是10元、20元的，这两年多数20元、50元的，100元的也不少，每家累计礼金都在万元以上。我有意识地观察了一下他家也是如此。

现在，很多丧祭的村民家都是实报实销，就是说吃完了就不再请大客过礼。这次，李院文家到卢虎木家丧祭就有点不同。他家今天是请客接待了，去他家做客的还是要过礼金。为了做今天的伙食，他家昨天下午就杀了一头猪用来办今天的伙食。有人说，他平时为人差，来的礼金肯定没有卢家的多，不知道有没有这回事。

2015年7月4日，星期六，农历五月十九，属蛇，多云，有中雨

早上，黄草岭张氏家打电话过来说有一个老人过世了，要箐口村的张氏家人去帮忙。实际上，由于姻亲关系，还有很多卢氏家族的人和李氏家族的人也要去的。

  云南农业大学在箐口村选择了几块田调查哈尼梯田的水稻品种试验已经不少年了，今天也是有学生来取他们的试验样品。就是每年的这个时候来得勤，每隔几天就有不同的学生来。这么多年来，我估计已经毕业了好几届学生了，有本科生，有研究生，也有博士生。他们能为箐口村或者哈尼梯田试验出什么水稻品种，我在与村民交谈中遇到过这样的发问。科学不是一天两天的事情，也不是一年两年的事情，有的是一代人甚至几代人的事情，谈起来又有何容易？但还是希望他们能做出一些试验成果来，做出一些合适箐口村栽种的水稻品种，让村民们栽种，这是有的村民说的。我也是这么想的，只是科学需要时间，需要知识，需要怀才的人去实现，并不是一两天就能完成的事情。

2015年7月5日，星期日，农历五月二十，属马，阴，大雨

  每年的七八月间雨水就是多。今天早上就有暴雨，田里的水都灌满了，就有鱼随雨水跑出来，有人到水渠水沟的地方抓来吃，跑到水沟水渠里来了，管不了是谁家的，都可以拿来煮吃。今天去拿鱼的孩子还不少，有的还拿回来好多。我看自己家田里的水也满了，就打开一会儿缺口，叫了战友李庆祥和堂弟张少宇捉跑出来的鱼回来煮吃。自己养的鱼跑出来就不是自己的了，为什么不拿来煮吃呢？吃了才是自己的，嘿嘿。

  村民认为属马是个好日子，出门找财路都会选择这样的好日子。今天就有张少宇等几个年轻人出门的。带着希望出去，带着收获回来，这是在家的每一个老小的心愿。不知道回来的时候具体又怎样。

2015年7月6日，星期一，农历五月二十一，属羊，多云间晴

  昨天是黄草岭村民小组有一个张氏家族的老人过世。他已经是80多岁了，大家认为年老寿终，家人和亲戚都可以擦着汗水为他办事情。

可是，今天又听说有一个40岁左右的卢氏家人去世了，都觉得很可惜，这种情况就得擦干泪水办事了。没有办法，生老病死是自然的事。不过，听有人说他还是年轻的时候，在个旧市一带很调皮，还跟社会上的一批渣子染上了毒瘾。从那以后身体就逐渐下降，虽然回来后有所好转，但是，还是不能断根，有时偶尔还会去找吃，直到现在已经是控制得好一点的了。

我们箐口村的李正荣是他姐夫，知道了事情后，也过去帮忙了。他又是退休的工人，经济上要方便些，听说对方还比较困难，估计可能还要他出大力。

农闲时间串亲也是一个工作，听说李国忠家来了两个他妻子的亲戚，吃过中午饭又回去。民间的说法是：亲戚亲戚，愈走愈亲，不走不亲。看来，要是有时间的话，还是得走走。

2015年7月7日，星期二，农历五月二十二，属猴，晴

我们云南大学哈尼族调查点原来是打算今年做箐口村一年中的祭祀经过录像，准备要给主要主持人李正林发放一点经济上的补贴，办了一个建设银行卡。他一个人不能去，要本人带着去激活，而"元阳县是太穷了"没有建设银行，只有我带着到最近的个旧市去办理。交通方便了，早上过去，下午就回来。有点遗憾的是，今年因为村里没有咪古组织，无法进行祭祀，这个活动就这样给取消了，他的补贴自然就没有了，白辛苦一趟。

昨天黄草岭过世的年轻人是李绍华妻子的叔叔，出于亲情，他们今天带了糖果、烟酒等去，算是孝敬赡养一天。

我们张氏家族的都到黄草岭村民小组帮忙张氏老人过世祭祀的一家。因为我有事外出，今天没有去，只有等回来以后明天再去了。

2015年7月8日，星期三，农历五月二十三，属鸡，晴

老父亲说，我们家在四五代前是黄草岭村民小组人，是从老祖迁移到箐口村的，现在自然就是箐口村民了。但是，我们与黄草岭张氏家族还是保持着很好的关系。老人也一直这样要求，只要黄草岭张氏家族出来什么事情都一定要我们前去帮忙，或者我们家出来什么大事，都要请他们过来的，互相来往，互相帮忙。前几天去世的张氏老人已经80多岁了，辈数与我是一辈，今天要出殡了，我们在家的张氏年轻人都还是约了一起过去。

因为去黄草岭村民小组帮忙有点累，又喝了一点酒，村里做些什么就没有注意观察，回来就休息了。随便说一下，考虑到离开黄草岭村民小组已经这么多年了，已经是几代人的事情了，从民俗的角度来说，老祖要离开的地方我们也没有必要再回去了，到去年底我们张氏家黄草岭居住地才转让给他们。老祖栽种的树已经上百年了，还在那里招风。消息传来说有人因为树遮着庄稼而想修剪树枝，都被我们张氏家人阻止过，建议他们与我们家人商量一下。时过境迁，祖先的脚步曾经落过黄草岭村民小组那是事实，我还记得那一块地。但是，随着时间的推移就这样慢慢忘记了，以后几代人就可能再也不愿提起。

2015年7月9日，星期四，农历五月二十四，属狗，晴

昨天，黄草岭两个去世的人送出去以后，按照一般的过程，今天他们两家都请客接待，由于现在是农闲时间，在家的箐口村民去做客的很多，基本上每户都有一人参加了。我还是去我们张氏家做客了，随意地瞄了一眼账本，发现现在的礼金是比以前高了，只有个别的妇女是20元或者30元的，可能男的要多崩一点面子，给付的礼金基本上都是50元或100元，给得最多的应该是500元。所以，现在每家办事情收礼都会到达上万元的。这一点就是比较明显的一个方面了。

今天早上去做客，遇着年轻人不可能不喝一点酒的，即使你认为这几天身体不好需要休养几天才能喝,但是,还是得喝一点的。还好,没有喝多,回来休息了一会儿再做自己的事情。

2015 年 7 月 10 日,星期五,农历五月二十五,属猪,晴

重楼,又名蚤休、独角莲,是一种名贵药材,听说这几年的市场价很好。近些年来附近有人栽培试种。表哥也在附近水卜龙寨子租了十几亩地栽种了一些,多次要我去帮他管理,每月支付一定的伙食费,到了卖的时候两个人分成。在村里的我生活实在困难,我也想过去帮忙管理,一个是解决一家人的生活问题;二是可以学习栽培技术。过了几年挣到一些钱,自己也可以回来栽种,这是我想过的事情。只是云南大学这边的事情没有做完怎么离开呢?我一直都这样矛盾着。今天,他说有朋友来他那儿吃饭,又叫我过去帮忙了,回来得晚,村里的事情能知道多少呢?

其实,我是真的认为能学到栽培重楼的技术,自己又有这个经济实力栽种,那确实能为箐口村开辟一条经济路子的。我相信,村民的土地都适合栽种,只是村民没有那么多钱买重楼苗,没有钱来维持家庭每天的开销罢了。要是真的有几户栽种了,品种能够自行处理了,只要平时施肥和除草,要是病害了就打点药,很容易管理的。

2015 年 7 月 11 日,星期六,农历五月二十六,属鼠,晴

按照箐口村民的说法,人们正居住的房子里或者屋檐下是不能有蜂窝的。要是有蜂窝搭在房子里或者屋檐下的,则认为是不吉利,得请摩批、买鸡鸭等来做消解的法事。多数村民相信,特别是中老年人,一旦谁家有蜂子来搭窝,就要有什么不测了,就会请摩批做消解仪式了。就是我不相信,人和动物不都一样吗?基本上不都是在什么地方生育就在什么地方长大吗?长大了,翅膀长硬了飞远一点也不奇怪。据我和村民所知道的,今年村民家来搭蜂窝的就多了,有李世忠家、张春华家、李庆五家、卢龙家、李世明家、李生两家、李文科家、李小祥家等十几户的。有老人说从来没有见过像今年这样蜂窝搭到房子里来的。真是大惊小怪。气候好，适合它们成长才是最主要的。哈尼族，哈尼族，你真的是要出去走走，看看外面的世界！看看外面的世界到底是什么样子。

　　李小祥年轻，知道村里有这样的仪式。他老婆也年轻，知道后很着急，硬是要求他老公尽快做掉。于是，今天下午请了摩批来做，把搭窝在屋里的蜂子也烧吃了。这种仪式隔壁邻居和朋友也可以参加，认为蜂子是一种美食，也就请了一些朋友来烧吃，这是村民的一般做法。我还在江苏省无锡市太湖边服役的时候，记得一到夏天，稍微高一些的树上也会有蜂子来搭蜂窝。有的北方战友认为不能食用，发现了也不去动，让它们自生自灭。我才知道咱们中国就是有这样的南北文化差异。

　　以前的时候有人说"人为财死"，我认为不太对。快进入中年了，真的步入社会，每天要为生计着想，每天都得支出，才相信人的很多需求都集中钱身上，才相信"人为财死"确实有它的道理。生活了这么几十年，能理好自己的财务就是过好日子的人。今天村里来了新街镇信用社的两个工作人员，说是来找张文学的。我打听了一下，知道基本情况是这样的：前两年，他与大鱼塘村的一个亲戚要好，那个亲戚还是一个老师，说是承包了一个工程，需要一笔资金，就叫张文学以自己的名义向信用社借贷一些款投资到工程中。钱用完了，工程不顺利，现在借款时期到了还不了，信用社找谁呢？只有找张文学。今天来的一个工作人员是这么说的："我不管谁喝了酒，只管找打酒的人要钱。"不知道这句话有没有道理，我认为是很冤枉。我们总得相信：钱不是万能的，但没有钱是万万不能的。钱，这东西用好了可以办好事，用不好就是坏事了。

2015年7月12日，星期日，农历五月二十七，属牛，晴

　　箐口村开放旅游业以来，政府还是投入了很多资金去建设公共设施。进村的停车场就是一个，很方便村民的，一是可以临时堆放建筑材料；

二是可以停放村民的车辆。可就是这样，还是出了几桩事情，卢虎木的摩托车被盗过，李庆五的摩托车被盗过。附近还有村民居住着，我们就住在停车场的上方，可是，没有自己的车，半夜里醒来，谁知道谁是车主呢？除非是跟你交代过，你知道这是谁的车。要不，还不是要认为人家就是车主，驾驶出去也不会知道的。时间长了，你都不会在意的，晚上有动静都会认为是人家车主在动车，除非自己的车也停着就会起来看一下。今天早上起来，很远就可以闻到一股汽油味了。李红去驾驶他的三轮港田车时，才发现他的车油都被人家给放完了，才知道是这么一回事。没有办法，只有自己重新去加油，在以后的日子里小心些好了。

当然，居住在附近的我们要是用心的话，逮住还是有办法的，只是不是自己的事，干吗管那么多呢？估计都是村民干的，说不定是自己的亲戚，到时候都是一家人在干瞪眼，多一事不如少一事，还是自己去抓吧，有时就是这样想。人就是这样矛盾。

2015 年 7 月 13 日，星期一，农历五月二十八，属虎，晴

小时候希望长大，总觉得日子过得太慢太慢了。而现在年过40岁了，每天为了生计奔波，每天都有做不完的事情。今天我是看见村里上半年最低生活保障费用又张榜公布了，才恍然醒悟又过了半年，箐口村一共是138246元。小时候觉得人的一生很漫长，到了现在就发觉人的一生其实很短。对于大自然来说，都不过是过眼烟云。特别是当身边的亲戚和朋友们一个个离开你回归自然的时候，你就会觉得，一个人的生命是如此的脆弱，一生是如此的短暂。往日的恩恩怨怨，一起生活的场景就像一场梦。谁又能在他短暂的岁月中做出什么事情呢？即使尽了他平生的精力，在人类的长河中，那又算得了什么？

可能不仅我一个人担心辍学的这部分孩子，他们又不到做事情的年纪，还是在长身体的时候，才十五六岁，能做些什么呢？无非就是做些偷鸡摸狗的事情，今天就有消息传来了，说是前些天在停车场丢失的摩

托车是被张某和李某的孩子偷的,他们两个才十二三岁,还不懂事,还不能出门做事情,在家就会想起做这样丢人的事情。主人原来是打算狠狠地处罚一番的,可都还沾着一点亲戚关系,对方做父母的也来道歉了,还愿意赔偿,就这样不了了之了。所以,我想在村里逮一个小偷那是很简单的事情,只是偷东西的往往又是自己的亲戚或者孩子们,都不愿意撕破脸皮来说话,除了不得已的情况。

2015年7月14日,星期二,农历五月二十九,属兔,阴,有雨

进入期末,学生考试是正常的事情,可是,学校又通知来让辍学的孩子返回学校参加考试就有点想不通了,辍学的这帮孩子要不就是厌学,要不就是基础差,做父母都没有办法的事了,今天怎么还叫他们来参加考试呢?叫他们去考试,能考出什么成绩?考了有什么用?他们真的能安心去动笔吗?我是怀疑的。

过问了一下,村里有张亮同学、李文才的孩子等五六个,正如我怀疑的一样,听说他们到了学校也没有去好好地考试,有的直接就躲起来,有的是到考场写了名字就出来了。我不知道这是干什么。

村民都是往好的方面想,都想生活好一点,吃好一点,住好一点,穿好一点。没有钱,都想出力去挣一些钱的,可是,事不如人愿的过多,能够发财致富的人少,辛苦持家的多。李跃家的房子是前些年才建的,可能是没有钱了,还没有加建堆放粮食的第三层就停止了。估计这两年又节约了一点钱,今天运回来一车砖,准备加建第三层粮食仓库了,方便堆放粮食。估计这样的村民家还是有几户的。

2015年7月15日,星期三,农历五月三十,属龙,多云间晴

现在是农闲的时间,在家的村民都没有多少事情可以做。或许就是这样的原因,早上,有很多亲戚来帮李跃家背砖,很多亲戚是忙到背完为止。要是农忙时候是绝对不可能背完的。当然,主人家也是考虑过这些因素的，谁也不比谁笨多少，只是走的路不同，过的日子就有所不同罢了。

今天是新街镇的集日，又是农历的五月三十，明天就是农历的六月了。卢虎木家母亲过世已经送上山了，过了农历五月就要做封后墙洞口的法事。今天就叫了他叔叔卢朝生到街上买鸡鸭回来，当然，主要的是一头小猪。据说，只有做了这个法事，子女才能出门做事情。

村民说："鸟要搭窝，人要建房子。"人们总是希望有一个属于自己的家。前两年，张龙家的两个儿子分家，在原来的地基上分别建了两个房子，可能当时由于经济问题，两个弟兄都只建了一层房子，现在，已经缓了两三年，经济上可能宽松一些了，两个弟兄都先后再加了一层。今天是小儿子打第二层屋顶，都是请了村民做的，可能是农闲的原因，房子建筑面积又小，来的村民比较多，天气又好，到了十一二点就做好了。

2015年7月16日，星期四，农历六月初一，属蛇，阴，有雨

上初中的学生考完试放假回来了，又可以过一个愉快的暑假。这次考试，不知道谁出的主意，还请了辍学在家不愿上学的孩子，要求他们参加考试。可是，就是因为他们不愿意读书，半途放弃了学习的机会，这样叫他们去考试，他们还会考出什么成绩来呢？他们心里是怎么想的呢？中国的教育是在慢慢地提高，可是，怎么还会有辍学的学生呢？是中国教育本身的问题还是孩子们个人的素质问题？还是家长家庭的问题？

昨天是新街镇的集日，是农历五月的最后一天，卢虎木家买了做法事所需要的东西回来。今天是农历六月初一，上午是召集了他们卢家人做法事，封了后墙洞口，请他们吃喝了一顿，他家的丧事算基本结束。

昨天，村民小组安排了人员打扫卫生，说是今天有州县领导要来村里。今天有雨，来的领导都只能在雨中走了一圈后匆匆离开，不像天晴的日子，没能很好地看村里的情况，估计有点遗憾了。

2015年7月17日，星期五，农历六月初二，属马，多云，有小雨

以前，打屋顶是男人们的事情。现在，情况有所不同了，只要给钱，妇女们也会组织起来打屋顶，挣到她们所需要的钱了。这几天每天早上都有妇女外出，她们早上四五点钟就要到停车场集合，之后一块出发，说今天是要到黄草岭村民小组去，很辛苦很能干的。

我们箐口村才200多户，不算大，一年里过世的人有5~10个，有些年可能会多一些，有些年可能要少，并不算频繁。可是，要是把附近的大鱼塘村、黄草岭村民小组、麻栗寨等有姻亲的寨子联系起来就频繁了，民俗又繁多。所以，只要在家，参加这些事情都忙不过来。今天，听说是李朝生家要到上马点奔丧了，只要有时间的村民过几天又要去吃牛肉了。我是因为有马老师等师生们在村里做调查而不能去了。

2015年7月18日，星期六，农历六月初三，属羊，阴，有雨

李庆云夫妇在个旧市打工已经五六年了，也带着两个孩子，让他们在个旧市一个小学校读书。现在是放假了，今天就带着两个孩子回来，要让他们在老家过暑假，等开学了再来接孩子去读书。这样在城里打工，让孩子在当地读书的家庭村里还有李成一家、李庆生一家等。听说当地的教学质量好，孩子成绩不错的也有。张祥家、李德生家就是一些例子，听说是张祥的女儿上了重点大学，李德生的儿子还是名牌大学呢。所以，我也认为多给孩子提供一些较好的学习条件是必要的，孩子成才的机会肯定要多一些。

下午，云南大学暑假学员一行16人顺利到达箐口村云南大学西南边疆少数民族研究哈尼族调查点，他们要在村里做十几天的调查，与村民度过一段时光。

2015年7月19日，星期日，农历六月初四，属猴，阴，有小雨

我统计了一下，村里这几年新建的房子有三四家。有的是拆建老房子，有的是分家了新建。前两年建设美丽家园把村民的房子都粉刷过了。今年初李阿三家新建了一家，卢虎木家加建了一层，为了外墙的统一，今天政府是安排了一个施工队来粉刷他们两家的房子。

2015 年 7 月 20 日，星期一，农历六月初五，属鸡，多云间晴

没有水也是一件麻烦的事情。今天说好了有马老师的朋友们来，要在基地杀狗吃，可能要有两三桌的人。只是，基地就是没有水，可能前些天雨水多的时候把水源冲断了，村民小组的人员没有去修理。为了有水用，我原来是打算带着李生学去修理的。可是，这样的义务劳动现在是少有人去了，他以上街为借口不愿意去，只好叫李生明叫了卢保应一起去。检查的情况就是水管好长时间没有疏通了，引到水池里的水源都被冲垮了，只要简单处理一下就好了。

有句俗话是"礼尚往来"。人家过的礼，到了人家办事的时候就得还，李江家只剩他一个人，姑姑都已经出嫁。他家老人过世的时候，亲戚是要来过礼的。现在，听说罢达亲戚家有老人过世。为了这事，他的姑姑只得出面拿小猪去丧祭。

2015 年 7 月 21 日，星期二，农历六月初六，属狗，多云间晴

现在的交通是比以前发达多了，记得一二十年前去一趟个旧市都要得一两天前买好车票。现在是随时都有车了，只需要一两个小时就到了。李庆云夫妇在个旧市打工已经四五年，前两天带着孩子回来，要孩子在老家过暑假，等收假了再回来带出去。今天，他们要回工地上班，于下午夫妇一起过去。

我知道前几天是有李朝生家的亲戚过世去奔丧事，可能是他家以前就欠的礼，今天晚上他们家又到那边去发糖果，请歌手给他们家唱歌，等天亮了再返回来。

2015 年 7 月 22 日，星期三，农历六月初七，属猪，阴，有雨

村里的年轻人有好几对夫妇是在蒙自市打工的。多数都从事建筑业，听说还赚到了一些钱，有几个还买了自己的新车回来，来去都很方便。李庆祥是其中的一个，也买了一辆面包车，前几天回来，今天又出去，说是只需要两个小时就到了。

交通方便，车辆能够进出就是好事，这几天是有一个收废旧物品的人开着车来收购废旧物品。村里的妇女们来得很勤，各自拿一些废旧物品来，特别是旧手机、旧电视、废铁烂铜的。特别是手机，估计收了上百部，生意很不错的。

2015 年 7 月 23 日，星期四，农历六月初八，属鼠，阴，有大雨

村里的马卫明原来是跟一些外地人做药材生意的，或许是赚了一些钱，他自己买了一辆面包车。近日来，两口子又做起了蔬菜和水果生意。每天早出晚归，多数是看准了各个乡镇的集日去，很勤快的，每天基本上6点左右就装货上车出发了，等下午再回来。今天他们又买回来一些蔬菜和水果，平时不想出去就在村里卖。

特别是板蓝根淀粉，他们俩夫妇到嘎娘乡集日时买回来，卖给村里的妇女。听他们说需要的妇女还多，生意特别的好。

下午，知道新街镇阿花寨的一家人来李文新家，说是阿花寨的小伙子与李文新的姑娘好上了，今天下午是来提亲的。

2015 年 7 月 24 日，星期五，农历六月初九，属牛，阴，有大雨

现在，婚姻是自由多了。年轻人谈恋爱都可以自由地寻找，都可以通过手机通信息来解决，可以不分民族和文化种类。昨天下午来提亲的阿花寨家人又来了，还是来村里的李文新家，说是其女儿已经怀上了孩子。昨天是提亲，今天是来过礼金的，等再过几天就要举办婚礼。地点是在新街镇的云梯酒店，已经给他们的亲戚和朋友发了请柬。

今天的天气还是不好，从上午到中午一直都下着雨，原来想不会做什么事情了。但是，有的事情既然说好了还是不能变化的，今天的卢志华家就这样干，原来就决定打屋顶，都请好了人，他们就带着雨具干，很辛苦的。谁都不想做这样事情的时候下雨，但是，又有什么办法呢？人们只能克服困难而上。往往，很多事情就是这样。

丧祭的事情有时候觉得过多了。每隔一段时间就有人家去丧祭，有时是接二连三地来，忙也忙不过来。今天有李朝生家去上马点寨子丧祭，不准备请大客，就只是通知了家人。不过，好在有村里广播，家人叫李生明用喇叭通知了一声有时间的村民都去，所以，知道的村民由于这段时间是农闲，没有多少事情要做，好多还是去了。有点变化的是，现在村里已经有十多辆车了。今天又下着雨，步行路程远又难行，就请了四五辆车来回接送，这是这两三年来的一大变化，像去大鱼塘这样近的地方都用车接送了。

下午，雨稍微停了一些，就有隔壁土锅寨彝族杨里忠夫妇来卖蔬菜，蔬菜的价钱不贵，来买的村民很多。

2015年7月25日，星期六，农历六月初十，属虎，阴

昨天，村里是有李朝生家到上马点去丧祭，同一般的丧祭一样，我今天吃过早饭后就回来了。因为不准备请客，没有买再多的肉和蔬菜，也就没有带回来多少牛肉了，只是为了表示感谢来帮忙的亲戚和村民朋友带回来一两餐的肉。当然，一般情况下，亲戚和朋友今天下午是要到他家吃饭的，负责主要事务的人他们家也会一一邀请，这是礼节上的一个习惯，大家都会这么做，要是主要角色不来心里还不爽呢。

这边，多数村民从上马点丧祭回来，今天听说张五的亲戚全福庄那边又有老人过世了，我又看见安排人去买鸡了。

2015年7月26日，星期日，农历六月十一，属兔，晴

这死人的事情确实在所难免。不出门十多年来，我大概统计了一下，村里一年里要去世五六个人。我认为村民处理丧事的时间还算正常，占用正常生产的时间不算多。可是，因为亲戚的关系，还要参加大鱼塘村、黄草岭村民小组、全福庄村等其他村寨的丧事，时间算下来还是多的。有时每隔几天就要去一个地方，村民都会发牢骚说，这死人的事情也太多了。前几天是李朝生家到上马点丧祭，很多村民才吃了牛肉回来。今天又听说张五家到全福庄奔丧去了，说是还是亲家，张五的姐姐是那边的儿媳，看样子又要去丧祭了。经常在家经历过多这样事情的人似乎闻够了牛肉味，有时不只烦还真的感到累，谁又有什么办法呢？说得最多的一句就是：以前老人都是这么做的，现在的我们也只能这样做了。

2015年7月27日，星期一，农历六月十二，属龙，晴

上午，李德福家做新房迁居仪式。因为有云南大学暑期学校的学员在基地做调查，每天早上都要到镇里买蔬菜，就没有观察到，只是晚上才知道他家做了这个仪式。当然，他家也做得匆忙，房子都还没有很好地粉刷、装修。可能他们家人认为今天是吉祥的日子，才请了摩批，请了几个亲戚和朋友简单做了。没有请更多的村民，也就没有多少人参加，知道的人当然少了。

今天是新街镇的集日，准备要赶集的村民早早就集中到村口的停车场了，等村里用三轮车跑运输的张牛后和李生祥。我注意观察了一下，发现李庆五的母亲背着一背菜要到街上去卖。知道的情况是这样的：李庆五家五个弟兄分家以后，每个人所能分到的田地不足两亩，自己家要吃的蔬菜都无法满足了。只是2012年时李庆五通过其岳父，接了村里说是净化水池的一个项目，利用政府征用的李志宽、李欧省等村民家秧田五六亩，做好以后，说是工程款还没有全部付清而暂时由李庆五家管理，他的母亲就利用能栽种的地栽了一些蔬菜，由于土壤比较肥，栽出来的蔬菜也比较好，还很多，自己家是吃不完的，当然，卖一些得来钱交换自己所需要的东西就理所当然了。

她这样利用集日去卖已经两三年了。一个寨子里的，要是经常在家，吃饭喝酒时就能听到这样那样的故事，对于李家这样以没有收到工程款为理由栽种蔬菜的事情，我听一些村民的说法是有意见的。他们的说法是没有付清工程款要找老板或者有关负责单位去要，而不合适在没有建设的地面上栽种蔬菜或者其他什么东西，原本每一个村民家的田地都极其有限，只是政府部门为了更好地建设箐口村来征用田地，村民不得已而为之，没有建设的剩余田地应该给原来的村民主人家来管理。有的村民是这样说的，不知道合不合理。

这十天来，我都做我们云南大学暑期学员们的后勤，为了让他们吃上村民栽种的新鲜蔬菜，每天都要起早到街上去买，今天也一样。不一样的是，今天早上看见村里开车跑生意的卢生亮和马卫明两人都在新街镇农贸市场卖水果，在新街镇农贸市场居然有了两个箐口村民，我都感到有点惊奇。确实，有自己的车就是方便，他们两个都是今年才做起这样的蔬菜和水果生意的，有自己的车，他们晚上或者凌晨进他们所需要的货，白天就到附近的乡镇赶集，等市场散场了再收工回来。看他们早出晚归忙碌的样子，生意可能不错，我看见村民都会到他们家买蔬菜水果的。

2015年7月28日，星期二，农历六月十三，属蛇，阴，有中雨

云南大学暑期学员来村里做调查已经十天了，按照计划明天就要返回学校了。为了能够顺利搭车，我带了几个学生去买车票，也带上了他们所有人的身份证。车票是顺利买到了，有点不愉快的是，他们要到老百姓超市买东西的时候，带着身份证的同学拉开背包的时候把身份证掉了出来，有一张身份证掉进城里的下水道。我们想了很多办法，找了好几个人都无法弄出来。下水道的水泥板很厚，因为没有预留人员清理时需要的进出口，要么十几个人手掀开，要么找吊车把盖板吊起。这样原始的办法比较费劲，付出的代价有点过高，也就放弃了，只有周折一下重新补办了。

从这件事情上，我考虑到几点：无论是学生还是什么人，出门在外，有效证件、钱包、手机是要带好的。都是二十几岁出过门的人，别以为丢失的是自己的，与别人不相干。其实，做兄长的还为你担心着，为了这事，你还得周折多少？麻烦多少？浪费你的钱不说，还要你付出足够的时间去弥补。我也有过这样类似的事情，真是"吃一堑，长一智"。发生这样的事情，说说这样的话，加以共勉吧。

2015 年 7 月 29 日，星期三，农历六月十四，属马，阴，有阵雨

早上，按照原来的计划，云南大学暑期学校的师生返回学校了，他们是 7 月 18 日到箐口村的，在箐口村做了 11 天的调查，他们来自不同的学校，有北京大学的学生，有浙江大学的学生，有中国传媒大学的学生，有黑龙江大学的学生，也有云南大学的学生等，同样是调查人类学方面的课题，只是所调查的问题不同。有的调查水资源问题，有的调查生态问题，有的调查传媒问题，有的调查牲畜问题，等等。云南大学这样利用暑期带学生来箐口村进行社会调查已经几年了。同样是来自不同的地方，不同的学校，为箐口村做了不少的文字工作，从某种程度上来说为箐口村宣传了不少。收集箐口村所发表的文章估计要到上千万字了，还有影视方面的，一个小寨子能有那么多整理出来的材料真是荣幸。

因为这些人，这么多年以后，他们真的写了很多文字发表了不少文章，在咱们中国这片土地上，一个自然村的文章在国家级刊物上发表这么多估计也是少见的。

下午，有李志光家做叫魂仪式，请的摩批是李建国。因为他们还年轻，经常在外打工，为人老实，也很少喝酒，在村里的朋友也少，今天请的人就相对少。从这样的人身上看到一点，就是老实很少喝酒的人的朋友要比喝酒的人少些。从某个角度来讲，朋友也是喝出来的，信不信由你。

2015年7月30日，星期四，农历六月十五，属羊，多云，有雨

有亲戚过世，或者自己家要做什么大事，在外地的亲戚也得请回来。张五和我们是堂弟兄，家族有什么大事都要团结起来商量处理，明后天就要到全福庄丧祭了，也就通知了在附近的亲戚回来，这几天准备所需要的物资召集人手。

我没有统计过，过世老人要花费多少金钱、人力，以现在的物价大概估算一下是不会少于三万元的，前后参加人员有上千个，投入的劳动力需要上百个。要是时间再搁置长些，所花费的人力物力还要多。这次堂弟张五家去丧祭，估计也是要花费一万多元。不过，他们家也是五个弟兄，分摊下来一个只要承担三四千元就足够了。有一个堂兄已经过世，没有给他家分担多少，只是象征性地分担了一点。

2015年7月31日，星期五，农历六月十六，属猴，多云间晴

我是放牛长大的，特别是每到农忙的时候，老人就要我向老师请假放牛去，他们才可以腾出时间来收割或者播种。年幼的我因为怕耽误学习，哭过也闹过，知道放牛很辛苦，只是，随着时光的推移，渐渐地忘记了这放牛的事儿。但是，我的老人一生辛苦，都把一生的精力放在梯田上，而梯田的管理最重要的劳动工具就是牛。无论是天阴下雨，还是酷暑难当，都不曾好好休息过一天，都要招呼牛的。他视牛为梯田的命根，我们说辛苦叫他卖了都听不进去，还作为一笔财富养大了分给我们弟兄几个每人一头。我和二哥前些年都在外地做事，根本没有精力来招呼牛的。这两年二哥因为身体问题回来务农了，老父亲硬是要我们两个招呼一头。我又回到小时候，得去放牛了。经历了养牛才真的知道很辛苦的。因为正是有庄稼的时候，得从家里放出去就要招呼好，直到下午吃饱了赶回来。现在有青草，早晚可以割一些回来喂吃。因为今天要去丧祭，早早就割一些青草回来关养着。

照前几天准备的一样，今天我们堂弟兄到全福庄丧祭了，也不准备请大客，就没有通知全村人，只是叫了一些亲戚和朋友，路上遇见的也打过招呼。

2015年8月1日，星期六，农历六月十七，属鸡，有中雨

今天是八一建军节。我是1997年退役回来，我们这一批也学着其他退役回来的成立了一个组织，每年到八一建军节前后一两天都要召集能召集到的聚会一下，喝一两杯，聊聊过来的日子，相互之间认识一下。只是去年战友聚会大会上，有人提议每年聚会未免过于频繁，都是成家的人了，有的人确实忙于过日子而奔波，提议是否两三年再聚会一次，决定每三年大聚会，至于方便的在附近一起做事的多少时间聚会一次就不一定了。所以，按照会议的议程，今年没有通知聚会，我就没有出去约战友。刚好是村里的战友又是侄子李庆祥回来，就约了他到朋友家喝了几杯，也算是小聚会吧。

这一段时间是雨季，每天都下一阵雨，今天早上是有阵中雨，所以，闲着的人就会趁着雨水到水渠沟边捉鱼。雨水涨满了田，水源由缺口流到水渠或者沟里，鱼儿就会随水冲动，田里关不住、管不了，跑到水渠水沟里。没人来管了，谁见了都可以捉拿，没有人捉拿就只有让它随雨水到大江大河里了。所以，有经验的人都会去捉拿的，一是可以随机到自己的田里观察，二是若能捉拿几尾鱼回来也可做美食。有捉鱼的机器更好，两三个人用捉鱼器能拿到更多。所以，我看，这两年村里的捉鱼器是比前几年多了几台。也听说过拿捉鱼器出过事情的。

2015年8月2日，星期日，农历六月十八，属狗，多云，有阵雨

也就是昨天晚上与我的老战友吃饭，说出来有个朋友有台捉鱼器，说好今天上午去捉鱼，专门吃一顿鱼。可是，做什么事情都需要师傅，说是捉鱼器不好使用，或者是他们两个到了一个地方，发现没有什么鱼就跑回来了，这顿鱼就没有吃上。但是，由于明后天就要过节了，好朋友李庆云也带着一家人回来，李成一家人也回来，他们都打了电话约我吃饭。吃饭，其实就是喝酒。小时候希望过节，是希望有肉吃、有新衣服穿。现在长大了，社会好了，生活好了，不仅有肉吃了，有新衣服穿了，还学会喝酒抽烟。每到过年过节，朋友们都要相互约着喝酒，上午吃一家，下午喝一家，或者今天喝一家，明天喝一家。还学会了敬酒，你敬我一杯，我敬你一杯，一喝就是几杯。几杯酒下肚，酒气从肚里往外冒，人都要晕了，还吃什么饭菜。有时往往几天没有吃饭，看饭桌上的饭菜都觉得可惜。这么多年来基本上没有过一次好年好节，人都是晕着过。有时简直怀疑是疯了，相互间说着"酒疯子"过日子。有的朋友是喝伤了戒了，有的朋友是喝多了上山了，也怀疑再喝的下一个轮到谁举双手双脚投降。确实，几个朋友是喝多了，包括我自己，不说戒也该减少些了。有时候，当然是酒醒过来的时候也想，昨天我喝了多少？为什么要喝那么多？以后的路还长着呢，上有老，下有小，人的生命只有一次。一个人的生命不仅属于自己。自己双手双脚一蹬去了，留下来老小怎么过日子？年纪轻轻的就去了，不枉来一世吗？

　　昨天晚上，几杯酒下肚，还是有点晕了，留点清醒吧！所以，今天晚上回来得就有点早，算没有喝多，保持这种状态就好。

2015 年 8 月 3 日，星期一，农历六月十九，属猪，多云，有阵雨

　　村里要是按照以前的样子，今天是该杀牛过苦扎扎节。可是，就是村里由于选不出来咪古，干脆就不过集体的仪式了。只是到了这个时候，村民还是会自发地过节，该买鸡的还是买鸡，该杀猪的还是杀猪，该杀牛的还是杀牛。我听说今天是有李平发家搭伙杀了一头猪，每公斤的肉价是 22 元，相对市场价是便宜一点。只是在农村这样搭伙杀的猪牛肉，都要平均搭配，也就是说要肥瘦肉搭配，不能像市场上有任你挑选的余地。下午做完事情后吃些什么都要相互商量来定，这是村里的情况，我参加过一次。那次是有与我不好玩的人，觉得心里不是滋味。所以，过后几年我都要问是哪些人搭伙，有不好玩的人就不参加了。自己想吃什么就到市场上购买，觉得这样划算，自己也不费劲。想买什么全可以自己定，都是现成的，多费几文钱也觉得心安理得，搭伙杀猪的可能就这一伙。

要提醒的是，村里过苦扎扎节一般都杀牛，而不是杀猪。杀猪是其他节日里的事情，今天村里因为没有咪古就没有组织杀牛了。其他村寨过节，我们自己也会过，搭伙杀牛的有两组。一组是李世华，近两年他带着十几个弟兄与他们大老板干，他们一伙就约起来杀一头分吃；还有一伙是李庆五，也是自己从大老板手中承包工程干，也是他们弟兄分吃。原本箐口村就不富有，没有一个大老板，都是小打小闹的小人物，加上今年村里又不组织过节，村里过节的气氛是少了很多。

回想我还在任村民小组负责人的时候，我是担心极了。也是大咪古去世，大咪古儿子不能在三年内当任，一过春节，进入农历的一月二月初就要开始做各种仪式，为难了！我不能让这样维持了多年的箐口民俗烂在我手里，让村民笑话我，一定要找到人把这一文化传承下去。特别是不能让对我任职有偏见的村民找到把柄。于是，我是出力又出钱，找到摩批、找到一些中年人，也与自己的朋友们商量，又是买酒又是发烟的，算下来出了一两千元。当时收入低，物价也低，困难的我心里认为还是花了不少的钱，只是也认为尽了自己的能力，能让村里各种秩序正常过渡就好了。

2015 年 8 月 4 日，星期二，农历六月二十，属鼠，多云，有阵雨

要是村里像以前一样正常过苦扎扎节的话，今天就是到磨秋场祭祀的日子。可是，就是没有人担任咪古，或者说是什么原因造成的，村里就不能正常过民俗祭祀活动了，只能自己或者村民间相互来往。所以，原本要在村里调查过苦扎扎祭祀的学生也只有到大鱼塘村和黄草岭村民小组做调查了。在我们箐口就只能做问卷式的调查,他们做咪古和摩批的,也有一些知道一点情况的老人说,只要一年放弃过这种集体的仪式就要一直放弃三年,只有等三年过去以后才能恢复过节。这是箐口村历来的情况,三年以后能否恢复过节,这就等以后再看了。就我个人来看,三年后,年轻人的观念是否会改变?正如现在很多村寨的情况,只愿自发地组织起来过节,而不愿意咪古和摩批出来组织村里集体的仪式,认为这反而是一种麻烦呢?我是有这种想法,但是,会是什么变化就等着看吧。

2015年8月5日,星期三,农历六月二十一,属牛,多云,有阵中雨

我一直这样认为:做人要有好心态,做事要有好心情。写作也不例外。即使有好的素材,没有好的心情、好的构思是写不出来的。因为这两天过节与朋友们多喝了两杯。朋友是好的,但是,朋友们的生活水平还没有达到喝好酒的时候。有的稍微好一点,有的稍微差一点,喝的酒就有点差异,心里记着嘴里不可能说出来。宁愿伤身体也不愿伤感情。所以,今天感觉累,只想躲着休息,不想见朋友更不想喝酒了,身体是自己的,伤了、困了、累了自己最清楚。作业多也只想休息,有时休息也是工作,只有休息好了、恢复了精神、恢复了体力才好工作。所以,今天就休息了。

晚上,我听说今天有张小明家到陈安村奔丧,说去世的是他姐姐的什么人,过几天真的要丧祭时他家又要用牛去祭祀。这些年我也确实感觉村民的很多时间很多精力是被丧事花去了,希望有所改变。只是很多民间习俗有它形成的历史,有它形成的原因,改变它们得需要一定的时间,一定的因素,甚至需要一定的力量。正如,一种生产和社会制度的更替需要另一种强有力的生产和制度诞生。我是这样想的。

2015年8月6日，星期四，农历六月二十二，属虎，多云，有阵雨

  过年过节，我认为有点像一股绳子，系在父母的手上。一到过年过节的时间他们就要拉动绳子，把远在他乡的孩子们都拉到身边，听他们说家常，唠叨年轻人喝酒醉的话语。一到过完了，子女们又得外出，重新开始他们奔波的岁月。总是有这样的人、这样的事，总是年复一年的就是这样生活，这样过日子。今天是看见李庆贵夫妇外出打工，估计其他的也有外出的了，只是我没有看到，或者听到。过完了节日，他们就都要外出了。

  张正明、张牛后弟兄到牛角寨乡集市上买牛，过几天要到全福庄村丧祭。有的事情可能历史形成，有的可能是自然的环境条件因素形成。在附近，就是有牛角寨乡集市时做牛买卖生意的。所以，一直以来需要买牛的绝大多数就是到牛角寨乡集市。虽说近期政府限制要牛祭祀，说是谁家要是用牛去丧祭就要罚款1000元的。可是，这一段时间来还是有村民家不得不做的，还是有村民家要去丧祭的，没有听说政府强制执行罚款的。有的法令法规还是考虑了，看条件成熟了再制定，再执行。制定出来的法令法规没有组织执行，没有执行的组织，无法让执行的组织再生存再继续，执行法令法规是不成熟的。

  我担任过村里的书记兼副村民组长，我的性格决定我有性格，认定要做的能做的就要做，不能做的不想做的不做，想说的必须说的就要说，不想说不能说的最好别说。所以，当时的很多事情其实就是我说了做的。现在想想，有对的，有错的，也管不了啦。让历史去评说吧。只是就上面听说的政府不让村民用牛丧祭的一事想多说两句话，我任村民负责人的时候，认为自己认识几个字，村里应该要用制度来管理，应该有个村规民约。所以，我是付出过精力认真起草，认真讨论，认真修改，认真宣传，认真召开群众大会下发决定执行的。可是，几年来，大的事情执行不了，小的事情不愿意执行，特别是一些涉及金钱的问题，谁来执行呢？执法人要在寨子里过日子，每天要与他的执法对象相处，甚至多数不是自己的亲戚就是朋友，今天处罚了他，明天要请他帮忙，怎样执法呢？无法执行下去，感觉付出精力认真考虑了做出来的劳动，已经考虑成熟了做出来的村规民约不过是一堆废纸——我很伤感。自己费了很大的精力做出来的事情就不当一回事。不知道中国的其他村寨有没有这样的经历？我想，会有的，肯定会有。

2015年8月7日，星期五，农历六月二十三，属兔，多云，有阵雨

是到了雨季，已经连续几天的阴雨天气了。田里的稻谷正是打苞抽穗的时候，做农民的我们很担心一年的心血是否要被雨水弄坏。可是，以我们现在的能力和情况是没有办法的，只能眼睁睁地干等着，心里盼着天气变好，让抽穗的谷子长得好些，谷子饱满一些。谁会希望一年的劳动白白地浪费在田里？

虽然说，现在这年头，很多的年轻人可以举家外出，全依靠打工过日子，不需要招呼仅有的那几块田。有的村民家的田还放荒了，而且过得愉快。但是，先辈留下的这一产业还是不要轻易放弃吧。我也想过，自己的那几块田里是不是改行栽种其他什么名贵的药材，或者直接种菜，每天运一些到市场去卖，赚到的钱或者说价值也不会比栽水稻的价值少。放荒梯田的人可能就是这样打算这样做的。所以，当有人问我梯田要怎样保护和可持续发展时，一两句话是无法回答的，我考虑几天几夜都只会想到某些方面或某些措施，或者都是些不成熟的想法，或者得问一问付出了全部甚至几代人心血的那些老人。在他们面前，我们基本是没有说话权的。

2015年8月8日，星期六，农历六月二十四，属龙，多云

今天就是农历的六月二十四，就是彝族的火把节，以前县政府在新街镇的时候都要组织开幕式，召集各乡镇的文艺队来进行舞蹈歌唱表演，来观看的人也会特别的多，可能是县里最热闹的节日了。可是，自从有一年的火把节开幕式出了事故后，政府把规模缩小了，以后的几届火把节暨民族摔跤运动会由新街镇来承办。也没有到处宣传举办的时间和地点，很多人都不知道在哪儿举办。我听说是在新街镇附近的啊花寨举办，文艺队也只请了附近几个寨子的人来参加。

我听说是县里为了继承少数民族的文化节日，每年拨给俄扎乡哈尼族昂玛突节五万元，新街镇彝族火把节暨民族摔跤运动会五万元，南沙镇傣族泼水节五万元，每次承办的具体开支就只有承办者知道了。我个人认为传统的民族文化节日要继续承办下去。今年村里由于各种原因不能组织过苦扎扎节也是一种遗憾。在历史的进程中，可能永远都是"适者生存，优胜劣汰"。民族的文化也可能是这样，它要承受外来文化的同化又要有它生存的力量，能够让拥有者和继承者感兴趣，吸引、承载其生存并发展下去。

2015年8月9日，星期日，农历六月二十五，属蛇，多云

听说是政府已经下了通知，不准村民用牛去丧祭，可是，已经形成多年的民俗不可能一下子改变吧。今天，我们张氏家族（我的堂兄弟张牛后、张五几个）又要到全福庄寨子丧祭了，说是要来罚款，今天是没有人来干涉。不知道以后的情况会怎样变化。从现在村民的口气来听，有的事情变动确实需要时间，需要改变观念，要有一种力量来实施。因为，我们都知道这样用牛丧祭一次要花掉上万元，不是每个人随时都有1万元的，贫困的我们很多人都没有见过1万元，都是在困难中过日子。只是，没有办法，有的事情再困难也得做，有点像他们说的："打肿脸充胖子。"

听到政府有这样的通知，或者说文件，村民为什么还要用牛丧祭呢？主要是双方关系太亲近了，有认亲的意思。比如，今天我们去的就是堂姐家，办理的就是堂姐婆婆的丧事，来的还有她女儿。这样亲近的家属中，在他离开人世，与家人永别时，就是抚养长大的儿女用这样一种特殊的方式来表达。我认为没有什么过错。反正，用牛来祭祀的都是最亲

近的家属，其次是用小猪来祭祀的了。从这么多年的观察中，我发现哈尼族的葬礼是最认亲的时候，一旦自己的亲人过世，如果没有天大的困难，在再远的地方也要回来。用牛过礼，用猪过礼，用钱过礼都是表现一定亲属关系情况和事实，无非是表现的礼物不同罢了，其实就是"礼"。所以，我们认为政府对这样的表现方法处罚的规定是有问题的，对于过多的礼物往来和消费进行限制的确有必要。

2015年8月10日，星期一，农历六月二十六，属马，多云间晴

昨天，我们张氏几个弟兄也请了村里的亲戚到全福庄村堂姐家丧祭，该办的昨天办理好以后，今天上午在那边吃了一顿饭就回来了。下午，我们家还请了摩批做法事，认为家里遇到这样杀牛的大事情是不好的，必须要做一个法事来挽救。这是村里近期杀牛祭祀的人家做的事情之一，还有就是落脚的那一家也要做一个法事。同样，在我们回来之前，他们落脚的主人家已经买回来鸡鸭，也是在下午就做这种法事了。我们都是希望这样的事情有所减少，或者说因此而可能带来的灾难得到一定的消解。

我们张氏家也是在今天做这个法事了，别人做了我们也做一个，要出这么大的血来承办这样的事情，也觉得不好。只是，人有的时候得崩一下面子，伤一点身体伤一点筋骨出一点钱也无妨。不然，有谁真的拿这么一大笔钱开玩笑呢？有谁真的有用不完的钱？我不相信。一点也不相信。只是，人都是做给人看的，姐姐作为婆家的儿媳，这边有这么几个弟兄，不能让他们小看了我们做弟兄的。崩一点面子，姐姐在婆家做儿媳也觉得有些面子罢了，这是一种观点，实在没有办法的，谁也不会勉强谁。

因为昨天晚上没有休息好，今天回来就睡觉休息了，连晚饭都没有去吃，也就没有参加做法事的酒会。自己的身体自己最清楚，还是保重些好。

2015年8月11日，星期二，农历六月二十七，属羊，多云间晴

村里一年里过世几个老人，每隔一段时间村里有一桩丧事还算正常，可是，加上到其他附近的村寨参加丧祭，事情就显得过于平凡了。昨天是我们张氏家丧祭回来，今天又有张小明家到陈安村丧祭了，很多村民又得停下手中的事情去帮忙了。这都是没有办法的，别人家办事情的时候你不去，自己家办事人家就不来，都是相互给面子相互帮忙的事情。等于互换劳力，这样的事情在我们村里比较明显。所以，只要没有什么大事，谁家都会派代表参加的。

2015年8月12日，星期三，农历六月二十八，属猴，晴

"人要有灵魂，没有灵魂的人身体不会好，就会生病。"这是村民的一种说法。所以，村民家做叫魂仪式的经常会有，也可能是仪式中做得最多的一种了。今天我看见有李正祥家做这种叫魂仪式。这种仪式谁都可以参加，而做这种仪式的主人家也会叫隔壁邻居和亲戚朋友来参加。所以，这种仪式往往会出现六七桌的人吃饭，主人家要故意多准备些。插秧的四五月是做这个仪式最多的时候。有的人家明明是好好的，可为了召集亲戚和朋友吃饭也故意做这种仪式。

昨天到陈安村丧祭的张小明家今天回来，下午，还是做了一个消解的仪式。本来我们张氏家谁家做这样的仪式要求参加可以参加的。可是，我已经与李四文约好要去烧蜂子吃就没有去了。说是回来早，做仪式也早，吃饭的时间就早了。

说来很好玩，我知道在我服役的江苏无锡很少有人会烧蜂子吃。可是，在我们云南，蜂子是一道美食，在我们村里也是有很多人会烧吃的。这一段时间正是烧蜂子吃的旺季，晚上，李岩和、李红亮我们几个朋友应李贵文邀请一起去烧一窝回来吃。我们几个是晚上6点左右出去的，回来已经是10点左右了，吃完后，已经是12点多了。

在这里，简单地写一点养蜂的知识吧。我说的不是蜜蜂，而是我们

叫的白脚蜂，书名该是叫黄蜂。一般到了二三月后，气温变暖，母蜂就在地里搭窝繁殖到一定程度。到了五六月，气温升高，树叶长大了，它们又飞到树上重新搭窝繁殖到10月11月天气变冷就去冬眠了。四五月它们要从地里到树上的这一段时间可以拿来养在屋檐边，谁先看见认作谁的，可以做一个记号。就算有主人了，有的人不会养，可以请会养的人拿去，烧吃时间就是八九月生长最旺的时候。有的人不会吃，吃了会过敏，我不要紧，也不太懂，略知道些，每年都要烧吃几窝。知道的朋友有几个，他们也会请我去吃喝。今天就是这样，他们知道我在家，李贵文就来约我。

2015年8月13日，星期四，农历六月二十九，属鸡，晴

人都是有感情的，我们一起服役的战友成立了一个协会，每到谁家老人不在了都要相互通知前去问候的。今天我是因为水卜龙寨子战友李才云的老人不在而去哀悼。

昨天，我们是从陈安村丧祭回来，没有去帮忙李世文家打屋顶。今天听说有的人家打屋顶还是算日子的。昨天是不适合打屋顶的，算来会出事情。也可能是这样吧，或者是一种巧合，昨天，李世文的三轮港田车被几个七八岁的孩子推翻了，好在孩子们没有伤着，事情也就没有过大罢了。

2015年8月14日，星期五，农历七月初一，属狗，晴

前几天连续阴天，又是下雨，正在抽穗的谷子是被弄坏了一些，这两天天气稍微变好些，谷子的长势也有所变好，心情当然就要好些。

虽然，寨子里没有正常的咪古组织，也就不能过有史以来的苦扎扎节，但是，附近的其他村寨还是正常过，特别是彝族的火把节，在我们县还是比较隆重，每年都要在新街镇（原来的县政府所在地）召开摔跤运动会，县政府组织的时候来的人会特别的多，包括外县的运动员也会来参加，就特别的热闹。只是，有一年举行开幕式的时候出了一点事情，

县政府就此没有大规模组织，火把节暨民族摔跤运动会的动作就放小了一点，只是过过场了。可是，就是因为过节，在附近工作的年轻人还是会回来，等过了节又返回去上班，这两天就算是过了节，我们村里的年轻人也开始外出了。今天有李成一家人出去的。

2015年8月15日，星期六，农历七月初二，属猪，多云，有大雨

人一旦生病就是麻烦。年轻的李永三妻子今天生病了，他们一家人送她到医院去，可能是天气时冷时热。我听说，村里最近生病的人还有点多，每天都有很多人到医院打针吃药的。

脑力劳动也是很辛苦的。十多年的日志就要交稿了，就得做得像个样子，这几天都在努力地写，努力在改稿，就是吃了没有文化的亏，每天就是写不了多少，还得抽时间处理正常的家务，还得需要一段时间才能基本整理好，加油吧。

2015年8月16日，星期日，农历七月初三，属鼠，多云，上午有中雨

今天是新街镇的集日，上街的村民有点多，不是什么节日，只是，可能是农闲时间，离城又近，就购买一些日常生活用品罢了，或者交易些什么。早上李平发的妻子背着鸭子出去，肯定是要卖的；中午的时候，张牛后夫妇是买回来两头小猪，近期是田地里植物生长最旺盛的时候，养一两头猪到过年的时候杀吃也是多数村民的做法。不过，听说最近肉价有点偏高，小猪的价钱也不便宜。

新街镇供电所的工作人员来卢烟福家安装电表。卢烟福是卢同则的大儿子，"树大分枝"，卢烟福的兄弟也长大成家了。一家八九个人是居住不下，人的性格各异，生活在一起是会带来各方面的麻烦，甚至吵架之类的事情。卢烟福家去年在老房子旁边建了一个小房子过日子，既然分家了，就把电表也分开来安装，只能这样。共用一个电表在以后的

日子里难免会出现口角问题的。

2015 年 8 月 17 日，星期一，农历七月初四，属牛，阴，有中雨

凌晨开始，我就被"唰唰"的雨水声惊醒，又是两三天的雨水天了，村民的秧苗正是抽穗的时候，前几天就有村民说田里的秧苗发黑了，如果再这样下去不是成问题了吗？真的，做农民的没有钱愁，没有粮食更愁，一年的心血废了更是不甘心，还要为肚子考虑。居民的话，手里有钱心里不慌，农民的话，该是手里有粮心里不慌；可是，天气这样下去，田里的水稻都要变成秕谷了，收成不会好，农民的手里就不会有粮食，心里会不慌吗？

前两天，李志光一家人从上班的地方回来，是回来还礼，今天又出去打工了，不知道他们在外地时多么不希望家里有事，要是一年里出这样的两三桩事情，来去的路费加办事所需要的费用，他们就积攒不下多少钱。所以，往往当上爸爸和爷爷的就出不了门，只能在家维持家务和帮忙村民。所以，还得建议年轻人珍惜时光，多辛苦些，多挣些钱，趁着年轻闯出一条路来，到老就没什么可后悔的了。

2015 年 8 月 18 日，星期二，农历七月初五，属虎，阴，有中雨

早上六七点，就有做牛生意的老板骑着三轮港田车进村来，是以 4000 多元买张志学家的一头牛。我无意间问张志学卖了多少钱，他都不愿意说，只是说卖了一小点。人就是这样，我是无意问问而已，他却当真的不愿意回答。好像我还会评价说输赢之类的话来，他的心里该是有这种疑虑吧。

在箐口村做了一个月调查的两个研究生于今天早上返回学校了，都说离开家已经很长时间了，要在开学前回一趟老家。一个是浙江诸暨的，一个是福建厦门的，你看，离家这么远，做学问是不是辛苦？

有的人就是看人家干活不费劲，看人家数钱就会生红眼病，没有办法。李国忠带着几个弟兄跟着攀枝花乡阿挡寨村的张老板做一个水沟工程是三四年前的事情了,说是至今还拖欠着9000元,多次打电话都无法联系。今天约我和他一起去家里找人,结果找到了他本人,付了2500元,说是过些日子有了钱就会再打电话联系的。

2015年8月19日,星期三,农历七月初六,属兔,阴,有中雨

秋天到了,农民收成的时间就到了。下午,罗金得夫妇收苞谷回来,只是我没有在意观察而已。其实,还是有很多村民家的苞谷都收回来了。至于苞谷,现在是吃新鲜的嫩嫩的那些,老的那些多数都作为副食喂鸡鸭和猪,人们很少像以前那样吃苞谷饭了。

上午,有一个卖猪肉的老板来村里买猪,买了两头。在赶回去的路上,有一头跑到李永家的田里,由于只有他一个人,猪又不听使唤,他费了很大劲才赶到路上。之后,重新找了车子才运回去。做什么事情都还是需要一定的朋友。这地方近,交通又方便,很多事情一个人能做好而已。要是在其他地方,这样的事情还是麻烦的。

2015年8月20日,星期四,农历七月初七,属龙,多云

这几天连续的阴雨天气,我的心也是潮湿的,担心极了。我担心着正在抽穗的秧苗长成秕谷,一年的劳动化为乌有。今天稍微好一些,是多云天气,心情也好一些。好像这几天的心情都在跟着天气变化,天气坏了心情就坏,天气好了心情就好。

只要是新街镇的集日,就会有村民上街的。今天早早地就有村民等着张牛后和李升学的车,准备要搭车了。一般都这样,因为村里有车,都懒得走一段路上去,都希望直接搭车上街了。

2015年8月21日,星期五,农历七月初八,属蛇,晴

李则主已经是60多岁的老人,是村里有名的喝酒人,经常喝多,是我学习的榜样。晚上，有好朋友李祥回来，去他那儿喝一杯，卢沟惹来告诉亲戚，李则主又喝多了把牛拴在路边，一个人睡在卢沟惹的田棚边了，我们才放下酒杯，建议先把他领回来再喝。

2015 年 8 月 22 日，星期六，农历七月初九，属马，多云间晴

前两天连续下雨，冲倒了一些人家的田地。李祥家房子旁边的菜地就是一个地方，他认为要是不早一点砌起来就会影响房子墙脚，就于今天运回来一些石头，准备找几个朋友砌起来。

两家地界相接的地方要是不好说话是有点麻烦的，听说李祥家与罗金得家就是这样。要是两家能好好商量的话，都可以相互进退一点，把倒墙砌直一点可以更好地做事。可是，他们两家就是商量不好，得按照以前的石脚砌起来，挺不舒服的。

2015 年 8 月 23 日，星期日，农历七月初十，属羊，多云，有阵雨

听说李永福的老人又生病了，这几天拿鸡来看望的亲戚多，每天都有几个。他们家人这几天就是既招呼他的老人，又招呼来看望老人的亲戚，还是有点忙。

这几天我都在整理作业，基本上不分白天黑夜，累了困了休息一下，饿了吃一点，醒了好一点就整。昨夜，好朋友李祥回来看看他家被冲倒的墙体情况，去跟他喝了两杯。今天整理了一些后觉得脑子不够用了，估计需要放松一下。我就去跟李祥砸大石头，才知道前个学期还在村里教书的张老师要退休了，今天叫了一辆三轮港田车来搬他的行李。说是现在 55 岁就可以退休了，下个学期就有新老师来。

2015 年 8 月 24 日，星期一，农历七月十一，属猴，多云

我又听说罢达村有一个老人去世了，村里他们家的亲戚很多，今天去奔丧的人就多。有李庆祥家、卢同则家、卢家贵家、李正云家等。现在交通方便，谁家要去了，都可以找车坐着去了。

可能有人打过电话了，说李金的老爸李则主前两天喝多了，要李金夫妇回来一下。毕竟是自己的父亲，他们夫妇今天中午回来了。说是准备给父亲送到建水县特殊医院就医。

2015年8月25日，星期二，农历七月十二，属鸡，多云

李庆祥家赶了一头猪到罢达村其外公去世处，说是他们的母亲是大女儿，现在儿女都长大了，要求来丧祭一头牛。可是，对方就是不答应，于是今天买了一头大猪去养老一天。

前面分析过了，村里老人养牛不仅是为了自己家犁田耙地，有时看市场好就拿来卖了，可以补贴家里的生活费用。前两天有张志学卖了一头，今天早上有卢志明卖了一头，说是4800元卖的，现在的市场价是不错，要是几年前，这样的牛是卖不了这个价钱的。

2015年8月26日，星期三，农历七月十三，属狗，阴，有大雨

咱们中国人的礼仪就是多，人出生了要看望，生病了要看望，过世了还得看望。这几天，可能是80多岁的李永福父亲病情有点严重了，每天都有很多亲戚带着鸡和其他的菜来看望。今天是他媳妇家阿挡寨的亲戚来看望，还有其舅舅主鲁那边的人也来看望了，这样来看望的一般都少不了带一只鸡。当然，烟酒也不会缺少的。所以，他家这两天每天都要杀几只鸡，做两三桌的饭菜，够辛苦的。中午的时候，在外地打工的二儿子李永夫妇也回来了，他们好像是老人手中的线，由老人掌管着。老人身体好了，放一放手中的线，做儿女的可以自由些，可以到外地见见世面，挣些钱，提高些家庭的生活水平；身体不好了，远在他乡的儿女们都得回来，像是收了线的风筝，由他们掌握着。

下午，村里来了几个外国游客，也会讲些中国话。因为下雨，要我帮助他们找辆车。可是，这几天我确实有点忙了，又没有看到停车场里

有车，就没有帮助他们了。我要他们到了公路再找，那里的车辆就多了，他们会顺利返回住地的。

你相信吗？北京师范大学的图书馆里有箐口村民写的书，我也有点不相信。但是，正在北京师范大学读博士的华红莲是这样说的。她于前几天到全福庄阿略饭庄寄住，准备她的博士论文做哈尼族的水文地理的研究，于是，找我们哈尼族调查点做的村志《最后的蘑菇房》，就是在她们的学校北京师范大学图书馆找到的。我深感荣幸。通过很多朋友师生的帮助，在箐口做的日记成书，能够在祖国的高校图书馆陈列，确实是一件荣幸之事。我承认，有的思路或者陈述不够到位，得在我以后的日记中修正，敬请各位读者体谅。这样粗糙的日记对于有的人还有一定的借鉴作用，我已经知足了。我会做得更好。

2015年8月27日，星期四，农历七月十四，属猪，晴

用我们的话说，又闻得到牛肉味了。"礼尚往来"。别人来的礼是要还的。李小生的母亲不在的时候，罢达村来丧祭了一头牛，现在罢达村那边有老人过世了是要还的。为了控制局面，就是说减少来丧祭的数量，去奔丧商量的那一天说是没有答应，可是，人家已经过了的礼到时候了怎么能不还呢？所以，李小生、李爱生两弟兄家就商量并准备明天要去丧祭的东西。晚上，还召集了他们李家开会，我就住在他们家的旁边。作为邻居也是朋友，我们经常会在一起喝酒，礼节的角度也请了我参加。看样子，我是得去参加帮忙了。

2015年8月28日，星期五，农历七月十五，属鼠，多云，有阵中雨

李小生家到罢达村丧祭去了，只请了他们李氏家族的人和一部分亲戚朋友而没有请全村的人，今天又下了一阵中雨，去的人也不算多，就五六十人。

这几天赶做作业，白天连着晚上，每天都要有十几个小时，大脑都要乱了，要休息调整一下；另外，出于人情我也早早地跟着去打前阵了，等晚上又随回来的车子回来做作业。

2015年8月29日，星期六，农历七月十六，属牛，多云间晴

中午，李小生家从罢达村丧祭回来，下午，他们家又请李正林杀鸡鸭做祭祀，又请去帮忙的亲戚和朋友吃喝，我也是其中之一。办完一桩事情了，等于还了一笔账。主人李小生尽一些兴，每桌敬一杯酒（可能一两五），喝了四五杯，有点醉了，和我一桌的有几个酒量稍好些，我夹在中间被忽悠着多喝了一点，只有早点回来休息，夜里两点醒来再做作业。喝酒很伤人的，特别是喝农村这样办大事时买的酒质又不太好的酒。

2015年8月30日，星期日，农历七月十七，属虎，多云间晴

今天上午，村民小组发放农村最低生活保障费。是做成邮政储蓄卡，按照村里的人口数来分配，每个人头可能是100多元。我们去年箐口村1000多人就是分总额的13万多元，人数多的就多分得些，少的就少分得了。18岁到60岁之间的人还要扣交100元的养老保险费。

村里还是有几个彩民，基本上每天都要去买几注。李永福是其中一个，已经十多年了，也中过奖，大的可能是几万元，小的就几十元。不过，每天几十元，多的上百元，也买了不少钱进去，还是坚持每天买些，他今天下午也出去了。

2015年8月31日，星期一，农历七月十八，属兔，多云间晴

卢学贵夫妇前几天从外地打工回来，今天买回来几百片砖，说是准备在自己家旁边砌一个猪圈。原来村里安排的那边不方便去管理，自己家旁边有足够的地点，砌起来养要方便很多。有水，便于打扫，又不影响卫生。

前几天还下着雨,这两天变得好些,天气不是很热,但也没有下多大的雨,这样的天气可能对正要成熟的谷子有利,这几天的谷子好像黄得快些。中午,看见张永福和他的一个朋友背着谷子回来。我打听了一下,知道是他家收谷子了,说是栽的杂交水稻新品种。他家栽得早,熟得也快,说是每年都到种子销售点购买种子,按照他们的说法育苗,秧龄也保证在他们说的时间范围内,已经栽种过几年了。他与长兄张祥分家后一直都是栽种这样的杂交水稻,很增产,原来栽种老品种时每年只能收十二三背谷子(一背就是一口袋,七八十市斤),这几年可以收二十六七背,也就是说增产了六七百斤。这样的事情多数人都应该愿意干。

近期注意观察谷子的村民都说今年长得最好的要数李庆明家的谷子,说是好得很。我也去观察过,的确是不错。看样子也快要可以收割了,也是新杂交水稻品种,问过他老人他家原来栽种老品种时可以收十五六背,今年看样子可以收二十几背了。很多村民都说,明年问问他家是什么品种而打算栽种这个品种。我也这样考虑的。人总是得往好的方面想。

2015 年 9 月 1 日,星期二,农历七月十九,属龙,阵中雨转多云

早上有阵中雨,从早上 6 点左右下到上午 9 点多,因为这样,很多人就认为今天做不了活计了。李世华原来是要带着几个妇女到他的工地上干活的,看着雨下得很大,估计一会儿停不了,就叫她们回去休息或者干其他的活计算了,要她们明天看天气再说。所以,做工程特别是路面施工的工人都讲究天气,工人希望每天都能正常上班,每天都有活计做,能有工资领,而做老板想的也是如此,更希望把工程尽快做好,缩短工期和减少投入劳动人工,以赢得更大的利润。我看,这也是每个干活人最一般的想法。

不过,到了中午,雨就停了,就有李文宽家去收谷子,收的是他栽种管理的李永家的田。田离家不远,来去一会儿就到了。他家也只是两口子来收，没有请其他的人帮忙，也是下午一两点钟才出去，五六点天稍微黑了就收工回来。

李文宽管理的这一片李永家的田，有两三亩，田块小，不施肥正常栽种老品种可能可以收十二三背谷子。现在的工钱上涨了，男的一天100多，女的也涨到78元一天了。年轻人都不愿意种田，一家人都只想往外跑，只想多找些钱，就是不愿意种田，认为这是赔本的事。李文宽管理李永的田可能是考虑到离寨子近，水源也方便。每年李永家都不要一粒谷子，还要给李文宽1500元的管理费。当然，正好这两天李永因为他父亲生病而回来，出于人情，今天的李文宽是叫李永来背了两背谷子回去。

就是这样的，现在的年轻人就是不愿意种田，只想往外地跑，只想多找一些钱建新房、买新车，吃得好一点，穿得好一点。不像以前为了填饱肚子租人家的田来栽种，还要分一半收成给主人家。现在，你为了不废弃田地而要人家管理的话，就得给人家管理费，而不是人家分一半给你。要是管理人有点人情味，就给你背两背谷子让你过年过节献献饭。今天的李文宽叫李永去背两背谷子也是这个意思。这是与以前变化最大的一个情况。

寨子脚的谷子逐渐变黄了，栽着杂交水稻和早谷的村民家是可以收割了。可是，村里有个习俗，就是要在收割前献献饭，就是所谓的新米节。只是很多人家的谷子尚未成熟，而不能取谷子回来，多数的新米节可能要推到下一个属龙日，今天的这个属龙日，只有少部分谷子成熟比较早的人家过节，知道的是有李永福家过新米节，他家的田在河底海拔低的地方，栽种的又是早谷，是可以收割了，再说，他的老父亲已经80多岁了，这几天病情有点严重，选择今天把新米节过了，也是了却过了今年新米节这样的一个愿望。

过新米节嘛，其实也简单，不过就是背几株新谷子回来，剥了壳连同杀好煮好的鸡肉、酒、姜汤等献一献"阿波桌戈"，就是献祖先的神龛就行了。当然，要请几个朋友，捉多少鱼，买多少菜，就自己家根据情况来定。在箐口村这些年来看，这个节日也是比较隆重的。大家都会请自己的亲戚朋友来，每年的那一天停车场都停满了。一部分是村民的车，一部分是来做客的朋友的车子，平时还算宽一些的停车场到时就显小了。今年看样子是下一个属龙日过新米节，到时，附近的哈尼族寨子也会过新米节的，也会热闹的。

2015年9月2日，星期三，农历七月二十，属蛇，多云

在村里，建筑主要是男人的事情。要是男的砌砖、粉墙、砌石头就没有什么可说的，要是女的做这些事情，我就有点惊讶了。今天我是看见卢正华的妻子在自己家院子砌砖，还要粉刷，正在做一个蓄水池，做得比一般男的还老练，使我有点惊讶。在此之前，我是没有看见过村里有女的能砌砖、粉墙的。今天是亲眼看见了，心里面有一种说不出的感觉，好像在证明男人能做的事情女人也能做，又好像是一种力量在诞生。女人真的是半边天，无论是一个社会还是一个家庭，没有女人是不健全的。整个社会的宏观问题我们姑且不在这里讨论，但就在我们每天看到的村里的小家庭来说，没有女人持家和有女人持家是两个样。简单地说，没有女人持家的家庭像是缺少一只胳膊或一条腿的残疾人一样不完美。

村里今天收谷子的有卢荣祥家和李庆明家。他们两家栽种的都是新品种杂交水稻，谷种每年都要到镇里去买。这些品种秧龄短，栽种时间早，成熟得也早，看今年的生长情况也不错。很多村民都还评价李庆明家是今年谷子生长最好的一家，有的还准备问问品种名字打算明年试种的。我也是这样打算的。正常人都会这样选种的：一是看谷子的生长情况即长势，谷穗的长短，谷子的饱满度，颗粒的多少，就是产量；二是看谷种的适应能力、抗病能力、抗倒伏能力；三是看米质、口感。这些年村民饿肚子的问题解决了之后要求就多起来，要是在饿肚子的年代就顾不了那么多，主要就是从这么几个方面去考虑。可是，就这个地方的生产方法，我实践的经历来说还要考虑两点：一点是要容易脱粒，有一年我试种了大理朋友引过来的品种，难脱粒极了，说他们那边是用机器脱粒的，那一年试种的六七十公斤没有脱粒多少整株喂鸡鸭了；二是收割后的谷子容易枯死，易搭田埂时垒土；三是根系不要太深，容易犁田；我想到的就这么多。

2015年9月3日，星期四，农历七月二十一，属马，多云间晴

今天是有张文学家收谷子，是收拿安天下面的那一片。那一片田对我们村里来说是海拔高一点的田，这一带气温呈立体垂直变化，海拔低的气温就高，海拔高的气温就低，寨子脚和寨子头栽种同一个水稻品种，寨子脚的成熟时间要早些。再一个是新杂交水稻的品种成熟要比传统品种早些。张文学从事建筑已经多年了，手艺不错，他们两口子在蒙自市。这几年他都很少去管理田地，平时只是他老母亲去管管，栽种时候和收割时候都是请人去干的。今天收割的也是杂交水稻，田块不多，请的人也不多。

同样是长在肩膀上的脑袋想得就是不一样。包括生育上，有的人生儿生女无所谓，多生一个少生一个无所谓，而有的人就是不一样。李生祥已经生育了三个，前不久又生育了一胎，娶媳妇回来的这么几年就是生育，为了便于以后入学或者什么的，今天他的父亲去办理落户手续。可能是政策有所变化，说是没有罚款，要是在前几年，计划生育部门要来罚款的，天不亮就会来家门前守着，要是交不出钱，还会组织人力来家里拖猪拖牛的，挺难看的。我担任村里的负责人时也受他们指使干过这样的事情，从这几年与他们吃饭喝酒时知道，有的村民还记着我的恨。我只能说那是当时的政策工作的需要。所以，村里的人口增长是有所减缓，这两年听说其他村寨生育三四胎的有点多，有的村民就根据自己家的情况生育三胎四胎，去年就有几个夫妇生育第三胎的。

2015年9月4日，星期五，农历七月二十二，属羊，多云，有阵中雨

今天早上，妇女混凝土施工队又有事情去做了。她们早早地就来到停车场等候，等她们的人一到齐就出发，听说她们不仅在附近几个村寨做事，有时还会到远一点的寨子去做的。只要有车，一天能来回就行了，这批妇女队伍好像是一个建筑队，每隔一两天都要到一个地方去干活。住在停车场出入村口的我经常被她们吵醒，她们起得早的时候是夜里三四点钟出发，晚上八九点再回来，我看她们挺辛苦的。

这一段时间是谷子抽穗成熟的时候了，在村里做试验的云南农业大学的学生们来得很勤。在本人家的田里也做了一点试验。今天新街镇农科站的唐永福又带两个人来调查他们的试验情况，根据他们的需要做记录。他们这样在村里做试验已经七八年了，也不知道毕业了多少学生。

孩子们要开学了，都要升一个年级了，有的还去住校，就得带自己的行李去，做父母的不得不给他们添置一些。今天我看见李国忠带着自己的孩子去买行李，前几天也有些，只是我没有看到而已。听李国忠说，这次他的孩子从土锅寨小学五年级到新街中学上六年级，买孩子的日常用品等已经用去1000多元了，这是他说的。随着社会的发展，社会条件在逐步改善，可是，随物价的波动，所需要的钱的数目也在增大。至于它的价值含量就姑且不在这里讨论了。

2015年9月5日，星期六，农历七月二十三，属猴，多云，有阵中雨

前几天是家长带着孩子买行李，这两天孩子是忙着开学了，都是带着自己的监护人上学了。为什么要带着自己的监护人呢？记得，我们上学的时候也就是同样的年龄吧，我们都能自己背着行李，带着自己的通知单去上学。难道现在的孩子自理能力降低了？或者是什么原因呢？主要的可能还是村民的经济能力逐渐改善，有一部分村民自己都买了车子，

从村里就直接可以坐车到学校，其他没有车子的孩子都可以搭着一起去。孩子们带的东西又多，需要他们的父母或者亲属等监护人帮忙。

孩子升学了转学是一回事，条件好了，又出现村里的孩子送幼儿园的情况。有的是租房子在镇里陪读，有的是直接在村里，早晚来回有人接送的。前一两年是有李绍华的孩子、李张祥的孩子、张小五的孩子，这个学期知道的就有卢成的兄弟，李世华的儿子及孙子等。有条件的都希望孩子能多读一点书，没有条件的其实也在努力创造条件。

2015年9月6日，星期日，农历七月二十四，属鸡，多云，有阵中雨

昨天我看见上小学的学生开学，今天连上初中的学生都开学了。虽然，基本上可以自行料理行李，他们还是带着自己的家长一起去。现在就是好了，村里有几辆车，他们知道学生开学，有的是属于亲戚关系，有的是属于朋友关系，还是叫他们送过去，就是方便多了。

上午，有一个买猪的人来村里找猪，说是这一段时间肉价有点上升，不好买，在我们寨子也找不到合适的猪，没有买到猪就返回了。

2015年9月7日，星期一，农历七月二十五，属狗，多云，有阵中雨

这几天一直都是这样，我每天夜里12点左右醒来就整理稿子。多想睡一会儿，睡不着，都坚持了这么多年，应该有个总结，应该理一理了；不敢多睡，稿子理不完，由于种种原因到现在还有很多作业没有完成，而且是只能自己来理顺。很辛苦，要想比别人多做出一点事情来就得比别人多付出劳动。回想一下，每个有点成就的人大体都是这样。我成就不了什么，但总得管理好家庭，处理好家务。每天为了生计得劳动，每天要观察村里的事情，还得考虑怎样来整理。这是辛苦的。但是，如果把这么多年的材料整理出来，那是一件很值得骄傲的事情。

昨天学生们开学，妻子要带着孩子报名上学，根据上面的通知，我们两口子只得到县民政局办理结婚手续。可能有的人不太相信，都成家生育近20年，孩子已经十五六岁，还没有办理结婚手续。是的，在我们农村往往就是这样，只要双方能够相处好，按照民俗的程序办理，村民都会认同的，村里以前多数就是这样的情况。只是这几年根据政策需要办理有的事情就必须有相关的证件，年轻人也只得按照上面的要求去办理。我只是村里这种情况的其中一个。肯定还有一部分村民是没有办理过的。

2015年9月8日，星期二，农历七月二十六，属猪，多云

每天都有外地的人来村里做生意，今天上午有水卜龙村的施正超夫妇来村里卖杂物，有扫把、拖把、锄头、镰刀等。要说的是这段时间快要到收割的时候了，村民买得最多的是镰刀和塑料口袋，想不到的是买塑料口袋的最多。他们要买来装谷子，一只口袋可以装七八十市斤谷子。有一种是1元一只，有一种是1元2角一只。买得最多的是1元一只的那种，大家都认为到镇里买也是一样的价钱，在那里买还得背回来，送上门来最方便多了。都买10只20只的，一个上午可能卖了上千只，第一次不够施正超夫妇又开车回去拿一些过来，他们的塑料口袋生意确实不错。看来，做生意要看市场，要看什么时间人们最需要什么，今天这样就是一个例子。

这几天每天都有人来村里买猪，有时候买了回去，有时候没有买着空手就回去。今天有人买了一头张龙家的猪回去，说是这几天肉价有点上涨，今天的这头猪是2000多，平时可以1000多元就买到。

2015年9月9日，星期三，农历七月二十七，属鼠，多云

凌晨有阵中雨，上午后逐渐转多云。这样，还是有村民出去收割了。今天有李建军家去收割的。上班工作要争时间抢速度，做农民也是一样争时间抢速度的。该播种就播种，该收割就收割，误了时间就要误收成的。

谷子饱满了成熟了，做农民的最希望风调雨顺，最不希望刮风下雨了。一旦刮风下雨，老品种的谷子要倒伏，村民就得在风里雨里捆住倒伏的谷子，很辛苦的。可是，雨季未过又有什么办法呢？只有辛苦，用双手去劳动，把倒伏的谷子一把一把地捆好。今天是看见李建国的妻子捆好倒伏的谷子回来，一身都是潮湿的，路过打招呼时说捆倒伏的谷子很辛苦。难怪现在的年轻人很多都栽种不易倒伏的杂交水稻。这也是有的村民选择栽种杂交的理由之一。我的田块就在寨子脚，容易进肥料，土质很肥，要是栽种老品种就会全部倒伏的，很费劲，也是这几年来一直栽种杂交水稻的理由。

2015年9月10日，星期四，农历七月二十八，属牛，多云，有阵雨

知道箐口村生意好做，前天来卖塑料口袋和家庭日常用品的施正超夫妇又来村里做生意了。今天的生意仍然不错，买扫把、拖把、锄头、镰刀等都有，主要是村民都知道，这些东西与街上卖的价钱都一样，送上门来，就省了到街上买的麻烦，当然就会选择在家门口买了。这是一般人都知道的事情。

这几天每天早上都有一阵雨，就有点打乱了打算去收谷子的村民的计划。听说，李建军家打算今天去收谷子的，就是因为早上一直都有雨，怕出工也是收不成，原来叫好的一天60元的妇女都辞退了，只是到中午天气稍微转好，他们一家和亲戚才出去收了几背谷子回来。

夫妻打架，妻子打不赢了受伤会怎么办？往娘家跑。这是这一带哈尼族妇女的招数。今天上午，我们就看见杨文亮的姐姐要去医院看病，说是前两天被喝多了酒的他的丈夫打伤了跑回娘家。她是嫁到麻栗寨的，都快50岁了，生育了四五个孩子，快要做奶奶的人了。"唇齿相依，难免相碰。"夫妻之间该是恩恩爱爱，和睦相处的，但是，实际生活中因为种种的大小事情，或者说是心灵的磨合过程吧，都需要经历一番，双方都很可能承受对方一定的考验。可是，动手打人就有点过头了，都是自己人了，打死打伤都得自己承担，没有必要。大不了动动嘴就行了，大家都是这么想。只是，动嘴往往不是男人的强项，请做妻子的体谅，动怒了男人们往往会动手打你的，我不掩饰自己，我也是这样，我也打过我爱的妻子。所以，记住了，女人，你要是不想挨打，就少跟男人动嘴了。玩嘴你们厉害，拳头可能还是男的硬一些。

2015年9月11日，星期五，农历七月二十九，属虎，多云间晴，下午有阵雨

早上没有雨，收谷子的李建军家就能够顺利出工了，只是到了下午5点左右下起雨来，他家就收工得早。他家缺乏劳动力，是一个特殊的家庭。李建军和他的兄弟还小，不能做繁重的劳动，母亲在外地打工，奶奶维持家务，农忙时间只有亲戚们来帮忙；再说，经济上还可以，就得请一些人来务工。今天也是这样，除了几个亲戚外，其他人都是以小工的方式请的。说是女的一天60元，男的一天100元。男女在工价上有所差别，为什么会这样呢？我们在以后的日记中讨论吧。

2015年9月12日，星期六，农历七月三十，属兔，有暴雨

今天上午有一场暴雨，从上午9点左右下到下午一两点，灌满了田里，寨子脚十几户村民家的秧田田埂都倒塌了，他们家养着的鱼都被雨水冲出去一些了，是很可惜。只是雨水大了，谁都没有办法，只能眼睁睁地看着田埂倒塌。要是有兴趣的话，今天是可以到水渠和水沟里捉拿冲出来的没有人管得着的鱼了，谁抓了谁享受。

还有，老品种水稻的谷子也要倒伏一些了。这个时候，栽种老品种水稻的村民愈是下雨愈是麻烦，特别是寨子脚土质很肥的田块。我家的田就在寨子脚，早晚灌溉水基本上要经过寨子中间的水沟，经过寨子中间时就冲出来村民丢在水沟里的猪牛粪，时间长了，田块就要肥，不敢

栽种老品种就是预防倒伏减少投入。

不过，最想不通的应该是带着工人干活的小老板："这雨早不下晚不下，偏要在这个时候下。"他们心里准会这样想。因为今天的暴雨是9点左右才下的，这时，他们已经到工地上干了一两个小时的活，看着雨下得大就只有带着他们回来了。我知道的就有李世华一个组，张春华一个组。正常情况下，他们是早上7点左右从村里出发，下午6点左右又接回来。像今天这种情况，已经到了工地上不能干活回来怎么办？工人的工资怎么算？工期又拖了一天，怎么办？当老板的不是要赔钱吗？

明天，村里要过新米节了。只是一个上午都在下暴雨，村民只能等雨水稍微停了的时候再上街买菜了，主要都是买鸡鸭和肉类的，其他蔬菜一般自己家里都有。当然，到了下午，要做仪式的村民家都得出去背新谷子，要将拿回来的谷子剥壳煮熟了明天晚上献饭用。或者就直接挂在神龛上，我是看见过有的人家直接挂的。

2015年9月13日，星期日，农历八月初一，属龙，多云间晴

上午，村民小组统计村里养牛的农户以及牛的数量。我是很早就到田里劳动了，没有去看是要做什么，听回来的人说可能是要给牛打预防针。不过具体的就不知道了，是福是祸只有日后才知道。做统计的村民小组的人也说不知道，说是上面叫他们统计的，叫村民都不要漏统计，到时有什么好处又来找村民小组的麻烦。

今天，村里是过新米节了，新米节就这么一天。主要是看谷子都快要成熟了，得做一个仪式，至于为什么，我问过的人都没有可以让人相信的理由，他们的说法都很模糊，正如我说的前辈们看着寨子里的谷子都黄了，要收割了，总认为要献一献老祖，一代一代可能就这样传下来了。从村里来看，新米节也是一个很重要的节日，每家都会到田里捉点鱼回来，来村里做客的朋友也很多。

2015年9月14日，星期一，农历八月初二，属蛇，多云间晴

新米节一过，只要天气好，收谷子的村民家就要增多了。今天有张小华家，是叫了他的舅舅家来帮忙，他家栽种的也是前几天李庆明家收割的杂交水稻，今天的他家等明后天说出来才知道产量如何。要是同李庆明家一样，那肯定是增产的。听李庆明家干活的人说出来，那天他们一张谷船就收了22背谷子（一天一般收十二三背），他们从早上9点干到晚上8点多，比往年多收了七八背谷子，跟他们家打工的村民都有怨言了。要是这样推算的话，张小华家今年也要多收20多背谷子了。不过，听说米质一般，有点打消了我明年栽种的念头，得自己尝尝再来拿主意。

新米节过了，前几天又下过雨，今天的天气又好转，就有几户村民家去收割，有小李祥家、张明福家、卢正学家等。基本上这几天才开始收割，收割的村民家还不算很多，再过几天就要增多了。

2015年9月15日，星期二，农历八月初三，属马，多云间晴

按照传统，今天是新米节后的第一个属马日，村民每户都得安排人员去修路的。早早的，村民小组就已经用喇叭通知了村民，要村民早些煮饭吃，今天要去修路。主要是修理从麻栗寨河底到寨子脚的这一段田间的路。说是路没有修理好，谷魂就不会回来，谷子收回来，谷魂回不来，人吃了不会有魂灵，是吧？那抽出一天的时间去修理一下是值得的，至于好不好走是另外一层意思了。

从我今天观察的情况来看，村民多数都参加了，收割的这几户人家应该没有出来了。很积极的，有的拿砍刀镰刀砍除路边的杂草、树枝，有的拿锄头清理水沟，有的找石头填补被雨水冲垮的路段，有的修理完这条主要的路段后还去修理其他他们家梯田经过的小路。一年到头来是应该抽出一两天的时间修理一下，以方便我们的村民。

有一个习俗得说明一下，今天是修路的日子。早上，各家的妇女们

是做一些糯米粑粑的，什么原因等问问老人证实再说。

晚上，听说堂弟张斌的儿子出了车祸住到医院，说是本县民族医院不会医疗，要家人送到外地条件更好一点的医院去。怎么回事？他的儿子还没有到18岁，驾驶证都没有，怎么会叫他驾驶车辆呢？

2015年9月16日，星期三，农历八月初四，属羊，多云间晴

天气预报说今天有阵雨。可是，今天村里没有见到雨，可能就是早上的那些雾水了，所以，村民还是能够正常地收割。今天是有杨正明家、张五家、李学亮家、李五家、李文科家、卢荣家、李明家、李贵祥家、李春家、张龙家等。箐口一带的谷子基本都黄了，只要天气好，收割的村民就逐渐多起来，每天都有七八户，可以说已经进入农忙时间了，村民都要忙着收割了。前两天的话，因为没有过新米节和修路，都很不好意思去收割而已。

下午，村里有来卖水豆腐和卤肉的，这两个人对村里的情况可能有所熟悉了，已经有一两年的时间，每隔一段时间他们都要来，村民也很喜欢买他们的菜，每次都卖完了回去的，生意挺不错的。

2015年9月17日，星期四，农历八月初五，属猴，多云，有阵小雨

收谷子的有张学贵家、张明生家。张明生是我大哥，我本应该到他家帮忙的，可是张学贵是我的堂弟，也是好朋友，前几天就跟他说好了。大哥说在后，我就只有去帮忙张学贵家了，人手少，到了下午6点左右才回来。

小时候，记得村里有几户人家还是养着马的，我的堂叔张正祥家就是一户，年轻时赶过马车，与他一样年纪的人都叫他赶马人。只是生产队下放后就没有人家养马了，只有附近其他村寨还养着马，到了这样收割的时候，路程远一点的村民家会叫他们过来运谷子，按照路程长远和

好坏收费。今天的张学贵家谷子是用马驮运的，每一背谷子10元钱，运回来完他家30多背谷子要付300多元钱。

2015年9月18日，星期五，农历八月初六，属鸡，有大雨

早上就有小雨，而且一直下个不停，今天打算去收谷子的村民家都只有取消了，看样子今天是没有村民家去收割了。也没有人来请我，今天的我就休息了，休息一天也好，今天保养好了明天才有力气干活。

2015年9月19日，星期六，农历八月初七，属狗，阴雨

今天的天气还是不好，从早上就下雨，直到中午11点左右才停了一阵。可是，已经决定要收谷子的人家还依然出去收割。我知道的有李成家、李文光家、李德福家等，没有办法，既然定了时间，定了人，只要勉强能够收割就收割。不然，过了今天，所定的人明天就要到其他家干活了，自己家还得重新找人。又是到了农忙时候，也不知道能否请够所需要的人数。

2015年9月20日，星期日，农历八月初八，属猪，多云，有小雨

收割时多希望天气好一点，能让村民正常劳动。可是，今天的天气也好不到哪里，早上就有点雨水，就是下得不大，所以，已经决定收谷子的人家依然还是出去收割了，有李成家、张文和家等。李成是我表弟，他的父亲是我亲舅舅，在一起总是相互帮忙，到了我家收割时总不可能我一人去。今天，我是到他家帮忙了，到我家收割又请他们家人来。

下午，张李学结婚，在家里办婚礼仪式，也学着外地的做法发了请柬请了亲戚和朋友来。外地村寨的也请来了。只是，这是农忙收谷子的时候，估计被请到的一部分因为忙着收割就没有来了，说是很多来的人也只是交了礼金就走人了，不像平时那样集中。

现在的年轻人结婚，基本都学着外地的人做了：一个是发请柬；一

个是酒席也摆到酒店去。当然，有的人还是选择在家里做，今天的张李学家就是一个例子。他原本是姓李，与姓张是结拜的家族，小时候做父母的相信了一些人的说法，早上到岔路口给他取一个名字时第一个遇到张正明，于是，之后成了张正明的干儿子，村民都随口叫他张李学了。

2015年9月21日，星期一，农历八月初九，属鼠，多云转中雨

收谷子的有张明福家、张保祥家等，他们两家栽种的是二哥张明德从金平县带回来的品种，味香、抗倒伏、易脱粒、收成好，栽种的村民都说提高了产量。有的村民已经连续栽种了几年了，在村里有所推广，是村里目前评价最好的品种之一。今年栽种这一品种的村民梯田面积可能会达到三分之一，最多的可能是政府推广的一个品种，也可能有个三分之一。其他的就是村民自己选择的品种，有的是传统的老品种，有的是在街上购买的杂交水稻新品种。张明福是我的兄弟，本是一家人，只是"树大分枝，人大分家了"，成了两家人。但是，到了这样的农忙时候或者家里有其他什么大事都要相互通知、相互帮忙的，我今天就到张明福家帮忙了。人手可能还是不够，到了下午6点左右才完成回来。

2015年9月22日，星期二，农历八月初十，属牛，阴雨

今天的天气不好，早上就下着雨，我原来以为收不成谷子了，吃过饭后继续整理自己的日记。可是，中午稍微转晴后，还是有人家出去收割了，知道的有李清华家、李祥家。

李祥是我的好朋友，现在在元阳县阳光公司上班，每到周末或者节假日回来都要约我吃饭喝酒。看他家今天人手少，我是抱着去玩的心态帮忙了一阵子，只是天公不作美，到了下午两三点钟天就翻脸了，又下起大雨，我们不得不收拾工具回来。

2015年9月23日，星期三，农历八月十一，属虎，阴雨

前几天的天气不好，今天的天气更是糟糕，从早上到下午一直都下雨。我原来以为这样的天气是不会有村民家去收割了。可是，到晚上与朋友们吃饭时知道今天还有李才明家去收割了，谁知道这样潮湿收回来的谷子怎样管理？要是没有堆放处，没有人很好地管理，潮湿的谷子收回来几天就会全部发芽的，还是白白地浪费。

这个时候已经是秋收最忙的时间了，能干活的基本上没有闲着的了。要是打工没有回来的人也会着急了，家人有办法能叫回来的还是要叫回来。今天是有卢迁华从建水县回来，前几天可能是看自己家谷子尚未成熟，或者是工地上需要没有回来，今天下午回来，晚上是约了几个弟兄吃喝了一顿。

2015年9月24日，星期四，农历八月十二，属兔，阴雨转晴

上午是阴雨天气，中午后转晴，所以，还是有很多村民家都出去收割了，有李世华家、张金荣家、卢小祥家等。到了这个时候，只要天气稍微转好就会有人家出去收割的，都希望把成熟的谷子快些收回来。

2015年9月25日，星期五，农历八月十三，属龙，多云间晴

前几天下过大雨后，昨天中午就开始转晴了，今天的天气也不错，很多要收谷子的村民今天就能正常出发了。我知道收谷子的村民家有李生明家、卢学贵家、李清华家、张庆贵家、卢金福家、卢明家等、李文新家等。今天收割的村民家就多了。

下午，做龙虾调查的应沛艳和黄志鹏到村里来，继续做他们的论文调查，说是可能要在箐口村做十天左右的调查。

一是赶回来帮忙家人收割；二是赶回来过节。今天知道打工回来的有卢永贵，他是妻子的哥哥，每一次回来总不会空着手的，总是要带点什么，总是要叫几个要好的朋友过来吃饭，回来又要叫我吃饭了。男人

吃饭，其实总要喝上几杯。喝酒，有好有坏，好的是能召集亲戚朋友，能在酒席间商量一些事情，解决一些问题。可是，坏的是，喝多了，亲戚和朋友间也会出现吵架的事情，往往"酒后吐真言"，平时闷在心里不愿意说出来的话也要说出来，伤身体还要伤感情。成年人免不了，年轻人发生率更大。说这句话的意思不是说今天晚上我们亲戚之间发生什么事情了，而是说很多时候难免出现，用以勉励我们年轻人喝酒图高兴而不要过度了做出伤身体又伤感情的事情来。

2015年9月26日，星期六，农历八月十四，属蛇，阴雨转多云

昨天的天气还是好好的，上午就有阵雨，我原来以为村民都不会出去收割了，可是，到了11点左右，天气还是转晴了，村民还是可以出去收割的。今天是有李世明家、卢学贵家、卢朝生家、李正林家、李庆林家、张庆贵家、李庆宝家、卢则龙家等。反正，这个时候已经到收割的高潮，只要天气好，村民都要抓紧时间收割，都不希望庄稼腐烂在田里。

因为明天就是中秋节，村民到街上购买糕点的就多了，基本上每户人家都有人出去，看见的有卢志文夫妇、李杰夫妇等。

2015年9月27日，星期日，农历八月十五，属马，多云间晴

今天是农历八月十五，咱们中国传统的中秋节，就像圆圆的月亮，是象征儿女团圆的一个节日，咱们中国很多民族都比较重视。或许箐口历来这个节日期间是农忙的时候，传统上不是那么重视这个节日，做法都比较简单，只是做一点汤圆献一献罢了。近来就不同了，多数年轻人出门在外，接受其他民族文化的影响，到了这个节日，基本上家家户户都要买蛋糕、水果、烟酒、鸡鸭等，感觉是一年比一年热闹了。即使是白天出去收割的村民家，今天收工的时间要比其他时候早，都会早些回来做饭菜，一起热闹地过中秋节了。所以，我早上看见上街买东西的村民就多，似乎每户都有人出去。

现在是秋收的农忙时候，由于今天的天气很好，白天村民都能正常收割，同样还是有李祥家、卢志华家、卢迁家、李院生家、李庆祥家、李学光家、卢志文家等去收割。就是上面说的，下午收工早一些，别人过节，谁都不会一个人或者一家人在田里劳动的。

晚上七八点，家家户户就放响了鞭炮，村里规定不准放礼花就没有看见有人放礼花，有的附近村寨还是放礼花的，农村节日的气氛一点也不比城里差。只要路过寨子就会看见村民家喝酒吃肉的情景。

2015 年 9 月 28 日，星期一，农历八月十六，属羊，晴

手机上有天气预报对安排农事还是有好处的。我就是这样做，知道这两天会晴朗，几天前就安排我们家今天去收割。今天的确是没有一点雨水，今天收割的村民家好了，谷子没有淋过雨水，背回来可以适当地堆放几天都不会发霉，等天晴了再好好晒干也不错。要不然的话，被雨水淋过的谷子一两个晚上就发芽，还得精心管理。

2015 年 9 月 29 日，星期二，农历八月十七，属猴，多云间有阵雨

昨天是本人家去收割，今天是帮忙张明德哥哥家去收割。劳动力就是这样互换的，几个朋友或者弟兄，安排好先后，今天干你家的活计，明天干我家的活计。劳动力互换了，感情也交流了，还是有趣。谁都知道劳动原本是一桩很辛苦的事情。但是，你把它当作一件有趣的事情来做，你就会觉得有意义。身体和心情都可能会觉得轻松和愉快；反之，就会觉得更累、更辛苦。

这几天是连续干活，连续喝酒，身心都感到很疲惫了。晚上，又去跟马老师喝酒，又是喝多了，误了一些事情，真是惭愧，明知道这两天身心很疲惫，不能喝那么多酒，自己的控制力还是那么差，怎么能在这样的大哥面前喝醉呢？要是出了事怎么办？

2015年9月30日，星期三，农历八月十八，属鸡，晴

昨天晚上喝多了一点酒，今天没有人叫我去帮忙收割就休息，自己的事情也不能整理。这酒，喝好了可能是好事，喝多了就误事了，不好。要时刻提醒自己控制好。特别是一些特殊的场合，喝多了伤自己的身体，还有损形象，还要误大事，不好，不好。

还好，今天没有亲戚或者朋友约我去收谷子。要是早些约的话，今天是肯定出不去的，肯定要误工，影响别人家。

2015年10月1日，星期四，农历八月十九，属狗，有中雨

眼看着别人家都收割完了，谁都会感到着急，只要天气不是那么的坏，就要组织人手去收割。今天收谷子的有李志学家、李金华家、李庆亮家等。他们三家一个是家里劳动力少；一个是都栽种县粮食局试种的水稻品种，成熟时间比其他品种相对晚一些。李志学一家人都在外面做事，他又是退休的老工人，他家的劳动力要全部请其他的村民，前期都要收割自己家的，请不到人是一个原因，谷子成熟晚又是一个方面。李庆亮家也是缺少劳动力，先给其他亲戚帮忙几个工，等他们家都收割完了再转过来收割他家的。李金华家有点特殊，插秧前年轻的父亲李树华过世，栽种有点晚，谷子成熟就晚一些。家庭的主要人物过世了就如同房子的顶梁柱倒了，总是要出现这样那样的问题。今天收割就有家族每户基本一个叫到的或者没有叫到的年轻人出来帮忙，所以人力就集中。虽然中午下了一阵中雨，但是他们仍然在收割，到下午一两点钟收割好才回家来。

什么是人情味？我以为像上面说到的家族人帮忙李金华家收割就是一个例子。正如上面说到的，一个家庭的主要人物过世就像伤了翅膀的鸟儿一时难以飞起，村里有这样自发的做法，当年或者一两年间家族的人会在农忙期间安排人手来主动帮忙，我认为这就是人情。

就是国庆节放假的原因吧，村里在昆明市打工回来休假的年轻村民有几个，有张崇明一家人、卢正明等。当然，也可能离家时间长了有点想念家人了，来探亲一下也是情理之中，收割忙的时候帮助家人做一点力所能及的事情也是应该的。

2015年10月2日，星期五，农历八月二十，属猪，多云

昨天下过一阵雨后，今天就没有下雨了，天气变多云，就有人家要收割的。知道今天收割的有张斌家、李志学家、卢正明家等。张斌家是由于家庭闹矛盾只有他一个人撑着，妻儿都在镇里租房子打小工过日子，父母都不管他一家了，他都是请了一些亲戚去收割的，不知道他心里是什么滋味。李志学家是一家人都不种田，自己的田都要请人来管理来收割，由于昨天下了一阵雨后不能正常收割，今天再请了人去收割。

2015年10月3日，星期六，农历八月二十一，属鼠，多云间晴

今天知道收谷子的有李某某家、张斌家。村里剩余没有收谷子的人家不多了。李某某就罢了，是村里出名的懒汉，他很不会去帮忙别人家做事，别人也很不愿意请他去帮忙做事，只有两口子一天一点地收割，今天已经是第五天收割了，估计今天也不会全部收完。当然，对于生活困难的人家来说，这样一家人收割的话就可以减少伙食费开支，至少烟酒是减少的，这是一个办法。村里从现在来看，这样的家庭是少了。多数人家是约够了人力，相互之间交换劳动力，今天去完成你家的，明天去完成我家，基本上不缺少购买一两天的烟酒、鸡鸭、猪肉等三五百元，鱼就在当天田里抓，多一个人也是多一份热闹，多一份愉快，这样才会感到劳动的快乐。只是收割一家需要十多二十个人工，也就是加上其他的农活就要干一个月左右的劳动，感觉很费劲。

有的事情，我是无法说明的。比如堂弟张斌家，因为夫妻与父母吵架，一家人就带着子女到镇上租房子过日子去了，很少回来。只有插秧和收割的农忙时候张斌他一个人回来料理一下，妻子基本上没有回来，

回来也是到其他朋友家。张斌只好请小工，而请小工一是他没有钱，二是请不到这么多人。他是我的堂弟，来找我诉苦，觉得怪可怜的又不得不去帮忙一下，今天就去帮忙了，一天里帮忙的人都在议论他家的事情。我是真的搞不懂有的人是怎样想的，想过什么样的日子，明知道目前没有能力改变自己的处境却还要苦苦地撑着，做人为什么这么犟呢？我看他们也很累的，不知道别人是怎样看我的。

或许是国庆节小长假很多单位都放假的原因，今天来村里的游客就有点增多了，有点像是民俗开发的旅游村，很多小型的车辆又可以直接进村里来，李某某又厚着脸皮在停车场收费，说什么这不是停车费，而是他的管理费。村民小组的人以及世博元阳旅游公司管理人员多次与他交涉过，说这样做影响不好，不便于管理。他就是不听，每天都要到停车场拿一个凳子坐着，收得着来，收不着也要来。

2015年10月4日，星期日，农历八月二十二，属牛，晴

从前天到今天的天气有点好，特别是今天要晴朗一些，而要收谷草的村民只有天气连续晴朗几天，把谷草晒干了一些才能收拢起来，今天就可以收一些了，所以今天收谷草的村民有点多，有张明生家、卢学贵家、李红家、李爱生家等。他们这些家养着牛，这个冬季到明年春末夏初青草长出来之前要靠谷草来饲养，他们得趁着天气好的时候将谷草收拢起来。还有李德云家、李清华家等，他们家没有养牛，养牛的人家没有来收他们家的谷草，他们家直接点火烧了就行，所以今天寨子脚田里到处是烧谷草的火烟。

箐口村民的谷子是要收完了，只有少数几户还没有收回来，今天知道的就有李永德家、高文华家、李庆亮家、李庆文家、李文才家。做什么事情都有先后，不过落后总是有原因的，要么是人的原因，要么是庄稼的原因，这里就不展开说了。

2015年10月5日，星期一，农历八月二十三，属虎，多云转晴

在村里做了10天调查的应沛艳和黄志鹏研究生返回学校，我有事要到镇里就送他们到街上的客运站了。回来的时候，听说李志宽的小儿子病危，县民族医院无法医治而带回来。说是本地医院没有能力给他治疗叫家人等病情稍微稳定后及时转到好一点的外地医院就医，带回来时确实有点危险了，已经奄奄一息，只好采取民俗的办法来处理，等下午病情好转一点又叫了救护车送到个旧市大医院去医治。

虽然是农忙时间，但是事情不会因为你农忙而停止不来。说是前几天黄草岭村民小组一户人就到团结村委会一个寨子祭祀，昨天回来，已经通知箐口村来做客。所以，今天上午还是有很多村民到黄草岭村民小组做客的，多少还是误了一些农事。

今年秋收雨水有点过多，每两三天就要下一阵雨，这有点打乱了村民的计划，谷子不能按计划收割。有时候到了田里因为下雨就得跑回来做其他的事情。收谷草就不用说了，因为谷草要两三天连续晴天晒干了一些才能收拢，这几天天气有点好，因为怕下雨，有的村民今天就停止收割去收谷草，有卢学贵家、张志新家等。收谷子的有李永得家，他家还是他们两口子去收割，李永福家是请了几个亲戚去的。

2015年10月6日，星期二，农历八月二十四，属兔，多云转晴

今天早上有雾，我想着天气不会转好了，可是，到了十一二点以后又开始慢慢转好，就和其他的村民一样，又要去收谷草了。就是因为天气稍微好一点，村民就得抢收谷草，比收谷子得抓紧时间，要是被雨水淋了就得等三四天晴天晒干再来收，不像收谷子只要天一晴开就可以收的。所以，村民都说收谷草比收谷子要累。只是现在基本没有村民用谷草建蘑菇房，除了养牛的人家要用谷草来喂牛，谷草的需求量少，多数没有养牛的人家就等谷草晒干了直接在田里烧掉。所以，这几天养牛的村民家收谷草的就多，而且是赶着时间收，多数到了六七点才回来，没

有养牛的嫌麻烦直接就在烧谷草,这几天田里就是烟火不断,到处冒着烧谷草的烟。当然,有村民从经济的角度分析过,就是因为大家把谷草都烧了,所以,到了春末夏初没有长出野草之前谷草也会升值的,要是每把直径20厘米左右的谷草可以卖到2元的话(养马地方有时3元一把都收不到),这几天每人每天可以至少收到100把谷草就值200元左右了。收谷草要比收谷子赚钱,这是有一个村民与我说的,不知道事实是不是这样。

绝大多数村民家的谷子是收完了,落后到现在收谷子总是有原因的,卢学明家就是这样,主要是家庭不健全,妻子去世后接触过不下十个女人,没有一个与他相处的时间长。直到前几天还有女人与他来往,也可能相处不来,所以今天才叫了几个朋友和亲戚去收剩余的谷子,总算还是收完了。

昨天听说病危的李志宽小儿子今天又听说是有所好转而送到外地医院去就医了。是应该去条件好一点的医院就医,才三十几岁,年纪轻轻的,去了多可惜,希望病情好转多活几年,他90多岁的奶奶还健在。他家是现在寨子里唯一五代同堂的家庭,就是有的已经分家的几个小家庭不太理想,姑且不详细说。

2015年10月7日,星期三,农历八月二十五,属龙,阵雨转多云

今天的天气是早上有阵雨,被雨水淋过以后,准备收谷草的村民就不可能去收了。正好,今天是新街镇的集日,所以,我看今天上街的村民是有点多,还看见李万祥的妻子买回来一头小猪准备饲养,是准备做年猪买回来的吧。

种田的工序也是一道一道的,收好谷子收完谷草,接下来的工作是什么呢?一般是砍除埂草,搭上新田埂,再在田里灌满水犁田。今天的天气阵雨转多云,没有收完谷草的村民也不能去收谷草了,而收好谷草的村民就接着可以除草了。今天看见的就有李德云家,有五六人一起除

埂草，他家的田一天就除完了，接着就可以给田埂搭上新泥土，变成新田埂，足以保水，犁过以后就可以养鱼。今天除草、搭新田埂的村民还是有点多，有卢志文、李文贵、李其三、李进、李永林等，都急于赶在田水变凉之前做好田里的所有事情而不让人受冷。

秋收农忙基本结束，有家人管田的年轻人要做什么呢？可以出去打工了，去挣过年钱。知道今天出去的有张春华一家人、李绍华夫妇、张云的母亲。听说，他们都是到蒙自市的，箐口村民在蒙自市的不少，都是租了房子，多数是做建筑的，有的是打杂的。前两年事多，工价也不少，每天都能赚到两三百元，一个人做事会少一点，两口子做事还会多，所以，箐口村有几户是一家人都在那边做事，几年后买新车、建新房子的不少，有的已经十多年了。这两年嘛事有点少，但是，情况熟悉了以后，基本还是有事情做，还是能在那儿过比村里好一些的日子。正因为这样吧，张云的母亲把她家的田交给黄草岭村民小组的一个人管理，他们家不要一粒谷子的收成，每年就给管理的黄草岭村民小组那家人1500元，她家的田大有两三亩，每年可以收八九百斤谷子。当然，出于人情，管理者每年还是给她家一两百斤谷子的，村民叫作献老祖宗饭用，即过年过节献饭用。

告诉你一个秘密，哈尼族的梯田有时大田会变小田，有时小田也会变成大田。这是怎么回事？请听我慢慢说来，是这样的，"树大分枝，人大分家"。两三个弟兄都是同父母生的，要是只有一块大田，到了分家的时候一块田就要分成两三块，大田就变成小田了。今天是有李扎卜家分田了，原来是寨子里面积最大的一块田，有四五亩。李扎卜和李跃从父亲一辈就是合种一块田，现在都已经五六十岁。李扎卜已经当爷爷，李跃近50岁，儿女已经长大，反正分那一块田是早晚的事，今天是叫了四个人搭田埂，从中间分隔开，基本就是一人一半。这样的还有高正才家、张龙家。他们两家前几年就分隔开了，他们三家原来的田块面积大是村里排名前三的。现在分开后，面积最大的田块可能是李建军家的了。而有的小田怎么又会变成大田呢？我看，不说也该知道了。一是弟兄少了，两三块田可以并作一块田，小田就变成大田。二是自己家两三块田之间高低坡度不大，为了便于劳作，可以除去中间的田埂，处理一下高低坡度就成了一块田，小田也就变成大田了。这其实也不是什么秘密，种田的哈尼人都知道。

2015年10月8日，星期四，农历八月二十六，属蛇，多云间有小雨

从手机里接收的信息知道今天就会有小雨，下得不大，农事基本还是能做的。看见给田埂铲草的有卢成家、李德云家、李文贵家等。一是村民都担心冷天的到来，到时人进到田里会冷得耐不住，容易得病。二是田埂上有草，容易招引牛过来踩踏，容易使田埂倒塌，不容易积水。三是田埂上的草在水里腐烂可以做肥料。村民收割后的事情就是给田埂铲草，然后是给田埂搭上新的泥土，之后是犁了田放水在田里养鱼，平时管管水，等来年三四月再去耕种就行了。

糯米相对其他的一般水稻品种要成熟得晚一些，今天有李文才家收糯米，虽然下着雨，但是他说已经约好了他的姐妹过来，收回来的糯米还要给他们姐妹每家一背，即使下着雨只要下得不大就还是要去收的。他们是中午12点左右雨才稍微停了一阵再出去收的，收割完回来已经下午五六点了。

2015年10月9日，星期五，农历八月二十七，属马，阴，有大到暴雨

从早上开始就下大雨了，一天都未曾停过，水沟里的水面上涨了。听说，到田里观察情况的有的村民又抓回来鱼了，只是田里的鱼收谷子的时候基本上抓回来了，也不会有多少。听说张正和老人抓回来的一条鱼还有点大，晚上与朋友们吃饭时有人都说起来了。

因为一天都下雨，农民是不会下田做事了，只会在家里处理家务事情。养牛的村民就有点不同了，要是没有多大事情，还是要放出去走走的。今年老父亲将作为他的一部分资产的一头牛分给了我和二哥，每天都要放出去，除非有什么要事去办，喂一些草就关着了。原来就想着养牛很辛苦，现在轮到自己去实践，的确是辛苦，特别是12月到二三月青草没有长出来之前，只能喂一点稻草，白天放到山上也吃不了多少草，很辛苦的。我认为，一个是耕种梯田需要。另一个是上了年纪的老人其他的重活计做不了，不能外出打工，也只能养养牛活动一下筋骨，从经济上多少还是能给家里带来一点补贴，村民就这样辛苦养牛罢了。

张斌的儿子张平9月15日晚上出了车祸，伤了身体，住院了11天出院回来。今天与对方约好到新街镇交警中队调解，结果是对方付了张平的住院治疗费用以及一点营养补贴4006元，一次性私了。因为原本张平就未满18岁，不可能驾驶车辆而驾驶了一辆摩托车与对方发生的事故，交警事故现场勘查员检查结果说是还喝了一点酒，自己本来也是有错误的，未满18岁，也没有什么误工补贴，很没有多少道理可以说的，只是人受伤了，对方作为强者，从道义上来说对方也在能力范围内考虑罢了，我是这样想的，具体的交通管理条例就只有去参考了。

新街镇农科站打算今天要收他们的试验品种，但是，一天一直都下雨，不能出去收割，只能是带着云南农业大学的学生到田里取他们需要的样品，叫好的工人也只好叫他们做另外的事情了。

2015年10月10日，星期六，农历八月二十八，属羊，小雨转多云

早上下了一点雨后，下午逐渐停了下来，还是有村民到田里劳动的，给田埂锄草的村民有卢树云家、李正新家等。

这两天一直下雨，新街镇农科站原来是打算这两天收割他们的试验品种，已经通知了云南农业大学的学生们下来，可是，下着雨就是收不了，只好叫他们又返回学校，交代好怎么处理之后就由新街镇农科站的人员负责收回管理了。

2015年10月11日，星期日，农历八月二十九，属猴，多云

可能是国庆节学校也放了一段时间假，今天回来的学生说他们昨天补课了，今天上午才回来休息的，做学生也很辛苦，只是现在学校各方面条件都好了，能在学校上学是真正的幸福。我就想不通现在为什么还会有学生中途放弃学习的，包括本人孩子就是这样，才初一，读了一个学期不到就厌学了，放弃了学习的机会。年纪又小，不能外出就业，连最起码的知识都没有学到，将来怎样面对社会？怎样去生活？这是直到今天甚至将来困惑我一辈子的事情。

糯米的成熟时间相对要比一般品种晚一些，村里到现在没有收割要么是插秧晚了的，要么就是糯米。今天是有李文贵家收糯米，说是栽种的黄皮糯米，成熟时间就要晚一些，听说适合栽种在他们家那样海拔高一些的田里，他家也是今年才试种的，说是收成还不错。

2015年10月12日，星期一，农历八月三十，属鸡，阵雨转多云

新街镇农科站是打算这几天收割他们试验的谷子，可是，早上下了一阵雨后，他们想今天的天气也不会好，没有来收割。原来国庆节收假后回学校上课准备来收他们试验品种的学生也因为天气的原因，将收割事宜安排给新街镇农科站工作人员又回学校了。

有村民对种田算过一笔账，比如能收2000斤谷子的梯田，平时经常到田里管管水可以少算，就仅仅从插秧时算，需要请六七个妇女插秧付四五百元，收割的时候三四百元的伙食费是少不了的，要不是除去一部分互换劳动力，算开支的话少说也得千把块钱，加上插秧时的犁田耙田，还有收割后除草、修复田埂、犁田耙田，犁田耙田现在是300元一天，两次加起来就要产生1000多元，这样粗略地算一下，每年收2000斤左右的谷子就要付出两三千左右的现金，加上平时的管理，买吃的好像就没有种吃的费劲。所以，很多有手艺的年轻人和中年人按照现在男的每天挣一两百元，女的七八十元，一个月苦下来也可以挣两三千元，就有很多都不太想管田了，有的找到有人愿意管理的就交给他们去管理了，不要田里的收成反而还给他们管理费。当然，为了献饭用，管理者从道义上讲每年还是会给主人家一两百斤谷子的。

今天看见马卫华修整李志学家的田埂，听说是每年李志学家支付马卫华3000元的管理费，所收回来的谷子全部归马卫华所有。他家的田听说就是三四千斤的粮食产量，自己又拿着退休工资，家里的老小又不能帮忙管理田，每年的播种和收割都要自己去找人操劳，说是自己去管理的话每年要花七八千元的，是比较费劲。今年就与马卫华商量，交给马卫华来管理，每年给马卫华3000元管理费，收回来的粮食全部归马卫华。当然，为了过年过节祭祀献饭用，马卫华还是会给他家一两百斤谷子的。这就是这几年来种田的一大变化，以前是主人家给别人管理种田，收回来的粮食是主人家与佃户一家分一半，现在是主人家不但不要收回来的粮食，还要根据自己家田块的管理难易程度和粮食产量给管理者费用，管理不方便的田和粮食产量少所给的管理费不合适还不愿意去管理呢。

2015年10月13日，星期二，农历九月初一，属狗，阴雨

今天一天的天气都不是很好，一直都下着小雨，多数村民是没有出去劳作了，可是勤快的人，还是依然出去劳动了。因为下雨天气有点冷，像我这样稍微懒惰的人就会想着休息，不情愿到田里劳动。而勤快的人就会去劳动了，看见有李世明、李世文、卢建忠等搭田埂。当然，为了赶时间完成劳动，我还是去修整田埂了。

2015年10月14日，星期三，农历九月初二，属猪，阴有阵雨

下午，李世华杀了一只羊，请他的弟兄吃喝。这个农忙时候请弟兄吃喝应该是有所目的的，我是这样想的。也可能是前一段时间他带着他的弟兄做工程的时候赚了一点钱而请他们吃喝一顿犒劳犒劳吧。

今天的天气就比前几天稍微好一些了，到田里劳动的就多，有李明沙家搭田埂，请了他的一帮弟兄去，有李金、李庆亮、李永得、李才明等五六个。田块不多，只是平时他母亲管理不好土质有点过硬，做起来费一点劲而已。

今天看见了10月5日听说病重的李志宽的儿子自己出来走动，缺医少药的农村就会往坏处想，当天，病发得是突然了一点，让家人感到害怕了一些，传出来的话就难听些了，说是快不行了。听家人说，把他带回来家里让病情稍微稳定了后及时叫了救护车送到个旧市某医院就医，病情就好转了，休养几天感觉好了就出院回来了。

2015年10月15日，星期四，农历九月初三，属鼠，多云转晴

今天的天气有所好转，一直下了几天雨的天气有所转变，沉闷多日的人们的心情也有所改变，可以愉快些去劳动了。搭田埂的有卢学贵家，叫了五个弟兄一起干，田块有点多，还是没有干完，其他的还有李正超家、李永华家等。

新街镇农科站来收他们的试验水稻，在村里请了他们需要的工人，男的三个，女的九个。这一段时间嘛，工人是可以请到的，只是农科站付给工人的工钱有点偏少，时间有点长，每半年做好统计后才发给他们，参加过的村民就有点意见罢了。

到今天为止，好像除了李永得家的谷子没有收割外，其他村民的谷子都收完了。新街镇农科站原来是打算在国庆节收假后让云南农业大学的调查员下来收割的，只是前几天一直下雨，云南农业大学的调查员过来又返回学校了，看今天没有下雨就组织了收割。今天没有下雨，天气多云转晴，还算好，要是和前几天一样下雨就有点麻烦了。

2015年10月16日，星期五，农历九月初四，属牛，多云间晴

今天有卢建忠、李世华两个人搭李文祥家的田埂，说是他家田埂需要三个人才能一天完成，他家就真的是剩下了一点没有完成。看见卢超、李永福、卢朝生是自己搭自己家的田埂，这两天天气好，是村民种田的时候了，要不然天气不好也是件很麻烦的事情。

杨文荣犁李庆峰家的田，说是以小工的方式给他家犁田的，由于几个弟兄分家后，李庆峰分到的田也不多，可能最多只是收六七百斤谷子。他们一家人都到蒙自市去打工了，他家的田就交给亲戚来管理，他们一家只是过年过节和有特殊事情的时候回来，平时都不回来的。这样的家庭村里已经有好几户了。

村里有几个滑坡的地方，寨子脚到田间的"虎孤坡"是其中之一，这几年每年到了雨水多起来的时候都要滑动一点，前几天雨水多了一点又动起来，堵塞了灌溉梯田的水沟。需要这条水沟灌溉梯田的村民们要怎么办呢？依靠村民小组？依靠上级政府？可能都等不及，我一直相信只有先自助而后人助。这条水沟不能通水已经两三天，田里的水一天天变干，要是干透了那是很辛苦的事情。于是，不知道谁提议组织最需要这条水沟灌溉梯田的人家每户出来一个人，于今天去挖通。村民小组早上就用喇叭通知了一下。当然，我相信在此之前他们来往田地的时候就相互通知了，很自发的，也很积极，出来二十几个人，两三个小时就挖通了。所以，有的困难就是不能等、靠、要，就是得自己动手，只要动起来就容易解决的。

2015年10月17日，星期六，农历九月初五，属虎，多云转晴

我听说"天下没有不费力气可以做好的便宜事"。做农民也一样，这两天我搭田埂就知道。搭田埂也是件很累的事情，要在旧的田埂上垒上新的淤泥，一锄头一锄头地挖，每天都要挖100多米，从上午八九点到下午五六点才回家，还得赶着时间在几天之内搭完，赶在冷天来临之

前把田里的事情都做好。

下午，有附近土锅寨村的杨里中夫妇来村里卖水果、糖果、蔬菜等。来买的村民还是多，送上门来的生意还是不错，有买水果的，有买蔬菜的，有买糕点的，反正，生意就是很好，难怪这两口子经常来。还有一个卖卤肉的，每过一两天就要来一次，基本上都是卖完了回去的。

2015年10月18日，星期日，农历九月初六，属兔，多云有阵小雨

卢建忠年轻时任过村里的干部，在村委会也任职多年，现在已经60多岁了，前几年工作的需要，我要他复出，在村里配合我做了很多事情，与他是忘年之交，双方有什么事情或者有什么吃喝的都要通知，似乎达到谁也不会多吃一块肉或者少喝一杯汤的地步。搭田埂是桩很累的农活，习惯上，我们都会约几个朋友一起去，一个人做一道工序，几个人说说笑笑，做起活计来要愉快一些。今天，他约了我和李世华一起去，因为今年插秧前后干旱了一段时间，土质有点过硬，不像以前好搭，中午又下了一阵雨，没有干完原来计划的任务。

卢则龙与李永福是同样的年纪，他们两个是要好的朋友，都是30多岁的人，都已经有了自己的妻儿。"穷苦人早当家"，李永福因为家庭困难的原因，老父亲过世早，二哥一直流浪在外，他承担家庭主要劳力时间早，从事农活的时间就早，犁田、耙田这类的活计也就不用说了。而卢则龙家田块少，上有大哥撑着，很少从事犁田、耙田的事情，只是现在分家了，大哥忙不过来时就只有自己想办法了。今天是请了李永福犁他家田块，他一边学习一边处理其他的事情。

2015年10月19日，星期一，农历九月初七，属龙，多云间晴

听他们说人是有惰性的，我发觉我也很懒惰。可是，在村里来看，李永得是典型的懒惰，非常少与其他的年轻人外出打工，前几年有点游客的时候会带游客的路，偶尔收一点小费，被他们称为"黑导"，也偶

清泉转弯的地方　元阳县新街镇箐口村哈尼族村民日志

尔会与李四辉抢收停车费，经常管管田里的水是事实。除此，就不知道干些什么了。家务事情基本都是妻子管着，家里的经济多数可能是妻子打工来维持。这样，插秧收割自然就落在其他村民后面些了，我原来以为村里的谷子都收割完了，今天他背回来谷子才知道他家的糯米今天才收割，又是落伍了，人家都搭田埂、犁田了，他家今天才收完谷子。

今天搭田埂的有卢永贵家、李永福家、李文科家、李上嘎家、张正和家、李学家等。这两天雨水不大，正是忙于搭田埂和犁田的时候。卢永贵是约了李正和、李明两个朋友一起搭，应该是以朋友的关系请的，等过几天又转过去帮助他们两个朋友家搭田埂。李永福家是他们两个夫妇一起搭的，没有请其他的朋友。李文科家也是他们两个夫妇，以前很少看见妻子一起与丈夫搭田埂，这几年女的也参加搭田埂了。李学可能是忙着村委会的事情，他家是以请短工的方式来搭的，可能每个人现在的工钱都是100元了，今天有四个人一起搭他家田埂。张正和已经近70岁了，子女已经分家，小儿子一家与他过日子，这一段时间外出打工，他看着别人家的田都快要整理好了心里不舒服，这两天就出来劳动了。

犁田的有李上云家、张文和家、张立新家等。李上云才40岁左右，父亲已经70多岁了，下田时间早，已经学会犁田了，可以说是种田能手了，可以自己独立种田。很多40到50岁的中年人都不会犁田，还要靠60多岁的老年人来犁田。张文和也是60多岁了，身体还好，是地道的庄稼汉子，除了种好自家的田还可以给人家打工。张立新家一家都外出打工了，已经有五六年了，说是在蒙自市一带做建筑业，可能熟悉了一些朋友，有了自己的一小片天地可以混日子。今天他家的田是请卢同则犁的，说是锄草、搭田埂、犁田一共给了卢同则3000元。有朋友一起出去劳动时跟我算了一笔账，说是他家的田锄草用三天、搭田用三天、犁田用两天，可能八九天完成，算来一天可以挣到300元多的，就是要辛苦一些。

别人家的田要整理完了，自己家的田还没有整理好，我的心里也很着急。为了明天叫几个朋友去搭田埂早早上街买了一点菜回来,主要的是买了一点肉,打了一点酒,烟在村里可以买到就回来买。白天是为了不影响明天搭田埂而给田里烧稻草。

2015年10月20日,星期二,农历九月初八,属蛇,多云,有阵雨

我认为搭田埂是比较费劲的一项种田作业,便约了几个朋友一起做,可能要好些快些。今天约的是朋友卢建忠、表弟李正云、堂弟张斌一起与我去搭田埂,准备今天把家里的田埂都搭好。可是,事不由人,中午下了一阵雨躲了一会儿,时间就在雨水中度过,我的打算也就在雨水里泡汤了。只有等明后天再去搭没有完成的部分。

有时候我在想,人不能吃的有什么东西,回想一下,凡是能动的东西基本上都能吃。知道有的村民是吃蛇肉的,有的老人出于心理上的作用不吃罢了,现在的年轻人在山上或者田地边抓到大一些的蛇,往往就会约几个朋友,还要加一两只鸡一同煮吃,就成了什么龙凤肉龙凤汤的,我也应该吃过,只是时间长了就记不住是与哪些朋友吃的。今天张正明堂哥就来我们干活的地方来叫我们,说是抓了一条大蛇,问我们要不要煮吃,被我的朋友卢建忠回绝了,我们要干活,哪有什么时间去弄蛇煮吃。

2015年10月21日,星期三,农历九月初九,属马,多云间晴

昨天是约了几个朋友搭自己家田埂,很累,早就知道管梯田累,发觉今年更累。有时候在想,之前的老前辈们是怎样一辈子辛辛苦苦把平生心血付给了梯田?坚守这么多年梯田不累吗?今天是想好好休息一下,正好给儿子做一个法事,请的摩批是李建国,说是儿子被夜间的小野鬼害,要做一个禳解的仪式。参加的就是我们父子和摩批三人,做好回来就休息了,自己的身体自己要清楚,学会保护也很重要。

我说人都是疯子。明知道酒会醉人还要生产还要喝,还要喝醉,还要误事,到底图什么?晚上,听说是卢则龙与卢迁两个堂兄弟喝多了,吵架动手了,两个弟兄双方都有所伤害,卢迁出血有点多就送医院了。这样干什么吗,都是四五十岁的人了,都是有孩子孙子的人了,都是堂兄弟,一把年纪的人了还动手打架,不怕被村民笑话吗?伤身体伤感情。还不是酒误的事?所以,酒还是少喝一点好,自己接触的朋友多,经常都要喝,身体是受不了的。要时刻提醒自己,与朋友相处,高兴了喝一点聊聊天,商量事情,提高一点情趣多延长一点时间是好事。可是,喝多了喝醉了喝伤了身体误了事那就不好了。

2015年10月22日,星期四,农历九月初十,属羊,多云间晴

就是因为昨天晚上卢则龙与卢迁两个堂弟兄喝多了酒打架,做妇女的一时气在心上,肯定不会熄火,早上就叫了村民小组的人来处理纠纷,也叫了新街镇民警来调查情况,希望得到赔偿。

搭田埂的有卢永贵家,他家就他一个人,说是土质有点硬,不容易搭起来,有点费劲。李正福家请了卢少宇、李正和等几个朋友。他家的田平时由他父亲管着,估计土质松软,做起来要省点力。

今天看见犁田的有李志和,说是谷桩根深,犁田很吃力,原来一天犁好的估计今年要犁两天了。犁田的还有李跃,我在他路过的自家田边搭田埂,看见他一会儿跑回来换犁,一会儿又跑到田埂边抽烟休息,看他很无奈的样子也是累的。

2015年10月23日,星期五,农历九月十一,属猴,多云间晴

看今天早上上街的村民多就知道又是一个新街镇的集日,买了鸭子的就可以放心地放到田里。今天知道的就有李万祥买了五六只鸭子回来,也说是要养的。

李跃家继续犁田,他是帮忙他哥哥家犁的,说可能是淤泥过深了,或者是杂交水稻根系太发达了,连牛也使不动,换了几次农具也如此,比较费劲,看样子还得犁一天。有的村民不喜欢栽种新杂交水稻就是这个原因。一是搭田埂时要挖一些土填埂,如果被挖到的谷桩根系太深挖不动费劲也会觉得烦。二是犁田时谷桩根系深翻不了土也会觉得烦的。所以,有的村民算账就说费工,还不如种收成少一点、种田操作方便的老水稻品种划算。

今天犁田的还有李志和家,说可能是自己上了年纪或者牛怀胎的缘故,牛使得不快,原来一天犁完的田今年是犁了两天才完成的。

2015年10月24日,星期六,农历九月十二,属鸡,多云间晴

卢建忠已经是60多岁了,身体还行,为了维持家庭的正常开支和给两个孙子继续念书,得想办法挣些钱。前几天是整理自己家的田,今天是给卢成家犁田,说是现在连人带牛给人家犁一天的田工钱是300元了。只要自己能做,一个月下来还是可以挣到一点钱的。

搭田埂的有卢迁华家、卢永贵家、张龙家等。卢迁华前几天是帮助卢学贵家搭田埂,今天是卢学贵来还他的一个劳动力。卢永贵上午去喝酒了,到11点左右才出工,他一个人自己在搭田埂。张龙家的田有点多,田埂长,是约了几个朋友一起去的。

今天本人去搭自己家没有完成的田埂,回来的路上遇见一条很不大(本地叫菜花蛇,没有多少毒)的蛇。本不想打,打死了还要为它送行,丢到很少人去的地方,嫌麻烦,它又没有多少毒,估计害不了人。可是,又是出现在自己的田边,它的来去还会吓唬胆小过路的人也就打死了丢到水沟里冲出去。知道前几天张正明堂哥打死了一条。我就想,村民收割了以后为什么要费劲地锄草是有理由的。蛇是要钻草的,除了水蛇一般都在水里之外,有草的地方就有蛇要钻的。这地方蛇不多,有毒的蛇更是少,就是因为很少与蛇打交道,村民都怕蛇,不懂驱蛇毒的草药技术,就更怕。有过被毒蛇咬过送医院的人,这人已经过世。所以,收割后村民费劲地尽快锄草,平时清除路边的杂草也是这个理由。及时把田边的草锄去,就是防止这些虫蛇的出没。

2015年10月25日，星期日，农历九月十三，属狗，多云间晴

这几天似乎是挖田的天气，接连的晴天，给村民创造了条件。所以，每天都有很多村民去挖田，今天搭田埂的卢学明家，是约了他的朋友李世忠两个人一起去。李正云家，是他一个人去搭的。还有李正林家，李正林年事已高，已经有几年没有到田里劳动了，他的孙子还小，不能做这样的农事，经常在外地打工，他的田有一部分是叫他们管理，今天搭田埂的是他的女婿李红亮，已经两三天了，估计还要一两天才会做好。

就是这样，天气好，搭田埂的搭田埂，犁田的犁田，这几天的村民是有点忙的。今天犁田的有李学家、李文祥家、李得生家、卢荣家等。

一个寨子是不可能经常有人去世的，而几个寨子说来，不是这个寨子有人去世就是那个寨子有人去世，就成了常事了。早上又听说黄草岭村民小组有人过世了，看见张学亮家早早就出去买鸡，吃过早饭又得约家族的人去奔丧了。没有办法，谁也不能阻挡病人说不要在农忙时间离开人世。

2015年10月26日，星期一，农历九月十四，属猪，多云间晴

卢学明家搭田埂，请了他的朋友李世忠。还有李正云家，约了他的朋友卢小祥、李静等五个人。还有李正林家，这个老人已经上了年纪，是叫其女婿女儿他们来搭的。搭田埂嘛，很多人习惯于叫几个朋友一起去，一个人负责一道工序，做起来要快些。

李庆五带着几个弟兄做建筑工程已经好几年了，听说今年是接了几个大一点的工程，也可能是赚了一点钱，今天接回来一辆新车。这样，箐口村又多了一辆新车。人就是这样，只要有了钱就会建新房子、买新车，希望小日子一天比一天好过。

2015年10月27日，星期二，农历九月十五，属鼠，多云间晴

我们知道冷天里进水中劳动很辛苦，这两天天气晴朗了，就要抓紧时间做完田里的事情。我今天就去犁田了，看见卢学贵也犁田。我们这一辈人是吃了有老人的亏，他们认为我们年轻人不会犁田就不叫我们干，等他们再上了一点年纪，我们也步入中年了，才开始学犁田，除了费劲还要一定的技术，怎么做都没有人家熟悉的人那么快又好。

田里的事情可能整烦了，李贵祥外出浙江省务工已经两三年了，很少回来，父亲又上了年纪，体力减弱，自己家的田谁来管理呢？今天请了七八个人搭他家田埂，准备今天就搭完，又请了李爱生犁田，几个人一起干活就像比赛似的，很快，到下午4点左右就休息了。白天是比赛干活，晚上估计又比赛喝酒。所以，这一段时间男的很累，白天干活晚上喝酒，两者注意不好都伤身体。

黄草岭村民小组前天过世的人今天就祭祀了，村里二李家族的人还是有人上去帮忙了，像张学亮家这样沾亲戚关系的还要带一头小猪去祭祀。

2015年10月28日，星期三，农历九月十六，属牛，多云间晴

写文章的老人们说，"三天不写手生"，犁田也可能是这样的，前几年就为了自己犁田就学着犁了，要是不出什么意外，我家的田是一天可以犁完的。但是，可能是脚手生疏了，昨天只犁了三分之一，今天和明天还得继续犁田。看见在我下边卢学贵也在犁田，也是这两年才学习的，也许是技术问题，也许是谷种根系发达不易犁翻，也许是今年插秧前后田块被晒干了一下，土质有点过硬，犁出来的田块面积与我犁出来的差不多，他家的田已经犁了两三天，估计还得犁两三天。

前两天过世的黄草岭村民小组民说是今天送上山，即使是天气晴朗，箐口村他们李氏家族的人还是要到那边去帮忙的。黄草岭村民小组、大鱼塘村、箐口村就是这样，无论哪一个村哪一个家族有什么大事都要相互通知，一起团结起来处理事情。

2015 年 10 月 29 日，星期四，农历九月十七，属虎，多云间晴

我今天还是去犁田，犁田很辛苦的，今天已经是第三天了。以前栽种老品种水稻的时候，犁一天的话剩不了多少，两天是可以轻松完成的。可是，今年栽种的品种在这两天犁田中发现谷桩根系发达，进入土层过深，牛都拉不动，加上插秧期间雨水不正常，田块被晒干了一下，土质都有点过硬，犁起田来就费劲了。知道今天犁田的还有张学贵，他也是这两年才开始学习犁田的。原来他老父亲身体还好的时候小辈干的活计还看不上，现在身体日衰了，只得叫小辈学习，自己去体验实践了。

生老病死没有商量，只有预防。黄草岭村民小组过世的人昨天出殡了，还是按照老规矩，今天他家照样请客接待来宾。我们遇难别人来帮，别人遇难我们去帮，无论是否农忙期间，都还是得安排人手去过礼。所以，今天上午箐口村民到黄草岭村民小组做客的村民还很多。只是，正是农忙期间，多数村民过了礼，吃喝了一点以后回来做农事的多，不像平时闲着的时候吃喝的时间长，甚至有的要喝晕一点过瘾了才回来。

2015 年 10 月 30 日，星期五，农历九月十八，属兔，多云，有小雨

我认为做农事还是要看天气的，前几天的天气还算不错，没有雨水，村民都可以正常地做农事。今天就有点变化了，下起一点小雨来，气温也好像降低了一点，感到有一丝丝冷意。好在知道天气要变化似的前几天把自己的田基本犁好了，过春前的冷天里基本就不用进田干活。

2015 年 10 月 31 日，星期六，农历九月十九，属龙，阴，有大雨

由于上午的雨水不大，到田里劳动的村民还是有几个。李高门家清理他家原来的秧田，他家的秧田有点特殊，前几年县旅游局说是要在他们几家农户秧田里养鱼，要让游客观赏而以政府的名义征用了李高门、李永福、卢保应三家的秧田，交给旅游局下属的箐口管理委员会管理。可是，后期管理不善，杂草丛生。而且，管理委员会解散以后，更是不像梯田的样子了，他们这些原来的主人看到后心里很是不痛快，今年初就开始出来育秧苗。这一段时间养着鱼，今天叫了几个人来锄草，不知道这样的事与有关单位交涉了没有，要是没有的话，后面估计还要生出事情来。因为箐口村里每户人家的田地多少都被征用了一些，这样返回来自己家可以重新管理的话，其他的村民都要收回被征用的田地，有的盖成房子或者公益场所的岂不是更麻烦吗？问题不就大了吗？

还有李志文家，他家是请了几个村民去搭田埂，分别是李国忠、李爱生、李院文等六人。原本雨水不大，还能正常劳动，可是，到了下午3点左右的时候，雨水就大起来，影响了他们正常的劳动，做出来的活计当然就没有正常时候多了。这也不能怪人了。

2015年11月1日，星期日，农历九月二十，属蛇，阴，有中雨

从早上就有中雨，一直下个不停，不可能从事生产劳动，劳累了多日的村民可以因此休息一天了，这叫作他们的星期日，也很难得。现在可以说不是农忙时候了，可以适当地休息一两天，消除身体的疲劳，等到天气稍微好转再去劳动也不迟的。

这么多年来我认为做日记的信息来源还是要扩大一些，一直在村里我觉得还不够，特别是自己有事情去忙的时候，很多事情就不会知道了，有的事情只能过后知道了再补充。有的不知道的事情就这样过去了。要记的也不能只记录眼睛看到的，还要记录耳朵听到的，我是这样认为。这两天，听说李贵云的妻子又生产了一个女孩，这已经是第三个女孩了，因为前面两个都是女孩子，就不管超生不超生的事情，想再生一个男孩，继承香火也是很多哈尼族人共有的想法。可是，事不如人愿，不理想。国家又实行计划生育，农村能儿女双全是相对理想的，就现在的社会来说，养得再多也是承担抚养他们的义务，很费劲的。

2015 年 11 月 2 日，星期一，农历九月二十一，属马，阴，有大雾

今天的雨水是停了一点，就是有雾，能见度极其低，气温也比前几天降低了一些，很少有村民到田里劳动了。只是大家都担心气温逐渐降低，愈到后面天气愈会冷，真的到了水冷时都害怕到田里受凉。所以，还是有村民家去搭田埂的，知道的有张春华家。他父亲身体好的前两年应该搭完了，这两年有点老了，身子骨就没有前两年好了。今天叫了李爱生，他的岳父李正祥等五六个一起去的，他们就在小雨中劳动，收工时他家没有搭的田埂剩余不多了。

今天下午的天气不是很好，但他们应该是事先安排的，在陈列馆广场摆了 20 多张桌子，由李庆五来做，说是要给一个游客团队吃饭准备的，要学着哈尼族长街宴吃饭。我不知道这是在发扬一种文化还是在变解一种文化，哈尼族的长街宴是在某个特定的节日里在一定的区域举行的，也可以根据本村具体的情况有一点点的变化。而今天这样的天气里，他们为了实现这样的一个愿望我觉得未免过分了，他们这样不分时间、地点做这样的宴席是对哈尼族真正的长街宴的一种变解，我是不赞同的。

2015 年 11 月 3 日，星期二，农历九月二十二，属羊，阴，大雾，下午转多云

今天早上的天气还是不见好转，天气不好，30 米之外什么都看不见，真是烦死人了。到下午三四点时稍微好转了一点，躲在家里的村民才可以适当出来走一走，活动一下筋骨。为了赶时间，看见李红亮还是搭他家的田埂。

我看村民们养牛是一件很辛苦的事。无论是阴天还是晴天，都得招呼，一天都不能歇着，特别是生了牛崽的一段时间里，得给它好好招呼，好好饲养。今天就看见李永福的母亲和李文新的母亲两个老人背牛草回来，他们两家的母牛都生了牛崽，为了给它们吃上青草，补充母牛的营养，两人约好了到离寨子两三公里的林里去割青草。就算是两三天割一背，都得费一个人精力，很不容易的。养大一头牛又需要两三年的时间，确实是费劲。到目前为止，村民为了犁田又不得不养牛。所以，我看见的漂亮梯田下面流淌的是哈尼人的血和汗，在赞赏中更多的是赞叹，谁又知道付出了多少代人的心血。

2015年11月4日，星期三，农历九月二十三，属猴，多云转晴

今天的天气就有所好转了，就有很多村民又到田间上班了。知道的有李洪亮在搭田埂，李国忠搭田埂，李世明给他哥哥家犁田。李明里家请了村民搭田埂，请了李爱生、李世忠等六个人，也许是现在白天短夜间长，他家可能比平常多请了一个人，到下午4点左右就完成回来了。总的来说，做农活的事情也有点像比赛似的，看人家都要做完了自己却没有完成是有点害羞的，心里总不是滋味，都希望不要落后太多，最好赶上他们吧。

听说现在的男人们搭田埂一人一天工钱是100元，李明里家请了六个人就要付给他们600元，加上吃饭的伙食及买一点烟酒，就要花近1000元了，还没有算犁田人工钱，要是犁田一天300元，估计犁他家田要三四个工，这次他家就要花掉近2000元左右。仅仅这样算经济账的话，种田是不划算的。只是都是老祖留下来的遗产，自己没有其他行业可以从事，放荒一年的梯田恢复也极其困难，大家就这样继续保持着而已，毕竟是梯田养育了一代又一代的哈尼人，费一点劲也罢了。谁也不知道以后政府会出台什么政策，村民又怎样对待。

田里的事情基本做完成了，年轻的村民就要外出打工挣过年钱了。知道今天外出的有李少云父子，他的儿子还很小，只有十三四岁。农村的孩子就是没有办法，打也打了，骂也骂了，想不通也得想通，只有让他在家里待着，他烦了就带着出去走走，尽他所能做一些事情，只能如此罢了，孩子犟起来是真的没有办法。

2015年11月5日,星期四,农历九月二十四,属鸡,多云间晴

上午,有元阳县公安局的三个工作人员来村里调查困难农户的基本情况,他们调查的农户可能有30多户,是属于村里最困难的,由村民小组副组长李生明一家一家地通知到村民小组办公室,给来的农户填一张表,主要是填农户的基本情况。

今天,有一个在新街镇农贸市场卖牛肉的人来村里买牛,原来是卢志华带着去他家看他老母亲养的牛,可能是价格上出入大,没有交易成功。后来是以7800元买了李阿三家的一头公牛。李阿三听说已经76岁了,特殊人(哑巴),一个女儿已经出嫁,现在没有妻儿一同生活。他一个老人在田边搭了一个棚子生活,离寨子大概200米,前几年还养着很多鸡、鸭、鱼,多了还卖一些。自己还会用竹子编生产农具出卖,加上享受各种特殊补贴,一个人日子还算不错。这些年上了年纪,经常生病打针吃药,能做的事情少了,生活上出现困难,监护他的兄弟为了犁田不让他出售这头牛。但是,这是他招呼了十多年的一头牛,据能懂他讲话(打手势)的人说,他近些年来经常生病,已经没有能力招呼这头牛了,必须要处理,所卖得的钱一部分要存起来,一部分他要打针吃药,我认为他是明智的,没有必要与监护他的说(他的兄弟在原来的新街镇酒厂,除了有事一般情况不回来)。

上午10点左右,看见李学华夫妇在医院接生了一个孩子回来,由他的堂侄女李艳英用车送回来。他已经40岁左右了,已经生育了两个男孩,大儿子十五六岁,已经出去打工了,可能是村里有夫妇生育了三个,有的甚至是四个,而他前面生育的两个都是男孩,想生一个女孩而生育的吧。今天我是不便于问男孩还是女孩,要是女孩,他们应该满意了,要是男孩,他们还是有所顾虑的。村里还有其他的夫妇,因为前面生育的两个是女孩,后来又生育了男孩的,或者前面生育的两个是男孩,后面又生育女孩的,一男一女后再生育的就少了。看来,村民儿女双全的想法要多一些。

今天天气好了，出来种田的村民就多了，有搭田埂的李红亮、张明德、李国忠、李贵云、李小祥等。犁田的有卢中文、李志和、李树林、卢俱应等。反正没有完成田里事情的都会出去劳动。

2015年11月6日，星期五，农历九月二十五，属狗，晴

水卜龙村施正超妻子带了四个她的妇女亲戚和两个年轻人来锄田埂的草，今天基本把她家的埂草锄完了。她家的田就在我们箐口寨子脚200米处。为什么水卜龙村的田会在我们箐口村呢？我一直想找一些老人问一问，到现在还没有明确的结果，看样子历史有点长了，他们都说人家一直就这样管理着。

这样的好天气就是村民整田的好时间，所以没有整好田的村民基本上都出去劳动了。看见的有张明生家、张保祥家、卢迁华家、李文光家等。做什么事情都还是需要一定的技术，犁田也这样，卢正华说怀疑自己的犁田技术，今天犁田就请了罢达村的矛侯朋友来犁。

下午6点左右，土锅寨村杨里忠夫妇来村里卖东西，有水果，有蔬菜，有卤肉，来买的村民很多。可能他们已经知道村里的情况，这两年每隔一两天就来村里卖一次的，他们拿的东西不是很多，品种有水果、糕点、蔬菜，男女老少各买所需，多少就是有一点。

就在杨里忠夫妇来到后不久，又有一对夫妇来照相，宣传说60岁以上老人是免费照相的，活动时间只是一天。可是，就是没有看见有人来照相的，他们没有待多长时间就开车走了。我想，生意人是不会做亏本生意的，他们怎么会做免费的事情呢？只不过以此为伪装来做其他的生意而已。

2015年11月7日，星期六，农历九月二十六，属猪，晴

昨天下午过来照相的夫妇今天上午又过来了，说是60岁以上老人照相就免费，昨天下午宣传活动时间仅一天，今天上午还是同样宣传。

既然是免费的，不照白不照，照了还是白照。所以，今天还是有许多老人来了，特别有几个妇女，听说是免费的就来得更快。

前几天是搭田埂的时间，这两天田埂都快要搭完了，逐渐又进入犁田的时间。这几天的天气又好，正是做农活的最好天气。所以今天犁田的就多，有张龙家，请了我的舅舅李牛泽去犁田。有李爱生，他是帮卢正清家犁的。李永华犁自己家的，李正云也犁自己家的，不小心把犁给挣断了，只有回来重新找了犁再去继续犁田。卢建忠犁卢迁华家的田，说是卢迁华交代卢建忠把秧田也给犁了，秧田拔了秧苗后这一段时间没有人去管理，杂草丛生，草根又深，犁翻是太吃力了，没有办法犁翻就放弃，只好日后由人去挖翻，难怪放荒的梯田就是如此的难以恢复。李跃请了李世得犁他家的田，牛借了张明福家的，他们有一定的亲戚关系，但具体怎么说好就不知道了。

2015年11月8日，星期日，农历九月二十七，属鼠，晴

上午9点左右，近期经常来卖米线卷粉的年轻人开着他的三轮车来，今天是不是来迟了一点呢？要不往常的话是会有二三十个村民来买的。虽然说是农村，但是这一点比起其他的村寨好多了。由于村里的公路通了，离新街镇近，不需要多少时间就能到，所以村里经常有做生意的人来，很多东西村民都不用上街就能买到，是方便多了。

这一周都是晴天，好像在提醒村民赶快做农活，把田里的事情完成一样，给村民一个大好的政策。看见犁田的有李正云，他才30多岁，"穷苦人早当家"，小时候父母就离开他们弟兄姐妹而去，当家得早，犁田这样的事情也自己学着干了。犁田的还有李跃家，还是请了他的朋友李世得去犁，牛是换了张庆贵的公牛，还是费劲，主要是田里的淤泥过深了，牛拉不动，人也走不了。

李平真是上了年纪，不像年轻时候喝酒也要说是红河州毕业的，干一点体力劳动谁也不怕，今年可能已经近70岁了，体力日衰，田里的

事情都还没有做，要是前两年，田里的农事该基本做完了。今年的话，两个儿子外出打工不在自己身边，自己又干不动，今天是请了卢建忠等四五个村民搭田埂，上午9点左右到田里，下午6点左右回来。

天气确实晴朗几天了，这是好事。男人们可以到田里劳动，妇女们可以晒谷子啦。要不然，别以为谷子收到家里就好，有的村民家的谷子是带着雨水收的，还是潮湿的，如果不趁晴天把谷子快些晒干，谷子是要发芽发霉的，收回来也没有用。所以，别以为只有到田里劳动的男人们辛苦，在家的妇女们也很辛苦的。

2015年11月9日，星期一，农历九月二十八，属牛，多云间晴

二哥年轻时在元阳县保险公司做事，这两年因身体问题回来务农，但是不能做繁重的劳动了，只能做一些力所能及的事，其他村民家的田都要犁完了，今天去帮忙犁了一天的田。

这几天每天就是有几个游客，黄头发、白皮肤的老外也来了几个，只是这村里只有几户大理人家卖首饰银器，开放了一个陈列室。由于其他吃喝玩乐的东西少，他们逗留的时间就短，对村民几乎没有带来什么收益。我想，箐口村民真要走旅游之路还是得多想办法，经济上和时间上还是要舍得花，不然，像现在十多年了依然停滞不前。

2015年11月10日，星期二，农历九月二十九，属虎，多云间晴

致穷的原因有多种，因每个家庭不同而有所不同。李志祥家困难的原因可能是其妻子生病，已经快两年了，几个月前认为不行了又恢复过来一点。这几天每天早上都要家人背着到停车场来，之后由李世华用车送出去打针，可能是担心病故在医院，以免产生不必要的麻烦，晚上又再送回来，很辛苦的。子女不成器，全靠亲戚朋友帮忙，她丈夫又60多岁了，一方面支撑家务；另一方面得找钱付医药费用，生活自然就困难了。也不知道这样的日子什么时候是尽头。

相处还算好的卢建忠也60多岁了，昨天是犁李正新家的田，昨天没有犁完剩一些，今天早早地就犁完回来，说是一天他们给的是250元。他的家庭也特殊，儿子生育了两个孩子之后又娶了一个主鲁村姑娘，听说是又生养了一个女孩，就是这两年从来没有回过家。家里的两个孩子全靠卢建忠抚养，平时料理家务，有点时间了给人家打打工，找一点两个孩子的读书费用。也是很困难的，自己的身体要招呼，两个孩子及家里的正常支出要应付。

2015年11月11日，星期三，农历九月三十，属兔，多云，有阵雨

今天早上听说大鱼塘村李文忠的爷爷昨天去世了，早上就有他的孙女李红去买鸡，还有沾亲戚关系的张正明、卢建忠等，他们上街买鸡，就是准备约几个家族的人到大鱼塘村奔丧，到那里把鸡杀了献一顿饭，他们去的人也吃了一点再回来。

大鱼塘村过世的老人属于二李家族的人，所以箐口村二李家有人在家的都会相互之间约了一起上去帮忙。在前面的日记里说到了，大鱼塘村、黄草岭村民小组、箐口村这几个寨子从某种程度上讲是一个村，这几个寨子之间谁家有什么大事都要相互通知、相互帮忙，特别是这种老人去世的情况，那是必须到位的。要是请大客的话，基本上每户都通知的，而被通知的没有什么特殊情况也会到位的。

2015年11月12日，星期四，农历十月初一，属龙，阴转多云

有几个大鱼塘村民来村里买猪，用三轮港田车拉了一头回去，说是给老人去世的那家办伙食用的。记得小时候办理这样的丧事都很简单，伙食也差，现在是大大的不同了，可以说是翻了天一样，每家的伙食都不错，很多时候都吃不了剩着而倒掉。

这就有点怪了，就像有的老人说的农历更替的时候天气会变化，昨天晚上到今天凌晨一夜都下着雨，一直都未停过。谁也想不到这个时候还会下这么大的雨，水沟里的水上涨，田里的水都灌满了，像是七八月的雨水天气一样这么大。还好在早上雨就停了，天气逐渐变多云，村民会到田间排水，没有整好田的村民还会出去劳动。

这几天的游客有点多，今天还来了两个团队，有一个是国外的团队。

2015年11月13日，星期五，农历十月初二，属蛇，晴

昨天凌晨下了大雨后，田里的水都满了，为了冲出自己家田里的浮萍，我把通过寨子中心的水沟里的水全部灌溉到田里去，想要给水冲出去一些，这样试验了一会儿，浮萍的确是冲出去一些了。可是，从寨子中心水里冲出来的塑料垃圾太多了，随水沟里的水冲到田里来了，一大片都是，才捡了一会儿就又有了，塑料污染的确严重了，我是很担心的。要是再不引起村民的重视，田里塑料垃圾将成堆，影响以后的栽种以及生产出来的水稻质量等。特别是玻璃物品，碎了被冲到田里就是麻烦，有一次我就被扎到过脚，疼痛了一个月左右恢复了才能下田劳动。该醒醒了——我的箐口人民。从现在做起，从我做起，不要给自己添麻烦，不要自己污染自己的空间。

前天晚上下了一夜的雨后，今天的天空就变得格外开明，阳光明媚，没有一点云彩，来村里的游客也多了一些。今天有三四十个学生模样的广东省佛山市人来，我是从她们说话的口音中听出来的。那些女学生还都穿着哈尼族的服装，新街镇开有哈尼族服装店，应该是在新街镇买的。难得有这么一些人还喜欢哈尼族的服装，甚是可爱。

2015年11月14日，星期六，农历十月初三，属马，晴

今天是属马日，是附近牛角寨乡的集日。早早地，就有做生意的商人来买李其三家的牛，一小一老，9000多元买了，说是要运到牛角寨乡集市去卖的。有一种说法，说有的村寨有人家需要牛的时候到牛角寨乡集市的时候去买，等家里的田种好了又把牛卖掉，这样就省去了平时养

牛的时间。目前箐口村没有这种情况。卢倮应家就有点相似了，前两年自己家养大了一头大公牛，犁田时发现不好用就卖了，又从牛角寨乡重新买一头回来家里用，今年用的这头就是去年买回来的。

整理完这一段时间该整的田以后，村民就要进入一段时间的农闲了，都轻松了。只要平时管管水，或者少许没有处理好的地方，基本就没有什么大的农事了。年轻人怎么办呢？是可以出门打工挣过年钱了，今天知道外出的有李永福，带着一点简单的行李出去了。他希望找一点钱补贴家，带着这种愿望出去希望他实现回来——家人是这么想的。

上午，村民小组统计村民准备要拆建老房子和要新建的农户情况。从报名的情况来看，还是有点多，有三四十户，这么多户数应该是不会给的，新街镇政府还是可能要安排工作人员来实际调查的。

我很久没有看见有村民家用水冲肥料了，今天卢朝生家用水冲肥料。早上的时候，家人把堆放在家里的肥料背到水沟边，有一个人就去赶水和清理水沟，等吃过中午饭后，一家人冲肥料了，有人负责把肥料冲刮到水沟里稀释让水冲出去，有人就负责来回赶水沟，防止肥料在沟里堵塞或者冲到别人家的田里。这是村民传统的施肥方法，这样既方便又省力，也保证了明年田里的底肥。这几年的话，一个是有关对口部门给村里一些化学肥料，一个是村民自己家有钱了有足够的经济能力买肥料。所以，很少有人家这样用水冲肥料了。

上午村民小组通知需要拆建老房子或者新建房子的村民要统计的事情后，下午就有李世文带一点吃喝的菜回来了，也是来打听建房子的情况的。

2015年11月15日，星期日，农历十月初四，属羊，晴

计划生育的政策实行了这么多年，而村民的生活逐渐经济化以后，村民生育子女的观念还是有所改变了，都不敢养多，都希望有一男一女就是最理想的了，一般都不会再去生育。但是，要是两个都是男的或者

两个都是女的，多数还是会再养一个的，就是希望男女都有。这种养儿防老、继承香火的观念在村民心中是根深蒂固的，不是一代人或者几代人就能改变的。今天李学华家儿子过生日，村里过孩子生日是属相的第一轮，就是出生第13天的这一天。他们夫妇前面就生了两个孩子，都是男孩，希望再养一个女孩子。可是怎么会想生什么就是什么呢？没有办法，既然生出来了还得养大。而他们家族一旦生了孩子还得过这样的生日，所以今天是召集了亲戚和朋友们来。

李正林老人已经70多岁了，是村里的大摩批，经常组织村民家的祭祀，现在又在陈列室做事，每个月听说有800元的工资，日子还是可以了。家里田都给女婿他们来栽种，我家旁边的那几块说是给李红亮管理，今天卢新犁他家的田，埋怨说没有犁那块秧田。其实，犁过田的我知道，那块田水草太多，根太深了，牛拉不动的，只有人用锄头慢慢挖了以后才能犁翻的。去年我的秧田就是这样，因为我平时不去管理，七八月间杂草又猛长，到11月犁田时才发现太吃力，不可能用牛犁翻的，只好由我一天一点地挖翻。

李志文家今年建了一个小房子，旁边是一条水沟，雨水多的时候还是担心的，会冲垮地基，甚至冲倒房子。为了牢固地基，保证房子的安全，今天运回来一些石头，准备砌房子旁边的倒墙。

2015年11月16日，星期一，农历十月初五，属猴，晴

现在请人种田也有点难，说是犁李建军家的田请了几个都请不动，今天请了李志明去犁的，牛是他从全福庄村亲戚家借过来的，得犁三四天才能完成。

电器进入农村以后，很大程度上改变了用火的情况，村里用柴火的人家减少很多，特别是人口少的村民家，煮一点饭菜都用电器了，很少有人用柴火。只有在办大伙食的情况下用柴火，或者养猪的人家多数还在用，养出来的猪肉好吃。今天李文新家从打碑寨村运回来一车柴火，说主要是养着猪，煮猪食要烧以外，其他的都用电了。再说，这些柴火也是很廉价的，说是哪里要栽种新树种而砍伐了一大片，今天运回来的这一车也很便宜。

我种田这么多年以来，一直认为要栽种水稻的田旁边的树木是要砍伐的，特别是树长大了，要是不砍会增加空气湿度以及降低旁边的气温，会影响水稻生长，降低粮食产量，这是我一直以来的想法。然而，今天与村民的交流中才知道，树木长得过大了，还是会招风的。

2015 年 11 月 17 日，星期二，农历十月初六，属鸡，晴

这几天天气好，是种田的好时间。有些没有人也没有牛犁田的人家只有请人家有牛的村民去犁了。今天知道的就有卢建忠去犁李庆亮家的田，李庆亮前一段时间就出去务工了，自己家又没有养牛，知道卢建忠犁田认真，就商量好给 600 元去犁他家的田，可能需要两天左右犁完。一个是自己的身体还行，孙子们上学需要钱，不得不挣一点钱来补贴；另一个就是自己犁田情况村民都清楚，请他犁田的村民就多。听说，到现在已经犁了几户人家的田，挣了几千元了。要不然的话，给孙子们上学的钱也没有地方找。

上午，新街镇农科站的唐永福和何应中来村里支付工钱，有他们在今年试验水稻品种中请小工的工钱和租田农户家的费用。前几年的话，他们要过年的时候等项目款到位后才支付清工人的工钱，村民对他们的说法不是很好，知道了以后，今天是用他们自己的经费先支付给村民，希望以后的工作也能得到村民的支持。

二李家族的人李文贵、李文才、李世明、李永福、李其三等几个今天还是到大鱼塘村老人出殡那里去帮忙。在某种程度上说来，大鱼塘村、箐口村、黄草岭村民小组就是一个寨子，如同几个弟兄一样。哪一个寨子里谁家办什么大事都会通知家族的人来往，关系甚是密切。前几天知道大鱼塘村有二李家族的老人过世后，箐口村二李家族的人有时间的都

会相互约了一起去，今天也如此，比较团结。

2015 年 11 月 18 日，星期三，农历十月初七，属狗，晴

前几天大鱼塘村过世的老人昨天送上山了，按照这几个村的习俗，今天是请客接待亲戚朋友，或许是农闲时间或许是他们家人平时为人很好，今天箐口村民到他家做客的也比较多，几乎每户有一个代表前去。总的说来，这几年礼金也增加了，基本上已经是 50 元或者 100 元。主人家办的伙食也不错，至少有十几个菜，而且荤菜是吃不完的。没有听说谁家的菜不够吃，只有听说剩余的。就这方面来说村民的生活是提高了不少。

李志明还犁李建军家的田，已经是第三天了，估计今天才能犁完那块大田。听村民说，那块大田的淤泥也很深的，要是没有经验的人两三天也犁不完。

2015 年 11 月 19 日，星期四，农历十月初八，属猪，多云，有小雨

年轻是活跃的年纪，喝一点酒就不知道天有多高、地有多厚了，我们也是这样过来的，到现在这样的年纪了还会经常犯喝醉的错。今天中午到朋友李祥家吃饭，才知道前几天有几个村里的年轻人晚上到街上唱歌，出来过公路的时候李世德的儿子李江被车子撞伤了。当时昏了过去，已经不省人事，是被他同行的李义成他们送到医院就医的，到今天已经好几天，不知道病情好转些没有。希望他好吧，一个人的生命只有一次，年轻是资本，一去不复返，无论到哪里做什么都还是悠着点好。

李志明犁李建军家的田，他家的那块大田面积大，说是淤泥也很深的，犁了四天才完成，今天是第五天，犁剩余的其他小田。卢建忠犁李庆亮家的田，今天是第二天，他家的田有点多，估计要犁三天才能犁完，说是给了 600 元。

2015 年 11 月 20 日，星期五，农历十月初九，属鼠，晴

李志明还去犁李建军家的田，今天已经是第六天了，说是昨天没有完成还剩一点，今天犁一会儿就完成了。

年轻人就是有闯劲，几个月不见，就会变一个样子，今天看见卢正学的儿子又驾驶着一辆面包车回来了。有点旧，可能是二手车。不过，自己有车就是方便。

李张和从开远市回来，运回来一张木茶几，价值 3000 多元。现在村民家还是很少有。我知道朋友李祥家有一张，价值可能也是上千元。其他尚不知道，只是想，随着生活水平的提高，人们意识的增长，村民的生活要求也会愈来愈高吧。

2015 年 11 月 21 日，星期六，农历十月初十，属牛，晴

卢建忠今天是去犁李克福家的田，田块面积不大，一般从早上 9 点左右到下午一两点就可以完成，费用也只给了 200 元。要是干一整天的话，是要付 250 元到 300 元的。是双方都有数了才这样做。

战友兰文武打电话来，说是有建水县的一个老战友来，要我到新街镇去聚会。原来打算不去，想做自己的事情，可是打了几次电话以后，出于情感不好推辞，只好打车过去。说是聚会其实就是喝酒，还好他们还要去泡温泉，都没有喝多。当年的年轻气都还是减少好多，只是友好性地喝了两小杯就告辞了。

2015 年 11 月 22 日，星期日，农历十月十一，属虎，晴

早上，有一个外地人驾驶小三轮车来村里爆米花，每市斤大米收费两元。已经很久没有人来村里做这种生意了，孩子们很喜欢，又刚好是星期日，孩子没有去上学，来爆的小孩子就比较多。看见队伍都排了 20 多米，有的自己不会就带着他们的父母来。他的生意不错，从早上 8 点左右到十一二点才返回去，估计赚了 100 多元。

今天下午，张祥家叫魂，摩批是他的叔叔张保祥。听说他的女儿已经大学毕业，这次是特意带着她回来做这个仪式的，真的做了会起什么作用呢？他们一家从来都是在外地，箐口村的家住过三天吗？他们的家真正意义上在哪里？要是真的有魂灵，他们的魂灵应该在哪里？我想，才不会在箐口呢。他们的魂灵真的意义上在他们生活的地方。读书，读书，读到什么时候才知道这一点？读到大学了，连这一点都读不懂，我认为是白读了。

2015 年 11 月 23 日，星期一，农历十月十二，属兔，晴

田埂都是土，不是说要故意把上面一块的田挖小，而是因为每年都要锄草，草根带土，每年总是会被挖掉几厘米，时间长了，上埂的田块总是会变小的。特别是一些土质松软的地方，变动得就会越快。所以村民的办法是用石头砌起来。以前村民的生活困难，条件有限，现在，有的人家经济宽裕了，解决这样的情况就会用石头加沙、水泥混合筑起来，牢固多了。前一段时间，张春华带着人承包了一些"建设美丽家园"的工程，听说已经完成，可能是找到了一点钱或者剩余一些建筑材料，今天叫了人砌他家寨子脚的一块秧田。这样建好后当然好管理些，田块也会保持原来的面积，养鱼也好，育秧苗也好。

农事基本结束了，就自己找事情做。李志文家今年在箐口小学校下面建盖了一个小房子，离旁边的水沟近，一旦河水猛涨，就有可能冲倒旁边的田地，进而会带动他家的房子。十几年前就有过被冲垮的情况。预防为主，村里有句俗语叫作，"雨水没有来临之前砌好墙"。这一季雨水少，他家也有这个条件，今天就开始叫人砌倒墙了。

2015 年 11 月 24 日，星期二，农历十月十三，属龙，多云间晴

卢建忠去犁李德贵家的田，他已经给别人犁了十多天的田了。他已经 60 多岁了，为了两个上学的孙子只得坚持着给人家犁田挣一些钱来补贴支出，家里全靠他一人支撑。儿子与儿媳离婚，找了一个又生了一个女孩在女方家过日子，已经几年没有音信了，就不用说给儿子寄些钱回来过日子。真是没有良心，把自己的父亲和两个儿子丢在家里什么也不顾。卢建忠还是够辛苦的，一个人操持着家务，还得供两个孙子上学。两个孙子是没有什么要说的了，将来应该报答的就是他们的爷爷了。

李文贵老人已经70多岁了，家庭有点特殊，有点困难，大儿子体力劳动做不了，有点手艺，经常用竹子编一些农具去卖，挣一点钱补贴家里的生活。今天是新街镇集日，他早早地就挑着前几天编的鸡箩去卖了，现在一个鸡箩是卖25元，生意不好时二十一二元也卖。不过，可能是做工好，或者对生意的灵活掌握，他每次挑出去的都卖完了回来，基本没有剩余挑回来的情况。

2015年11月25日，星期三，农历十月十四，属蛇，多云转晴

基本上进入农闲时间了，很少看见村民做农事了。当然，这主要是针对田里的活计，地里的事情还是有得做的，比如种菜。栽种一些蔬菜正是时候，现在栽种的蔬菜过一两个月后长起来，正是很好吃的菜，不像北方的季节到了这个时候栽种的蔬菜长不起来。箐口村属于南方的南方，一年四季都会有好蔬菜可以享用。只是，箐口村人多地少或者说缺少技术或者什么方面，都只能是自给自足，或者到镇里买吃，不会在自家门前找出路，这是我的一种想法。要是能在自己家地里或者租一点地栽种蔬菜经营，一家人的生计也不会成问题的。

生老病死是自然规律，谁家的亲戚老人过世看望也是一种礼节。听说麻栗寨有个老人过世了，是村里卢建忠的亲戚，对方通知到以后，今天他得带着一些家族的人去奔丧。他原来打算今天还要去给李正新家犁田的，想要给正在读书的两个孙子挣一点生活费用。可是，计划就没有变化快了，生活中往往就是这样，有些事情因其他事情变化而变化。

2015 年 11 月 26 日，星期四，农历十月十五，属马，阴，有小雨

李世文家打屋顶，请他李氏家族的人去帮忙，因为有小雨，估计只有披着雨衣才能做活了，去帮忙的李爱生、李世忠都披着雨衣。早不打晚不打，偏要在今天打，还说他懂一点摩批知识，会算一点日子，说什么今天属马是一个好日子，前几天天气还那么好，做什么事情都无妨，为什么今天突然就下雨呢？说哈尼族会算日子，为什么不算好自己。

下午，看见李志宽请了摩批李建国在水磨上面做一个法事，估计是他的儿子前一段时间生了一场大病，现在来做一些法事禳解，希望能够健康生活。

2015 年 11 月 27 日，星期五，农历十月十六，属羊，阴，有小雨

昨天到今天都是阴雨天气，现在又是农闲时间，村民能做什么呢？这是困扰我的一个问题。可是，只要你随着路走一走，就会看见很多有趣的事情。特别是年轻人，三五成群地打麻将、玩扑克，甚是热闹。有人说哈尼族的妇女地位低，我是不知道怎么理解这句话。特别是近些年来，村民的生活水平逐渐提高，物质生活愈来愈富有，年轻的妇女获得经济的条件也愈来愈快。农闲时间她们能做什么呢？告诉你，不识字的她们也学会了打麻将、玩扑克，也学会了玩一点钱。不管是白天还是晚上，年轻的她们都会集中起来娱乐了，多数还是跟着年长的男长老们。今天就看见这样的情况，基本上每天都能看到，特别是过年过节的时候，哪里管你是什么大叔大爷的，只要娱乐就是了。我也偶尔去娱乐过，确实是娱乐，玩得也不大，只是一两元的小数字，这就是我要说明的她们与我们是平等的，并没有什么地位高低之分。只是在不同的年代，在不同的地域所表现的方式不同而已。

2015 年 11 月 28 日，星期六，农历十月十七，属猴，阴雨转多云

有人说这世界你认为简单就简单，认为复杂就复杂，认为辛苦就辛苦，认为快乐就快乐。还是在凌晨 4 点钟的时候，本人在写作业，就听见外面的路上有出去务工的妇女们的讲话声了，应该是去打屋顶的妇女们。原本打屋顶是男人们的事情，但是这两年她们都学会了，好像组织了一个队伍似的，她们也拿起手机相互联系，也能与老板们联系了。近一点的就在附近几个寨子承包了来干，远一点就请汽车来运送她们，有时候都到四五十公里的其他乡镇去，去远地方的时候她们就起得比较早了。如同今天早上三四点钟就出发，回来也有早晚，早的时候下午三四点钟回来，晚的时候到晚上十一二点回来。我看，她们很辛苦，她们很能干。

还是在早上 6 点半的时候，就被陈局长的电话吵醒了，说是今天上午有国家民委、省民委、州民委、县长、县民委等人来村里，要我配合村民小组以及负责哈尼哈巴传承中心的李正林他们做一点准备。要在哈尼哈巴传承中心烧一堆火等着。他们是于 9 点半左右到箐口村的，在那里座谈了一会儿就走了。

今天是新街镇的集日，卢建忠到街上购买小猪，明天他要拿小猪到麻栗寨他大舅哥过世处丧祭。从现在哈尼族的民俗来讲，这是免不了的。他们去奔丧的那天，他说是准备过几百元现金的礼而不准备带小猪去的。可是，遭到了同去的家族人反对，说还是带一头小猪去要体面些，他才这样干的。

同样是去过礼，今天卢学锋家又去他妻子的亲戚那边老人过世的地方拿小猪丧祭，用小猪去丧祭的自然叫的人就少，只要去三五个就够了。

2015 年 11 月 29 日，星期日，农历十月十八，属鸡，多云间晴

雨后的天气就是格外清爽，前几天是阴雨的天气，村民都沉闷了两三天。今天可以出来走动了，看看将要盛开的樱花。云南的冬天就是这样，进入冬天还有花开，只是箐口村实在太小，没有成片的樱桃园可以看。记得是 2007 年还是 2008 年，元阳县政府有过这个想法，要开放万

亩樱桃园供游客观赏。我也参加了元阳县政协主席（当时是车高学）在元阳县国营林场（原来的箐口村林地，查过元阳县档案局资料说明）大鱼塘开的现场会议，还说给参加会议的人安排工作，每月发放工资管理，有工资拿了，我还高兴了一阵子，会议过了一段时间在没有村民的地方零散地栽种过一些，大面积的樱桃园就不知道去向了。

  昨天说到了，趁着集日卢建忠去买小猪了，今天中午就叫了几个家族的人到麻栗寨丧祭，麻栗寨离箐口村四五公里，在自己没有车子的情况下，今天晚上就会在那里休息，等明天吃过早饭再回来。

  想着天气要变冷了，村民需要保暖，可以在这方面做一点生意了。下午，就有两个外地人带着机器来村里弹棉絮，在停车场李永福家院子里弹。弹好的丝棉每市斤25元，一床共8斤是200元。"货比三家"，相信多数村民是买过棉絮的，知道新街镇比这些好的也没有这么贵，都觉得贵了，今天没有一个村民来买。

  听村民说老人受伤很难康愈，不像孩子的时候。卢世文的老母亲摔了一跤，手腕受伤住院，时间也有点长了，他今天要接老人回来。

2015年11月30日，星期一，农历十月十九，属狗，多云间晴

  前一段时间说的晚上被车子撞伤的李世德儿子李江今天在村里走动，看起来已经正常了，至于事故处理情况我到现在还不太清楚。

  昨天到麻栗寨用小猪丧祭的卢建忠一家人今天回来了。出于好意，回来后还请了前去的家人吃了一顿。也叫本人前去，忙于作业就没有去。

  我是不知道怎样做生意的一个粗人。但是，村民常说一句："不喊高就不会就低。"意思是说，刚开始讲价钱时要叫高一些，实际上可以少一些再成交。昨天来村里弹棉絮的人原来喊价是每市斤25元，一床就是200元，村民嫌贵，没有一个人来买。今天是下价到20元一市斤，每床做成就是160元，有村民看适合了就来买，看见卢正荣的妻子买回去了一床。而有的认为还是贵了一点，不愿意来买，我是其中之一。我

为我们基地买过几床，认为质量要比他们的好，价钱又比他们的便宜。

我去做建筑的时间不长，到现在记得就是那么几个月。但是，总记得工地上常会写着："安全第一，生产第二。"可见，大家都把安全放在首位了，都要重视安全。在小小的村里，施工中也出现过大问题。

今天，我看见李宏被白万福接出去了。与他聊过一会儿，说是他的手前一段时间在干活中受伤，在个旧市人民医院骨科住了近两个月院。虽然看起来是小小的一点手伤，但是可能伤了筋骨，动过手术，已经花去一万多元了。要不是有医疗保险，自己也要花很多钱。说今天是出去复查的，估计要待一两天，就带了一些行李。

有人说："平安是福，健康是宝。"前几天卢正清的老父亲生病了，到医院打过几天的针，可能家人又在想什么东西来害家庭了。今天请了张正和摩批做法事，叫作"平巴赐"，是做祭祀神龛的法事。这种法事是家里出了大事才做的，或者时间长了才做一次，平时一般都不做。祭神龛是过年过节的时候，意思就是希望先祖们好，庇佑后代健康发展。卢正清老人生病，认为是有冒犯之意，选择今天的良辰吉日做一个，希望老祖们不要大意，还是要保持清醒的头脑，保佑家人健康，平安和睦。李世忠是他的同学加朋友，两个人很好，邀请了他去。这一段时间没有多少事情，几个人喝了很多酒，一天都在朦胧中过日子，都兴奋过头了一点。

2015年12月1日，星期二，农历十月二十，属猪，多云转晴

养牛也是件很辛苦的事情，特别是箐口村人多地少，包括元阳县普遍就是这样，而养牛是需要牧场的，人多地少，去哪里找牧场呢？村民怎样来放牧呢？只能靠田边地角有限的地块来放牧了，很多时候要人工割草来饲养。这样，一人最多就只能招呼一两头了。这得有耐心，要有足够的精力，要是上了年纪体力跟不上就不行了。年轻人事多气盛常去吃饭喝酒做其他事情也就会忘记放牧，这就是不行的，的确需要有耐性

的人来招呼，一要有体力，二要有时间才行。张里保夫妇已经近80岁了，家里养了两头牛，体力都好的时候还可以，现在体力衰退了，或者感冒身体出现不正常家庭就出现问题了。儿子儿媳们看重钱，必须要外出务工，哪能帮你放牛。所以今天上午以4800元卖了一头牛，减少一点负担，只要家里还养着一头保证种田需要就足够了。

有时候我真的很纳闷，很困惑。有人说："有福之人不要慌，无福无禄急死人。"还有人说："勤劳致富，勤俭治家。"听谁的呢？就像哈尼族说的："人的舌头是不是长毛了？脑袋长在肩膀上是不是用来分析这些呢？"我想是的。老爷在世的时候，经常督促我早起。说要是不起早，昨晚掉在门前的金币会被人捡去，轮不到自己。二是早起锻炼好身体，要是身体不好，什么都不是你的。甚至，昨天晚上掉在家门前的都不是你的。小时候不悟世，他说什么我不懂。慢慢地，经历了这么多年生活以后觉得老爷说得还是有点道理的。

于是，我常常早起，发现早起的村民还多着呢，我不过是其中之一。这几天每天都观察了一下，有李志宽、李扎卜、李正祥等，他们都是早起的一群，他们在田边搭了一个棚子，就是田棚。可以供家人在劳动间休息，也可以堆放一些农具，也可以养鸡鸭，养出来的鸡鸭肉还特别的好吃，他们去街上卖也要贵一些。而这一段时间是鸭子产蛋的时候，他们都起得很早，早早地出去放鸭子，随手就拿鸭蛋回来了。有时，天不亮看不见还拿着电筒去，下午再将它们关到窝里。我也试养过，可以给家里补贴不少，要是招呼得好些，可以说是一种经济来源，有的外出打工的一年收入不一定比在家里招呼一个田棚好呢。

2015年12月2日，星期三，农历十月二十一，属鼠，多云间晴

我看箐口村的经济来源确实缺乏，要是不把种田也当作一项经济来源的话，就是外出打工了。这几年来的旅游业给箐口村民带来的经济收入也微乎其微，可以说根本上没有什么。进入农闲了，再过一两个月又要过年了，都知道过年是需要钱的，就会有很多年轻人外出打工了。今天就有李国忠一个，他又是家里的主要劳动力，不能像年轻人出远门，只是到新街镇与朋友砌倒墙，要是能够正常干下去的话，可以干一个多月，也可以挣到一点生活费的，总比闲在家里好多了。一家六口人，大儿子又在水卜龙学校上学，每天的吃喝要是不想一点办法来维持，可以想象生活要多困难。

说是农闲，其实只要有田地的人家每天都有事情的。到了这个时候，只要有时间的村民就可以去挖地了，把杂草挖翻过来让阳光晒死，到了一定的时间烧一把火就可以了。只是箐口村的地实在是少，人均还不到一亩，多数都是零散地有一点罢了，有的家庭困难到连栽种一点蔬菜的几分地都没有，实在是可怜。今天我看见张明生妻子、张文和妻子等去挖地。这些算是勤劳一点的中年人，一是家里白天确实没有大的事情；二是上了年纪，平时打小工挣一点钱也不要她们了，她们只能尽心地管理家务。

2015年12月3日，星期四，农历十月二十二，属牛，多云间晴

"妇女种地，男人种田。"好像是什么人早就把村民分了工似的。我就知道，村里男人主要就是负责种田，妇女就是负责种地，田里的事情基本闲下来了，妇女就开始准备地里的事情，只要天气好，就会有妇女到地里挖地了，今天看见马卫华的妻子她们去挖地。

虽然说田里的事情基本闲下来了，但是什么事情都不可能一起做好，有先就有后。卢小华这几个月带着一帮弟兄做工程，没有种好田。卢建忠是他的好朋友，今天天气好，卢建忠就去帮忙犁卢小华家的田。人就是这样，走好一条路总得有几个好朋友才行。

2015年12月4日，星期五，农历十月二十三，属虎，多云，晚上有雨

昨天的天气还好，可是昨天晚上就下雨了，早上起来都还在下着雨，雾又大又冷。南方的天气就是这样烦人，几十米远的地方什么都看不见，心情一下子变坏，什么事情都不想做。

2015年12月5日，星期六，农历十月二十四，属兔，多云

他们说40岁是让人困惑的年纪，我不知道是否有些道理。只是到了这个时候，的确感到有些烦躁，连要交什么样的朋友都成了考虑的事情。今天原本想写点什么，因为烦恼没有做什么就休息了。

2015年12月6日，星期日，农历十月二十五，属龙，多云

卢永贵家请卢新犁田，天气都有点冷了，种田的人刚下田时肯定冷，比前一段时间要辛苦一些了。根据我这几年观察的情况来看，村里养着牛犁田耙田的人在减少。自己养着牛，能为其他村民做工的有李爱生、李文贵、卢建忠、卢新。其他的基本都是自己做自己家，或者最多就是给亲戚和朋友家帮忙一两天罢了。所以他们几个往往要排队，今天就有卢新帮忙卢永贵家犁田。

听说农村补贴惠农款到位了，我和杨正明到寨子头世博元阳旅游公司元阳分公司办公的地方信用社服务站去取，卢宽亮和卢文华的妻子跟着来领取，他们不识字，自己的卡都要叫人帮忙取。就这么简单，不识字就是这样，原本自己能做的事情都要交给他们来做，总是要比别人多吃一点亏。从我们取到的情况来看，是要比去年低200元。他们又说去年的都没有领到过，这政策又稍微变化了一点。

2015 年 12 月 7 日，星期一，农历十月二十六，属蛇，多云间晴

养着牛，真正种田的村民家的田是基本上犁好了，都想着尽快犁了让土泡着，一是稻桩腐烂得快；二是土质也会松软，来年的庄稼自然要好些。然而，要是没有养牛的人家就只有请亲戚或者朋友来犁田，要是也不愿意请的话，只有自己想办法处理。今天看见李上嘎夫妇去挖田，就是因为他们家没有养牛，也可能不愿意向亲戚借用，才两口子一天挖一点吧。

前几天的天气有点冷了，今天稍微好转一些，天气晴朗了一点，就陆续有村民去挖地了。劳动惯了的总是闲不住，而这段时间正好是把地挖翻了让太阳晒的时候。天气晴朗，地里挖出来的杂草可以晒干，烧了就是肥料了，村民绝大多数是这样做。

2015 年 12 月 8 日，星期二，农历十月二十七，属马，多云

青菜萝卜是可以栽种一些的，但是还有很多是自己栽种不了的。得上街走一走，得去买点油。

有一段时间没有看见电视台或者电影工作者来村里了，红河电视台来村里拍摄，不是与自己很紧要的事情就没有去过问，让他们做自己的事情吧。

2015 年 12 月 9 日，星期三，农历十月二十八，属羊，多云间晴

什么事情都会改革，缴纳电费就是一个例子，以前是每月村民自己带着电费卡到电力公司缴纳，今年开始实行邮政储蓄卡代缴。李万祥手机里发信息说邮政卡代缴了，银行卡也代缴了，说是可能被他们弄错了，他要去问问，要是真有这样的情况要纠正过来的。

有一个外村的人来村里卖农具、锄头、镰刀、锅碗瓢盆等。生意不错，这些人就是会做生意，他们最知道农村最需要什么了。

2015 年 12 月 10 日，星期四，农历十月二十九，属猴，多云间晴

"钱"这东西实在是集中了多种的职能，人们生活中一步也离不开它，每天都需要它，也是人们最敏感的事情。这几天，知道有村民领回来惠农粮种等补贴款，一两天基本上全村都知道了，都相互约了去领取。有个问题是有的村民发现自己家的卡上还没有钱，认为有错误，想要到村委会或者新街镇咨询一下情况。今天就有卢正华的母亲跟其他村民说她家就是这种情况，很疑惑地说："不知道是哪里的错。"

今天是农历十月的最后一天了，按照村民的说法是过十月了，有汉族的除夕之意，习惯性地准备糯米粉，到了明天早上要做汤圆献祭。

初中部开家长会，家长们相互约了去，要是有谁的家长没有去参加的话学校里的老师会批评的。我的孩子还算好些，我很少去，都是她的妈妈去得多。

2015 年 12 月 11 日，星期五，农历十一月初一，属鸡，多云间晴

今天是农历十一月初一，按照村民的说法就是今天过十月年，家家都要做一点汤圆献祭一下，就算是过了一年，今天是新一年的开始，意思有点类似于元旦。我了解的是绿春县一带的哈尼族对这个节日很重视。类似于多民族过春节，都要杀猪祭祖，甚是热闹。村里有几个妇女是从那边嫁过来的，有时还会回去过节，会带猪脚猪肉、自己烤的酒等回来请亲戚们吃喝，我记得也吃喝过几家的。只是不知道什么原因，箐口村对这个节日好像不是那么重视，表面上看不是那么热闹，村民都只是做一点汤圆献祭一下就好了，再多的我没有看出什么来。

一边说起来是过节，一边又得去办事情。今天知道张东家要到阴鸟寨子去丧祭，早早地妹婿驾车来拉牛了。估计是不请大客，很多村民都不知道，没有请更多的人过去，随便叫上一些亲戚和朋友就够了。

晚上 7 点了，有一对听口音是建水县的夫妇来村里卖鸡蛋、鸭蛋，或许是比新街镇城里卖得要便宜一些，他们随便在村里叫了一下，来看的妇女们多，买得也还是很多的。

2015 年 12 月 12 日，星期六，农历十一月初二，属狗，晴

早上，有一个彝族妇女来村里收塑料、废铁、纸张等废旧物品。这样收购废旧物品的人这一段时间少。今天的话，来交易的村民还有一些。

这一段时间，卢小华带着几个村民做一点事情，用我们的话说就是"小老板"。可能是到了收尾的时候，今天组织他的弟兄杀狗吃。就是这样，吃穿住行，吃字第一，村里带着几个弟兄做事情的所谓"小老板"，往往做完事情回来都会请弟兄杀狗或者杀羊吃，总是会会餐，不知道是谁先发明的。也是很愉快的，我与朋友们要好，他们回来杀狗吃羊总会叫我去，总要喝晕了一点才肯罢休。

2015 年 12 月 13 日，星期日，农历十一月初三，属猪，晴

秋冬暖冷交替的季节是不是人们常犯病的时间呢？这两天听说生病的村民是有几个，特别是孩子们。昨天看见李永福带着女儿去打针，今天又看见李国忠的妻子带着女儿去打针。

从整个箐口村来看，没有犁好田的人家不多了，只剩下个别没有牛或者没有劳动力的几户了。李上嘎家有劳动力，但是就是没有养牛。前几天他们两夫妇用人力来挖，今天看见卢新犁他家的田，可能是用人力挖很费劲。

2015 年 12 月 14 日，星期一，农历十一月初四，属鼠，晴

早上，土锅寨村彝族杨里忠夫妇驾驶三轮车来村里卖糖果、蔬菜。他们卖的种类多，各买所需，还是有村民来买的。

现在的年轻人都说管理梯田不容易，都很不愿意到田里劳动了，宁愿出钱让其他的村民来管理，也不愿意自己进田里劳动了，只是中年人没有办法尽量去管理罢了。我们寨子头有一片是水卜龙村民的田，很少有箐口村民愿意去管理，今天李文贵去犁那几块田。田是好管理，但是村民的说法是箐口村民不能去管理那几块田，否则的话会出灾难的。也不知道是不是冲着卢迁说的，卢迁管理了几年，身体出现问题了。

"一个人死了之后，究竟有没有魂灵？"这个问题不只是困扰着祥林嫂一个人，也困扰着我们。我也时常在想人究竟是什么东西，同样是生活在地球上，由于所生活环境的不同，想得就不同。在箐口村，村民是相信有魂灵的，每年都要听到和看到很多家举行叫魂的祭祀。特别是到了三四月插秧的时候，像比赛似的一家挨着一家，基本上每天都有人家在做。摩批们总是有吃不完的饭，喝不完的酒。这种祭祀亲朋好友都可以参加，朋友多一点当然也就每天都可以吃喝，有时还说吃不了喝不了要投降了。

这段时间叫魂的祭祀少一些，但不是没有。有的出现特殊事情的人家还是要做的，前一段时间的一天晚上李世德的儿子李江在镇里被车子撞伤了，现在恢复了出院回来，今天他们家请了摩批李正林去叫魂。正是农闲时间，要请的人都有时间。他们中午就出去了，到了下午三四点就开始整吃的，到晚上七八点钟才散去。

其实，我是怀疑的。不知道魂灵是什么样子？长在什么地方？问村民也不会知道的。从整个地球上的人类来说，哈尼族不过是世界的一个成员，箐口村的哈尼族又不过是哈尼族的一分子，我们为什么仅站在自己的立场上看问题呢？应该睁开眼睛看看世界，看看其他的人。我认为有的民族的文化不过是在闭关自守，自缠足履，关门说话。我认为应该解放的文化还是要解放的。从整个世界来看，都是在求发展、求进步，没有理由裹足不前，那是要落伍要掉队的，要被世人笑话的。

李小龙上街买油，听说他的妻子又生产了一个男孩，是第三个了。产妇的营养是要补充的，要关心的，总不能像以前过困难日子一样吃青菜萝卜养孩子。刚开始实行计划生育的时候，大家的日子都很困难，计划生育工作组又执行得很严格，村里的人口是有所控制了，可是这几年不知道什么原因有很多夫妇都生了三胎，生了四胎的也有。

2015年12月15日，星期二，农历十一月初五，属牛，多云转阴

今天上午，新街镇信用社有两个工作人员来追借款。有一个事情很多箐口村民都知道了，都认为很冤枉，就是张文家的事情。说是他们夫妇不在家的时候，大鱼塘村的一个亲戚从他妈妈手里借他家的土地使用证去抵押贷款了，数目还是有点大。钱他们又没有用，现在这个亲戚找不到，钱又还不了，信用社的人来过几次了，很是让他们一家头痛。我们村民认为确实过于冤枉了。

俗话说："树老根多，人老病多。"小时候认为人的一生很长，但是一旦要走完生命的路程时就感到其实很短暂。前几年精力还算旺盛的李平真今年就不能正常出来干农活了，家里的田都是请了人来种。说是今年腿病发了，不能正常劳动了，要是像往年一样的话，他家的田早已经犁好了。今天天气还算过得去，卢新帮忙搭他家的田埂。他们说："英雄风流各数百年。"哪里数得了百年啊，我们眼睁睁地看着村里有几个就是这样，年轻的时候喝酒都是用大碗的，干活总是抢在别人的面前，总要出一点风头。可是，现在都到了褪色的时候。这就告诫我们，年轻的时候还是省一点力好，要不老了疾病就多发了。

卢建忠与李世华是好朋友，因为李世华家的牛今年产了一子，不能去犁田，今天就叫卢建忠帮他犁田了，今天是第二天。今天犁田的还有李志和，他是犁水卜龙村民家寨子脚的田。我知道，他们水卜龙一家人忙着做生意，驾驶车辆到处跑集日。生意也好，钱也赚到了一些，就是还差着贷款，所以很辛苦的。

要说旅游业没有给村里带来什么好处是不对的，只是多少的问题，有的人得到得要多一些，有的人要相对少一些，我是这样分析的。这几天来看，每天都有一些外地的游客，他们到了村里以后，特别是中老年人走不动了，就会在村里找车要求坐上去。每人现在的收费是五元，李永福这两年基本就是依靠这样的收费过日子了。不像当年做工程，能赚几个钱那阵子了。

2015年12月16日，星期三，农历十一月初六，属虎，阴，有雨有雾

昨天晚上，李正朝家运回来一车木料，是要烧火用的。今天请了李文科的妻子、李庆亮的母亲、李庆福的母亲三个妇女来背。从我知道的村民家来看，基本上已经有电磁炉、电饭煲了。大家都认为一个月的电费五六十元只要干一两天的活计就挣回来了，只是很多老人还是不会使用，硬是要用柴火烧火煮饭，特别是一些养着猪的家庭就得烧柴火了。所以，从目前来说，很大一部分村民家还是使用柴火的。

今天的天气就很冷了，很不想出门做事情了。可是，并不是说因为天气不好就不用吃饭了，肚子问题还是要解决的。经商人可能是考虑到这些，所以今天下午还是有人来村里卖菜，而村民可能就是懒得出门，来买菜的很多。

2015年12月17日，星期四，农历十一月初七，属兔，阴冷

上午，有元阳县城建局的人来村里考察要建设的项目，有厕所，水利设施等。他们找村民小组的人，可是村民小组的人都到村委会开会去了。之后是土锅寨党总支部书记李学回来，带着去查看所要建设的项目。

2015年12月18日，星期五，农历十一月初八，属龙，阴冷

今天的天气还是阴，有小雨，还是比较冷，估计将是最冷的时候了。这样的天气村民是不会出去干活计了，都只会在家里休息。养牛的人家也很不会放牛出去了，怕把牛冻坏了。只会关在牛圈里饲养，喂一点稻草，让它们喝一点水，就这样过冬。

箐口村在水卜龙小学（暨新街中心小学）读六年级的学生今天下午就回来。因为离我们箐口村比较近，只有三公里左右。再说，由于村

里有七八个学生在那里就读，为了安全起见，他们商量好学生的来回由李生学用三轮车接送，每月给李生学一点费用。就是说，星期日下午送他们过去，到了周五的下午他又去接回来，这样是比较安全又方便孩子的。

今天天气虽然很冷，但是还是有十多个游客来村里。这样的天气可能坏了他们的心情，什么也看不到，只能看看陈列馆和村寨的面貌。我是想，远地方的人出来一次也不容易，遇到这样的天气真是不甘心。

我是没有想到，来村里弹棉被的河南父子在刚来时生意不是很好的情况下还坚持到今天。从这么一段时间来看，也弹了好几十床了。也就是说，每床棉被是160元的话，弹40床也就有6000多元了，是为箐口村民服务了呢还是赚了箐口村民的钱呢？这是两者的事情。他们原来打算今天就要离开箐口到其他村寨去的，只是今天的天气不好，下着小雨，不能收拾东西，又在箐口村待了一天。

2015年12月19日，星期六，农历十一月初九，属蛇，阴转多云

阴冷，怪了，这点冷在北方来说算得了什么？得锻炼一下身体，我就到田里劳动了，村里事情没有注意多少。

2015年12月20日，星期日，农历十一月初十，属马，多云间晴

在村里弹被子的河南父子看这几天很少有村民来做了，今天就搬到其他的村寨去了。我看他们真的能吃苦，应该在村里找到一些钱了。

晚上，在村里做生意的一个大理小伙子喝疯了，到一两点还在停车场发牢骚。他给家里的人打电话，因为是住在我们旁边的邻居，半夜里大声大气地打扰我休息了，真是烦。我喝多的时候会不会是这个样子？

2015年12月21日，星期一，农历十一月十一，属羊，多云间晴

早上起来，昨天晚上发牢骚的大理小伙子离开了箐口村。可能是生

意上的事情，也可能是家庭上的事情，昨天晚上是闹了好一阵，听见早早地就叫李永福送他出去了。

2015年12月22日，星期二，农历十一月十二，属猴，多云间晴

接到云南大学民族研究院的通知，我和卢国兴前往昆明学习几天剪接知识。

早上，村民小组通知可以缴纳农村合作医疗保险费了。这政策每年都在变化，刚开始试行农村合作医疗项目的时候是每人才收十元，现在可能是物价上涨了，今年是每人收120元。人口多，经济条件差一些的还要为此动一点脑筋。合作医疗费也确实涨得太狠了。他们的政策又是一年一年地做，应该出台一个更合理的方案。

2015年12月23日，星期三，农历十一月十三，属鸡，晴

"上有政策，下有对策。"有村民是这样说的。说土地不能买卖是上面的政策，在实际生活中是有所改变的。当李正荣从绿春县退休回来以后凭亲戚关系买了李院和家的一块200多平方米的菜地。当时，听说地价才是4000多一点。之后，他家又买了李长也一层的房子，他们家又再加了一层居住，就是现在的这个模样。他认为他有居住的房子又因为亲戚关系要卖给李绍新，说是四万多元卖的。现在，听说李绍新准备新建房子了，今天砍了菜地上面的树木，以防给建房子带来麻烦。

2015年12月24日，星期四，农历十一月十四，属狗，晴

李绍新家继续砍昨天砍倒的树木。要是以前的话，都要人工出力来做的，现在有村民会使用电动工具，做起来就很快，今天就请来一个土锅寨村民用电锯砍。夜长梦多，主要想着尽快处理掉，尽快做房子。

下午，有外地的人来村里卖卤肉，生意还不错，村民都反映他做的卤肉好吃，每次只要他来卖卤肉，几乎都卖完了才回家的。

2015年12月25日，星期五，农历十一月十五，属猪，晴转小雨

我和卢国兴还在昆明市云南大学学习，22日到27日我回来期间的日记叫儿子记录一些，也许今天他没有注意去观察，我检查的日记里都没有记录什么。前几天是记录着一些的，今天的是什么也没有记录。毕竟是孩子，前两天可能觉得好玩就记了一些，几天就烦了，要是给你记录五年十年你才不跳起来呢。

2015年12月26日，星期六，农历十一月十六，属鼠，晴转多云

有外地人来卢永华家讨账，说是卢某在昆明市打工期间借了一点银行的钱，已经有一段时间，利息也上涨了不少，说是对方请了律师过来询问的。我们还在昆明学习，这个月22日到27日的日记是叫儿子做了简单记录后我整理的。

2015年12月27日，星期日，农历十一月十七，属牛，多云有小雨

接到云南大学民族研究院本基地负责人马老师的电话通知，我和卢国兴是于本月22日前往昆明的，学习的主要内容是摄影、剪接、拍照等技术知识，这样系统学习这些知识我可能是村里的第一人。于今天回来，从昆明出发是10点20分的车，到建水后他的车要检车而调换了车，路又弯又窄的，折腾了一天才回到家。

2015年12月28日，星期一，农历十一月十八，属虎，阴，有雾，有小雨

知道上午有卢成外出到昆明市。这小伙子，自从家里出事后，还能静静地在家休息着，也不乱事，像是在恢复体力似的。长大吧，自古"穷苦人早当家"，希望你自己也能撑起一片属于自己的天。

下午，知道侄子张祥从浙江省打工回来，晚上，又要请隔壁邻居来吃饭了。

2015 年 12 月 29 日，星期二，农历十一月十九，属兔，阴，有雾，有小雨

　　凌晨两点左右，听到两声鞭炮声，我就知道寨子里有人过世了。这是村里给过世老人穿好寿服以后告知村民的一种原始的方法。早上起来，知道是李才明年纪已经 80 多岁的老父亲过世，说他已经生病多日了，是寨子里男的最上年纪的。既然生老病死是一种规律，老人过世应该想得通一些，只要村民团结起来处理后事就行了，最想不通的是年轻的，特别是家庭的核心劳动力过世。

　　前几天才回来，可能是到了这个年纪，学习就吃力了，感觉还是有点累，今天没有去帮忙，还是等明天再过去帮忙算了，我得好好休息一两天的。

2015 年 12 月 30 日，星期三，农历十一月二十，属龙，阴，有雾，有小雨

　　刚从昆明回来没有几天，到了这个年纪，整天在屋里学习也觉得很累，前两天休息了一阵才觉得恢复了一些，得知李才明的老父亲过世，今天是召集了亲戚来，在家的就得前去帮忙一下，等以后自己家出了事他们才会过来帮忙的。

2015 年 12 月 31 日，星期四，农历十一月二十一，属蛇，阴，有雾，有小雨

　　今天的天气还是不好，从早上就有小雨，听说是哈尼小镇要摆长街宴，我都怀疑了。只是，下午停了一阵，我就悠闲着上去看看，他们是在 4 点半左右开始摆桌子的，就是不知道为什么摆长街宴，没有什么要紧事的话，一般是不会摆的。

　　今天还是没有心情做事情，到哈尼小镇转了一圈就回来了。

2016年
村民日志

2016年1月1日，星期五，农历十一月二十二，属马，阴，有雾，小雨

凌晨，村民们在睡意还浓的时候，就听见两声鞭炮的响声，就知道村里有人去世了，起床后才知道是李志祥那个已经生病多年的妻子去世了，她的病医了很长时间了，她本人痛苦，家人也很累，毕竟治病费了不少的精力和财力。他们家与我们家还是沾一点亲戚关系的，死者是妻子的舅母，按照习俗，我得早早上街买一只鸡，回来后叫妻子拿着鸡，约几个家族的妇女去哭丧，与他们家见个面，不然的话，面子上都过意不去。一般情况，村里沾亲带故的人就是今天早上去哭丧的，外地村寨的亲戚要去他家处理一些事务，准备一些伙食等明天或者后天再说，然后要等他们家算好日子再出殡，这是村里这些年处理丧事的一般程序。

今天，对于村民来说，只要知道了李志祥的妻子过世这件事的亲戚是要主动过来帮忙的，但是，今天李正和家要到雷打树村他舅舅家那边丧祭，又得有一部分他家的亲戚去帮忙，大家只有各忙各的，村民都只能根据自己的情况来安排事务。

今天是元旦，但是村里很少有过元旦的习惯，要是村里没有事情的话，有的村民会学着其他民族买鸡鸭改善伙食，说是过元旦节了，只是今天村里有两家人的事情需要帮忙，就没有听说谁上街买菜自己过节的。除此之外，村里对元旦节也没有什么习俗上的说法。

2016年1月2日，星期六，农历十一月二十三，属羊，阴，有小雨

按照习俗，李志祥家今天通知了亲戚来奔丧，村民会主动来帮忙他家办理伙食，招待外地来的亲戚朋友，在吃饭间就会通知他们办理丧事的日子。

村里会出事，其他寨子也会出事，这边沾着亲戚关系的人还是该按照礼仪来往。我们张氏家族的张永福和张志学两家又同时去全福庄村奔丧，一家还得叫上几个家族的人去哭丧，村里还得分开人手办事。

昨天中午从雷打树村丧祭的李正和家回来，下午又得请帮忙的人吃喝上一顿。这几天村里的事情有点多，一个寨子的人，基本上都沾一点亲戚关系，谁家出事大家都要相互帮忙，不像城里的人自己上自己的班，各忙各的，有的哪怕是门对门都不认识。

2016年1月3日，星期日，农历十一月二十四，属猴，多云间晴

下午，有一个安徽省摄影组来村里拍摄，也许是寨子出名了，这几年来村里拍摄的人还不少，特别是过年过节期间，多少会来一两个拍摄组。

李志祥是卢永贵和他几个兄弟的舅舅，现在他们的舅母过世了，他们自然要帮忙，自然要做点什么以表明这一层亲戚关系，所以，今天晚上是他家买了猪鸡到他家养老的，说是养老，就是带着一个能用唱歌来讲述哈尼族民俗和生产生活礼仪等哈巴的人闹通宵。下午他们带着烟酒，与他们家人杀了一头买回来的猪，买了一些菜与他们家人共进晚餐，等到晚上八九点，就在他们家堂屋摆满一桌子菜，让请来的歌手坐在正席位，其他的亲戚朋友围着桌子坐满之后，歌手开始唱歌，歌颂去世者一生的勤劳事迹、为人处世，对后人的恩德，美言死者和后人的关系，讲述哈尼族一年的生产生活的礼仪习俗，哈尼族的来龙去脉等等，这个歌手唱的内容除了情歌方面，只要是健康的都可以唱，一直要唱到凌晨三四点，就是说鸡打鸣的时候，是很辛苦的。其间10点左右的时候，卢永贵家拿出他们自己带去的糖果发给所有前来帮忙的人，到了十一二点，他们要煮一些米线或者卷粉给所有在场的人吃，等到凌晨鸡打鸣就意味着结束了，大家再热一点菜吃完早点就都返回各自家中了。具体需要准备些什么、怎么做、怎么唱、唱什么，等以后的日记里再详细介绍吧。

2016年1月4日，星期一，农历十一月二十五，属鸡，多云，下午有雷雨

按照说好的，今天晚上李才明家是由他姐姐一家来养老的，可是，当她们开车带着糕点、糖果回来的时候，在村里的弯道处出了车祸，他们一家人不得不被送去医院住院疗养。这个弯道实在是危险，坡陡弯急的，已经出了几起交通事故了，最严重的那次就是李和明的死，之后这里又出过几次车祸，村民说是李某的魂灵经常来打搅过路的人。经常从这里路过都可以看到有人在那里献的饭和纸钱，村民过路都还是有点谨慎的，很多亲身经历过危险的人对这个弯道又恨又气，对于这样的事情我从来没有亲眼见过，但是几个村民都说的确有这样的事情发生时，我又相信他们不会说假，到底用什么样的方法避免这样的情况，我确实该考虑一下了。今天出现这样的车祸后，多数村民更加确信有某种力量在那里作怪，想对其采取某种对应的措施，但因为没有什么理由也只能等着罢了。

2016年1月5日，星期二，农历十一月二十六，属狗，晴

我知道，一二十年前的箐口村和现在是不一样的，人们都觉得那时候相比现在实在是困难多了。以前村里安葬老人都是用现成的石头和土，草草安葬了事，这些年多数人家都有了一点钱之后，都希望把坟墓做得好一点，大都选择从街上买几百片砖和水泥，沙土可以在附近找到。今天的李志祥家就是这样，趁这两天还没有开始办丧事，他家今天请了几个年轻人把砖背到已经选好的墓地那边，到时候就不会特别忙了。

2016年1月6日，星期三，农历十一月二十七，属猪，晴

李庆林夫妇很少在家，外出打工也有几年了，可能是前几天才回来，今天看见他们夫妇俩上街，听说他们这次回来是准备建老房子，在外地辛苦那么几年以后，应该是赚到了一点钱。说实在的，落后就要挨打，会被村民说的，这几年村民的老房子都要翻新好，没有翻新的只有十几户了，没有翻新就说明你穷，你困难，就要被人说被人笑，所以，他们是一直都想翻新的，只是如果找不到钱就真的没有办法，就只能被人家

说，被人家笑。现在他们的子女已经十八九岁，都要成家，总该有个属于自己的房间，人如果倒下了就真的没有办法了，站着就得活下去，总得想办法解决问题的，看样子，他们是下定了决心今年出力翻新建房子了。

2016年1月7日，星期四，农历十一月二十八，属鼠，晴

今天，到李才明家主办丧事了，村民都根据情况放下家里的事情来帮忙，大丧祭来的有黄草岭一家、麻栗寨一家，原本他姐姐家要来人的，只是大前天出了车祸后就不会来了，因为要在医院看病，她家就只能根据实际情况免了习俗上的礼仪，听村民说有一个还伤得不轻，已经及时送到外地医院了。

2016年1月8日，星期五，农历十一月二十九，属牛，晴

根据李才明家的选择，今天是给他的老父亲送葬，村里有时间的人都会过来帮忙，特别是年轻人，下午两三点就会过来了。我知道，有的地方是早上送葬，而我们箐口村一般是在下午4点左右送葬，主要是李正林摩批和张正和摩批主持的葬礼，有的家庭是麻栗寨村的摩批主持的，所以他们会适当提前一点。

没有办法，李家忙着，张家也有忙的，今天是张永福家和张志学家两家都要到全福庄丧祭，张氏人家只有到全福庄寨子帮忙自己张氏家了，李氏家的事情基本就由李氏家族和卢氏家族来帮忙，好在寨子只有200多户，基本还算忙得过来，我看有的小一点的寨子遇到这样的几桩事情是确实头痛的。

2016年1月9日，星期六，农历十一月三十，属虎，晴

今天是牛角寨乡集日，李世华到牛角寨集市上买牛，准备到李志祥家丧祭。计划生育政策以后，李志祥只有一个女儿，是李世华的儿媳，这个时候就再困难也得去，我认为我们哈尼族的习俗是很多的，就是活

人做给活人看的，办这样的一次葬礼要花费很多财物，还让人伤精费神的。

张永福家和张志学家从全福庄丧祭回来，我们张氏家的人今天还是只能忙着处理自己家族的事情，兵分两路，下午两家都办了伙食接待帮忙的人。

昨天是送葬了李才明家的老人，按照村里的习俗，今天李才明家还得办伙食招待客人，我因为参加我们张氏家的事情没有到李才明家做客。

2016年1月11日，星期一，农历十二月初二，属龙，晴

前天是农历的十一月三十，今天是农历十二月初二，按照村民的习惯就说是过了一个月，所以，李才明家做祭祀，封后墙的洞口，了结了父亲过世的这一桩丧事，封了这个洞口后，就表示这个丧事完成了。

村里很多人家送葬老人就是讲究时间日子的，李志祥过世的妻子已经搁置了十多天了，说是明天就要开始祭祀了，今天在准备所需要的东西。

2016年1月12日，星期二，农历十二月初三，属蛇，晴

今天，村里主要的事情就是帮忙主办李志祥妻子的丧。"一方有难，八方支援。"村里也是这样的，"一家有难，全村支援。"从现在来看，村民们在这方面积极性是很高的，无论是谁家出了事情，大家都会停下手中的事情过来帮忙，除非你和出事的主人家不来往。

李世华他们是亲家，李志祥就这么一个女儿，原本死人是一桩悲伤的事情，对于女儿来说，一生就这么一个母亲，为母亲送行就这么一次，只有化悲痛为力量，他们家买了一头牛去丧祭，同样地，罢达村是李志祥妻子长大的家，娘家就是李志祥的小舅子家也来丧祭了一头牛。

2016年1月13日，星期三，农历十二月初四，属马，晴

按照算好的日子，今天要送葬李志祥妻子，快60岁的人在我们村

里来说不算老，用村民的话说，正是要过日子的时候。意思是成熟了，懂得做人的道理，会教育孩子，会守家，自己又能干的时候，是人生最辉煌的黄金时间。我听说，今天下午出殡的时候，他的儿子跪着叫三声"妈妈"的时候，所有在场的妇女都哭了，淌下了真诚的泪水。

在这里说明一点，我们村里，出殡起棺之前有个习俗，他（她）的儿子要跪着叫过世的人三声，如果过世的人是男的，要由大儿子来跪着叫："阿达，阁啰塔侬驾！阿达，阁啰塔侬驾！阿达，阁啰塔侬驾！"可以理解为汉语的："父亲，把福气留下！父亲，把福气留下！父亲，把福气留下！"要是母亲的话，得由小儿子来跪着叫："阿妈，阁啰塔侬驾！阿妈，阁啰塔侬驾！阿妈，阁啰塔侬驾！"如果只有一个儿子，就只有他叫了，如果过世的人没有亲生的孩子，就由堂弟兄的孩子来做，只有做了这个仪式才能起棺出殡。今天的妇女为什么哭？应该是由此想到了他的家庭从此变化了，留下的是孤独的父亲，还有没有成家的他，他的妹子已经成家有了孩子，一个人离去之后一个家庭的情况就因此变化——

有人说今天的日子不是很适合出殡，因为早有这样的打算，摩批李正林还为此做了一个法事，可还是给人带来一点麻烦了，说是卢树云得了一场病，40多岁，正是年轻力壮的时候，他人老实，也少喝酒，平时正常的他今天却误认其他孩子是他的小孩，在路上遇到后要带着回家，昏昏的，看见的村民知道后才把卢树云领回家，再叫李正林做了一个法事后才慢慢恢复过来。这样的事情我是听到过很多的，只是暂时没有亲眼见过而不能好好表述，村里哈尼语叫作"楚着"，从某种意义上说就是害着了。

2016年1月14日，星期四，农历十二月初五，属羊，晴

昨天送葬了李志祥妻子后，今天还是按照程序请客接待，外村特别是大鱼塘村和黄草岭村民小组的人基本上每户都会来一个人，来做客的人数还算正常。

　　本来这几年去丧祭的人家都很不请客接待了，只是李世华家自从分家出去后可能这样的大事办得少，今天他家也请客接待了，也通知了他家所有的亲戚和朋友。做会计的李小祥说可能他平时过礼金的多，这次来他家的礼金也有点多，说是已经达到三万多了，要是一般人家都在一万元左右，当然，这就根据自己家的情况，有的多一点，有的少一点。

　　在农村，过日子不是不要钱，今天接待的两家与我们家都有亲戚关系，我在每家都过了100元的礼金，有时候没有收入的话，过日子还是艰难的，特别是过年前后，因为过礼的钱会感到为难。

2016年1月15日，星期五，农历十二月初六，属猴，晴

　　上午，我们村里张榜公布去年下半年的农村最低生活保障费用，箐口村是124290元，张榜以后，村民小组还要按照村里的人数户数划分，打到户主的账号上到邮政储蓄所领取，或者留着扣每月的电费。

2016年1月16日，星期六，农历十二月初七，属鸡，晴

　　等到了2月底，村民就要忙着育秧苗了，有时间的村民就可以整理秧田了，今天是看见张正明清理秧田，有很多事情就是要提前准备好，到时候就不会慌了手脚，要不然遇到一些不可推却的事情是会误事的。

2016年1月17日，星期日，农历十二月初八，属狗，晴

　　现在的年轻人办事就是得学着一点外面的，今天就有侄子张崇云办理他的婚事，他把宴席定在南沙镇（元阳县政府驻地）有点名气的江外饭店，从村里到南沙镇有40千米左右，因为嫌麻烦，村里只是请了家族的人和比较亲近的亲戚，朋友也尽可能地减少了。因为是自己的侄子，我们也早早地就下去了，晚上没有回来，自己找了酒店居住，到明天再回来。

2016 年 1 月 18 日，星期一，农历十二月初九，属猪，晴

昨天到南沙镇参加侄子张崇云的婚礼，年轻人都学着外地的办了婚事，不需要我们做什么，只是昨天有点晚了就在那边开了住宿休息而没有回来，今天早上才回来的。回来以后，我们几个弟兄又喝了两口酒才休息，今天没有去什么地方。

2016 年 1 月 19 日，星期二，农历十二月初十，属鼠，晴

今天又是一个新街镇的集日，上街的村民还是有点多的。张文和买了一头小猪回来，说是买来自己家养的，这个叔叔很勤劳的，又养牛有养猪的，自己有一点田地，什么都栽种一些，好像一生有用不完的劲，每天都早起，他就没有一天起得不早的。

上午，村里省、州、县、镇等几层的领导都来人，在村里视察工作，他们在村里走了一圈，到处观察了一下，最后集中到哈尼哈巴处开座谈会，之后才离去。

2016 年 1 月 21 日，星期四，农历十二月十二，属虎，晴

我听说附近的普高老寨村因为要开放旅游，村民都纷纷动手盖好了房子，要么自己经营要么租给他人，生意挺不错的，外地的一个朋友就租了村民家的房子做生意。今天是与郑老师他们一起到朋友租的"花窝窝"调查，回来已经是晚上了。

2016 年 1 月 22 日，星期五，农历十二月十三，属兔，多云，有小雨

卢毛以是我小时候的同学，当时村民的生活条件一般都很差，他家也不例外，一个星期能带几块钱上学都不容易，他辍学比我早些，读了六年级就没有上初中了。在农村能做什么呢？只能帮忙家里务事，成熟比我早些，成家也比我早，这么多年了，他的儿子都已经到了成家年纪。

今天是受他邀请，要我帮他写几份请束，我早早地洗完脸就过去了，中午是在他家里吃饭，他还请了村民小组的李新明，说是有的名字对不上号，就叫了一个村民小组的人来参加写请束。

现在的年轻人成家都学着外地的来了，都要发请束，有的是在寨子里办，有的是到附近镇里或者县酒店里办，他家是准备在寨子里办的。近些年来，经济条件可能宽裕一些了，他预计是要办100桌饭菜的，全村的都要请，想办得体面些，包括其他村寨的亲戚也要请。

2016年1月25日，星期一，农历十二月十六，属马，下雪

前两天下雨，雾还大，原来是今天要下雪了，虽然天气很冷，但是，雪对于我们来说好难遇到。我早早地起来，拿着相机到处跑了一阵，还拍了好多张雪景，我觉得还是挺漂亮的，要好好保存起来。

箐口小寨黄土坡张贵忠是我的堂弟，他家的新房要迁居了，要请亲戚朋友来做客，喝上几杯，要我帮他写几张请束，我就过去了，是到他姐夫李祥家写的，因为担心名字与户主对不上号，还请上了现任的党支部书记兼会计李文才，中午饭就在李祥家吃。

2016年1月26日，星期二，农历十二月十七，属羊，阴，结冰

上午，受堂弟张贵忠的委托，我给我们张氏家族和小李氏家族的人家送请帖去，因为寨子有点大，怕我一人跑不过来，卢氏家族和李氏家族由卢志华分发，或许是很多人家都外出打工了，有很大一部分村民不在家，只能委托他们的亲戚带给。这种事情我还是第一次做，发现有的名字与人对不上号，回来后问了他家主人才知道。这也是一大改变，大家都是学着外地人来，以前要是谁家要办这样的事情，都是委托熟人挨家挨户口头通知。

在去分送请帖的时候，我看见李平真家做神龛的祭祀，做这样的祭祀是有原因的，说是今年他老人家身体欠佳，不能像往年一样务农事了，

想着做一个法事就好了。这种法事一般人是可以参加吃饭的，但有的法事是除了自己家人很多人都不能参加吃饭。

2016年1月27日，星期三，农历十二月十八，属猴，多云间晴

在村里做了一段时间调查的郑佳佳老师、王秋成研究生他们两人一起返回昆明了，因为有朋友还要回昆明，他们两个就搭了朋友的车返回。

今天的天气就好转了些，我发现很多村民砍回来一些被雪压倒的树枝，有卢新家、卢荣家等。对于这场雪，损坏最大的树种可能要数竹子和水冬瓜树了，因为这类树种树叶茂盛，雪都在上面结冰了，木质又松软，就很容易被压断。

2016年1月28日，星期四，农历十二月十九，属鸡，多云，有阵雨夹冰雹

早上的时候天气还不错，还是有很多村民都出去砍被雪压倒的树枝，只是下午4点左右的时候下了一阵雨夹冰雹，还有雷电，误了一些村民的正常劳作。

龙绍文是李正祥的大儿子，已经成家有了自己的儿女，他的兄弟也是成家有儿女了，两个弟兄带着自己的儿女与父母在一个家里过日子总不是好办法，总得建一个房子分家出去过日子。早些日子就准备在自己原来的秧田里建，秧田已经放干了水，今天叫了人开始砌石墙了。

2016年1月29日，星期五，农历十二月二十，属狗，晴

做父母的知道，孩子不听话是一件麻烦的事情，特别是青少年。早上，有一个棕匹寨的亲戚来找其女儿，说是他的女儿正上初一，期末考试已经结束了，学校都放假了，其他的孩子都回来过寒假了，就是一直不见自己的孩子回来，说是我们箐口村有她的同学，今天早上是过来问一问知不知道她的情况，但是他们也不知道具体的情况，很恼人的。

李文新的女儿已经嫁出，在新街镇附近的啊花寨，听说最近已经做妈妈了，可是，他们没有在箐口村办过喜宴，定于明天下午在村里补办，今天就有家人上街买菜，准备明天的伙食。这年头就是这样，村民都议论说到了春节前后就是请帖多，少的可能五六张，多的十几张，礼金数目又上涨，这前后仅是做客都要开支近千元。

2016年1月30日，星期六，农历十二月二十一，属猪，阴，有雾

快要到过年了，村里有开着小卖部的李志学家和卢志明家都调了百货回来，烟酒、零食等都有。他们家开商店已经很多年了，可能算是箐口村开商店最早，他们有经验，什么时间进货、进什么货，心里是很有谱了。

因为快要过年了，这几天每天都有在外地打工的年轻人回来，侄子张崇祥他们一家是昨天从昆明市回来的，今天上午叫我去他家吃饭，我还是下去喝了两杯酒。就是这样，这几天外地回来的，朋友之间相互请客吃饭的不少，过路都经常见得到他们一伙一伙酒醉的样子，要么走路歪歪扭扭，要么说话粗声大气，那样子一看就知道喝了酒。

2016年1月31日，星期日，农历十二月二十二，属鼠，阴，有小雨

或许是要过年了，今天是新街镇的集日，上街的村民就多了，他们主要是添置家具，购买年货，每天都有村民家买桌子、床、沙发回来。还有人带着孩子们去买新衣服，孩子们买到新衣服那种高兴的样子就不用说了。

下午，李文新家办理女儿的婚宴。很好玩的，女儿出嫁已经一年多了，都已经做妈妈了，现在来补办婚宴，村里每户都发了请帖，而收到请柬的村民又不得不来。听村民的议论是有想法的，有的不是那么亲近的人是不想去参加的，只是，对于村民来说，既然收到了帖子，多数亲戚和

朋友高兴的还是来参加了，不沾一点亲戚关系的来得少些。现在这几年，村民都议论说，愈是到了过年帖子愈是多，好像知道过年多少会积攒一点钱，来抢过年钱一样，名目又多，儿孙结婚要请，姑娘出嫁要请，附近的彝族朋友们女儿出嫁了有一种叫回门的还要请，过生日要请，迁新房等也要请，有时被请的人都受不了，送礼的钱还得去跟别人借。

2016年2月1日，星期一，农历十二月二十三，属牛，阴，有雾

原来想着今年的雪已经下过，冰雹也下过了，天气应该会变好一些了，只是这几天的天气情况还是不太好，这两天一直下小雨，而且雾很浓，能见度很低，只能看见20多米。从小在村里长大的我们还是觉得不好受，心情也似乎受到了影响，不想做什么事情，闷得很，我就想，连我们南方的人都有这样的心情，在北方平原地方生活惯了的人估计就更受不了。或许是这样的原因，晚上有几个外地的人来村里找住宿，把车都驾驶到村里停车场下面，找了十几个村民付钱都拉不上来，最后是叫了镇里的施救车拖上来，这样的情况村里是出现过好几次了，只是车被撞烂的不多，人也没有受伤过罢了。

我觉得进村口不能让车驶入的地方要做一个明显的标志，以免出现更大的车祸，对车对人、对外地人对本村人都好。

这段时间村民能做什么，需要做什么呢？都要过年了，主要就是准备年货，每天都可以看见打工回来的年轻人，其他基本上没有什么农事，只是处理一些琐碎的家务事情。

2016年2月2日，星期二，农历十二月二十四，属虎，阴，有雾

这几天一直有雾，小雨，村里的路面都是稀泥，很不干净，在村里租了房子做生意的大理人家闲不住了，他打了水沟里的水冲洗路面，显得他家门前比其他人家门前干净多了。要是以前有管理人员的时候，过年过节或者上面的领导来村里视察工作时，就会经常打扫，至少路面就

干净，现在的话，明显不如以前了，还好世博元阳旅游公司安排了两个卫生管理人员每天都打扫，就还能基本维持。

明天老同学卢毛以的儿子结婚，要在村里摆酒席了，说是请的人数多一些，要准备的饭菜多，就在今天先准备一些了。

2016 年 2 月 3 日，星期三，农历十二月二十五，属兔，阴，有大雾

张贵忠是我的堂弟，因为共同工作过一段时间，我们相处的关系比较不错。今天是他请我到他家杀猪，帮他家做事，准备明天他家新房迁居的伙食，他家预计要请 50 桌，杀猪的肉可能不太够用，下午又安排了人到街上买了一些回来，包括其他需要的东西。

就如昨天说到的，今天下午，卢毛以的儿子结婚，在村里办宴席，摆了 100 多桌的酒席，村里没有集体的公房，一般情况都得摆到邻居家里去，饭菜都要安排邻居每户做一两个，还好他家就在陈列室广场上方，下午的天气又有所好转，吃饭的时候大部分酒席都摆到广场上，老天好像是故意照顾他家摆酒席一样，让参加宴席的亲朋好友都可以在广场上好好用餐，不受天气的影响。

这次老同学卢毛以家办喜事，听卢毛以的口气说是支出两万多元，收回四万多元，以前支出多收回也多，过些天他们家还礼的也要多。

2016 年 2 月 4 日，星期四，农历十二月二十六，属龙，阴，有大雾

早上，张贵忠家请了摩批张正和做新房迁居的哈尼族民间祭祀，因为是发了帖子请客，吃过中午饭后又做下午的饭菜。我受他的委托，统计来客的礼金数目，多数都是 50 元到 100 元，没有 50 元以下的，关系很好的亲戚有少数几户是 200 元，400 元的，大概是 50 桌，我统计了一下，收到的礼金数是 22550 元。前些年生活水平低，村民过礼都是 10 元 20 元的，现在的消费是明显上升，支出大，收回来的也多，不过，像村民开玩笑说的那样，他家只不过是暂时保管一下，过后还得经常去回礼，有时还有忙不过来的情况。

听说这几天田边跑来几只狗，咬死了张正和家八只鸭子、李正新家12只鸭子，早上我去放自己的几只鸭子时也发现被咬死了一只。对此，村民是有意见的，都说要是赶得到就可以把狗打死了，不然的话，其他村民家的鸭子也会被咬死的。

2016年2月5日，星期五，农历十二月二十七，属蛇，阴，有大雾

上午，村民小组统计今年要准备建房子的农户家，说是经过批准以后，政府补助11650元，可以贷款5万元，利息是两厘，要求三年内还清。这地方真的不是那么好找钱，分家后我还没有做房子，想如果政府有这样的政策就打算做，也去登记了一下。简单问了一下，同我一类的还有20多户，有的是要重新拆建，村里统计出来的就有四五十户的，如果这样的政策真的能落实，有几个村民愿意这样做？

前两天是到堂弟张贵忠家帮忙，今天一大早又打电话过来前去吃饭，没有多少事情就过去了。说是过去吃饭，其实是去喝酒，几个年轻人在一起吃饭难免喝上一两杯，没有人喝多没有出什么事情就是最好的了。

2016年2月6日，星期六，农历十二月二十八，属马，多云

要过年了，今天村民要是按照以前的习惯就做糯米粑粑了，都要安装平时不太用的碓来舂糯米，只是现在村里都已经安装了电器，做糯米粑粑都可以用电器来做了，只要把糯米煮熟，背到有机器的人家碾碎就可以了，很省力省事的，很少能看见人家搬出以前用的老家伙碓糯米。除了去年有出嫁女儿的人家做得多一点，其他的人家都做得少了，现在的亲戚和朋友聚会都是喝酒吃肉的，谁还会想着吃糯米粑粑。

今天的天气是变好了一点，雾没有前几天浓了，只是今天的天气还是干冷，气温可能在零度左右，村里是很少有这样的天气，今年的天气怎么就这么怪呢？雪已经下过了，冰雹已经下过了，树叶都有发芽的情况了，习惯在南方生活的我们对这种天气还是感觉冷的。

村民都说过年前后请客做客的多，前几天就有几户人家，今天又有李院生家，是他的女儿出嫁，要在村里办宴席，请了全村人。这几天，请客做客都成了事儿，只要想起来，儿女结婚、过生日、新房迁居等等，只要可以都在做。

过年，像一块磁铁一样吸引着在外地打工的游子们，每到了这个时候，都要吸引着回来。这几天每天都有在外打工的村民回来，今天我看见李庆云一家、张学文一家回来，就要过年了，都在这两天赶回来吧。

2016年2月7日，星期日，农历十二月二十九，属羊，多云

现在的生活水平是提高了，从杀猪的农户数量来看就知道。很多地方是前几天就杀猪的，而箐口村就一定要在今天杀，说是杀好煮熟还要献饭给老祖宗，如果今天是一个属猪的日子就提前一天把猪杀了，说是属猪日不杀猪。

有人说："人难做，男人更是难做。"今年本是跟妻子的哥哥搭伙杀猪的，在他家杀好猪吃好饭了，酒也喝得有点晕了，但是老家那边多次打电话过来，去那里喝了两杯后，喝多了一点，好在自己回来得早，得多休息一下。

其实，这几年，我是越到过节越是有点怕，怕过节，就是害怕喝酒，像是比赛似的，早晚都要接着喝，早上喝一家，下午喝一家，酒量差，酒质也差，明摆着就有村民喝坏了身体的。

2016年2月9日，星期二，农历正月初二，属鸡，晴

小时候过年是一种滋味，到了这个年纪又是另一种滋味。小时候总是盼着过年，总想着有新衣服穿，有好肉好菜吃，而这几年感觉过年是跟朋友比赛喝酒。前两天连续喝，是喝多了一点，得保护自己的身体，所以，今天不敢出门了，可以说是直接躲在家里休息了，连他们的电话都不接，当然，主要是要做自己的事情了，不能总泡在酒池里吧。越是过节越是想写点什么，但又想不出写点什么，这时候就发觉自己的书读得不够，脑袋就是不够好用，真是惭愧。

2016年2月10日，星期三，农历正月初三，属狗，晴

过年啊，对我们这一代中年人来说，有时候是拼酒，特别是不断地喝，早上跟这个朋友喝，下午跟那个朋友喝。有时候是想躲都躲不住，除非是实在耐不住，要不被朋友们半玩笑半真地拖起来，让人真是没有办法。前几天连续地喝，有点害怕了，今天终于躲着休息了，得让自己的身体休息一下。

这两天天气很晴朗，又是过年的，孩子们闹着放鞭炮还是那么不小心，大哥张明生放在家里的稻草着火了，还是很让人着急的，好在人员集中灭得快，没有造成很大的损失。只是在这个时候出现这样的事情，让人一点都不愉快，好像提示他们家人要注意什么似的。

2016年2月11日，星期四，农历正月初四，属猪，晴

我在前面的日记里说过，过年后的这一段时间，要出门的年轻人喜欢做一种祈福的仪式。今天是一个属猪的日子，知道做祈福仪式的有卢宽亮家，摩批是张小华，是个30多岁的人，这在摩批中来说算是比较年轻的了，前些年没有见过他出道，应该是今年才出道的。

2016年2月12日，星期五，农历正月初五，属鼠，晴

我还不知道村里有多少民族习俗，光是叫魂就有两种：一种是60岁以下的青少年人，叫魂叫作"苏拉枯"，"苏拉"是指灵魂，"枯"就是叫。另一种是给60岁以上的老人叫魂，叫"伙杂枯"。下午，知道叫魂的有李志文家，因为他们一家常年在外地，做这样一个仪式，请朋友和邻居们来吃喝也是聚会的一种方式。李志文家在我们新房基地附

近，平时我又与他们关系好，也少不了叫我去喝酒，只是我有其他的事情要到朋友家而没有去他家罢了。

2016年2月13日，星期六，农历正月初六，属牛，晴

在我们村里，有几个弟兄的话，老房子是轮不到做中间的人守的，他必须要另外搭建。李小明家是一个例子，他属于弟兄中的第二个，比他小的还有一个兄弟，他家的地少，他与家人的关系又不很好，他自己买了李文科家的老房子，一家人在蒙自市苦钱已经好几年了，可能积攒了一点钱，今天是叫亲戚们来拆除旧房子，准备重建了，该有个出头日了。

2016年2月14日，星期日，农历正月初七，属虎，晴

时间过得快，都快要到育秧苗的时间了。做事情还是提前一点准备的好，于是，今天我到秧田整理，松松土，清除那些杂草，保证到时候育苗田里的土质松软，能够让秧苗健康成长。

箐口村的很多村民还是讲究习俗的，每到这个时候，有为出门的年轻人做祈福仪式的习惯，今天是属虎，我看见有卢生亮家去做，我觉得这应该是年轻人的事情，中年人不一定做，卢生亮已经40岁了还是在做，我认为是没有必要了。我是很不信那些的，相信的是自己努力了没有，自己的命运不是靠谁来改变的，首先要靠自己，再靠其他的客观因素来决定的，要是做这么一个祭祀就能改变的话，不要说我，恐怕谁都愿意，别说是杀鸡，就是杀猪、杀牛都愿意干。我这样说可能有点打击自己民族的文化，这些先祖留下的文化财富，也是现在还作用于人们生活的知识。可事实就是这样，天底下那么多民族，优秀宝贵的文化财富多得是，知识技术无处不在，我们哈尼族不过是沧海之一粟，所说的勤劳、勇敢、优秀不过是"闭关自锁""画地为牢"，你拿出来比比，你有什么能与其他兄弟民族相比的？一是什么，二是什么……

2016年2月15日，星期一，农历正月初八，属兔，阴，有雾

因为下午要到大鱼塘村做客，就没有出去忙什么，在家里看看书，写写字。时间过得快得很。有事情做，有时是感觉太忙了，有点累，有时候又想，要是没有一点事情，一天的日子怎么过？他们在想些什么呢？他们的时间是怎样打发的？

一二十岁的时候，我们还总觉得自己年轻，时间过得慢，今天到大鱼塘村做客，是去参加同学儿子婚礼的，我才知道有的同学要当爷爷了，人的一生就这样匆匆地过了半辈子，什么时候，我也能做爷爷呢？感觉人的一生，40岁以前是上升的太阳，一天一天努力地向上爬，四十岁以后，是不是要向下了？过一天就下去一天。

2016年2月16日，星期二，农历正月初九，属龙，阴转多云

这一段时间主要是村民挖地，备种的时间。我们家有一块几年没有栽种的地，妻子要我今年挖了，要去那里栽种，所以，我和妻子今天去挖地了，是今年才开挖的，地里有很多树桩，不挖出树桩栽种的苞谷、黄豆不会长好，我们就下决心把全部树桩都挖出来。一天下来还是很累的。

2016年2月17日，星期三，农历正月初十，属蛇，多云转晴

挖树桩还是很累的，昨天挖出了十多棵，今天还要去继续挖，只有把树桩都挖出来，栽种下去的庄稼才会好。

年后的这些时间，村里有一种为老人叫魂的仪式叫作"伙杂枯"，翻译成汉语就叫吃饭，可以理解为人上了年纪，记性差、反应慢，或者说经常会到朋友家吃喝，忘记回家，而这是不好的情况，特别是到了60岁以后不怎么顾家，因此有必要做一个这样的仪式让老人守好家，儿女们才好出门。

李有明夫妇都已经60多岁了，今天是他家会组织做一场叫魂仪式，还召集了亲戚们来。

2016年2月18日，星期四，农历正月十一，属马，多云转晴

今天是牛角寨乡集日，因为明天李成的父亲又要做叫魂仪式，我与他是表兄弟，关系还算好，所以他今天约我与他一起到牛角寨买鸡。

今天属马，肯定有人家做祈福祭祀了，只是我跟表弟李成早上就到牛角寨来买明天他家需要的物品了。

2016年2月19日，星期五，农历正月十二，属羊，阴，有雾

今天是李成的父亲要做叫魂仪式，昨天通知了以后，今天大家早早地就到他家帮忙了。现在的人，吃的也要讲究胃口了，不是熟了就能吃的，简单做一两个菜都讲究口味了，做不好了还要被说，我是不觉得，或者他们是懒得做菜而骗我，说是我做的菜好吃，好几个菜都是我做的。

做这个仪式时间是有点长，特别是他家做这种仪式要用摩批，请的是张保祥，时间就更长一点。有的人家是不用摩批的，直接叫子女们抬着桌子在门口叫就行了。

到我们吃饭的时候快11点了，我们几个表弟兄吃饭，少不了要喝两杯的，酒力不胜要被喝晕的，还好，我找了一个借口逃跑了。

2016年2月20日，星期六，农历正月十三，属猴，阴，有雾

今天我是没有做什么，昨天几个表弟兄在一起喝了几杯，又晕又累，还能做什么呢？实话说，躲得过初一，躲不过十五，谁都想清醒着，只是有的人也懂得一杯酒甜言蜜语，两杯酒花言巧语，三杯酒豪言壮语，四杯酒自言自语，五杯酒不言不语了，之后就要去倒头休息了。年轻的时候几杯酒，动一动醒得快，再休息，现在是几杯酒，要休息几个小时，才能动一动了。我在想，再过几年，几杯酒，再不要动了。

2016年2月21日，星期日，农历正月十四，属鸡，多云

下午，有一个战友的儿子过生日，我和战友李红一起下去做客，到南沙镇。没有几个朋友也会孤单的，但是，朋友多了，事情也多了，就会感觉辛苦的，今天要见这个朋友，明天要见那个朋友，特别是自己的事情也多一点的时候，也是很为难的。

2016年2月22日，星期一，农历正月十五，属狗，多云间晴

今天上午，知道李文学家做叫魂仪式，也是请了他的姐妹们来。说实话，这可能是家人团圆的借口，如果不做这样的仪式，过日子的，大家每天都很忙，没有什么理由要家人过来团圆的，农民是一个没有星期天的职业，要真是没有什么事情，那么天天都是星期天。

2016年2月23日，星期二，农历正月十六，属猪，多云，有大雾

今天属猪，有卢永贵做祈福仪式，摩批是李建国，参加人有本人，还有李清华，摩批是张正和，还有其父亲李扎卜，卢小明家，请的摩批是外地的人，还有他的父亲卢同则。我不知道是什么地方的，估计是他妻子所在的胜村村委会那边的。

村民小组通知村民需要栽种这两年县粮食局推广的杂交水稻来进行登计，由于今天上午我随朋友去参加做法事，就没有去观察情况，但是看去年的长势和收成，以及村民反映的情况，是很少有村民要栽种的了，或者，即使要栽种都是杂交留种的那些好。

这几天村民都在议论播种的时间，但是天气不太好，都担心即使栽种下去也会冻坏了。

今天，卢荣家早上才撒了秧苗，中午就有李永福家的鸭子跑到秧田里踩踏了，刚撒下去的，很让人心痛。

2016年2月24日，星期三，农历正月十七，属鼠，阴，有雨

从昨天晚上开始就有阴雨，我还听到了雷声，早上的雨水少，还有村民做活计，可是，到了10点以后，雨水就大了，而且一直下个不停，这个时候能下这么多雨，是不是今年的雨水要正常了呢？不然的话，往年干旱的时候是下不了这么多雨水的，村民们只能干着急。

下午，张五家叫魂，是给他经常在外地的女儿叫的，是希望做了这样一个仪式后心理平衡些，保佑她在上面地方平安和幸福。

2016年2月26日，星期五，农历正月十九，属虎，阴转多云

学生们都要开学了，今天早上李成夫妇带着孩子外出，到他们已经生活了六七年的蒙自市。因为工作的需要，他们把孩子也领到他们上班的地方去上学，说是他们上班其实就是打工，做泥土匠，只是现在物价高，他们工作辛苦，自己经过多年的历练已经能做分内的事了，老板给的工钱也高些，他们在蒙自市租房子基本还是可以过日子的，也就这样维持下来了。

大鱼塘村、黄草岭村民小组、箐口村这三个寨子只要哪一个寨子办什么大事，特别是丧事，都会通知家族人氏过去帮忙的。昨天，有一个大鱼塘村的张氏兄长过世，他们就通知我们箐口村的张氏家人到大鱼塘村帮忙，与几个弟兄约好了我也前去，问过兄长后，知道我们是本家族的人，不像有姻缘关系的他姓人家，我们只要带一斤左右的米和一个鸡蛋就够了，要是有姻缘关系的人家就得带一只鸡，还得叫几个亲戚和朋友去，到了那里得把鸡煮熟了献饭，去的人吃过饭再返回来。

听他们说，大鱼塘村过世的这个兄长在此之前常常喝很多酒，等前两年发现身体支撑不住有问题就到建水县特殊医院就医，回来后酒是不喝了，可身体就是不见好转，最后没有办法医治而过世的。看来，这酒还是少喝一点好，特别是在经济落后的情况下，好酒喝不了，喝了劣质酒更是对身体不好。

2016年2月28日，星期日，农历正月二十一，属龙，晴

可能是天气变化的原因，村里有人家出现禽流感，知道今天有卢建忠家杀鸡吃。对于一部分村民来说，这样辛苦养大的一只鸡不能白白地丢了就会拿来煮吃，心理作用，我是不敢拿来煮吃的，当然，也可能是村里暂时还没有出现煮吃这种鸡而生病的情况。我看过一些卫生方面的书，知道病菌的厉害，知道人们在陌生问题面前的无奈及无能，真要是因为煮了病鸡吃给人带来什么疾病的话，后悔当然是不能解决问题的，那时就不是一两只鸡的事情了，特别是遇到人们尚不能解决的新问题，麻烦更是大了，还是小心点好。

育秧苗的人家有李庆亮、李庆福等，到了这个时候有村民陆续撒秧了，只是前一段相比我们箐口村的往年来说是冷了一点，很多村民都育不出秧苗，还有到现在都没有撒下去的。

2016年2月29日，星期一，农历正月二十二，属蛇，晴

张春华从土锅寨党总支部书记退下来以后，还是出去打工了。这两年是朋友介绍当上老板后带几个弟兄干了，说是这一段时间活计稍微少了一点，今天要出去找一点事情做。

明天是3月1日了，学生们又该开学了，各自在父母的带领下，背着自己的行李上学去了。他们要结束一个愉快的假期，开始去接受新的知识了。

2016年3月1日，星期二，农历正月二十三，属马，多云转晴

今天是属马，村里还是有村民家做祈福仪式的。有李红亮家，请的摩批是其岳父李正林，参加的人有其父亲李志和，他们家就他们三个人。听摩批们说，做这种仪式参加的人要么是三个，要么是五个，要么是七个，要么是九个……反正一定是单数，所用的牺牲主要就是一只白公鸡，一般就是三个或者五个，而且要求参加的人身体要健康，家庭要健全，

要在一定的时间内遵守一定的约束，说得最多的是参加的人在两到三天内不能行房事。要是违例了的话，所做的法事就不灵了，特别是他本人，他们是这么说的。

春天来了，天气逐渐变暖，村民都要忙农事了。这几天正是村民都忙着播种育苗的时候，今天育秧苗的有张文和家，他已经是60多岁的人，没有上过学，一辈子以种田为业，原来想着今年的育苗时间到了，就把苗种捂了让它们发芽，只是前几天气温还没有回升，还是有点过低，所捂的秧苗五六天了就是不发芽，第一次废了，前两天又捂了一次，今天看差不多长长了才撒到秧田里。一般情况下，只要用热水捂上两三天就会发芽，秧苗长到两三厘米就可以撒到秧田里了。今年这几天气温过低，多数村民家所捂的秧苗都发不了芽，有的是七八天了都不发芽。

这两天白天天气好，到村里来旅游的游客不少。很多老年游客走不了从村里到公路的这段800米上坡路，就要搭车到公路上，村里几个有车的李世华、卢生亮、李永福就可以接送他们了。从寨子到省公路是800米左右，每接送一个游客收5元钱，这样的话他们也可以赚一点小钱了，说是一天可以赚到一两百块，有的时候还更多。

2016年3月2日，星期三，农历正月二十四，属羊，晴

这几天的天气情况变好了一些，村民都可以正常撒秧了，前几天由于气温比较低，村民不能正常捂秧苗，捂的秧苗都不能发芽，说是这几天有些发芽了，今天是李平真家等撒秧。

听到些风声说，政府这几年对水渠修理比较重视。今天有几个人来查看村里的水渠情况，带着村民小组的人去测量，说是今年测量好以后要上报政府，准备明年修复。这是很多村民都求之不得的事情，大家都希望水渠修好了好管理梯田。

新的一年开始了，做什么法事的都有。今天有马伟家叫魂，主要有他姐姐参加，她要拿着鸡鸭和摩批一起去叫的，摩批是张正和。

2016年3月3日，星期四，农历正月二十五，属猴，晴

今天是大鱼塘村过世的张氏家开祭的日子，根据以前我们张氏老人的约定，我们箐口村张氏家族每户要凑两升大米送过去，张氏家人都得尽量抽时间去帮忙。说是帮忙，其实他们寨子的年轻人都比较团结，都会主动过来帮忙，我们外村的人都不用帮忙做什么，只是见个面，吃饱喝好就行了。

上午，我看见小李永福家做法事（说是小李永福，主要是村里有同姓同名的，村民就只有按照他们的年纪，大的就叫大某某，小的就叫小某某了）。请的摩批是他们家族的大摩批李正林，参加的人就是他们家的人，说是这种法事谁都可以参加吃喝的，只要摩批做事时不要去打搅他就行了。

今天，我们寨子的李永亮家组织到大鱼塘村丧祭，通知了全村的人，这样全村都通知的话就是请客了，等回来后是要办伙食的，而村民也要交礼金的。

2016年3月4日，星期五，农历正月二十六，属鸡，晴

在村里也是很忙的，要是自己不能正常分配，特别是丧事，每隔一段时间不是村里有事就是外地的亲戚有事，这个时候亲戚朋友都要过来帮忙，像大鱼塘村那样与我们沾亲带故的我们也去的，也有村民估计明后天家中会有事，所以今天就过了礼金。主要不是一个寨子的，为了吃一顿饭见一个面耽误一天的时间不太合理。

都说大鱼塘、黄草岭、箐口村的张姓是一家人，所以哪一个寨子办什么大事特别是这样的丧事是必须要全部通知的，自觉的谁家都会安排人员过去的，我们昨天过去帮忙，今天还是约了人过去帮忙，等下午忙完了事情又回来。今天中午，昨天过去丧祭的李永亮家族回来；下午请帮忙的人吃饭，同时要准备明天请客吃的伙食。

2016年3月5日，星期六，农历正月二十七，属狗，晴

周围这一带的哈尼族村寨有句俗话："觉让军马怎，匹让少马怎。"翻译成汉语意思是"当官的不缺酒，当摩批的不少肉"。通俗的理解就是当官的人接触的人多，基本上天天要喝酒，少不了酒；而当摩批的人少，村民办这样那样的祭祀多，几乎每天都要做法事，每天都要杀鸡宰鸭，每天都少不了吃肉。村民的说法还是有一定的合理性的，昨天有我们张氏家族的摩批张正和叔叔到大鱼塘村主持办理张氏家的丧事，还带回来好多肉，今天早上请我们张氏家的人去吃喝，我们几个还带了一些烟酒过去。

今年的秧苗焐了七八天都发不了芽，我今年是委托朋友李正云和他一起做，可能是他不认真看管，我家今天才去撒秧，所以有的事情自己能做就最好自己做，靠别人往往就是靠不住的，要是再耽误几天，秧龄就要出现问题。

这几年丧祭回来一般是不请客的，但是不绝对。有的人家还是要请的，昨天丧祭回来的李永亮家今天就请客了，多数村民还自觉参加了。

2016年3月6日，星期日，农历正月二十八，属猪，晴

做祈福仪式的有张志祥家，摩批是张正和，别人做了也会牵连自己去做一个，因为他在南沙镇打工，很少回来，多年在外的，要是做这样一个法事能带来一点好运就应该做一个。

今年的这一场雪冻死了一些树木和竹子，特别是甜竹子，我看我家田边的那一棚也死得差不多了。天气愈好愈从头干下来了，今年的甜竹笋怕是吃不了啦，也好，反正竹子栽在田边遮了庄稼，我还想着要砍除的，要是没有冻死，我还有点舍不得砍呢，现在冻死完了，砍掉做柴火也是合适的。

2016年3月7日，星期一，农历正月二十九，属鼠，晴

说是这几年两口子外出打工还是可以赚到一些钱的，杨文亮夫妇他

们两口子外出已经两三年了，可能也赚到一点钱，今天运回来了一些钢筋和木头，准备加建第三层房子。我看箐口村的用地太少了，特别是建筑用地，周围都是耕地，能建作房子的地极其有限，进到村里的人们都说太拥挤，弟兄们分家很多只能是在原来的老房子基础上改变。杨文亮家就是一个例子，原来的老房子建筑面积小，但是他家老人是从麻栗寨迁移来的，来箐口村的时间相对较短，分到手的田地也就少，建筑也不例外。现在他们两个弟兄分家也只能在老房子的基础上改造，建起来的房子面积就更小了，一家人住下来显得更小，往四周扩张不了就只能向上发展了，这是他们家想的办法。

今天看见马志文重新挖翻秧田，准备重新育秧苗，说是前几天天气变化，可能冻坏了秧苗，不能正常生长，现在下狠心整快点还不会影响插秧的时间。

2016年3月8日，星期二，农历正月三十，属牛，晴

过了年，年轻人在家里能做什么呢？这不是困扰一两个年轻人的事情，也不是困扰一两个寨子年轻人的事情，而是多数人的事情。能做什么呢？多数都只有外出务工，早上，我看见马伟、李明等几个年轻人外出，又要去外面闯江湖了。

今天是三八妇女节，村里今年安静些了，妇女们不像前两年一样骚动了。

今天下午，我正在挖田的时候听到两声鞭炮声，我就知道村里又有老人过世了。回来后打听了一下，知道是李永福80多岁的父亲过世，是中午1点左右停止呼吸的，他已经生病几个月，家人都知道不可能康复，他的寿服等早已经准备好，附近有做棺材的木匠，所以今天一个下午基本做好了该做的事情。

2016年3月9日，星期三，农历二月初一，属虎，晴

考虑到今天召集亲戚有点匆忙，再说，他们家的孩子们由于外出还

没有回来，今天的李永福家就没有召集亲戚来，而是准备明天的伙食和所需要的东西。一般情况的话，昨天过世，今天就要召集来的，村民也会主动过来帮忙，我就过去帮忙了，没有召集太多的人，也就没有多少事情做。

2016年3月10日，星期四，农历二月初二，属兔，晴

昨天李家没有招呼其他的亲戚来奔丧，而是准备今天需要的东西，主要就是吃喝的食物，因为一旦召集了，就会有很多亲戚来，需要办五六十桌的饭菜，不得不准备一些的，所以，今天才招呼亲戚们来。知道的村民都过来帮忙了，过世的人已经是80多岁了，子孙有点多，亲戚自然就多了。

张学家拆除茅草顶，准备加建第三层，前两年建盖的时候，也许是经济上不够，或者是设计上的问题，他家只建盖了两层半，现在孩子们长大，一家人住不下，这两年在外面挣了一点钱就直接投资到建房子上，加建几个房间方便家人。

2016年3月11日，星期五，农历二月初三，属龙，阴转多云

从我这么多年观察的情况来说，村民育秧一般是在2月底3月初，但是今年2月底的时候来了一股寒潮，气温确实有点低，多数育的秧苗都不能正常发芽，村民又很少用塑料薄膜，撒到田里的秧苗更是长不出来。为了与多数村民错开插秧的农忙时间，李建军家是撒秧最早的一家，可是看现在的长势情况就是不理想，因为插秧时少苗的问题，今天又叫了李贵云补育秧苗，用了塑料薄膜育秧法，希望秧苗长得快些。

2016年3月12日，星期六，农历二月初四，属蛇，多云间晴

从多数村民家的秧苗长势来看，总的来说长得不错，可是，有的村民家可能是在比较冷的那几天撒到田里的，估计是被冻坏了一些，这几

天还有村民担心秧苗生长不良，还在补育秧苗的。知道昨天李建军家补育秧苗，叫了他的姑父李贵云，为了秧苗长得快，他们家用塑料薄膜育秧，还有李志和整理秧田，也是准备补育秧苗了。嘿，气温不正常，庄稼也就不能正常生长了。

今天有新街镇农科站高国兴与唐永福两人来培育云南农业大学要在村里试验的秧苗，他们也是用塑料薄膜的，他们主要是等云南农业大学开学，定了实验方案才好育秧苗，不然的话，是可以跟村民同步进行的。

勤快的人就是勤快。春天来了，秧苗正常生长了，今天我就看见卢朝生耙田了，他家有劳力、有条件，是村里种田最认真的人之一了。人勤快，田管理得好，长出来的庄稼就是与众不同，就是要比其他人家的好一些，所谓"天道酬勤"，正是这样的意思吧。

3月8日过世的李永福父亲已经80多岁，是当上曾祖的人了，大家认为这属于寿终，由于家里还要选择日子，到今天还未出殡，说是还要等几天，所以这几天每天都有亲戚来养老，每天晚上亲戚家会把哈尼歌手请来唱歌到通宵，还会带着水果、糕点等在晚上发给来过夜的村民，每天都有几户亲戚来，每来一户要花费一两千元。一则我也是村民，身在箐口，该去热闹一下；二则要看看今天晚上是来了几户亲戚。我也去了一下，说今天晚上有八户人家发放糖果，去领糖果的孩子每天晚上都可以领到好多。

2016年3月13日，星期日，农历二月初五，属马，多云间晴

过几天李家办事的时候要过去帮忙几天，不得不把自己手里的活计放下，所以趁着这几天天气好，今天在田间耙田的人多了起来。

村里正常的老人过世了出殡一般都要选择日子的。听他们说，原本李永福家也打算留十一二天，只是现在看来时间有点过长了，就提前了几天，说是要在过几天的属鸡日主办，属狗日出殡。今天是牛角寨乡的集日，我们村里没有合适的牛，所以李永福家今天到牛角寨乡买牛。一般情况下，我们附近这几个寨子办理这样的丧事需要牛的话就到牛角寨市场了，或者更远一点地方比如老勐乡，县里听说就这两个乡集日有牛的交易市场，其他都要通过个人关系打听偶尔才会碰到。

2016年3月14日，星期一，农历二月初六，属羊，多云转晴

今天是属羊日，村里要是像往年一样正常进行民俗祭祀的话，今天该是到寨神林杀猪了，可是，由于村里选举不出咪古，去年就停止了民俗祭祀。听村里的老人说，一旦停止就要停三年或者五年。所以，村民干劳动都没有人说了，要是过昂玛突节的话，今天是要休息的。

今天是原来胜村乡（现在已经合并到新街镇）的集日，李永福家今天到胜村集日购买所需要的鸡、鸭、猪等牺牲品，他们知道集日市场上可以买到所需要的东西，价钱也会便宜些。

2016年3月15日，星期二，农历二月初七，属猴，晴

明后天就要忙着主办李永福家的事情了，村民都不可能有时间去做其他的事情。今天早上，张学家就叫了人背砖，是准备加建第三层房子用的，以便能多建几个房间给家人居住或者摆放东西。

搁置了这么几天后，李永福家明天就要开祭了，今天是他们家族的人准备明天所需要的东西，晚上是要开会，给每个人安排事情做。

2016年3月16日，星期三，农历二月初八，属鸡，晴

今天的村民是够忙的了。村里主办李永福父亲的丧事，又有其他三个地方的亲戚来丧祭，村民与村民之间总是会有某种关系的，不是到李家帮忙就是到张家帮忙，一天都很忙的，有时候我就想，有的做法是不是可以改变些呢？一家是村民李贵祥家，一家是其大儿媳妇家，一家是其妻子一方主鲁村的。

2016年3月17日，星期四，农历二月初九，属狗，晴

埋葬李永福父亲的地点选在我们箐口村集体林地里，距离寨子的路程有点远，因此出殡的时间就比平时提早了一点。村里一般是下午4点左右出殡，这次就有点不同了，中午12点左右就出发。即使是同一批摩批，也要根据主人家的要求有所改变，没有一成不变的规定。

2016年3月18日，星期五，农历二月初十，属猪，晴

村民育下去的秧苗多数都有20多天了，已经长三四厘米高了，可是云南农业大学要在村民的田里试验的今天才带下来品种，叫新街镇农科站人员带着他们来育秧苗，用的是塑料薄膜育秧法，秧苗会长得很快，相比老品种的话，秧龄是短一些了，而新品种的时间还绰绰有余。

有的时候，我是有点想不通，现在的社会发展得这么好了，人们的生活条件好，学校方面给予补贴，基本上可以解决子女上学的困难了，可还是有那么多同学不愿意读书，时不时可以听说或看见谁家的孩子又不上学了。可能是这样的原因，今天新街中学的学生都放假回来了，下午有几个老师来进行家访，向每一个在校学生的家长了解情况。听说学校的其他老师都要到不同的村寨去进行家访，说是调查近期怎么会有这么多学生辍学，现在学校里的条件都在逐渐改善，为什么学生还要辍学呢？

2016年3月19日，星期六，农历二月十一，属鼠，晴

进入3月以来，天气都很晴朗，特别是这几天中午的太阳就大了，秧苗都长得特别的快。有的老人就着急了，想着自己的田要尽快整理好，张文和就是一个，他就是专门的种田人，身体还好，总是想着尽快把自己的田种好，每年的播种秋收都要赶在其他村民前面，生怕落后了。

卢志林家拆除老房子要准备重建了。他家建设房子的时间不是很长，当时因为几个弟兄分家，老房子里住不下，不得已在老房子的院子前小面积地建了一个，时间过得很快，十几年间，他们的子女都已经长

大，感觉当时做的房子结构不合理，一家人又有点住不下了，只得重新再做。

2016年3月20日，星期日，农历二月十二，属牛，晴

这几天勤快的村民又开始田间的劳动了。今天卢落以开始修复田埂，现在修复的话，到下个月插秧的时候就轻松一点。张文和卢建忠是村里现在比较出名的庄稼人，张文和是昨天开始犁田的，每天干得不多，从上午十一二点开始，到下午两三点钟就把牛放了，自己一边管牛一边抓几个泥鳅做晚餐，还是有点悠闲的。卢建忠也是这样，每天只干几个小时，把牛放了就在田间找一点野菜回来晚上吃，管理了牛，同时把田也管理了，自己的伙食也找着了，确实是很能过日子的中年人了。平时村民家发生什么大事他们也会去帮忙，酒也不会喝太多，一心只想着管理好自己的家庭，我还是有点羡慕的。

下午，李正云家运来一车砖，准备拆除老房子翻新了。他们家庭有点特殊，小时候父母过世得早，几个兄弟姐妹相依为命，但很多大事情还是依靠亲戚朋友帮忙解决。几十年过去，除了小兄弟李正华还没有成家外，其他的都有了自己的家室，基本上能够自力更生了，但这么多年主要还是忙着解决生活问题，没有能力翻新老房子。从整个寨子来看也只有十几户没有翻新老房子了，这好像代表了一个"穷"字，脸面上甚是过意不去。今年的建筑材料价格有所下降，特别是钢筋的价钱比前些年降了很多，一吨只要2000多元，去年底政府宣传说每户可以补助11650元，还可以低息贷款五万元，所以，今年村里上报建房子的农户还是很多的，李正云家就是一户，一是老房子确实旧了，里面的木料结构已经很危险了；二是几个兄弟姐妹都商量好了经济上每人凑一些，劳动力也是几个弟兄姐妹慢慢解决；三是政府既然有这样的机会就要抓住，多少可以减轻一点经济上的负担。

2016 年 3 月 21 日，星期一，农历二月十三，属虎，晴

今天是属虎的日子，又可以做祈福的祭祀了。今天摩批李建国给李红超做祈福仪式，参加的人加上其父亲李志和，一共三个人。

新街镇农科站高国兴和唐永福两人来观察他们的育苗情况，中午就与他们两人在李文才家吃饭。李文才父亲已经 86 岁了，每天早上抱着烟筒到进村口处让游客拍照，并向游客收取一定的费用，说是从春节到现在已经节约了 6000 多元，这么大年纪的人还有这样的精力挣钱维持自己的生计，很多身体不好的人是做不到的，他每天还坚持放牛，相比村里几个五六十岁身体不太好的中年人，我还是挺佩服他的。

2016 年 3 月 22 日，星期二，农历二月十四，属兔，多云间晴

从春节到现在来看，今年的游客还是有点多的。今天有一些外国的游客来到村里，村里的热闹气氛一点不减，几个在村口等着运送游客的村民又有点生意了。

春天来了，树木发芽了，茶叶也发绿了。下午，卢新的母亲和李其三的妻子摘了鲜茶叶到水卜龙茶厂去卖，一市斤鲜茶叶可以卖到两块五角，她两人一人可能有个十几斤左右，她们说最近摘茶叶的妇女太多了，一天只能摘到这么多。

说到茶叶，十几年前，我们村委会是有个茶厂的，光是我们箐口村的占地面积就有 100 多亩，加上大鱼塘村、黄草岭村民小组、土锅寨村、小水井村四个寨子的估计就有 200 多亩了，当时养着自己的工人，生意还是红火了几年。2002 年一场洪水把厂子给淹了，承包茶厂的老板普世洪不成器，申请了破产，停止了生产，村民像发疯一样把茶树全部砍倒拿来烧火，把茶厂彻底搞垮了。我是又高兴又痛惜的，高兴的是，箐口人民可以收回属于自己寨子的土地了，因为所谓承包，村里是没有什么承包金的，即使有一个茶厂也根本享受不到什么好处，自己 100 多亩的土地反而被他们利用了；痛惜的是，多少人为此付出代价的一项产业就这样荒废了。要是管理跟上些，改进些措施，那么多少代人可以在此务业，村里多少还是可以得到一部分资金运转村务的。

在攻读博士的昆明理工大学郑佳佳老师到基地来，她是来我们元阳县做调查的，要完成她的几篇论文，这次也是调查几天才返回去。

2016年3月23日，星期三，农历二月十五，属龙，多云有小雨

今天，我带着自己的孩子去砍除田边的竹子，把一棚竹子树全部砍倒了，希望来年的庄稼能饱满些，当然如果以后要想在七八月品尝新鲜甜嫩的竹笋就得到其他地方找了，这就是所谓的"有得必有失"。

2016年3月24日，星期四，农历二月十六，属蛇，阴，有雷雨

新街镇农科站组织全镇13个村委会的农科员及部分村民小组干部培训有机化肥施肥方法，地点选在黄草岭村民小组公路附近的田块，便于参加的代表观看。我是支持他们在箐口村实验的得力者，他们只要到箐口村来都会通知我的，今天也叫我过去参加了，但是由于下雨，我们只能带着雨具观看。

2016年3月25日，星期五，农历二月十七，属马，多云转晴

卢学明做祈福仪式，摩批是李建国，参加的人有李世明。他已经50多岁，估计是给他的儿子做的。

上午在朋友卢建忠家吃饭，知道李华从弥勒县处理交通事故回来，前几个月他们夫妻在弥勒县时被车子撞伤了腿，当时伤势未愈不好协商，现在有所恢复，这次上去协商之后对方赔偿了他六万元来了结这件事。

2016年3月26日，星期六，农历二月十八，属羊，阴转多云

早上8点，哈尼小镇举行"哈尼梯田越野马拉松"比赛。这个事情只有少数年轻人和村里管事的几个人知道，说是参加报名的有300人，

他们在途中穿过箐口村到麻栗寨，总长42公里。村民在议论这次马拉松没有组织好，因为我们本地的村民都不知道，一些指示牌运动员根本不知道，还因此跑错了一段路线。

下午5点，哈尼小镇摆长街宴，参加的人应该是今天跑马拉松的各位运动员以及县镇里的领导。

李华家打屋顶，是第三层屋顶，建筑面积小，所以没有请人帮忙，只是他们几户亲戚来帮忙，几个小时就做好了，费不了什么力气。

2016年3月27日，星期日，农历二月十九，属猴，阴，有小雨

云南大学哈尼族调查点建立已经12年，但周围都是树木，屋里经常都很潮湿，还有很多设施都陈旧了。为了能够正常运转，负责人马老师今天带着工程师特意来查看，说是有些东西是要换了，部分房屋要装修一下。

要是村里像以前一样正常做祭祀活动的话，前一个属羊、属猴、属鸡的三天日子应该是过昂玛突节了，只是那个时候因为村里李永福的父亲过世还没有处理完丧事，再说村里又没有咪古组织，就没有过昂玛突节，不过，村民各自家里还是做一点仪式的。比如，今天早上出去的时候就看见路边的张文和家和张志学家等几户门口旁边有一片树叶上面放着一点染黄的糯米饭，还有几户秧田埂同样放着一点糯米饭和一点鸡蛋黄，这些都是在昂玛突节时候要做的事情，说明村民还是各自按照自己的程序走着的。

龙绍文和龙绍华两个弟兄都是成家有子女的人了，一家11个人到现在还生活在老房子里。"树大分枝，人大分家。"成家了总是要分家的，现在老房子旁边是不可能再建一幢了，他们家打算在进村口原来的秧田里建一幢，但现在村民建房子政府又要求审批，他家建房子的地方目前还只有他家在做，没有得到政府的明确答复，前几天停了一下，今天又叫了几户亲戚来帮忙做房子的墙基，说是走一步看一步。

2016 年 3 月 28 日，星期一，农历二月二十，属鸡，多云

今天，李庆林家打第一层屋顶。他们平时不在家，帮忙村民做的活计少，所以现在自己家做事情也不会有多少人来帮忙，又或者是出于经济上的考虑，他们家请了小工来做，要是不请小工的话，知道的村民都会主动来帮忙的，人员自然会多一些，那么自己家得请他们吃饭喝酒，消费就会比请小工高很多，不过村民知道他家请了小工就不会有太多人来，只是一些很亲近的亲戚做一些力所能及的事情。今天也是这样，被请的小工们则打屋顶，亲戚们则做其他的事情。

中午，李生明带着两女一男到田里调查小龙虾的事情，说他们是昆明动物研究所的人，这次是来调查小龙虾的生长环境及情况的。

2016 年 3 月 30 日，星期三，农历二月二十二，属猪，多云间晴

今天的天气就比前两天好多了，早上去放鸭子的时候看见杨文亮家在打屋顶。由于房子的建筑面积不大，就 40 平方米左右，也就没有请更多的人，只是叫了几户最亲近的人来帮忙，从早上就开始，由于是第三层，有点高度，不太方便挑水，他家就找了一个电水泵抽水，其他的材料都得用人力背上楼顶，还是有点辛苦的。

从这么几年我观察的小龙虾情况来看，这两个月正是繁殖最快的时间。今天李绍新在打小龙虾农药，这种防治小龙虾的药连妇女们也会用了，只是在它的天敌没有来临之前不见减少，每年这个时候小龙虾只见多不见少，要是不打药制止一下，田里都会长满的，这几年我每年都要打一两次，稍微控制着一点。我记得小龙虾刚出来的那年，因为没有药水，大家放水去抓小龙虾的时候，一块田里就抓了一大盆，我都吓着了。

2016 年 3 月 31 日，星期四，农历二月二十三，属鼠，多云间晴

今天张正和家打第三层屋顶，请了几个妇女来做。因为张正和老人是张氏家族的大摩批，平时张氏家包括其他李氏卢氏家族要做什么祭祀都会请到他，他平时帮忙村民次数比较多，知道的村民就会主动来帮忙他家做事，来的村民还不少，但是房子的建筑面积小，十一二点也就做完了。

几天前全福庄村的李倮明岳母过世，因为李倮明的妻子是她最小的女儿，所以今天李倮明家就到全福庄村丧祭。昨天晚上村里就用喇叭通知村民他家不请客，但要求有时间的村民都到全福庄一起去吃牛肉，陪着他们家人去走走也是一种帮忙。

2016 年 4 月 1 日，星期五，农历二月二十四，属牛，多云间晴

也许是李正林夫妇要做叫魂的仪式，或者其他仪式，早上的时候我看见他们的几个女儿及女婿拿着烟、酒、鸡、鸭肉、蔬菜等东西到他家去。要不是做什么仪式，一般情况家人回来是不会拿鸡的，或者有什么朋友来了。

三年一届的村委会换届选举工作又开始了。今天早上村里的党员们到土锅寨党总支部开会，会议的主要内容是有关新一届土锅寨党支部书记候选工作的事情。

昨天是李倮明家到全福庄村丧祭，今天下午，他家又做一个祭祀，认为这样杀牛丧祭是家里出了大事，有必要禳解的，再说还得请过去帮忙他们家处理这事的亲戚朋友们吃喝一顿，这次的丧祭才算是完成。

气温逐渐升高，秧苗也在快速地生长。有村民开始整理梯田了，今天李志和耙田，最近只要天气好村民就会到田间劳作了，因为到了本月底5月初就要插秧，现在就慢慢劳作的话，到时候就不会那么忙，要是等到秧苗长大到了插秧的时候再来整理梯田的话，会感觉很累的。

早上，李世荣和黄草岭村民小组的中年人拿着鸡、鸭从村里出来，原来他们两个是给高文华家送其女儿的定金来了，他们是代表男方家的舅舅方姑姑方来的。与朋友们交往的过程中给姑娘家送定金的人一般是舅舅方一个、姑姑方一个，参与的人要家庭健全、和睦，身体健康，意味着预祝他们日后的家庭健康幸福。其实李世荣不是男方家亲舅舅，他的亲舅舅是李世荣的堂弟，但因为李世荣的堂弟已与妻子离婚，现在还属于单亲，家庭不健全所以就请了李世荣代替。

2016年4月2日，星期六，农历二月二十五，属虎，多云间晴，晚上有阵雨

进入4月份后，气温明显一天比一天高，正常情况是到了4月底5月初就可以插秧了，村民开始逐渐忙着整理梯田了。

村里集体祭祀的地方，比如寨神林、磨秋场、"得龙伙昂"（村民们是这么叫那个地方的），连这些地方生长的树木都具有一定的神圣性，村民对此是敬畏的，一般都不随意去动，即使这些地方的树木枯死了、倒了都不会拿回家做柴火，要是那样做了，会给家庭及家人带来不幸。去年雨水季节的时候，"得龙伙昂"地方倒了一棵老树，堵住了小路，村民和游客来往都甚是不方便，可村民不敢随意去砍。这事惊动了来村里检查工作的县镇领导，他们要求村民小组或者村委会的干部们想办法处理。今天下午，村民小组请了李正林摩批做法事，将就着把树干树枝都清理了一下，解决了过路困难的问题。有时候，村民组长就像是一个家庭的家长，得负责村里的大小事，像处理一棵树的问题都得由村民组长出面的。

2016年4月3日，星期日，农历二月二十六，属兔，多云间晴

今天是清明节，附近这一带哈尼族很少有过清明节的习俗，而要过清明节的上班族就会选择周末。今天是周日，我被表哥们请到水卜龙村过清明节，帮忙他们家做一点事情，回来的时候已经是晚上了。

2016年4月4日，星期一，农历二月二十七，属龙，晴

村里以前建房子全部是用人力，现在只要有钱就可以请挖机来挖。

今天李红亮家请来挖机挖平场地，选择的地点不是在寨子边，而是进村口的公路边，离寨子有五六百米，是他家的林地。

村民建房子一般是选择寨子边，而他家选择在那里建房子是因为现在县里开发旅游业，吸引了很多游客，特别是过年过节的时候，听说县里镇里附近的宾馆酒店都爆满，生意不错，有的是自己做房子以后，租给外地的老板赚了不少钱，知道的村民还真的眼红了，都希望开发自己的地皮赚钱，他家应该也是这样，估计凭他的能力是做不起来的，所以他也要和其他的朋友合伙。

2016年4月5日，星期二，农历二月二十八，属蛇，晴

虽说土地不能买卖，但实际生活中还是要根据自己家的实际情况来说，私下里还会是出现交易的。听说李庆五从李学光家、卢正祥家、卢志文家、卢建忠家买了几块地，准备要建一幢房子，今天他家请了小型推土机来推平地面，使用推土机、挖机建房、挖田还是这两年才有的事情。他家原来的老宅基地已经建盖过了，几个弟兄总共五六十平方米，分家后也只是小一点了，他家原来在寨神林旁边建了一个房子也被政府拆除，不知道这次建的是否会被责令停止或者拆除。哈尼梯田申报世界文化遗产成功以后，村里建设房子都要申请的，要是确实有影响景点的房子是要被拆除的。村民困难分家建房子，政府要想把箐口村建设成传统的村寨，需要打造一系列他们认为的美景，这一直是困扰政府和村民的问题，政府和村民都希望能想出一个好办法。

2016年4月6日，星期三，农历二月二十九，属马，多云间晴，有阵雨

今天是农历二月的最后一天，李永福家选择今天早上做一个法事。昨天晚上就通知了这次来帮忙的主要人员，他本家族每户都通知了。做这个法事，一是完整法事上的程序；二是请来帮忙的人员吃一餐饭，喝几杯酒表示谢意。

听村里的老人们说，20世纪五六十年代，村里还只有五六十户人家，寨子周围都是树木、鱼塘和菜地等，土地显得很宽广，五六十年过去，现在已经发展到了200多户，村里户与户之间以及路面都很窄。"树大分枝，人大分家。"据我不完全估计，村里每年还是有五六户村民要分家，这五六户分家的就要新建房子，从这几年村民议论的情况来看，大家建的房子都是往寨子头现在的秧田和菜地方向。今年李正祥的大儿子绍文家要做，虽然前一段时间向新街镇政府申请没有得到明确的答复，但他们家还是接着做。今天李庆五家又开始在他从李学光家和卢正祥家买来的秧田上填土，准备把地基整平之后再建房子，卢成家也开始砍除树木，请挖机来挖树根，应该是准备在这块地上建房子。我们箐口村民分析了一下，这一带是进村口，交通又方便，建房子省人力物力，地基又相对稳定，是箐口村现在最适合建房子的地方了，还会有很多人家要来建的，估计一两年就能把这块地全部建满。

十几年以前，年轻人外出打工主要是从事建筑行业，意思就说村里很多人从小就从事建筑行业，他们自然能从中学会一些建筑知识，所以现在村里谁家建房子，只要有了材料，人手足够的话，做起来是快的。前一段时间开始建房子的李庆华家，到今天已经完成一层顶了，可能是经济上的问题，还可能是建设面积问题，又或者是自己另外打算，他们请了自己家人帮忙打屋顶。

2016年4月7日，星期四，农历三月初一，属羊，多云间晴

快要种田插秧了，可如果没有雨水的话，是一件麻烦的事情。前几雨水有点大，冲垮了寨子脚村民主要用的水渠，依靠这条水渠灌溉的梯田都要干枯了，而且快到整田插秧的时间了，村民甚是着急。今天村民小组组织了全村每户一人去修理，每户人家找一点拌水泥的沙子和石头，不知道是什么原因，我看来的人不是很多，大概只有三分之一，要是全

村每户都来的话，应该有200多人，那么其他没有冲垮的地方也可以清理一下了，村民小组的人也只有李生明来，李文才和李文说是去开会了而没有来，并且来参加修理的人也只干到了12点多一点就回家去了，有的吃一点午饭后还要去干自己家的事情。干村里的公务事往往就是这样，一般一天只能干两三个小时，"人多话多"有的说好，有的说坏，谁来干农村干部都还是要用心的。

2016年4月8日，星期五，农历三月初二，属猴，多云间晴

上午，新街镇农科站主任高国兴带着县农机站负责人黄聪来找我，与我商量要一块田做机播实验，并带去一点我家的水稻品种，说是要用育秧盘育苗，估计20天左右就可以栽培，还说要是到收割时产量上出现减产问题的话，他们可以给予适当的补偿。我认为这在村里是一项新事物，所以答应给他们做试验，要是产量上真没有问题，操作上人手是会比现在少的，如果机器价钱也合理的话，是可以考虑应用到以后的梯田插秧中来的，到时就可以省力省钱了，那么划算的事情谁不干呢？

2016年4月9日，星期六，农历三月初三，属鸡，晴

进入4月后，气温明显上升，秧苗也在猛长，一天比一天长得快，很多村民都进田劳动了。我原来也是准备下田劳动的，只是去上街的时候看见表弟卢四文家把砍倒的木头装车，准备去解成木板，以后建房子时需要，我看他们家人手少，就帮了下忙，一帮就是一天，到晚上10点钟才回到家，几个人喝两杯酒吃完饭就是12点了。劳动很辛苦，但亲戚朋友能在一起就很快乐，只有一起劳动才会集中到一起。

今年村里建房子的有12家，有9家是新建的，有3家是加建的，张学家是加建的，今天请了小工打第四层堆放粮食的屋顶，建筑面积小，请的人也不多，加上几个邻居和亲戚来帮忙，到了中午十一二点就做好了。

这几天经常听到山上有鞭炮声响，说明是有人家上坟了，但是附近

的哈尼族人家很少上坟的，彝族上坟的要多一些。李志学一家人经常在外面，接受外地文化的机会要多一些，眼前是上坟的时间，今天他家召集了他的弟兄们回来一起去上坟。

2016 年 4 月 10 日，星期日，农历三月初四，属狗，晴

今天，原胜村乡村委会某个寨子摆长街宴，来箐口村借竹子做成的桌子，说是要在那里拍摄一部电影，要求村民都要穿哈尼族服装。

这几天的天气都比较好，眼看着秧苗都长高了，整田的村民逐渐地多起来，今天看见李红亮犁田，他已经 40 多岁了，前些年他的父亲身体还壮的时候，是很少见他犁田的，"人生一世，草木一秋"。什么都有新旧更替，人也是这样，身体和能力总是有限度的，我们都是看着成长、长大、变老的人，有些老人身体还好的时候，总是埋怨年轻人不能做农活，看不上儿女们做的农活，现在他们老去，也只能看着我们小一辈做事了。李红亮的父亲就是其中一个，前几年埋怨李红亮做的农活不好，这些年也只能看着李红亮做事了，实在看不下去了也只能埋怨、唠叨一下就过了。

今天犁田的还有李庆亮，也是一个新手，40 岁左右的年轻人，学犁田耙田还是这几年的事情，我听说有的老人一辈子都没有犁过田耙过田。

2016 年 4 月 11 日，星期一，农历三月初五，属猪，晴

昨天夜里，村里的几个年轻人抓回来一个背着捉鱼器捉鱼的土锅寨年轻人，说是昨天晚上跑了一对夫妇，考虑到如果这个人不说出那对夫妇是谁就要加重他的罚款，箐口村民又打电话叫他家人过来，不来的话，箐口村民要求每户一人过去处理。抓回来的这一个人在村民小组办公室待了一夜，村民要求村民小组付工钱每人 100 元安排年轻人守着，请了十多个人，付了 1000 多元工钱，买了几条烟，一共付了 2000 元。今天早上双方村民小组与几个当事人没商量好，之后是通知了所有村民来商量，原来的意见是每人要处罚 1 万元，最后定了一对夫妇的要处罚

15000元，另外一个的是7000元，一共是22000元，由于是隔壁寨子的人，人可以先放回去，罚金要求三天之内交来，否则的话，箐口村要每户一人抄家伙过来解决。

早上村里通知了以后，我也过去了一下，看见他们的触鱼器也摆着，桶里有几尾泥鳅和小鱼，估计他们出去捉鱼的时间也没有多久。参加商量的是箐口村民小组和土锅寨村民组长一人及几个当事人家属，箐口村通知了每户来一人参加会议。偷来的东西要是不算钱就罢了，要是算起钱来就值了，只有穷人才会去做这样的勾当，当事人一下子是拿不出那么多钱的，双方在经济问题上僵持到12点多硬是逼到上面的那几个数字，最后定了交钱的时间才把人放回去。

这几年来看，箐口村民对拿着机器触鱼、撵蜂子、拿枪打鸟的人是很让人恨的，因为这些行为，把村民的种鱼都触完了，养在田边的鸡鸭也偷走了，瓜果蔬菜也会偷，庄稼也糟蹋了，哪有村民不恨的。村民小组会议时也有人往上汇报过，就是屡禁不止，今天的这个事情不是一种偶然的事情，村民听到过其他寨子实施的民间行为（我不能说是民间法），我认为这是一种应该按法律办的事，要是处理不好，随时都有着火的可能。这么大的事情怎么就没有执法的工作人员呢？拿着国家工资的工作人员到哪里去了？他们听不见人民的声音？看不见违法人员的行为？也未必。

2016年4月12日，星期二，农历三月初六，属鼠，晴

今天，我们元阳县政府驻地南沙镇过泼水节，这对我们箐口村民影响不是很大，村里也有一些年轻人去凑热闹。我要说的是，村里有几个妇女专门为了一种叫"娜莎"的药到南沙镇，说这种药治痛风，很多医院里面都找不到，也治妇女的病。村民李正荣不知从什么地方拿来卖过，说是一盒卖160元，卖给一些有风湿的村民，也有些妇女来买，他在村里还是赚了一点小钱。今天她们到南沙镇是听说有人专门来卖，一盒只是四五十元，价钱相差大，她们就专门过去买了。

上午，新街镇的工作人员到村里来通知李正祥家暂时停止建房施工，说是他们也要向上级政府汇报，等开会决定一个月以后通知了再说。

2016年4月13日，星期三，农历三月初七，属牛，多云间晴

早上，听说身体残疾退休多年的李建福老教师昨天晚上过世，他已经60多岁了，由于身体不好，退休在家养病已有多年，他自己很吃力，照顾他的家人也很吃力。知道情况的亲戚和朋友得过来帮忙处理后事，妇女们帮忙洗菜、打扫卫生，男人们加工伙食、做他的棺材等。以前村民们的经济要比现在落后很多，老人过世需要的棺材都是选择自家地里的大树，请师傅们来做的，这些年附近有几个加工棺材的地方，它们工具齐全，做工细致，村民嫌麻烦一般都到市场购买。今天李世荣家买了，但是必须要在自己家地里砍回来一棵树加工，加在其棺材上，村里哈尼语叫作"摩纹"，做了上好漆，密封好就行。

下午4点左右，马老师他们没有过来之前，我到李家吃饭了，听说大前天晚上用触鱼器抓鱼的土锅寨村民来交罚款，说是那一对夫妇罚了15000元，另外一个罚了7000元，箐口村的鱼和泥鳅的价格也不菲的，过些天，村民可能要用这笔钱买牛杀吃了。

说上面这事，那些拿枪打鸟、用电瓶触鱼、撵蜂子的人我是恨了又恨的，很多村民也是这样的观点。他们一大部分以打鸟、抓泥鳅、撵蜂子为由，糟蹋村民的庄稼，偷村民的种鱼、鸡鸭、瓜果等，议论抓这样的一些人来处罚教育有很多年了，今天这样的事情发生也是一种必然。

当然，我认为，某某寨与我们村是相邻的两个寨子，田地交错，村民在生产劳动的过程中结下了深厚的友谊，平时过年过节，红白丧喜事都有往来，为了处罚教育一部分行为有点过分的人这样的决定未免动作大了一点，应当可以减轻些。我不知道，在没有司法执法人员的情况下，双方只是在村民小组的配合下商量解决这样大的事情是否合法。我认为，人与人之间的矛盾应该以教育、宣传督促、制止为主，罚金为辅。在生产生活的历史当中，这样的矛盾一直都有，只是罚金没有这么重，情况没有这么复杂过，这样过大的行为确实是制止了一部分人的不法行为，但同时也加深了村民间隔阂的可能，在以后的生活中，某某寨村民也会抓住我们村村民的把柄来复仇。

下午，马老师等一行人来，由于他们要赶着回昆明，只是在村里坐了一会儿，在村里待了20多天的郑佳佳博士也与他们一起返回昆明了。

2016年4月14日，星期四，农历三月初八，属虎，多云间晴，晚上有阵雨

根据原来选的日子，李世荣家是定在今天办丧事的，可是有的人认为这样太匆忙了，又得推迟一轮，等过12天再祭祀，他家就推迟了。今天就按照一般程序，请亲戚们来奔丧，他才60多岁，他们一个祖辈的李家人数不是很多，来奔丧的亲戚就有点少，今天吃饭摆了47桌。

2016年4月15日，星期五，农历三月初九，属兔，晴

昨天晚上下过一阵雨后，今天的天气就格外的晴朗，也比较热，原本打算要去田里的，可天气太热，中午就没有出去，而是先处理自己的作业，到了下午气温稍微降低的时候再出去。生活，有时要跟着多数人的节奏走，有时还得自己去计划。

中午1点左右，我正准备要到田里劳动，看见村里的党员们一起回来，知道是土锅寨党总支部开会，选举新一届党总支部书记、副书记等。

因为李世荣家的老人要搁上十几天才办理丧事，估计到时候是插秧的农忙时间了，还得抽时间帮忙几天，所以多数村民开始提前整田了。今天李红亮耙田，李杰犁田，反正天气愈来愈好，秧苗长得愈来愈快，村民都知道到4月底5月初正是村里插秧的农忙时间，村民都得到田里劳动，准备插秧的工作。

早上李红亮耙田，下午他的老婆就去插秧了，说是栽的是杂交水稻品种，一定要在人家说的时间内插秧下去，过了时间长得不会好。不过插得也不多，田里只有他老婆一个人在插秧，这可能是今年村里插秧的第一家，他家就像是要拿插秧的名次，我认为是有点过早了。

2016年4月16日，星期六，农历三月初十，属龙，晴

今天插秧的有李红亮家、张永福家，他们两家都是杂交水稻，他们买种子的时候卖家就告诉他们一定要在规定的秧龄期间插，所以他们家就赶在其他人家的前面了。说起张永福家，自从与他大哥张祥分家后，觉得自己田地少，有一年试验栽种杂交水稻，结果比传统的红米老品种增产了十多只口袋的水稻（现在村民都改用塑料口袋装粮食背回来，一只口袋一般可以装80市斤的谷子），他家原来的老品种正常一年是收十五六只口袋的谷子，栽种杂交水稻可以收二十七八只口袋，那一年以后就一直栽种杂交水稻了。李红亮家是今年才试验的，他家的田在寨子脚，土壤比较肥，栽种其他老品种要倒伏的，秕谷多、费劳力，粮食还收不回来。

今年村里建新房的多，拆老房子的也有几家，今天是李正云家和李文才家，正要农忙整田插秧了，他们为什么在这个时候拆房子呢？主要是他们根据自己家人的生辰算过日子了，村民拆房子还是要讲究文化的，所以我有时候在想：天下那么多人口，难道就哈尼族最有文化？世界这么多民族都生活得这么好，我们为什么不睁开眼睛看看世界呢？

栽在田边的树大了高了是要遮挡庄稼的，我一直想砍除自己家田边的树，今天趁我家田边的人家没有插秧就叫了妻子的哥哥带着电锯去砍树，看看今年的庄稼是否会受到什么影响。

我的好朋友李祥在元阳县阳光公司上班，前一段时间在工地上受伤，已经住院了一段时间，说是医院条件差，医生水平也差一些，所以办理了出院手续回来，想请草药师来家里慢慢用草药来医。

2016年4月17日，星期日，农历三月十一，属蛇，多云间晴，下午有阵雨

上午，元阳县宣传部的人带着一个摄制组来拍《舌尖上的美食》影片片段，他们在李正林家田里拍摄捉鱼和捉泥鳅的场景，参加的村民有李正林、李生明，还有几个孩子等。或许是箐口开发旅游工作以后真的有了一些名气，知道的人就多，拍摄这样那样故事的人也就多一些了。

今年李庆华家建房子，自己家没有养牛，自己家人是不可能到田里劳动了，但是已经到了插秧的时间，田不得不管理，所以请了卢建忠犁他家的田。

昨天拆老房子的李正云家和李文才家没有拆完，今天还是继续拆除旧材料。现在已是进入农忙时候了，很少有村民来帮忙，只能根据自己家的情况叫亲戚和朋友们来。

早上，村民小组召集村民开会，商量土锅寨村民到我们田里捉鱼的罚款的处理意见，正如我所料，要求每户来一人参加会议，多数人的意见就是吃！明天要安排人到牛角寨集市买一头一万元左右的牛，还要买两头猪，猪可以在村里买，问了卢学贵家2200元一头，李杰家2000元一头，李树林2300元一头，李绍云家2400元一头，李永福家2460元一头，李文科家2200元一头，李正祥家2200元一头……最后是定了李永福家和李绍云家的猪，今天由他们主人家照看一下，明天上午就会安排人员来赶猪了。

2016年4月18日，星期一，农历三月十二，属马，多云间晴，下午有中雨

根据昨天的会议安排，今天我也被安排到牛角寨集市买牛，买回来一头价值10400元的公牛，赶走了昨天定好的两头猪，在村民小组的组织下全村在陈列室广场会餐，刚要吃饭的时候下了一阵中雨，原本要叫买东西的人宣布开支情况都没有来得及。我觉得这个会餐没有组织好，人多话多，有的说分菜不均，有的说没有宣布账目，我想这样的事情还是少做一点好，要么不做，要么就组织好。

喝酒误事，酒后吐真言。吃过晚饭后，可能是喝多了一点酒的原因，卢学明和卢小祥吵架，要不是有人劝架，说不定要出现动手伤人的事情。

2016年4月19日，星期二，农历三月十三，属羊，多云间晴

张学贵是我小时候的同学又是堂兄弟，昨天约我今天去他家帮忙拔秧苗，跟我换一个劳力。我本不善拔秧，再说他家的秧苗秧田管理也太差了，很难拔出，都是连根带土拔出来，本来正常情况下一天一人可以拔上百把的，今天一人只拔了几十把，还干到下午5点多。

看来是到了插秧的时候了，今天耙田的有张小华家、李牛后家、张明生家等，这都是插秧前的最后一次了。现在的人种田都不怎么精细了，平时都要忙着打工找钱，到了插秧时间就糊弄一下。

2016年4月20日，星期三，农历三月十四，属猴，早上有雷雨下午转晴

拔秧苗的有卢志明家，他这个老人，可能习惯了传统的生产，一直都是栽种老品种，由于他家的秧田在泉水下方，泉水冬暖夏凉，再冷的一二月对他家的秧苗似乎影响不大，所以他家每年育苗的时间要早，就是为了保证秧龄，育秧早，插秧的时间自然就要早些了。

插秧的有张明生家，请的插秧妇女是大新寨村的彝族妇女，说是每人一天60元的工钱，供她们一顿中午饭。这两天插秧的村民不多，人手还算足够，他家是昨天耙的田，今天是一边拔秧苗一边就叫她们插秧了，七八个亲戚叫来拔秧苗和背秧苗的到了上午11点左右就好了。

2016年4月21日，星期四，农历三月十五，属鸡，多云间晴，晚上有雷雨

今天插秧的有卢志明家、卢成家、李文祥家、李建军家等，这几家的话，还算认真整理了田。李永新家可能是考虑到田在寨子脚，灌溉水都是肥料，他家根本就没有犁田耙田，只是除除田里的草，整理一下田埂就插秧了，相比其他村民犁几次耙几次是简单多了，我倒是想看看来年的长势和产量。

前几天老父亲过世的李世荣和李世明他们是一个家族的，由于这两天还不到开祭的时间，李世明今天就抽时间去犁田了，希望在开祭之前把田里的事情做好，等开祭出殡两三天以后再来插秧。

2016年4月22日，星期五，农历三月十六，属狗，多云间晴，晚上有阵雨

昨天晚上的雨水是过大了，特别是风很大，整夜没有睡好，今天早上起来，看见寨子脚有两棵大树被风刮倒，包括李文新家田边已经很多年的老梨树也倒了，这就是所谓的树大招风吧。正是春末夏初，树叶刚刚长大，树枝正是脆弱的时候，哪里能经受住那样大的风雨，到处走走才发现周边的好多大树都被刮倒了，难怪我以前发现老人们砍除了房子和田边的大树包括枝叶，原来是防止压到房子上。

已经到插秧的时候了，看着别人插秧，自己的心里也会着急，今天拔秧的有张明德家、李庆福家、李杰家等。在村里，拔秧一般是男人的事情，或许是找不到人手，李庆福家是他的母亲请了邻居李庆云的母亲和张华的母亲来帮忙拔秧的，一般情况下，女人拔秧的速度是没有男人快的，所谓熟能生巧，有的地方是女人们拔秧的，而且比男人们拔得还快。只是一个地方和一个地方不同，有的男人能做的事情女人不能做，有的地方男人能做的事情女人也能做，有的事情女人能做男人就不能做。

插秧的有李红家，在我们箐口村来说，他家的田算是多的了，请了

十多个插秧的妇女。总的说来，箐口村的人数是逐年增加的，以前大调整的时候说是每人不到一亩的田地，现在估计就更少了，基本上每户都只有够五六个妇女插秧一天的田，折合下来每人就只有几分田地了，箐口村是一个人多地少的村寨。

2016年4月23日，星期六，农历三月十七，属猪，多云间晴

李世荣的老人死了之后搁置了一段时间，这在村里来说算是时间长的了，但也没有办法，还是要按照村里的说法来执行，明天就要开祭了，他们家今天开始准备明后天需要的物品。实际上，现在的年轻人算过这笔账后，没有人愿意留很长时间，只是村里谁家都要按照村里摩批们算的日子，要是日子不合适是不能办理的。

村民都知道，村里还有李世荣家没有办理丧事，这两天就有很多户抓紧时间把田里的事情做掉，到时候有时间好过去帮忙。我看今天插秧的有张明德家、李庆福家、张立新家、李杰家等。

今天拔秧苗的有张保祥家，前几年政府要开发我们箐口村征用了一部分秧田，很多人家的秧田就选择到田里去，管理是麻烦些，但是背秧的人手就适当地减少了。他家是弟兄分家，在原来的秧田上建盖了房子，有一半秧田放到梯田边，还有一半要在房子旁边拔秧的，所以，人手还是没有减少，今天叫了六七个人，一半人拔秧，一半人背秧。

2016年4月24日，星期日，农历三月十八，属鼠，晴

今天拔秧苗的有张明福家，他是我的兄弟，虽然我拔秧苗的技术不是很好，但是由于人手不够，我还是过去帮忙，尽我所能拔了一个上午。今天也是李世荣家主办丧事的日子，出于面子问题，吃过中午饭后，我还是去李世荣家帮忙了，但其实也没有帮什么，在这种情况下，多一个不多，少一个不少，纯粹看看其他的村民朋友们做什么，让他们都知道我也参加了，真的就是出面一下而已。

2016年4月25日，星期一，农历三月十九，属牛，晴

按照村里的习俗，昨天的主要祭祀过后，今天再做一些，到下午就要送葬李世荣老父亲了。无论是出于什么关系，今天村民基本都停止了手上的事情来帮忙，特别是年轻人，到了出殡的时候会主动出来帮忙抬棺材的。

2016年4月26日，星期二，农历三月二十，属虎，晴

按照村里的习俗，李世荣家今天要请村民来做客的，整个过程基本上还算正常，就是上午的时候，没有安排好炊事人员的事情，吃上午饭有点晚，正常情况是10点左右就要吃的，不然要被其他卢氏和张氏家族的人说，像是比赛似的，说办事慢之类的。

2016年4月27日，星期三，农历三月二十一，属兔，晴

昨天帮忙办完李世荣家的丧事后，我也去犁田了。这两天的天气过热，要不是在水里工作实在是受不了，我在田里都感到很热了，要是在地里，中午是受不了的，得注意防止中暑。

今天插秧的有李志学家，说是李志学家，其实是每年付3000元管理费给马卫华管理了，因为他的子女都在外地做事情，根本没有时间或者从小就不会管理田，要自己管理无非就是灌溉水罢了，其他的都得请村民来做。他有一天与我一起搭车的时候说过，要是自己管理的话，每年至少要出七八千元的费用，所收回来的粮食还不如到街上买吃，只是怕放荒的田很难恢复罢了，所以他就交给马卫华管理，每年给他3000元管理费，他家可以背回来几袋谷子做献饭祭祀用，其他的粮食就归马卫华家了。

这是这几年村里种田的一大变化，就是说，以前把田交给他们管理的话，所收回来的粮食还可以分一半回来自己家，现在是变了，是要付管理费给人家，要是价钱不合适，不便于管理的地方人家还不愿意去管

理,现在的人需要的更多是钱,而不是粮食。以前,村里根本没有一家的粮食是够吃的,现在是基本上每家都有剩余的,很多人家不是拿来喂猪就是拿去卖了。

2016 年 4 月 28 日,星期四,农历三月二十二,属龙,晴

这两天的天气特别热,特别是今天,我看早上是有点雾,到了中午可是了不得的热,今天我在田里耙田都感到吃力,还真担心中暑了。

就是因为 21 日晚上的雷雨过大,风也大,刮倒了许多老树老枝,而迷信的哈尼族人认为要是砍除老树老枝就需要做法事。高文华家田边的那棵梨树可能上百年了,记得我小时候就是那样,结出的梨还很好吃,也被那晚的风雨给刮倒了,倒在他家的秧田间,到了插秧时间就得砍除,才方便劳动,于是今天下午请了李建国摩批去做法事。

就这几年来看,大家插秧回来得都特别的早,一般是下午两三点就结束了,最迟的四五点就要回来。今天插秧的有李志和家,他家的田在寨子脚,今天插到 5 点左右都没有插完,我遇见他的时候已经 5 点左右了,他说是有点不好意思,就自觉地给她们加了一点钱,至于多少,我没有过问。

2016 年 4 月 29 日,星期五,农历三月二十三,属蛇,多云间晴,有阵小雨

今天拔秧苗的有卢学贵家,他家现在是村里田最多的一户了,可以收六七十背(袋)谷子,所以,需要的秧苗就多,今天拔秧的人就多,有七八个,说是稗子也太多了,需要拔秧的人拣出来,就干到下午 5 点左右才拔完,不然的话,现在一般都只要干到一两点就休息了。

今天拔秧苗的还有卢志文家,他家的秧田原来在寨子旁边,秧田肥,秧苗长得自然就快,秧苗不等人,插秧自然就要早些。现在他家秧苗是育在田边了,背秧的人手是减少了,对秧苗的管理就没有在寨子边方便了。拔秧的还有李小明家，可以说这几天是村里比较忙的插秧时候了。

今天插秧的有李文科，十几个妇女，也算是田块多一点的人家了，李庆五家、是彝族妇女，他家几个弟兄分家后，一家只能分到一亩多了。请的妇女就少，是三四个。卢新家是请多沙寨子的来，张正福家请的是彝族妇女。村里插秧的时间都比较集中，就是那么几天，所以，要是请不到本寨子或者附近寨子的，就得请外地远一点的妇女们来，听说今年的插秧妇女一天的工钱是60元。

今天我还是一个人忙田里的事情，不敢相信的是卢毛以被人从个旧市某工厂送回来，他40多岁，比我年长几个月，说是工伤事故，出事送到医院时候已经无法抢救了。什么是意外事故？这就是，年纪轻轻的，灾难就落到头上来了，一家人要多伤心都不知道。

2016年4月30日，星期六，农历三月二十四，属马，晴

今天是牛角寨乡集市，可能算了日子，卢金家今天到牛角寨买牛，准备一两天就要做祭祀后出殡了，而要到他家丧祭的张学贵家和李倮明家也到牛角寨乡一起买牛了，就是准备到卢金家丧祭的。现在出事的卢毛以是张学贵的姐夫，看在他姐姐的分上也得出力去丧祭了，而李倮明他们是亲家，看在他女儿的分上也去丧祭了，他家还是前个月才到全福庄寨子丧祭回来，以现在的物价每丧祭一次至少要花费一万元多的，他们又不是什么大老板，一个月花费一万多元，谁家受得住呢？这就像是人们说的不得不"打肿脸充胖子"，没有办法罢了。难怪有村民说，要是亲戚家和自己家丧事接二连三来的话，有时是挣不够办丧事的钱的，也难怪有关部门下发文件要求村民降低办丧事的费用。

知道一两天后就要帮忙处理丧事了，到时候我们还得停下手里的事情来帮忙，就得早点出手把自己家的事情先处理好，于是，今天我家也请了两个妇女来插秧，我早早就出去拔秧苗了，插完的时间也还算早，因为在前两天，妻子一个人就插好了大部分，今天要插的也不多了，这是多年管理得来的经验。

自己家忙着，好朋友李祥家也是今天拔秧苗，本来自己家插秧是可以不用去帮忙的，只是他前一段时间受了伤回来，一个家庭的主心骨受了伤，看在好朋友的面上，我也过去帮忙拔了一点，也算是减轻一点他家的负担。

2016年5月1日，星期日，农历三月二十五，属羊，晴

现在是农历的月尾，卢毛以是年轻人，大家不希望搁置太久，会给家人心理上带来更大的伤痛，所以卢氏家族今天就开祭卢毛以的丧事，很多知道这件事的亲戚和村民还是主动停止了家里的农事来帮忙卢家了。村里正是插秧最忙的时间，但是这样的丧事在村里人还是比较自觉的，只有结过恩怨的村民才会避开不管，其余的不用说，总是会抽出时间来的。

卢毛以虽然是年轻人，但他也是成了家有儿子的人，习俗上总得给他杀一头牛来祭祀，今天张贵学家和李倮明家去丧祭，两家都在寨子里，人员就有所分散，卢氏家帮忙卢氏家，张氏家帮忙张氏家，李氏家帮忙李氏家，吃饭的时候自然就有所分散了，不像平日一样集中。我是到张贵学家帮忙了，在吃饭交谈中知道，卢毛以是在个旧市鸡街某厂上班中出的意外事故，当天老板给了20多万元的安葬费，答应之后再补40万元，分两个月期限每月补给20万元，一共就是60多万元。

村民是这样议论的，对于钱，卢毛以是给后代留下了一点，家里生活要比以前好过些了，可是他年轻，他的过世是家里最大的损失，六十几万换不了这样年轻的一条命，人死不能复活，他的去世改变了他的一个家庭。

从我在村里的这些年来看，这样的丧事，在村里谁家办理其他村民家都会停止劳动来帮忙的，他家也不例外。虽然这段时间正是插秧的农忙时间，但是，村民基本都停止了插秧的农事过来他家帮忙了，我很喜欢村民这样的做法。

2016 年 5 月 2 日，星期一，农历三月二十六，属猴，晴

昨天主办了卢毛以的丧事，今天按照葬礼的程序送葬卢毛以。村民们多数还是放下了自己家里的农事，特别是他们卢氏家族的人，基本上都来帮忙了，出于亲戚关系，我们张氏张学贵家也去丧祭一头牛，我们也只有到张家帮忙了，做这样的一个丧事，还是有事情得做的，杀牛、洗菜、切菜。

2016 年 5 月 3 日，星期二，农历三月二十七，属鸡，晴

今天，村里主要是卢金家接待客人，其他李氏家和张氏家没有请客接待。或许是由于他家过年前办儿子婚事请了大客，或者是他太年轻了，又或者是这段时间正是农忙的时候，今天来做客的人比起其他人家相对少一些，也没有其他时候多。

今天，卢家的丧事基本都处理好了，今天又有很多村民到田里劳动了，插秧的有李光明家、卢树云家等。

2016 年 5 月 4 日，星期三，农历三月二十八，属狗，多云间晴

今天上午，卢宽荣家请李建国做法事，是因为前几天雷电雨的那个晚上，把他家地里的一棵大树给击倒了，他们认为这是一桩不吉利的事情，自然就请摩批做一个法事，之后才可以砍树枝回来做柴火或者做其他的什么家具来用。

下午，卢永贵家请李建国做法事，我是卢永贵妹夫，说是我也可以参加，如果不能参加的话是不会请我过去的，就请我过去帮忙，听说卢永贵晚上睡觉经常会梦见过世的人，有必要做一个法事与之隔离，魂灵才会回到自己的身上，做梦的人才不会得病，这样才对自己的身体好。原则上一个摩批一天只做一个法事的，但是这两年接班摩批的年轻人有

点少，都只喜欢到外地打工挣钱，看重的是金钱。李建国是一个60多岁的老人，比较老实，酒也少喝，什么人请他，只要有时间他都会去帮忙，他的人缘也自然就好些，请他的人就多一些。所以，早上卢宽荣家请他，下午卢永贵家请他，他一天里就做了两个法事，工钱也挣了一点。

昨天，卢氏家主要是到山上修理卢金父亲的坟墓，今天还是有卢氏带有血缘关系的家族来看望他们家族的祖坟。按照村民的习惯，看望祖坟或者修补祖坟都是要在家族人过世的时候，说是只有这个时候才能去，而且是在送葬了死人后的三天之内，三天之后是不允许再去的，所以，他们家族今天约了人，到各地方的祖坟处除草、添土，以保证在山上的老祖们正常安息，保佑后世，这是他们的说法。

人是要跟上社会的节奏的，前几天不小心把手机弄坏了，又因为农事太忙没有上街找一个来用，没有手机的日子实在不自在，担心哪一个朋友有什么事情会找不到我，所以今天我特意抽出一点时间上街买了一个。在街上，听说我们新街镇水卜龙村有一人中了体育彩票一等奖876万元，昨天在他们茶厂请村民吃饭。箐口村也有几个村民经常买一点彩票，就是没有听说中这么大的奖，最多也就是上万元，要是我们偶尔中一注也好啊，我也得不时地买几张玩玩。

2016年5月5日，星期四，农历三月二十九，属猪，晴

这几天，箐口村民插秧要收尾了，只有少部分没有插好而已。今天插秧的有卢正荣家、卢志林家、卢迁华家，这几户卢氏家庭到今天才插秧是因为前几天都到卢金家帮忙处理丧事了，自然就误了几天的时间。

"八仙过海，各显神通。"做农民种田也各有招数。今天插秧的卢学明也有自己的招数，自己田块不少，需要200多把的秧苗，他自己却连一棵秧苗都没有育着，全靠别人家用剩的秧苗，可以说是村里最特殊的一个了。还有一个是卢正荣家，好几年没有用牛或者机器犁田耙田了，到了插秧的时间就用锄头刮一下，除除草就把秧苗插下去了。今天我的

妻子去他家插秧，说是很难插下去，也许是劳力不够的原因，直到下午5点都没有插完，看她有点埋怨的样子。近几年插秧基本没有一家是干到下午5点的，一般都是到下午两三点插完就走人了，要是干到四五点就要被人说的，或者要加工钱给那些来插秧的妇女。前几天李志和插秧的那一天，干到5点左右还剩一点，李志和都不好意思了，又是在寨子脚，来回的村民都看得见，只好给那些妇女加了一点钱，他还说："这样对不起她们，被其他村民看见了也害羞的。"

插好了秧，村民基本又可以过一段农闲时间了，或者说年轻人都可以出去务工了，只要家里有一两个老人看着田里的水，管管家，其他的也不会有什么大事，到了9月底10月初回来收割就行了。

前几天卢氏家族出了一桩丧事以后，附近的亲戚基本上都被召集回来了，这两天处理好以后，就要外出回到自己的工地上班了。今天外出的有逝者的堂弟卢虎木，逝者的外甥张贵学等。

2016年5月6日，星期五，农历三月三十，属鼠，晴

知道今天拔秧苗的有李朝生家、卢小华家，主要是他们两家的田基本上都在寨子的上方，很不容易进肥料，自己家也没有用人力施肥，也可能是气温低于寨子的下方，他们家的秧苗长得就要慢一些。当然，这两家现在才插秧主要是土质和气温的原因。

今天插秧的有李文科家和卢正荣家，他们两家的田都在寨子的下方，秧田也比较肥，李文科家就他一个劳动力，田块多，仅依靠自己的劳动力是不够的，自然要比别人落后些。卢正荣家是因为前几天家人都到堂兄卢毛以过世处帮忙，不可能有时间来忙农事，自然就拖到现在，应该说是正常的。

2016年5月7日，星期六，农历四月初一，属牛，晴

也许是立夏了，这两天的天气特别晴朗，气温格外高，特别是中午，

实在是不敢在阳光下暴晒几分钟，要是身体不好是会中暑的。听说南沙镇河谷一带的气温已经达到 40 多度了，白天基本上不敢出来活动。

早上，看见李志学家做法事，参加的人有李院生、李树林等，请的摩批是李正林。对于李志学，我发现了一个问题，就是他年轻时候在元阳县运政所上班基本上不回来，很少发现他家做这样那样的法事，现在退休回来反而重视民族的这一文化，经常请李正林摩批或者张正和摩批做这样那样的法事，到底还是"树高千丈，落叶归根"。人到了一定的年纪，还是会想家的，当然，他的两个兄弟还年轻，家里还有一个老母亲需要人照顾，理所当然是他退休回来了。

今天，早上就有李光明挨户通知大李氏家的人下午到李世荣家做法事参加会餐，我们云南大学的基地就在他们大李氏家旁边，由于与他们生活在一起，他们把我当作他们的弟兄，有什么事情都叫我，而我只要有时间自然也会尽我的能力去帮忙。时间长了，原本就是一个村的，相处多了自然就当作弟兄了，再说，李世荣比我年长，他当过兵，我是在他后面几年服役的，跟我的感情还算过得去，也请我过去他家喝酒，不喝过意不去，喝多了要伤身体，有时真的是想躲开酒了。

2016 年 5 月 8 日，星期日，农历四月初二，属虎，晴

今天，新街镇农科站来插秧，他们买了菜过来，在李明里家煮吃，说还杀了一只狗，就请插秧的妇女和拔秧的工人吃。这么多年来，在村里还是我支持他们工作最多，从 2006 年左右起到现在十多年的时间，就一直协助他们做调查和试验，每当他们在村里做什么事都要请我的。曾经，我也答应他们只要是为农民的事情我也尽力，今天也叫我过去跟他们吃饭，也难免喝两杯了。

卢宽亮家砍除了那棵倒了的大树，村民还是有点迷信的，对于被风刮倒、雷击倒的树，是不会轻易拿回来用的，多数要请摩批做了法事才会去动的。卢宽亮家这棵树也有点上年纪了，他说他也不想处理，只是倒在村民去田里的大路上，妨碍村民过路，不得已今天抽出时间去处理一下罢了。

2016年5月9日，星期一，农历四月初三，属兔，晴

"树大分枝，人大分家。"今天，堂弟兄张五、张牛后、张正明几个弟兄到树林里准备划分树林。他们的父母已经70多岁了，身体不太好，为了不留下隐患，他们几个弟兄约好了提早去看树林准备划分，只是说他们都不明确与其他人家的地界，今天没有划分就回来了。弟兄多了就是这样，人心隔肚皮，谁知道谁又怎么想，到底什么时候能正常划分而和睦相处，只有等着看了。

拔出了秧苗的秧田现在要怎么办呢？传统的习惯是把田埂搭好，犁翻或者挖翻了泡养着，一则可以养鱼；二则犁了挖翻了泡养着说是要保证来年的泥土松软，育出来的秧苗粗壮，拔秧不费劲，泥土容易打掉。今天是李永文挖翻他家的秧田，中间还特别地挖深了几平方米，说是用作鱼儿的"办公室"，或者说避难所，因为在浅水区，鱼儿容易被孩子们发现，它们听到人们过路的声音就可以往深水区里跑，进入深水区就不容易被逮着了。

2016年5月10日，星期二，农历四月初四，属龙，晴

今天上午，我也作为群众代表参加推选新一届主任和副主任及委员。这次选举有点不同于前几年，没有成立选举委员会，而是直接在村委会安排代表推选。从参加会议的代表推选出来的情况看，推选的票数还是集中在上一届主任李伟、副主任林海。

昨天说到的，拔除了秧苗的秧田现在要怎么办？传统的做法是犁了挖翻了用水泡着，让泥土松软，施肥，保证来年的土壤肥力，也可以养鱼，养鸭子。下午，趁着天气凉快，我看见张明福犁他家的秧田，也可能是前个月拔他家秧苗的时候我们几个做兄长的说得多了一些，说是"秧

田不好好管理，秧苗太难拔了，拔一把秧苗都要带很多土上来"。

秧田确实要等秧苗拔出去以后犁翻或者挖翻，让水泡着，平时经常除草，也不能让水干了，即使不耙平也要过一段时间就犁翻，保证土质松软，要是有条件的还要施肥，这样育出来的秧苗才粗壮，容易打掉不需要的泥土，更容易拔秧，背起来也轻便些，这是我所总结的管理秧田的经验。难怪村民做秧田的都不再插秧，就是为了保证秧田的土壤肥力和土质的松软。当然，有的是为了培育鱼苗。就拿我们家说吧，在没有分家的时候，秧田是一大块，可能有一亩左右吧，在村里来说算是大一点的了，在没有拔出秧苗之前，把鱼种都集中在一块稍微大一点的田里，等秧苗拔出完毕，就整理秧田的埂子，放水进去后搁置一两天让水源清澈一些就拿鱼种回来放到秧田里让它们产卵，到了稻谷收割回来整好梯田把鱼苗又放到田里去，周而复始，每年都有吃不完的鱼。现在，几个弟兄分家了，秧田变小了，放鱼进去不是被鸭子吃了就是被其他动物逮吃了，养不了鱼，难怪有村民说"养鱼要有大的秧田也要有大的梯田"。我正在努力设计一块大的秧田，养几个种鱼培养鱼苗，保证每年都有足够的鱼吃。

2016年5月11日，星期三，农历四月初五，属蛇，晴

今天，新街镇农科站工作人员带着云南农业大学的学生来插他们试验的秧苗，原本叫我协助他们一下，只是今天寨子里同时有两户人家要到外村丧祭，加上有的人家建房子而不愿意参加这样的丧事，人手就少。朋友李国忠又叫我与他一起到全福庄村丧祭小猪，我就只好推辞协助那些学生，而去帮忙李国忠的事情。

今天李建军家是到主鲁村丧祭，他们二李家族的人和他家邻居是要随他们家去的，因为去的人手太少了。

还有大李家族李小明家是到倮马点村丧祭，是他的亲家母，说是还很年轻，是在蒙自市出了车祸过世的，由于今年李小明他家建新房子，习俗上是不参加这样的丧事，但主办地点就选择在他老家李小云家，所以他家做了适当的调整。一个寨子里同时去外村里丧祭两个地方，人手都有所分开，加上今年村里建房子的有十多户，他们都不会参加这样的丧事，每户来参加的人手就自然少了。

2016年5月12日，星期四，农历四月初六，属马，晴

水卜龙村施正昌家的田在我们箐口村的寨子脚，说是他家秧龄不够，只有到今天我们箐口村民都基本上插完了再来插。水卜龙村是一个彝族寨子，离我们箐口村有五六公里，而我们村是一个地道的哈尼族寨子，为什么在我们寨子脚有他家的田？是什么历史原因造成的？我是不太清楚的，还要等落实以后再介绍。

今天属马，对于箐口村民来说是一个好日子吧。李绍祥家又动手建房子了，由于他家的地基是从李正荣家手里买来的，四周的界限又得与其他的村民商量，东北面和东南面是李祥家的，西北面是李永福家的，西南面是李新明家的。实际上，西南面的李新明家已经被政府做停车场时征用了，可是，他家还是出来讲话，不让李绍祥随意地做，村民与村民之间是不愿意道破这层关系的。

2016年5月13日，星期五，农历四月初七，属羊，晴，下午有阵雨

龙绍文家建房子选择在寨子头寨神林上方秧田里，离集中的村民家有几百米，那里有几块田，政府是出台了一个文件不准村民到处建房子的，只是他家已经没有适合的地方建房子，只好年初就动手在那里建了。前两个月建到一半后，新街镇政府要求他们家办理手续，政府需要召开会议才能建房子，要他家等一段时间，之前是插秧的农忙时候，他们家便停了一段时间，现在插秧的农忙时间过了，村民基本上没有多少事情，所以他们家又开始建房子了，不知道是办好了手续还是强行在建。

不知道是没有钱的原因，还是政府没有规划好不给村民建房子的原因，李庆贵家前些年在寨子脚准备建一幢房子而下了石脚却没有建起来。他们一家在哥哥的介绍下在蒙自市打了几年的工，今年村里建房子的多，可能他家也准备要建了，今天是请人背石头，说是背一立方米石头的价钱是80元，路程从停车场到寨子脚可能有三四百米，由于车辆不能进入，在寨子脚建一幢房子的钱绝对要多出建寨子头的，村民自然是不太喜欢在寨子脚建房子的，只是自己家没有地皮在寨子头罢了。

下午有阵雨，还算有点大，解决了这几天村民家田要被晒干、秧苗要被晒死的情况，可以说是解了村民的燃眉之急。就像有的人说的，"农民要靠天吃饭"。要是天气变化无常，他们的心情也无法平静，没有雨水，天气太干了也怕庄稼被晒死，雨水多了也怕庄稼被淹死，只有风调雨顺才是农民的最终愿望，只是很多时候只能靠人为地调整生产罢了。

2016年5月14日，星期六，农历四月初八，属猴，晴，晚上有阵雨

我是从部队退役回来的，我们这一批战友成立了一个协会，相互之间有什么都要通知。今天是有一个战友的岳父开祭，通知到我之后我也随战友们到攀枝花乡丧祭的地方凑热闹。其实，我们是帮不了什么忙的，只是吃喝了一顿就回来了，但是有一个很大的变化是大家都不喝酒了，以前刚退伍回来年轻一点的时候聚到一起是要喝几杯的，总是要喝醉几个。转眼快20年了，大家都在总结生活，在慢慢地变化，都是当爹的人了，不像以前那么爱热闹了。

人就是会想办法，会根据原理模仿着做一些事情。早上，我就看见李世文拿着龙虾药和一只可以装三市斤水的饮料瓶，他说只要兑水进去摇匀喷洒到田里就可以，也就是说可以不用喷雾器就打药了，这只是一个例子。我知道还有其他几个村民，不知道在其他日记里提到没有，有的是用瓢施洒，有的是用桶兑匀以后施洒。

2016年5月15日，星期日，农历四月初九，属鸡，多云，下午到晚上有大雨

今天，村里有中国电信公司元阳分公司的人来村里安装电信线路，他们的线路从村民家的房子旁边经过是有点烦，不过，要是接通了，我们都可以用上网络就好了。

说是倮马点村又有一个老人过世了，今天是大李氏家族的人李永忠、李爱生等人，卢氏家卢荣妻子等拿着鸡去奔丧的，这死人的事情有时确实过于频繁了。现在经济条件好了，人们的要求提高了，只要到远一点的寨子就要叫车。今天的这几户人家也不例外，也是请了村里的车子送过去，等吃过饭后于下午四五点再送回来。

上午，李德云的母亲由她的孙子背着到停车场找车要送去医院，已经70多岁的老人，老来病就多，这样年老的人谁知道能否康复，希望还是有所好转吧。

下午，李庆亮和李明沙拖着耕种机回来，我知道他们两个表兄弟去耕种李明沙家的旱田了。现在养牛很费劲，出去打工的钱来得快，而田地要耕种，自然就会省钱下来买机器，现在村里有耕种机的有李学华家（他应该是村里第一个使用耕种机的），还有今年李绍云家买回来一台。不知是技术问题，还是其他什么原因，村里现在有耕种机的不多，有老人的基本上养着牛，耕田基本上还是用牛。

2016年5月16日，星期一，农历四月初十，属狗，小雨转多云

从昨天下午到一个晚上都下雨，雨下得有点大了，因为绝大多数村民的秧苗都插下去了，前天下了一阵中雨后，田里不缺水了，有一点旱田的李平真家和李则忠家都可以整田插秧了。早上起来去观察，寨子脚看得见的梯田的田埂很多都倒了，水从塌方处哗哗地往下流，主人家都不得不扛着锄头去修复。我出去的时候看见的这样的田埂就有30多个，看不见的山凹后面也不知有多少，的确是倒塌了不少田埂，水渠里面的水都暴满了，我家田下面的水沟也被冲倒了，水沟下面卢烟福家的田基本上每块都倒了一个缺口，秧苗也被冲倒了很多，修复田埂和补插秧苗又要费一点工夫了。

上午，李平真夫妇拔秧苗，说是前两天雨水来的时候打理好了他家的旱田，今天是要去插他家的旱田。我知道村里的旱田不多，这两天整田的就他家和李明沙家的旱田，李明沙家的田也不多，昨天是拖着耕种机回来的，估计昨天就把田整理好了，今天也该插秧了。

下午，新街镇农科站的人带着我们红河州农机站的人来我家田里检查情况，准备明天用播种机来插秧，这可能成为村里试验机播的第一例。我想可能会给管理带来一定的麻烦，但是新鲜的事物总是要人带头去做的，无非牺牲一点自己的利益，要是梯田里可以适用机器插秧，或许可以给以后的村民开通一条路，减轻村民的劳动力也该有我的一份功劳，我是这么想的。不懂事的妻子是强烈反对的，说这样给她带来了不少麻烦。

2016年5月17日，星期二，农历四月十一，属猪，多云间晴

上午，我整理了一下元阳县农机站要来试种的那块田，他们说是水过多了就放了些，还整平了一点。他们下午过来试插那块田，秧苗是他们育好了带来的，没有村民们的秧苗长，大概就20厘米，田里的水不得不放干，淤泥有点深了。他们试种还是感到吃力，四分多一点的田，从下午3点弄到5点多，用了两个多小时，共同的观点是要改进机器设备才实用，我认为这是新事物，就拿来相机拍摄了一点照片作为我们以后的材料。

能干的村民都说建房子只要有材料就做得快，李世文就是建筑师傅，他家建房子就没有请师傅了，每天就是他和一两个亲戚在做，都建好一层了，今天是请亲戚和邻居打第一层屋顶。他是我的好朋友，原本我也打算过去一下的，但是县里的农机站包括新街镇农科站要在我家田里用

机器试插秧就没有去罢了。

2016 年 5 月 18 日，星期三，农历四月十二，属鼠，多云，有阵雨

不知道什么原因，村里有几个年轻人到 30 多岁了还没有成家，我妻子的哥哥卢永华就是其中一个，一直在昆明打工，只有过年过节的时候偶尔回来，今天是回来办一点事情。

今天，表哥普洪来看他家的老房子，准备拆除了。他们从小在城里长大，很不相信村民民俗上的说法，但是，他们过来的时候正好遇到了我们张氏大摩批张正和，也请他算了一下，说是明天可以动手拆除，就定在明天了。

2016 年 5 月 19 日，星期四，农历四月十三，属牛，多云间晴

表哥普洪家的房子可能已经有三四十年，由于是传统的土坯做成的，他们又从小离开箐口村参加工作，很少回来，年久失修，墙体已经裂开，已经是危房了，这样的房子在村里已经没有几家了。经过他们几个兄妹协商以后，今天开始拆除，作为亲戚，今天我们一家人也去帮忙拆除。因为是危房，我担心安全问题，不敢让再多的人上屋顶拆除，首先是我上去拆除了一些，之后二哥也上来拆除，我们都很小心，生怕出什么事情，最后安全拆完才安心。

要说一点的是，咱们中国人还是讲究一点文化的，无论说是迷信的还是说某一种信仰。今天二表哥上来，带了一个他的战友，说是在新街镇的汉族，他们家族相信一些佛都文化，所以，在我们拆除他家老房子之前，他们两人在房子的门口烧了几炷香火，在门口磕头说："养我们长大的老房子，今天我们来动你了，别人家都重新做完了，我们也要给你重新建盖，希望你不要有什么想法，保佑我们弟兄姐妹健康、幸福！"而后把香火一边一炷放在门口。

今天建房子的村民家还是有点多的，有十多家。今天卢志林家打屋顶，房子的建筑面积小，就没有请小工，是请亲戚朋友打完的。

2016年5月20日，星期五，农历四月十四，属虎，多云

昨天拆表哥普洪家的老房子，已经是危房了，真的有点不放心，我就是不放心让其他的亲戚上去，从早上到下午都没有休息过几分钟，拆到一半才放心让其他的亲戚上来，真的是辛苦了一天，再加上晚上喝了一点酒，感觉很累的。今天什么也没有干，只想好好休息一天，到下午吃饭时才出来走一走活动一下身体罢了，我的日子也如他们说的很安逸。

下午，有一个石屏县的人驾驶汽车来村里卖鱼苗，因为雨水来了，多数村民家的田里都已经有水了，所以，买鱼苗的村民还是多的，都想着现在就养一些鱼到收割的时候就有鱼吃了。有点奇怪的是，有的鱼种就是长得快些，现在放进去到收割就长大可以吃了，但有的鱼种就是不肯长，现在放进去到收割还是老样子。

2016年5月21日，星期六，农历四月十五，属兔，阴，有中雨

上午，推选村委会主任、副主任，竞选的人不多，选举结果听说还是原来的主任李伟，副主任林海，委员杨凤仙、孔令国、张卫。从整体来说，这次村委会选举没有出现什么大的变化，都是由原来的人马当任，前些日子说的有谁竞选都是小道消息，不值得去提了。

下午，有李生亮家叫魂，摩批是李建国，拿鸡的是他的妹夫，可能是他一家人都在新街镇做生意而没有回来，没有请更多的朋友去喝酒。要是他们一家人都回，该请亲戚和邻居去喝酒的，要请一些人的话，会有五六桌的人，该很热闹的。

2016年5月22日，星期日，农历四月十六，属龙，阴，有大雾大雨

昨天是下了一整夜的雨，基本上没停过，到早上起来水沟里都是满满的，田里的水都满了。做农民的就是要防洪防旱，前几天是没有雨

水而担心，这两天是雨水过多了而担心，很多人家的田埂都倒塌了，又要修复田埂补插秧苗的。今天的雨水是大，就像是冬天的样子，雾又大又浓，只是早上稍微晴开了一点，到了下午又下起雨来，基本上一天都在雨里雾里了。农事做不成不要紧，只是一整天憋在雨里雾里实在是难受。

听说是出现鸡瘟了，今天卢建忠到卢荣贵家吃鸡肉，"自己家养大的鸡，丢了也可能怪可惜的，只要高温好好处理就没有事情了"。对这样的问题村民一般是这样看待的。我知道，终日劳动的村民的身体是好，这样那样的小病他们是不放在眼里的，可能是受家庭经济的影响，也可能是观念上的问题，村民生病只有快动不了的时候才会选择上医院，他们对疾病的预防意识差，只能随着社会的进步、经济的发展慢慢地改变观念。

今天属龙，是新街镇的集日，李爱生买了小猪回来，说是现在的小猪价钱还是有点偏高。他今天买的这头600多元，说是雨季来了，杂草丛生，田里地里都是猪食，家里要养一头猪到过年的时候杀吃，自己不喂饲料养大的猪肉要比市场上买回来的好吃很多，营养也更丰富。

2016年5月23日，星期一，农历四月十七，属蛇，阴，有大雨

上午，在寨子中心李志学家的墙上又张榜出村委会监督委员的名单。主任是小水井村的田丽，委员是卢正华等，以前是没有这样的岗位的，可能是这几年出台的政策吧，从现在来看，这次村委会选举工作还比较正常，没有出现什么大的变化。至于村里的选举就不一定。

上午，新街镇广播电视局的人来村里安装他们的设备，宣传去他们广播局买电视，说是可以得到政府的补贴。

昨天晚上到今天早上还是下雨，田里的水源是足够了，村民不愁没有水，需要养鱼的村民这个时候都可以养了，只是要做围栏，水口处要是不围一点，雨水一大，田里养的鱼都会随水冲出去，还是白养。所以，养什么做什么都要人用心的。

李永华夫妇背石头到寨子脚李庆亮家秧田里，听说石头被他家买过来了，这是没有办法的办法。他有两个儿子，都已经成家，虽然大儿子现在已经离婚，但还是留下一子一女由他们家照顾，现在的房子还是比较矮小，一家七八个人住不下，为此他家还寻找适合的地点，想重新建一个房子，这已经是几年前的事情了。

　　李庆亮家的田地在村里来说还是有点多的了，现在处理掉的这块秧田没有育秧已经很多年了，仅下面一点的两块秧田已经足够了，而且，他家的老房子去年才建起来，应该是跟亲戚借了一些钱过来才建起来的，到现在屋内都没有进行装修，还是需要资金的。双方各求所需，一方需要资金一方需要土地而达成的协议吧。

2016年5月24日，星期二，农历四月十八，属马，阴，有小到中雨

　　这几天的天气有点坏，整个村子从早上到晚上一天都被雾蒙着，基本上没有见过太阳，雨时小时大，一直下个不停。村民的田埂每天都有倒塌的，更着急的是，秧苗上已经发现有稻飞虱了，因为一整天都下着雨又不能打药，还有一种情况是有的秧苗被水淹得了立枯病而不能返青也不能打药，眼睁睁地看着是有点着急。

　　下午，村里有两个石屏县的人开车来卖鱼苗，说是每公斤30元，或许是现在有水了，村民都放心养到田里，买的村民还是有点多的，因为各家的田地都不多，无非就是一两公斤。

　　村里车路通了就是好事，一个是自己村民出入都可以使用车辆了，运输什么东西都方便，再一个是外地人也可以直接驾驶车辆进来，都可以从中交易，甚是方便。下午，有一对夫妻驾驶车子来村里卖蔬菜和水果，因为下雨不愿到地里摘菜的村民过来买一点就可以过一顿了，确实是好。

2016年5月25日，星期三，农历四月十九，属羊，阴，有小到中雨

　　今天上午，村里选举村民组长和副组长，原来我不知道这件事，后来我过去看情况的时候他们已经在唱票了。从今天选举的情况来看，村民参选的积极性还是比较高的，从最终的唱票结果来看，最多的是李学华121票、卢小华115票，还有少数几票是李世华、李世忠、李生明等，最后宣布村民组长李学华、副组长卢小华，这次选举的主要目的就是选组长和副组长，不像以前选举书记了，村支部书记可能要留给党员们来选举。

这次来组织选举村民组长、副组长的村委会工作人员是村委会副支部书记普洪昌，计票的是原来的村民支部书记李文才，监督的就是参加选举的村民了。

从以前的情况看，选举村民组长、副组长，村民是不那么重视的，参加选举的人员一般就是几十个人，因为村里报酬低、事务繁忙，谁都不愿意干，都不是很看好村里的这些职务，多数是几十票就当选了，也有选举出来不愿意当而退出的。一个月30元的工资，听说现在是升到60元了，一年就720元，几个年轻人一两餐饭就花去了，年轻人出去打几天的工钱都不够，谁愿意来干呢？

为什么这次会有那么多人参加选举？

现在，插完秧苗以后，年轻人在家里基本就没有什么事情可以做了，建房子的人家不好说，不建房子的都要外出挣钱了。今天李院生背着行李外出，村里没有可以挣钱的事情做就只得外出了。

2016年5月26日，星期四，农历四月二十，属猴，多云

我听村民说，附近几个寨子中还是我们箐口村养的牛最多了，也许是这样，每隔三五天就会有买牛的人来村里探问，每隔几天都有村民家卖牛给他们。今天也来了一个，可能应该是问过我家老人，说他老人家养的牛有点瘦了，价钱上还要等兄弟回来商量，所以，没有达成协议，等过几天过来再说。

下午，新一届村民组长请我们吃饭，其实是叫我们喝酒，不过去嘛，面子上过不去，过去了肯定要喝几杯的，还好我过去的时候他们已经喝得差不多了，喝了两杯后，他家主人喝倒了，我就下令撤回来了。

2016年5月27日，星期五，农历四月二十一，属鸡，晴

龙绍文家打屋顶，没有请小工，他是我老同学，并不是说他们家请不起那么几十个工人，而是我们正是农闲时间，他们一家人平时为人也不错，来的村民就多，原来准备的伙食可能不够，他的父亲又出去买了一些菜回来。

原来我是要出力搅拌水泥砂浆的，他说这边人多，叫我去参加帮忙做伙食，还是做了几个菜，其实做伙食的人也不清闲，闻菜的那股味道都饱了，哪里还能吃多少呢。吃饭的时候他们数了一下，说是有16桌人。

新任村民组长、副组长上任了就做事情，今天是带着一些外地的人在村里观察，具体做什么就没有去问。

天气好了，建房子的人家可以正常工作了，前几天是一直下雨就误了他们的一些时间。

2016年5月28日，星期六，农历四月二十二，属狗，晴

昨天下午，我朋友李祥哥的儿子李林从重庆市打工回来，说是昨天晚上回来有点晚就不叫我们朋友吃饭了，今天中午请我们吃了中午饭。我记得他拿回来了一种烟叫"天子"，不是我们云南省产的烟。我就想，人就是这样长大的，出去外面了，见一点外面的东西，长一点见识，多一点智慧。

进入热天以后，瓜果蔬菜就多起来。今天是有人驾驶车辆来村里卖西瓜，每市斤一块五角钱，买的人还是多的，生意不错，我也买了一个吃吃，还不错。

说实在的，每个人都是有理由才会有选择。李庆贵家也是有点特殊，儿子们都长大了，还没有做自己的房子，原来在寨子脚做的说是政府不给做，已经停止几年了，上面也解决不了这部分人的困难。今天他们家开始动手砌墙了，没有其他合适的地点，只好在原来放干水的秧田里做了。

2016年5月29日，星期日，农历四月二十三，属猪，晴

今天上午，元阳县人民法院在村里调解一起主鲁村下寨二组年轻人婚姻案件一事，具体地点在寨子脚准备建盖的舞台上，有中央电视台法制宣传频道的人拍摄，应该会在电视上播放的。村里的男女穿着哈尼族服装参加，说是县法院的人请他们配合的，有妇女要她们的误工补贴，而请的人说没有经费给她们，只是中午请她们在世博元阳旅游公司食堂吃了一餐。

中午，卢学贵、卢文华外出打工了，进入农闲以后，年轻人是要外出挣一些钱的。

2016年5月30日，星期一，农历四月二十四，属鼠，多云

酒不能多喝，特别是外出的时候得注意自己的酒量。昨天半夜1点半左右，正是睡得很熟的时候，朋友李国忠几次打电话过来，一开始我以为是在家喝多了乱打而没有接，几次后，不得不接了，说是酒喝多了在从全福庄回来的路上，已经不能走路迷失了方向叫我过去接他一下。真是乱事，半夜三更的，如果没有朋友陪你，还回来干什么，喝多了怎么不在喝酒的人家休息呢？如果出事了怎么办？我过去的时候正走到拿安天路上，嗯，这个憨朋友。

2016年6月1日，星期三，农历四月二十六，属虎，晴

今天是一年一度的六一国际儿童节，箐口小学生都在老师的带领下到土锅寨小学过属于他们的节日，到了下午又回来，过了一个愉快的节日。

有一个朋友说："人到中年烦事多。"不知道对否，我只是觉得到了这个年纪后事情就是特别多，每隔几天就要做客、喝酒的，前几天才

与战友们从攀枝花乡阿猛控村做客回来，今天又要与战友们到小水井村丧祭了。根据我们战友协会的约定，我们参加这样的事情多少要给一点礼金的，而现在是根据自己的经济情况多数给的是200元，所以，只要通知到战友们，基本都会参加，办事战友一般也会收到五六千元的礼金，减轻一点临时的负担。事情有时就是这样矛盾，事情多了有时是觉得有点累的。

近期，我发现有的村民家的水稻有稻飞虱和立枯病，只要是晴天，就有村民特别是妇女去打药了。在一二十年前，打药是男人们的事情，妇女是很少用药的，包括很多男人都只会用原始的方法来处理，而现在，很多妇女都学会了，我认为这是一大进步。

2016年6月2日，星期四，农历四月二十七，属兔，多云

哈尼梯田申遗成功了，梯田的景观、原有的生态要保持，而人们的生活要提高，有点设施要建设，多少还是存在一定的矛盾，村民建设房子就是一个例子。村民认为，村民们分家，建设自己的房子，改善生活条件是一件好事，可是，有的地方有的人又说是影响了梯田景观不能建盖房子，有的村民就有点头疼了。今天听说龙绍文家和李庆五家接到通知叫他们停止建房，投入了一定人力物力的他们家是头痛了，就是不知道以后怎样来处理这种问题。

上午，村里召开群众会议，准备移交村民小组手续，焦点主要集中在原来的村民小组处理村民小组报酬田的问题上，说是原来的村民小组支配费用上有问题而没有移交完毕。

2016年6月3日，星期五，农历四月二十八，属龙，阴，有大雨

今天全天都有雨，一直下个不停，其他的村民也没有多少事情，只是辛苦了李庆华一家，包括帮忙他们家打屋顶的亲戚朋友们，只得穿上雨具干活了。也不知道谁选择的日子，不过，这不是选择日子的问题了，

这个雨季就是这样，动手打屋顶的事情一般他们又不愿意停下来休息。

进入雨季，滑坡泥石流等事情就是会多，也许电线线路出现故障需要检修，今天又停电了。没有电的日子就是给生活带来不少麻烦，做什么事情都不方便，过惯了有电的日子没有电就好像缺少什么一样不自在。

前两年李庆贵家要在磨秋场下方建房子，说新街镇政府不给批，不许他家在那里建房子而停止了这么两三年。既然是已经分家的家庭，没有一个自己的房子的确也是很困难，不要说其他的了，光是居住都成问题，"寄人篱下"的日子是不好过的。不知道他家今年办好手续了没有，这一段时间他家又开始建房子了，我分析，要是没有办理手续的话，他家也要被责令停止的，因为他家正好处在看梯田风景比较好的位置，要是他家建起来梯田就会被遮挡一些的，政府八成是不会轻易让他们建房子的。

2016年6月4日，星期六，农历四月二十九，属蛇，多云，有阵雨

今天还是停电，朋友卢建忠懒得做饭，约我一起到小水井村他的朋友家摘李子吃。中午在小水井他朋友那里吃了饭12点左右才回来，可能是昨天就喝了一些酒，今天他几杯酒下肚看样子就有点晕了。

不知道什么原因，新街镇垃圾车已经两个月没有来村里处理垃圾了，今天早早就来了，由于已经堆放了两个月，他们干到快10点都没有处理好。

昨天下了一天的雨，今天稍微好转了一点，村民都可以正常劳动了，特别是正在建房子的村民们，要是像昨天一天都下雨的话，的确让人感到头疼。

早上，李正云家叫了村民背砖头，现在是农闲时间，只要被叫到的村民都会腾出一点时间来帮忙背砖头的。再说，他们弟兄的家庭有点特殊，从小都是在亲戚们的帮助下长大，这样困难的家庭自然会让村民感到可怜，有心人自然会来帮忙。当然，他们的为人可能也要算上一笔，要是他们平时为人差，与亲戚朋友们相处不好的话，再困难的家庭也不会有多少村民来帮忙的。

2016年6月5日，星期日，农历五月初一，属马，多云间晴，有大雨

上午，下了阵大雨，有点过大了，河里的水都上涨了，田里的水都灌满了，又有不少村民家的田块倒塌了。插了秧苗，田埂倒塌修复又是一件麻烦的事情。

这几天手机里就发信息过来，说是电力公司要检修线路，需要白天停电，晚上再供电。所以，需要电才能做的事情就要调整一下了。

2016年6月6日，星期一，农历五月初二，属羊，晴

这两天说是电力公司检修线路，白天停电，晚上供电。电不正常的日子，我的日子也不正常，想趁着农闲时间多写一点东西都被打断，还是气人的。我们云南大学哈尼族调查点没有用灶烧火，所以停电的时候想做一点饭吃都要想办法的，有时候是想找个办法解决这种困难的，有时候又想这样才会抓紧时间做事情。

今天下午，村里有人来卖鱼苗，15元一市斤，现在田里都有水了，还是有村民买的，都想到收割的时候捉几条鱼添一个美食，但是面积小、不易保水的田里是不会有鱼的，所以养鱼一定要选择大一点、保水的田块。而村民家有的田要大些，有的田就小，所以，村里并不是每户村民家都可以养鱼，有的人家是根本不养鱼的。养鱼的不过是部分村民家罢了。

2016年6月7日，星期二，农历五月初三，属猴，晴

我不知道咱们中国还有什么地方在农历五月初四就过端午节的，而我们箐口村就是在五月初四过端午节的，这个我们至今都不知道是什么原因。有的人说要是我们箐口村不提前一天过节的话，附近几个哈尼族寨子会着火灾，我认为这个没有理由。也罢，反正现在的村民都是按照以前的习俗生活了，箐口村明天就要过端午节了，所以今天上午早早就有村民上街买菜了，直到下午都还有人来去，主要是买鸡，每户都要杀一只鸡献饭的。镇里离村近，来去的车辆多，一个小时时间就够了。

或许是端午节的原因，今天到张金荣家帮忙打屋顶的人也没有几个，男的就我们十个人，女的是付工钱请的，也是十个，基本上没有其他村民参加帮忙，这可能是历史上打屋顶人员最少的一次了。当然，有两个因素要说明一下：一是由于他家庭的原因，他小时候就到媳妇那边生活，回到箐口村来还没有几年；二是他们一家回来以后也很不在家，基本上都在外地打工挣钱，帮忙村民的事情少些，我们箐口村就是有这样一个不成文的做法，你不来，我就不往。当然，明天要过节，每户都有人上街，大家都忙不过来，而有的村民纯粹是不知道张金荣家打屋顶，现在建设房子的这块地皮又不在路边，很多村民是看不见的，是从张保祥家买来的，我也是从朋友那里知道才去的。

今天张金荣建房子的这块地，原来是一个李氏家的地皮，由于无儿无女，就认张保祥做他家的亲戚，李氏老人包括其妻子的丧事都由张保祥一家处理，他的田地包括原来的老房子就归张保祥所有。或许是张保祥有什么想法，他经常不去照管原来的茅草顶老房子，一年雨季给倒塌了，不知道心理上或者习俗上有什么说法，他家就不愿意到那里重新建盖，就卖给了张金荣家。

村里明天就要过端午节了，村民都说街上的肉这一段时间很贵。当然啦，还有人在街上会买到一些不好吃的肉，认为那些猪很多都是饲料喂养的，有些肉煮出来都是硬硬的，一点肉味都没有，所以，每到这样过节的时候，多少会有几户人家搭伙杀猪分吃的，比如今天的李志学家、张龙家、李树林家，其他的就不太清楚。

2016 年 6 月 8 日，星期三，农历五月初四，属鸡，多云间晴

箐口村今天就过端午节了，家家都要杀鸡献饭，做粽子，过这个传统的节日。习俗上都差不多，就是不知道箐口村为什么在今天就过端午节，村民都只能按照以前老人的习惯继承下来了。

下午，有两个外地夫妇来村里卖菜，没有村民来买，说他们不知道今天箐口村过节，要是知道了就不会来了。就是因为村里今天过节的嘛，村民昨天就到街上买回来了。

2016 年 6 月 9 日，星期四，农历五月初五，属狗，多云，有阵雨

我们箐口村昨天就过节了，但是今天还是有过节的味道，农闲时间村民都会聚在一起吃饭喝酒的，节日的气氛一点不少。

今天是端午节了，学校里也放假了，哥哥张明德的两个孩子也回来了。一家人只有吃饭的时候才会在一起，吃晚饭的时候哥哥说了孩子几句他们赌气就走了。现在的孩子就是这样，都 30 岁的人了做大的说几句也接受不了，养大的孩子不听话做父母的会感到累的。

2016 年 6 月 10 日，星期五，农历五月初六，属猪，多云，有阵雨

这两天是节日，与朋友们喝多了一点，今天要好好休息，恢复体力才能好好做事情。下午出去田里走走，张文和叔叔已经把他育的用剩秧苗割完了喂牛，他与堂弟张斌关系很僵，张斌也是太固执了，吵架后带着妻儿离家打工去，已经半年多没有音信了。叔叔就把一部分田分给他来管理，原来是育了秧苗准备留给他回来栽种的，已经 6 月了秧苗长高长节了都不见回来他就干脆割了喂牛，看样子，他家的田今年只有放荒了，箐口村又多了几亩荒田，要是不注意的话，来年全部都是杂草，恢复都很费劲的。

晚上，卢静一家人从外地打工回来，已经是晚上的 7 点左右了，说是到新街镇已经是 6 点多了，今天回来有点晚，他们想请朋友们喝酒也晚一点了。

2016年6月11日，星期六，农历五月初七，属鼠，多云

今天是新街镇集日，现在是草木生长的旺季，做农民的当然也要根据季节安排生产。我发现这一段时间每个集日都有村民上街买小猪，今天是李建生、卢正祥等，说是要到过年的时候自己家杀吃。买大猪一是要在经济上打算一下，自己一次性不愿意花几千元，自己养大的就不用在经济上考虑那么多；二是市场上买来的大猪很多还有可能是饲料喂养的，村民有点不太喜欢，特别是有些在市场买来的肉越煮越硬，人们都吃不了。再说，在农村，要是家里有几个孩子，做农民的知道剩菜剩饭倒了也可惜，这两个月又是农闲时间，养一两只猪也是充实自己的时间。我听一个老人说："养一头牛可以增强他的责任感，使他少喝一点酒增强他的体质多活两年。"我想，也该有这样一层意义，家里养一两头猪，可以增加一点家人的责任感，充实家人的生活吧，当然，要说辛苦，那也是肯定的。

上午有一对外地的夫妻驾驶车辆来村里做生意，专门给村民照相，可能是河南省的人，因为驾驶的车的牌照是河南省的，之前有几个做同样事情的来过了，但是今天的生意不是那么好，没有几个村民来拍照。当然，现在的科学技术提高了，村里很多年轻人都用上了好手机，手机里的相机拍出来的效果还不错，一部分人当然不愿意花冤枉钱来做这样的傻事。

以前是不知道，到了现在，感觉人的一生很多时间是要留给别人的，特别是婚丧嫁娶，一年里不知道要遇到多少次，特别是丧事，寨子里每一两个月就要遇到一次，要是加上外村的，几乎每个月都有。今天马卫明家到麻栗寨奔丧，还有李光明家，每户都要带几个家族的人去，估计过几天要用牛去丧祭了。

2016年6月12日，星期日，农历五月初八，属牛，多云间晴，时有小雨

听说昨天马卫明家去奔丧，过世的人就是他的老岳父。这次是说好要用牛丧祭，所以今天马卫明家就做好准备，去买牛和购物。同时，也因为是李光明的亲戚家，在李光明的老母亲过世的时候他们来丧祭过，现在也该是还礼的时候了，所以，他家也是在准备明天丧祭的东西，今天晚上就召集家族人来开会，商量安排明天的事情。

下午，说是已经生病几年的李正新这几天病情有点严重，今天下午做法事，嫁到外村的姐妹们都来看望了，说是针水都不能注射了，谁知道能否恢复呢。

李正福夫妇也背着行李出门打工了，说是家里有老人守着，他们就要出去挣一点收割的费用和过年钱，天天待在家里没有钱用了。

2016年6月13日，星期一，农历五月初九，属虎，多云间晴

就像前几天我们村民预料的，今天有李光明家和马卫明家同时到麻栗寨丧祭，李光明家是还礼，因为他母亲过世的时候麻栗寨那边也来丧祭过，现在人家那边办丧事了必须要还礼；而马卫明家，现在过世的这个老人就是他的岳父，去年的那次是双方没有说好而告吹，这次是他亲亲的岳父，已经说好，对方已经答应可以过去。两家都没有准备请客，只是通知了亲戚和朋友，一般村民要是有时间的话可以过去。我是参加李光明家的帮忙，好在今天没有下雨，我们杀牛做菜都很方便，这雨季办事要是碰上下雨还是有点麻烦的。

2016年6月14日，星期二，农历五月初十，属兔，多云间晴

茅草房对于有的人可能是一种美、一种文化、一种传统的财富而要求继承保留，可是对于我们箐口村民来说，那是贫穷落后的标志。那是因为那些年我们贫穷，交通不方便，没有钱购买建筑材料，建不起高楼大厦而就地取材做起来的家，那是没有办法的办法，我们也想住在宽敞明亮的房子里，想生活过得好些，我们不是动物园里的猴子，我们最清楚我们为此而付出的代价，我们想改变我们的生活。在水泥顶上加盖茅草房有的人认为是一种美，走别人不走的路，保存自己的个性，满足游客的眼睛。可是我们认为这是一种负担，三到五年就要更换一次，每换一次就要花费五六千元，甚至更多，被封起来的水泥顶阴暗潮湿还积水，时间长了屋顶都要漏雨，这两年听到有一部分村民拆除了他们家屋顶上的茅草房。今天是有李文家拆除，说是屋面漏雨了，要是不早点拆除整个房子都可能被搞坏。

  昨天到麻栗寨丧祭的李光明家和马卫明家今天回来，今天下午还要请参加帮忙的亲戚朋友们吃喝一顿，隔壁邻居就更不用说了，肯定要叫上一起的。说到吃喝，填饱了肚子，表面看来是一件好事，可是对于他主人家来说是一桩灾难，只是躲不过而已，只能硬着头皮去解决。在我们村里谁家丧祭吹了号的，认为是发生了一桩祸事，事过后必须要请摩批做法事禳解的。李光明和我是朋友，下午，我还是参加了他家的法事，请的摩批是他们家族的大摩批李正林，这种法事村民都可以参加，主人家会通知家族的人来吃饭，而他们家族的人也会主动参加的，基本上每户都有一人来。今天下午吃饭的一共有九桌人，还是挺热闹的。

2016年6月15日，星期三，农历五月十一，属龙，多云，有阵雨

  有人说："新官上任三把火。"中国最基层的村民组长是否会做这样的事情呢？我看也会有的。这一段时间，刚上任的村民组长和副组长因为债务的问题而头疼，说是前一届组织的债务不清，问题最大的是他们处理村民组长报酬田的款，支出不合理，群众有意见；还有就是2013年的时候他们与其老板协议在集体林建盖一个房子但没有召开群众会议，没有得到群众支持，协议金额不明确；以及与世博元阳旅游公司的协议问题，他们交代得不是很清楚等。所以，这一段时间李学华与卢小

华一直忙于处理这些问题，今天上午我遇到他们一起吃饭，他们还在议论这些问题，做一个国家最基层的工作人员，他们与群众面对面地工作还是挺辛苦的。

今天下午，应战友们的邀请，我到南沙镇参加战友会议，主要是商量今年八一建军活动的事情。我们这一批一起回来的战友，回来这几年附近的几个战友经常会碰到一起，认为成立一个协会，经常集中在一起聊天、吃饭喝酒，也是一种生活，以前是每年集中一次的，到了这个时候，认为没有必要而稍微做了调整，今年也准备集中一下，基本定于7月底8月初到外县去走走。

2016年6月16日，星期四，农历五月十二，属蛇，阴，有大雨

这个时候是农闲时间，如果不找一点事情做的话，有时候真的很无聊。我有时候会想，村民是怎样度过的？今天我看到张正明拿捉鱼器到水渠里触鱼，这也是一个不错的办法。

下午，移动公司的人来村里开展活动，根据他们公司的活动规则，符合规则的用户可以免费拿到一部新手机，我过去看了一下，过来咨询的村民还是多的，有的人登记了以后，确实是拿到新手机。不过，我看手机质量不是那么好，有的手机功能人们还不会使用。

2016年6月17日，星期五，农历五月十三，属马，多云间晴

早上的时候，有点小雨，我认为今天的天气是这几天中天气最好的一天，休息了几天的村民今天是可以外出劳动了。

前两年是有关部门给村里运来鱼苗发放给村民放养的，说是今年的项目已经取消，没有给村民运来了。新街镇农科站配合云南农业大学在村里做一些实验，我和李明里家是支持他们工作最多的农户，他们以个人的名义给我们运来一些鱼苗放养。

下午，土锅寨村的杨里忠夫妇来村里卖东西，品种很多，有蔬菜、水果、糕点，村民各买所需，生意还是很好的。

2016 年 6 月 18 日，星期六，农历五月十四，属羊，多云间晴，下午有阵雨

这个时候的天气时晴时雨，该是出菌子的时候了。今天妻子到地里摘回来一些木耳，味道不错，说是长在一种老树根下。

播种多少还是有点收获的，今天下午我看见李红的母亲、李正超的母亲等收黄豆回来了，时间过得就是这么快，二三月份才栽种下去的黄豆现在就可以收回来了。

昨天下午，有人来村里卖卤肉，今天下午还来，买的村民也不少，有几个村民都说这人做的卤肉好吃。

2016 年 6 月 19 日，星期日，农历五月十五，属猴，阴，有阵雨

早上，张金荣家请村民背砖。我看了一下，来的多数是他的家族和亲戚，一般的村民要少些。这是一个互换劳动力的方式，他们家在前几天就把所要背的砖运到停车场，昨天晚上就要通知所要叫的人家。自然，有时间的村民家就会在今天早上来帮忙背几背，多少不限，要看各人的时间，没有时间忙着做自己的事情也不限制，只是从现在来看，被通知的人家多少会来帮忙背的。自然地，当别人家遇到需要帮忙的时候，别人家通知了也要主动去帮忙的，村里很多事情就是这样完成的。从目前来看，这是村民处理完成大事的一个主要方法。

2016 年 6 月 20 日，星期一，农历五月十六，属鸡，阴，有阵雨

拔了秧苗的秧田是要犁翻了放水泡养着，保证土质松软，求来年的秧苗生长旺盛。早上 8 点左右的时候，就看见张文和犁秧田。每年犁几次就不好说了，要根据自己家的劳动力和时间情况来看，反正就是希望秧田土质松软、肥沃，秧苗就会生长好些，到时秧苗也好拔出。

上午，李文才家运钢筋回来，说是现在便宜了一些，就趁现在买好。市场价有时高一些，有时会低一些，这不是一两个人说的，都说今年的钢筋价钱便宜，有的准备建房子的都买好了放着。

卢志林家打屋顶，说是请了十个妇女来打的，不过，其他来帮忙的亲戚多，房子面积又小，上午10点半就打完了，算是打屋顶完成最早的了，要不然是要打到下午四五点的。

2016年6月21日，星期二，农历五月十七，属狗，阴，有雨

只有做父母的才知道生儿养女的辛苦。不要说小时候一泡屎一泡尿养大，每当他们生一次病出现什么事情都像是要割自己的肉一样担心，只有亲身经历体验过才知道。昨天夜里12点多，我的小孩突然生病，身体出现异常，村里没有医院，我们也没有自己的车，是否会出现大的事情呢？我很担心，心里已经做好了最坏的准备，她的妈妈又哭个不停，过了一段时间孩子稍微恢复一点才缓了一口气，心情还不能平静，心里想着快些天亮，等天亮就尽早送医院检查。这种心情只有做过父母的才会感受得到，其实我还是第一次遇到的，这种心情真的很复杂。

农闲时间，村民是要去打工挣钱的。早上，李世华带着李永福、李建生、李上嘎等外出，说是到屏边县一个糖厂，其实离河口县只有五六公里，要去装修一幢房子，还要建一幢房子。大家都知道，现在这个雨季做土木工程的，要是在屋内还可以，要是在屋外就有点麻烦，像这一段时间连续下雨的话，谁都做不了屋外的土木工程，弄不好还要倒贴钱进去。

李世文家打屋顶，是半工半帮的，请了几个妇女背沙背水泥是付了钱的，其他的亲戚就是帮忙了，这样定了日子就算是下雨也要做的。

2016年6月22日，星期三，农历五月十八，属猪，多云间晴

早上飘了一点雨之后，我们正担心水稻都要被淋坏的时候，就出太阳了。今天看见李爱生还有卢则龙的妻子给水稻打药，因为人们基本都知道下雨天打药是不灵的，所以要打药的村民都选择晴天来打。

早上，李家请了一个外地的摩批在磨秋场做法事，参加的人有李爱生、李永忠、李永得、李文科、李院文，从参加的人来看，算是一个稍微大一点的法事，要不然不会请那么多人参加的。

中午，李院生家有外地人来安装楼梯不锈钢扶手，现在的年轻村民外出的多，见过的世面要多一些，知道不锈钢扶手既卫生又美观。我知道有几个人家的扶手就是做成不锈钢的，表面看来的确不错。

2016年6月23日，星期四，农历五月十九，属鼠，晴

今天的天气还算好一点，在停车场下方建房子的李绍华家打地脚牵梁，可能是通知了亲戚朋友来，来的人有点多而且没有请小工，都是亲戚和朋友。材料放在停车场，虽然工作量有点大，但是由于材料方便做起来就快些，今天又没有下雨，没有因为雨水影响他们干活，到下午1点左右就完成了。

当我正在帮忙做李绍华家房子地脚的时候，看见有县梯田管理局的人来。有人说估计是来干涉李庆贵家建房子，可是下午两三点我路过的时候见李庆贵的家人还是抓紧时间在做，那管理局的人是在干什么呢？等以后落实吧。

有十几天没有见过太阳了，一直下雨，人都烦了。庄稼都快要出问题了，还是有点担心的。

2016年6月24日，星期五，农历五月二十，属牛，多云转晴

昨天晚上有阵中雨，早上起来就看见门前的水沟水涨了，天空还飘着云彩，我是恨透了这几天连续的雨水天气，盼着晴朗几天，让快要发霉的水稻晒几天，恢复一点精神。本来打算去打一点药水又担心下雨就废了，结果还是过了一天没有雨水的日子。

下午，村里有来卖卤肉的、有卖水果的、卖冰棒的，寨子里甚是热闹，这些小本生意还是不错的。

下午，朋友李祥的女儿李菊今年参加高考得分是367分，考分是低了一点，估计只有职业技术等学校才能录取了，她得打听有关学校的信息才有希望到更高一层的学校就读。

2016年6月25日，星期六，农历五月二十一，属虎，多云转晴

昨天晚上的雨水很多，这种情况下，田里的鱼就会被冲到水沟里来，只要你起得早，就会捉到鱼拿回来煮吃了。今天早上，我也起得比较早，捉了一些自己家田里冲出来的泥鳅，卢建忠在水沟里捉了一些鱼回来，我们便约了几个朋友在他家煮吃，朋友李世文说是昨天晚上也喝多了一点，今天上午就不胜酒力，看样子有点喝多了，我们送他回家以后也休息了一阵。

有时候，感觉村民的农闲时间是很无聊的，特别这个季节，有的人不外出打工，自己又不找一点事情做的话，能做什么呢？似乎找几个朋友喝一点酒消磨时间也是一种打发光阴的办法，只是这个办法对于我们不成熟而已。

这几天的天气是有点变化了，前几天是白天下雨晚上晴，这两天是白天晴晚上下雨。昨天晚上的雨水多，早上捉一些泥鳅和鱼回来吃饭，中午天气转晴了，估计田里的庄稼只有多晒一些日子才会恢复了。

2016年6月26日，星期日，农历五月二十二，属兔，晴

今天，云南农业大学有人来调查他们的试验水稻生长情况。

2016年6月27日，星期一，农历五月二十三，属龙，晴

上午，李文才运六袋谷子出去卖，说每公斤谷子是六元钱，就是所谓哈尼梯田红米，他是通过新街镇农科站的人卖给外地的游客的。

听说今天是有今年高考学生填报志愿，今年我们箐口村也有两个学生，但是他们的平时成绩不是很理想，考上好一些的学校希望有点小。

2016年6月28日，星期二，农历五月二十四，属蛇，多云间晴

这两天天气适当好些，每天都有外地的人来村里卖蔬菜、水果、糖果等，村里的停车场有点像一个小集市，会集中很多村民交易。

这两天天气晴朗，庄稼明显是好转一点了，要不然我还真有点担心快要抽穗的谷子废了减少了收成。

2016年6月29日，星期三，农历五月二十五，属马，多云间晴

今天天气很好，我和李正云是朋友，又沾一点亲戚关系，朋友间是相互帮忙的。他家今年建盖老房子，由于经济上的原因，基本都是自己亲戚和朋友帮忙建盖，时间也有点长了，没有办法，只能慢慢建盖了。原本我是忙着做自己的事情，打算给他们家一点经济上的帮助，但是经济上缓不过来，就只有抽出两天时间出劳力了。今天天气实在是热，人在那里干活都要快中暑的感觉。

有卢正清家约了家族的人到棕匹寨奔丧，说是他的亲家过世，说不好过几天还要去杀牛丧祭的。在村里，我是发觉这样的事情特别得多，我们的很多时间都要花在这样的事情上，我认为是浪费了一些，只是很多事情又只能慢慢来改变，不可能说立马就改变的。

2016年6月30日，星期四，农历五月二十六，属羊，阴，有中雨

早上，听说附近的黄草岭寨子又过世了一个年轻人，有几个黄草岭村民小组年轻人来村里买猪，就是今天要杀了给来帮忙的村民做伙食用的。

昨天是有卢正清家约了家族的人到棕匹寨奔丧，过世的是卢正清的亲家。今天他们家准备明天所需要的物资，由他的堂弟卢生驾驶车

子送过去。

在新街中学读初二的学生今天上午出去，说是前两天是初三的学生中考，今天下午他们初二的学生就要考试了。

2016年7月1日，星期五，农历五月二十七，属猴，多云间晴

今天是七一建党节，土锅寨党总支部召开一年一度的会议。说是开会，其实在农村来说没有多少事情要说的，只是惯例地履行一下它的一项会议，组织党员们开一个座谈会，吃一餐饭而已。年轻党员外出的多，也只有大部分中老年党员能参加罢了。

卢正清家到他妹子棕匹寨丧祭够忙的，卢正清本人在浙江省金华市打工，家里要办这样的大事还没有赶回来，说是要赶回来的，出去还不到一个多月，回来一次要花费几千元的，还是挺累人的。这段时间是农闲时间，一旦有了事情，还是累人的，一人有事似乎全村都有事了，这次卢正清家办事，其他的亲戚朋友还要过来帮忙。原本今天卢正清的小舅子他们也是要过来帮忙的，可是，昨天又通知说卢正清的小舅子（李庆光）他们的舅舅（黄草岭村民小组）又过世，在李庆光的母亲过世的时候他们的舅舅来丧祭过，今天的李庆光他们一家又只得忙着自己的事情，准备所需要的东西，根本不可能过来帮忙姐姐姐夫一家的事情了，全村的亲戚和朋友都只能分头帮忙了。

2016年7月2日，星期六，农历五月二十八，属鸡，多云，有雨

昨天，有一个黄草岭老人过世，卢氏家族、张氏家族、李氏家族的亲戚去奔丧，今天又听说是有一个老人过世，有一些沾着亲戚关系的人去奔丧了。

这一段时间我的事情是少些，因为与卢正清沾一点亲戚关系，今天早上我还是与他们一起到棕匹寨帮忙。卢正清还是回来了，从浙江省赶回来参加这样的事情，费时间又费力的，很辛苦的，为了能与自己的亲

戚见个面，处理一点力所能及的事情从那么远的地方回来，处理好了还得急着出去上班，是不是过分了。

2016年7月3日，星期日，农历五月二十九，属狗，多云，有阵雨

今天卢正清家从棕匹寨丧祭回来，下午亲戚与邻居都到他家吃饭。男人们又有酒喝了，主要还有一个消除的禳解仪式，还要邻居和朋友们帮忙。

在村里的，有时候面子就是躲不过去，这两天过去帮忙还是有点累的，几个年轻人在一起总是免不了要喝一点酒，有时候我是怕了。今天下午我躲起来了，没有到他家吃饭，打电话过来也找借口到其他朋友家吃饭了，下午还是有十多桌吃饭的人，你说热闹不？

2016年7月4日，星期一，农历六月初一，属猪，多云

一家人差不多办完了事情，又有一家要去丧祭了。黄草岭村民小组过世的老人是李庆生的姑爹，说是李庆生家要去丧祭，这一小李氏家族与我们张氏家族是结拜过的家族，晚上，我们都集中到他家开会，安排这一事情的办理。过世的人是大李氏李庆文的舅舅，在他的母亲过世的时候来丧祭过，这次他的舅舅过世了，他们家还是得还礼丧祭的，他们大李氏家族的人还集中起来开会，明天的村民还要分开参加丧祭，还是很忙的。村里出现这样的大事，在家的年轻人是躲不开的，平时你不参加一些村民的事情，到了自己家有事情来的人也会少的。所以，只要请到了或者知道了都会主动来帮忙的，特别是家族的事情，明知道在家都不来的在会议上也会提出来。

2016年7月5日，星期二，农历六月初二，属鼠，多云，有中雨

今天，我是参加小李氏李庆生家到黄草岭丧祭。由于黄草岭村民小组离我们箐口村近，上下只有两公里左右，下午忙完事吃过饭又回来，

等第二天早上又再上去帮忙，他们大李氏家是集中起来办事情，和我们也差不多。

下午回来，卢某的妻子背着行李跟她娘回娘家了。我知道，这是他们夫妻离婚了，他们结婚这么多年只有一个女儿，是男方家不能接受"没有后代"这样的事实而提出离婚的，就像古时候的休妻。我不敢说离婚会有多少种情况，但在我眼前的这是一种，要是两人结婚多年还不能生育的，特别是独生子女的，要是没有"香火"，往往只能离婚。男方提出来的话，可以不要回以前结婚时男方给女方的礼金，甚至离婚时还会给女方一点。要是女方先提出来离婚的，男方往往会收回礼金。当然，具体各家的情况因人因条件会有所不同的，这是肯定的，至于他们家的事情是怎样，具体的我是不好过问的，只能从与其他人交流中知道。

2016年7月6日，星期三，农历六月初三，属牛，多云

中午，李庆生家和李庆文家在黄草岭村民小组办完事情回来，下午他们又各自请帮忙的人吃饭，又请摩批做消除禳解的仪式。李庆生家的摩批是张保祥，一人不能分成两份，我没有过去李庆文家。李庆文家的摩批是谁就不知道了，或者是李建国，或者是李正林，他们是属于大李氏家族的，应该是他们两个当中的一个。像这种场合没有烟酒是不行的，而三五桌的男人集中起来就要喝酒了，晚上，又有几个喝晕了，好在我跑得快，基本还行。

2016年7月7日，星期四，农历六月初四，属虎，阴，有中雨

上午，李庆生又打电话让我到他家里吃饭，明知道几个年轻人在一起吃饭是免不了喝几杯酒的，有点不想去了，但是人家都打了几次电话，出于人情不好推辞只能过去，到中午12点才回来，有时真是想躲也躲不掉嘛。

李正云家做明天打屋顶的准备，由于他们经济和劳动力上的原因，他

家做这一层的时间是相对长了。没有办法，只能根据自己家的情况行动了。

2016年7月8日，星期五，农历六月初五，属兔，多云，有雨

听村民说是前两天下雨的时候进村的一棵电杆倒塌了，所以今天村里停电了，没有电的日子的确不好受，很多事情都做不了。

今天有李正云家打屋顶，因为没有电，只好向有一个柴油小型发电机的李庆五借用了，自己买回来柴油，但因为很多村民都没有电了，就发现有一个插板上插满了手机充电器。因为他的家庭有点特殊，从小父母过世早，都是亲戚们帮助下成长，村民都明白，这两年刚学着理家，今天没有请小工，村民看他们家困难，几乎每户都来一个了，沾亲戚的甚至来好几个，要数这几年帮忙打屋顶人最多的了，要不然只有请小工打屋顶了。

2016年7月9日，星期六，农历六月初六，属龙，晴

今天是新街镇的集日，早早地就有村民上街了。我和我的一个朋友看见李志和买米糠回来，议论说要买米糠的话可以在村口直接跟村民交易了，没有必要再到街上的，只是各自的生意，各有各的想法，谁知道别人是怎样打算的。

今天没有下雨，我们认为应该可以检修电路恢复正常供电了，可还是没有电，多数年轻人的手机都没法联系了，大家有意见了，我不知道有多少人与有关部门联系，有的可能是向有关部门投诉了。

早上，前几天因为李庆生家要丧祭而回来的李庆云夫妇回个旧市工地上。在附近的个旧市或者蒙自市打工的村民只要家族人办理什么大事都会回来，而办理完之后又接着回工地上，误一点工花费几个钱也在情理之中，多数在附近的都是这样，家里有了大事就回来，处理完事情又出去。有的成家人往往不能到远地方做事就是因为经常会遇到这样的事情，到头来还不够来往的路费。所以就不能跑远了。

2016年7月10日，星期日，农历六月初七，属蛇，多云间晴

早上，李学华和卢小华叫马卫明搬出原来游客服务中心里面的东西，说是他们已经申请了项目接着修复一些路和水沟，要在这里堆放一点水泥，需要清理马卫明家的东西。

村里弟兄间反目成仇的家族很多，我了解的第一个因素是争夺财产、地界纠纷，今天又看见卢某某与卢某叔侄之间吵架了，还带上了自己的家人，声音还大，都快要动手的样子。看他们都很累的，为了一点地界，干吗要大动干戈呢？一家人，有什么不能坐下说呢？争嘴吵架多伤和气，结一辈子的仇干什么呢？

今天天气好，李庆华家组织打屋顶，这已经是第二层半的屋顶了，也是因为停电，他家也借柴油机来用。由于没有梁，只是30多平方米的平面，就没有请人，也没有叫多少人，只是通知了最亲近的几户来做的。我们是朋友，我被请去当厨师了，好像手艺多好似的，帮忙他们处理伙食，看中午吃饭是有6桌的人。

2016年7月11日，星期一，农历六月初八，属马，晴

上午，龙绍文家新房迁居，请了摩批张保祥做禳解驱邪的仪式，他家还请了一些亲戚和朋友参加。正常情况下，参加的人是要带一些米或者钱去的，而他家认为今天只是做禳解的仪式，不要亲戚和朋友们出钱，但是懂事的一些中年人还是带了米或者给一些礼金，搞得有一部分人都不好意思，而他家的人也是再三解释，不用那样做，以后还要再办一次的，希望参加吃饭的人不要误会。

在去参加老同学龙绍文家吃饭的时候，看见张正祥请了卢同则犁秧田，主要是他上了一点年纪，自己的背已经驼了，身体不允许他再干这样的重活，只好请朋友卢同则了。犁了田泡水养着，让土质松软，清理好杂草，保证来年的土壤肥力才会育出好秧来。

早上，李正云家叫了一些亲戚来背砖，没有办法，由于公路不能直

接进到各家各户，谁家做房子要么付钱请人背，要么请亲戚朋友们帮忙来背，人力物力都要费很多。我就想，山区的农村要发展，的确要考虑交通的事情。

村民小组运水泥回来，准备修复一些近期被雨水冲倒的路段，卢小华说是他们两个刚刚上任，想申请做一点事情给村民看。

下午，村民小组给了摩批李正林400元，叫他请几个老人到寨神林祭祀，就着砍除被风吹倒的那棵老树，以便村民过路，李正林是组织了去了。

2016年7月12日，星期二，农历六月初九，属羊，早上有雨，下午转晴

今天正常供电了，说是昨天有村民小组到新街供电所申请，说是停了这么几天的电，就有不少村民投诉了，搞得供电所修理班的人一天接了六七十个电话，电话机都发热了人都有点厌烦了。

前天是跟李庆华喝酒，昨天是跟李正祥喝酒，这样连续战斗身体是闹不住的，需要休息的，恢复了才好工作，所以今天是休息了一会儿。

2016年7月13日，星期三，农历六月初十，属猴，多云间晴

今天是新街镇的集日，张正和买几只鸭子回来，说是每只35元，现在关养着，到9月底收割后放到田里就下蛋了。他一把年纪了，牛又管不了，干脆就养几只鸭子玩玩，既锻炼身体又给家里增添一道美食。养几只鸭子的确不费多少精力，只要育秧期管管，早晚看管一下，养得不多吃得也不会很多，有这种想法的村民还是多的，特别是田间有棚子的人家。

在水泥顶上加茅草顶的建法村民是不喜欢的，都知道会让水泥顶受力受潮的，反而会坏了屋顶。今天是张学贵拆除了加建在自己家屋顶上的茅草房，说是他们做得太假了，屋里面漏水不拆不行了。

2016年7月14日，星期四，农历六月十一，属鸡，多云

上午，有几个外地人来村里卖三台电磁炉，有点便宜，与几个妇女说好是130元一台，之后是被几个妇女压价到100元一台处理了，不知道好不好用。

上午，李庆贵家买水泥回来，这一两天做好钢筋后，准备打第一层顶了。我听说梯田管理局也来阻止过他家建房子，但是他家也的确没有办法，要是一家人都回来，在老家是住不下的，只能打地铺休息，而他老家房前屋后也没有属于他家的地。他说："这已经是没有办法的办法了。"他的意思是先把第一层顶打了住进去，以后有什么变化再说。该准备明天打屋顶了，今天叫了十几个亲戚来帮忙，有的背回水泥，有的做钢筋，到下午五六点时候已经把钢筋结构都布局好了。

到下午，初二的学生都考完试回来了，学校基本上都放假了。学生们又可以在家过一个愉快的暑假了。

晚上，朋友李文才打电话过来说他家明天要打顶了，叫我过去帮忙。新街镇农科站的人又打电话明天要陪云南农业大学的师生们做调查，怎么办？自己的事情这么多，自己手里的事情谁能来帮呢？明天要是下雨呢。

2016年7月15日，星期五，农历六月十二，属狗，多云，有雨

云南农业大学学生下来取他们试验的水稻样品，在不同的海拔采用不同的水稻样品。我一天都在跟着他们跑，从早上9点到晚上7点，他们要带所取的样品回到学校进行测试分析。

直到现在，村里还是没有咪古组织，集体的苦扎扎节是不能过了，但是一说过节，附近大鱼塘村、黄草岭村民小组过节了，村民们还是会自发地过节。虽然今天帮忙李文才家和李庆贵家打水泥屋顶，晚一点上街，但是箐口村离新街镇近，随时都有车辆来往，他们到下午四五点再上街也买得到，基本上每户都有一人上街的，还是买菜回来了。

2016年7月16日，星期六，农历六月十三，属猪，多云

今天，村民们还是按照自己的做法过节，虽然村里没有咪古组织，不能全村集体杀一头牛摆桌子，到磨秋场祭祀，但村民们还是自发地组织过节。有李庆五他们搭伙杀牛，有的是到市场买牛肉、猪肉、鸡鸭等，过节的味道还是浓的，我才知道还有这种过法。

张志贵夫妇平时在牛角寨卫生院上班，很少回来，今天带了几个朋友回来过节，等下午吃了饭又再返回去，说是孩子没有人照顾。

2016年7月17日，星期日，农历六月十四，属鼠，多云，有雨

知道村里过节的年轻人在附近的还是有几个回来了，卢永贵和卢新他们是在建水县打工的，他们也回来过节了，李成一家人在蒙自市打工的，张志夫妇在牛角寨上班的，他们都回来了。我与他们都聚会过了，今天我是受姐夫的邀，随表哥到全福庄姐夫家过节了，说是过节，就是吃喝一顿罢了，最重要的是一家人、亲戚与朋友相聚了，还有什么比这个更重要的呢？

2016年7月18日，星期一，农历六月十五，属牛，多云，有雨

这几天每天都有雨，真是烦死人，田里的谷子都可能要坏透了。原本想去打一点药都没有办法，只能眼睁睁地看着干着急。

2016年7月19日，星期二，农历六月十六，属虎，阴，有雨

上午，有县领导来村里开会宣传有关梯田保护以及其他各方面环境保护措施，还有县公安局的法制办法等。县里的领导能够亲自来村里召开会议，还能有什么说明政府对我们箐口村的重视呢？我们还有什么理由不听党委政府的指示呢？

下午，因为战友的孩子过生日，我原本计划要到南沙镇做客的，但是没有车，战友李红在外地，不能一起出去就委托他给礼金了。在农村，

做客的次数有时是挺多的，有时候困难得连礼金都拿不出来，不是说农村不要钱就能过日子，还是需要一定的经济水平保证生活资源才会舒坦一些，特别是现在这年头，人都会笑人的，只有努力，坚强地过下去。

2016年7月20日，星期三，农历六月十七，属兔，多云，有雨

我看村里几个打屋顶的妇女还是经常有事情做的，今天早早地就听见她们外出做事情的动静，没有听说去过外县的，附近我们县乡镇都会去，看她们很辛苦的，有的时候是半夜两三点钟就出发了，到了晚上六七点才回来，不过多数情况还是回来得早。

这两天的雨水又疯了，基本上停几分钟就下一阵，地面都是湿的，没有一会儿是干的。杨志宽家今天是打第三层顶了，看他们在雨里劳动的，确实辛苦，还好面积小一点，没有请村民来做，只是叫了几户亲戚就做好了。

下午，土锅寨杨里忠夫妇又来村里卖菜了，只要不是过年过节，村民都要到街上买其他东西的。生意还可以，每天都有村民来买，他也学会了做生意，每天过来就带七八种蔬菜，村民都各有所喜欢的。

村里陈列室后面的卫生间的下水道坏透了，每天路过都是一大股臭味。可能是村民上报了，游客们也说了，领导们也知道了，今天虽然下着大雨，还是安排施工队施工了。

2016年7月21日，星期四，农历六月十八，属龙，阴，有大雨

今天的天空也似乎通了一个大洞，雨整天下个不停。但是，李世文家还是按照自己的计划，召集了几户亲戚来打第三层屋顶，一个是下雨，一个是建筑面积也小，可能没有叫太多的亲戚，我看是只有十几个在干活，到了1点左右才完成。

这个雨季干活就是不好说，特别是室外的劳动，雨水来了多数就得停，不然的话，工钱不好结算。就是因为雨水大，昨天才开工修复公共卫生间

排水道工程的卢学贵他们今天又不得不停工，只好等天气好了再说。

2016 年 7 月 22 日，星期五，农历六月十九，属蛇，多云，有阵雨

上午，村里召开群众会议：一是宣传今年上半年的农村最低生活保障费用，我们箐口村是 130440 元，上面要求以人数来发放，对此，部分村民还是有一点意见，说是以户发放更好。二是要求村民尽快在这一周上缴 2016 年的农村养老保险金才会发放农村最低生活保障费用。三是要求村民拿着农村土地承包合同书来再次核定。

好像老天今天的心情好了些，雨水没有前几天多了，我们的心情也好些，可以出外劳动了。前几天施工的卫生间排水管今天运来了，卢学贵带着他的弟兄们抬管子从停车场到"倮果果玛"水沟边。水管是塑料的，不重，只是长了一些，一个人不好扛，得两个人一人扛一头，上午下料，中午才开始扛下去，今天可能扛下去 30 多管。

前几天天气不好，但还是有村民家打屋顶，今天老天是照顾了卢志林家，基本没有被淋雨就打完了，建筑面积不大，也只是叫亲戚朋友们来做成的。

2016 年 7 月 23 日，星期六，农历六月二十，属马，阴，有阵雨

早上的时候，出了一阵太阳，想着今天会晴朗了，可是，过了一阵又下蒙蒙雨，只是没有前两天的大，停一阵下一阵的，很烦人。

昨天，做陈列室后面厕所排污水管道的施工队今天同样施工，昨天到今天主要是扛管子，可能是嫌人手少，今天又增加了几个妇女来扛。管子到了就全部到位了，等着明后天施工埋管道，说是这次要比前次排得远些。

早上，我看见李世华带着几个弟兄出去，又是去挣收割的钱了。有人说："是金子总会发光的。"我不知道这句话是否有道理，但是，我看李世华这十多年都是带着弟兄做事情，最近休息了半年多，现在又有人找到他了,叫他组织带领几个弟兄出去干。

朋友李新明在没有担任村民小组副组长以前也是因为有点建筑技术,带着几个弟兄做事的,担任村民小组副组长以后,不可能到处找事情做,这次选举落选,他今天也收拾工具出去找事情做了。

2016年7月24日,星期日,农历六月二十一,属羊,多云间晴

今天的天气是好了一点,心情也好了一点,像前几天的话,真是担心。我是农民,真的担心我的庄稼,真的怕雨多了打苞的谷穗都要被霉坏了,一年的庄稼那就白种了。做农民这么多年来,我的感觉首先是不怕风,不怕雨,不怕太阳晒,但反过来又是最怕风,最怕雨,最怕太阳晒,原本我们农民整天跟风雨日月在一起的,最后还是怕风雨日月。我们做农民的也矛盾,说是与自然和谐相处,但我不知道怎样才算和谐,必须趁天气好的时候打一点药水,控制天气给庄稼带来的病害。

今天天气好,在村里施工的一个是卢学贵带的处理陈列室后面厕所污水道的一个组,一个是卢小华带队的修路路面的一个组,他们今天都能正常施工了,而且为了抓紧时间,今天干到了晚上7点。

晚上,朋友卢建忠约我吃饭,听说这段时间他家附近的卢氏几户家的电器烧坏了不少,他们怀疑是线路的问题,想跟电力公司的人说一下,还想着如果他们不来检查的话就投诉他们。

2016年7月25日,星期一,农历六月二十二,属猴,晴

今天早上没有下雨,我起得很早,到公路上去散步,看见前几天才离婚的卢生亮带着一个女朋友回来,动作倒是挺快的,才离婚,马上就找了一个。也罢,希望他们如愿。

今天的天气格外的晴朗,正是三伏天,只要是晴朗的天气就格外的热。问过新街镇农科站的朋友们说,打药就该选择晴天了,正是谷子打苞的时候,我家那几块田有点怪,往年都会得一些病,他们叫我打打稻

瘟病的预防药三环唑，就在上午 10 点左右用喷雾器打了两桶药水，希望今年不要害得太厉害了。

我每天都在考虑有什么精彩的故事说给在听我讲故事的人，说点什么呢？这个故事精彩吗？到了晚上有些事情都想不起，但是凌晨 1 点醒来的时候突然想到了。早上，我不是看见有妇女背苞谷回来嘛，有李庆福的母亲、李文光的妻子、李庆生的母亲，因为他们几户人家的地在麻栗寨河底，那里海拔要比寨子里低，气温高，谷物就要比上面熟得快，她们就趁早上天气凉快的时候收了背回来。每天都见她们做这做那的，可能见惯了就不怪了，每天都见到的故事就不精彩了，可是回过来想一想，精彩的故事不就是这些一点一滴的故事加起来的吗？最精彩的故事就是我们每天看到的这些，这些明摆在我们面前的她们的得与失，苦与乐。

2016 年 7 月 26 日，星期二，农历六月二十三，属鸡，晴，下午有阵雨

早早地，镇里处理垃圾的车子就进村里来了，我是看见他们把塑料全部拿出来烧了，过路闻到一股刺鼻的味道。我发觉箐口村的塑料垃圾越来越多了，村民处理塑料垃圾的办法一个是丢到水沟里冲走，冲到田地里或者是埋起来了；再一个就是做引火的燃料，烧了之后气体在村里的上空飘；还有一个就是近几年拿到停车场让镇里的垃圾车运走。我知道塑料腐烂了对生产生活不好，但就是不知道有效的处理办法。最让人头疼的还有玻璃制品，特别是酒瓶，年轻人不愿意喝白酒，就喝起啤酒来，几个人一喝就成箱地喝掉，家里怎么可能存得了那么多呢？原来前几年还有人来收购，现在是白送都没有人来收了，村民要不往水沟里扔，要不就是丢到停车场垃圾处理处，很恼火的。我是想应该找到一个能够很好处理这两样垃圾的办法，不然的话时间长了就要成灾了。

上午，村民小组收取农村养老保险金，一般每人每年 100 元，有的

是200元，有的是500元，几个不同层次的，具体情况我没有过问是多少。早上，他们用喇叭通知说是他们要今天上去交了，如果今天早上不能去办理的话就只能自己去办理了。

这几天早上没有下雨，每天我都是6点左右就起床了，到田间跑一跑，空气实在是好，闻一闻稻花的香味，好像看见了丰收的景象，这日子真是幸福。

2016年7月27日，星期三，农历六月二十四，属狗，多云间晴

地里的苞谷熟了，是该收回来的时候了，我就找了一个背箩去收苞谷，今天是收回来四背箩，大概有200斤，辛苦一些，忙了一天有点累，算经济账的话可能就百把款，收回自己的劳动成果心情是最愉快的。今天收苞谷回来的还有张贵学的妻子、李平发的妻子等，她们收回来的还比我的多呢。

村里的路灯有很多都坏了，是需要检修一下了。今天村民小组组织李文科和卢正学检修，才上任这么几个月，做的事情就是多，还是辛苦他们了。

下午，李正林、李建国、李红亮、张庆贵等几个摩批从全福庄办理丧事回来，原来他们这个组还要管到全福庄寨子的，就像我们寨子的卢姓和李姓的丧事多数都是麻栗寨的摩批们来做的。在村里调查了这么多年，还有这么多不知道的。

彝族火把节到了，知道的人回来了，外地的人也来了，我是发现今天来村里的人有点多，估计有上百个，还是热闹的。

2016年7月28日，星期四，农历六月二十五，属猪，多云间晴，有小雨

今天是彝族火把节（又称"六月二十四节"）的第二天。早上，卢同则、李爱生、李朝他们三个一起到土锅寨村里过节。之后，李牛则、卢学贵、卢学文他们三个又过去过节了，说是土锅寨村和箐口村的关系不是很好，但是村民与村民之间的关系也不是那么差，毕竟很多都是一起读书长大的，加上生产生活中的来往，很大一部分村民之间的关系是很好的，一旦到了过年过节自然是会联系的，今天就是一个很好的例子。当然，姻缘关系来往是一种，我不清楚以前土锅寨与箐口村有几桩姻缘关系的，近期是有一例，是张立新的儿子与土锅寨的一个女青年来往，是该成家了，他们的父母也来往了，这个时候他们家的人相互来往就不用说了。但是最近又有张立新家加建房子，很可能不会来往，很多村民家要是建房子，很不会参加这样那样的事情，只会平静地建自己家的房子。

中午，朋友卢建忠约我吃饭，他家来了几个朋友，要我一起与他们喝酒。他们知道今天晚上的开幕式在哈尼小镇，就过来找他玩，自然免不了整几个菜喝两杯酒了，约一两个朋友陪他们喝酒也是自然的事。

也可能是打造哈尼小镇的牌子吧，中午，哈尼小镇摆长街宴会。晚上，也是在哈尼小镇举行彝族火把节暨民族摔跤运动会开幕式，离箐口村近，男女老少去参观的很多，9点左右，开幕式放礼花，很是漂亮。

2016年7月29日，星期五，农历六月二十六，属鼠，多云，有小雨

天气预报说这两天会有一场暴雨到大暴雨，可是没有下，只是天空中布满了乌云，真有点要下大暴雨的样子。这天气预报对我们农民的生产是好的，但是报错的时候也是有点不对的。

元阳民族摔跤运动会在新街镇广场举行，箐口村民过去看的人很多，是每年新街镇人员最集中的时候，很拥挤。听出去看的村民说看摔跤的人实在多，挤都挤不进去。

下午，李志祥家叫魂，摩批是李建国，请了邻居们去他家吃饭。

2016年7月30日，星期六，农历六月二十七，属牛，多云，有阵小雨

早上，我看见外出打工的有卢正学、龙绍文等，包了一张运营元阳县到黄草岭乡的面包车，是要随李生学做建筑的，说是李生学在黄草岭乡那边承包了一个房子，前几天是他们几个过去，今天又叫了几个过去。

下午，李文才家运了一车砖回来，之前他家是用原来的建筑材料做的，现在已经干到第二层了，需要一些新的材料，就买回来一车了。

晚上，李文科夫妇带着女儿的行李回来，他们的女儿从外地打工回来，到公路边以后，可能行李有点多，就打电话叫他们夫妇去接了。

晚上9点左右的时候，哈尼小镇放响了礼花，可能是火把节暨元阳县民族摔跤运动会做的闭幕仪式吧。

2016年7月31日，星期日，农历六月二十八，属虎，多云间晴

早上，李文才家组织了村民来背砖，有可能是他家昨天晚上没有通知多少人，只通知了自己的亲戚来，也有可能是其他村民忙着收苞谷的事情去了，今天早上只有二三十个妇女来，要不然这样的情况是会有很多妇女来帮忙的。

中午，再去田里走走的时候，才知道李世文家做迁居仪式了，他家封了顶，里面还没有完全装修，他们做这样的仪式是要选日子的，所以前几天只是草草打扫了一下，今天就算搬回家了，请的人也不多，只是请了他们的亲戚和家族的人，听说只有四五桌的人。

下午3点左右的时候，有五六个可能上了60岁的老兵，穿着他们以前的部队服装来村里。我也是当过几年兵的人，看他们很好玩的，可能是想着明天就是八一建军节了，就约了出来走走的吧。

可能是县里组织过火把节暨元阳县民族摔跤运动会，来过节的人不少，今天来村里的人也是有点多，上午还有一对新婚夫妇在朋友们的陪同下过来的。

下午，张学亮一家人、李贵祥父亲、罗金得夫妇、李永福等几个人到村做客，说是那边有一家亲戚办喜事，请了他们过去。

2016 年 8 月 1 日，星期一，农历六月二十九，属兔，晴

又是一年一度的八一建军节，我也是从部队退役回来的，我们这一批成立的协会，原本定于今年的活动要外出，但是今年刚好与彝族火把节暨民族摔跤运动会碰在一起，考虑到很多战友都不会去就只好推到明年开展了。

今天的天气好了，卢学贵他们一组开始埋污水管道了，说是埋到李某某家田旁边的时候，李某某不让他们埋在自己的田边，占了自己田边的位置，一定要埋到水沟里去。这人就是这样，他也是一个老师，原本人家也没有占用谁家的田地，就只是从水沟边埋着过，他却连一点边都不给占，真是，难怪村民都说他没有一点老师的素质。

俗话说："哪个少男不钟情，哪个少女不怀春。"年轻人总是要长大，总是要找到自己的伴侣的。今天我看见李三毛带着一个女孩朋友来往，20多岁的年轻人，应该是他的女朋友了；还有一个是罗小第，他也领着一个女朋友出来。现在的年轻人就不像以前的。以前的人刚回来的时候哪里敢见人啊，现在嘛，就是变了，都要像城市的孩子一样搭肩挽背地出来。老人会说："现在的年轻人不知道害羞。"年轻人要说："哦，多浪漫。"

真的就是因为前两天来参加彝族火把节暨民族摔跤运动会，今天村里还来了不少的游客，有上百个吧，村里也热闹了一点，但是大家都觉得村里吃的玩的各方面设施少，还是不能满足游客的需要。

2016 年 8 月 2 日，星期二，农历六月三十，属龙，晴

早上没有下雨，我6点钟就起床了，到田边跑一跑，呼吸一点稻花香的空气实在不错，还有多少村民没起床呢，箐口村民的日子实在是悠闲。当我跑到寨子脚李得生家的田边时，看见他80多岁的老母亲早给田里灌溉水了，我不得不惊讶，这些老人，把一生的精力奉献在抚育儿女和管理自己的田地上，无怨无悔，到了这把年纪依然坚持着看护梯田，管理属于自己的一片天地，这让我感到钦佩。

中午，我听到两声鞭炮声，大白天的，我有点怀疑该不会是村里死人了吧。事实就是这样，12点左右，我刚吃过饭在门前休息的时候，看见卢朝生带着几个年轻人扛着一副棺材回来，问了以后才知道是李正新同志不在了。

村里有一种说法：男的一般不能在属龙这一天过世，女的不能在属羊的那一天离开。"龙"村民的说法不是咱们中国文化中说的龙，还有一种说法是"果落"，即"运气、福气"之意，认为属龙这天过世，就给家里的"运气、福气"带走，一家人将走霉运。"羊"用村民的哈尼语翻译过来有一层意思是"房子"，那么妇女特别是上了年纪的，一般都要守家的，如果这一天老人，就是妇女过世了，就像是"房子"倒了一样，不吉利。可是生老病死的事情谁又能规定呢？正如今天属龙就有李正新过世，怎么办？商量的情况是说要买一只鸡祭祀一下，以禳解和消除。所以，早上的时候，即使李正新断了气，家人也不准哭出声来，等安排了一个人到街上买了一只鸡回来，做了这个祭祀，给他穿好寿衣，到中午十一二点才放鞭炮，所以知道这件事的村民就少些。

他家今天的基本情况就是这样，早上给他净身，买鸡回来做祭祀，中午放响鞭炮，通知村民或者说宣告他的过世，之后是买棺材回来，家里的人清理房屋，也安排了人到街上买菜、买烟和酒，还买了一头猪来杀。知道的村民就过来帮忙了，傍晚的时候给他入殓，晚上家族的人集中开会安排明天的事情，情况基本就是这样。

俗话说："祸从口出，病从口入。"村里与这句话同样意思的有一句话："生菜可以说，假话不能说。"或者菜可以乱吃，话不能乱说。隔墙有耳，说别人坏话的人总要被别人说的，卢某某有点爱说别人闲话，傍晚，我在家就听见有个妇女骂他了，说他在别人面前乱说话，自己的家庭都顾不了还要来管人家。做人还是小心些好，引以为戒，我还得管好自己的言行。

2016年8月3日，星期三，农历七月初一，属蛇，多云

今天村民都是要过来帮忙李倮明家的，根据村里的习俗，今天要召集他们家的亲戚来奔丧了，来的亲戚很多，有黄草岭村民小组的、大鱼塘村的、全福庄村的、罢达村的、落马点村的、陈安村的、棕匹寨村的、麻栗寨村的等，要有一个亲戚带上几个亲戚，要来几百人的，饭菜都要准备五六十桌的，你说忙不忙？所以，一般情况下，村民都会主动过来帮忙，招待来的这些亲戚。

前些日子，李倮明出去打工了，说是自己的父亲生病都这么长时间了，自己家也没有钱用，他需要挣一点钱持家，要是真的过世了就叫家人打电话给他，也只能这样。昨天老人一断气他家人就打了电话，他是昨天晚上赶到家的，这样今天就能主持家务了。

在这里说说李正新年轻时候的故事吧。他年轻的时候，身体很好，力气很大，参加过彝族火把节暨民族摔跤运动会，拿过他的体重级别的第一名。应该是20世纪八九十年代，当时县里经费不足，只能给他佩戴一朵红花罢了，不能像现在的第一名奖励一头价值七八千元甚至上万元的牛，后来他在电力公司带几个弟兄当过老板，他与一个人一人一头扛电杆，可以想象上千斤的电杆两个人就扛起来，力气确实大的，是村里甚至附近几个村有名的大力士。不过到了中年后，生活不检点，喝酒过猛了一些，每天都是晕晕的样子，在农村，生活会好到什么程度呢？就算这几年生活水平日益提高，菜不好，酒也不好，每餐喝酒的人，身体会有多好呢？因此，近些年来身体就出现了问题，一两年间，酒是少喝了，身体不打针就不行了，特别是还能走动的前几个月，这一两个月医生说针水都不能进入体内才在家休养。年轻时出了名的人才大力士，到头来却落了一个酒鬼的名，这有点不应该。

2016年8月4日，星期四，农历七月初二，属马，多云，有阵小雨

又到收获的季节了，早上看见李志祥的妻子背苞谷回来，说是早上天气凉快一些，白天天气热，在地里劳动很辛苦的。

有经验的村民说，到了这个时候，只要天气晴几天又突然下雨地里就会出现鸡枞，特别是农历的一二号。早早地，我就看见李庆光的妻子背着背箩到地里，回来后有人跟我说她背鸡枞回来了，我觉得她是一个有拿鸡枞经验的妇女了，要不然应该不会起这么早外出劳动的。

下午，有一对夫妻来卖水果和糕点，生意不错，他们两口子这段时间常来，可能是发觉箐口的生意好做。

2016年8月5日，星期五，农历七月初三，属羊，阴，有大雨

原来想着这是稻花香的季节，早起可以多闻闻稻花的香味。我很固执，认为一个人的身体真的是锻炼出来的，到田间跑跑步，闻一闻稻花的味道，可是，到了田间却下起雨来，被淋了一身的雨回来。谁知道回到寨子要到家门前的时候就看见堂兄张庆贵、堂弟张上雨他们几个弟兄扛着一口棺材回来，问了一下，知道是可爱的堂叔张龙离开我们了。

因为是一个家门，以及一起长大的弟兄感情，吃过饭后，我得过去张绍宇家帮忙。晚上6点左右，我们张氏弟兄们正给张叔叔办事，要给装到棺材里休息的时候，他的妻子也跟着他走了，闭上了双眼，静静地，紧跟随他走了，又有点急着我们了。明天，张氏家族的人又得早起，给她再买一口棺材，两口子就这样一起走了。听在世的老人说这样一起走的情况还没有见过，都是五六十岁的人，估计她也是身体有病，受不了这样的刺激而紧跟着丈夫走了。

2016年8月6日，星期六，农历七月初四，属猴，多云间晴

这两天很忙，我们张氏家族的弟兄姐妹都到张绍宇家帮忙招待来奔丧的亲戚朋友们，过世的两个老人也上60岁了，还是有几个亲戚的，加上来的人和亲戚朋友，还是多的。我们得准备五六十桌的饭菜，一天下来，还是很累的。

2016年8月7日，星期日，农历七月初五，属鸡，阴，有中雨

我们张氏家附近的亲戚是昨天基本见过面了，但是远一点的亲戚有今天才来的，我们还是得忙着招待他们，毕竟是一起长大的堂弟兄，还是要抽出时间去帮忙，自己的事情还是得搁置一些了。这样的大事谁家都会出现，你现在不帮助人家，到你家有事，别人也不会来帮助你的，人情都是互换的。

2016年8月8日，星期一，农历七月初六，属狗，阴，有雨

朋友少的，自己家有事情来帮忙的人也会少。这两年村民都知道张文和一家人不和睦，今天张文和家是应该到老岳母家全福庄村养老的。可是，不知道怎么回事，连张文和都没有过去，也没有一个子女回来，只有张文和的妻子带着几个妇女过去了，也许是叫不到人，叫我也过去参加一下，人手就是那么几个，围着那里唱哈尼古歌的也没有几个，有点可怜。所以我们经常与他们家说，平时为人还是应该好一点，特别是自己家的关系尽快和好起来，要不真到了自己家办事情的时候也要麻烦的。

2016年8月9日，星期二，农历七月初七，属猪，多云

明天，我们张氏家就要开始办理丧事了，由于是两个老人事情会很忙，所以今天就组织准备所需要的一切东西了。

早上，我们组织了二十几个年轻人背砖和水泥到寨子脚的坟山上，因为明天就主办了，来不及背这些砖和沙，我们就提前准备好了。现在的物质条件好些，有条件就要给过世亲人们的房子做好一点，所以，很多人家都用起了砖和水泥沙浆支砌，还要给他们立上一个碑，便于以后辨认。要是以前的话，有人家是用石头支砌的，只是现在的我们箐口坟山很难找到石头了，只有买一些砖叫亲戚朋友们背出去了。

2016年8月10日，星期三，农历七月初八，属鼠，阴，有雨

主办张龙夫妇丧事，有黄草岭张龙妻子方来丧祭，有本村李高门家即张龙女儿方来丧祭，因为是两口子一起过世的，家人都感到有点特别，自己家里事情都忙不过来，就真的是不想再累及亲戚了，就通知了这两家，至于其他金钱上帮忙或者带小猪来丧祭都还可以酌情考虑。

2016年8月11日，星期四，农历七月初九，属牛，多云

这两天的事情就是帮忙张氏家的事情了，昨天主办了以后，今天是要给他们送上山了。早上的话，村民吃过饭后可以休息一阵子，到了下午两三点钟再过去送葬。

2016年8月12日，星期五，农历七月初十，属虎，多云间晴

按照村里一般的葬礼程序，今天是张绍宇家接待，我们张氏家族的人都要忙着招待他们的。吃过饭后，还要去给他们整理一下坟墓，最后再给他们献一次饭，其他与他们比较接近的张氏家族也可以给老祖们的坟除除草，有必要修补的也可以添一点土，因为过了今天以后，没有什么特殊的情况就不能来看望了。

张氏家的事情到今天基本办好了，而李保明家是今天主办丧事，有六家亲戚来丧祭，包括其大女儿嫁过的第一家和第二家，因为她在那边生活的时候，这边也丧祭过，现在这边出事，他们也来回礼了，这些都成了我们年轻人酒余饭后的谈论的内容。

昨天晚上十一二点的时候，李生禄和其他两个小伙子无证驾驶，在张家喝了一点酒以后出去，出了交通事故。今天下午李生禄去世，才19岁，年纪轻轻的，很可惜。

2016 年 8 月 13 日，星期六，农历七月十一，属兔，多云间晴，下午有阵雨

今天下午村里送葬了李正新中年人和年轻人李生禄，李正新他可能是年轻的时候没有管理好自己的身体，特别是到近期，饮食上也不注意，导致过世的时间早了。年轻人李生禄的话，就完全是年轻人的事情了，到了晚上十一二点，自己都没有学好驾驶技术，喝了酒驾驶朋友们的车纯属找事，是过分了一些，这都是没有听父母和老人的话造成的。我也想劝一劝年轻人，还是小心点，多听一点老人话。人的生命只有一次，老天对于每个人都很平等。每一个人的生命都是父母给的，身体不仅属于你自己，还属于爱着你关心你的每一个人，大家都有权利和义务保持良好的身体，回报关心和爱护你成长的人，和他们一起到老是一种责任和幸福。

李正新的事情今天都是按照村民正常的葬礼进行的，在下午三四点。而对于年轻人李生禄的事情，由于他还年轻，就打算在早上早早地送出去，只是，他的父母都在广州打工，昨天打电话过去才临时买了车票回来，一时赶不到家，养这么大，毕竟是他父母的骨肉，他们希望在上山前见一面。还有另外一个原因是，主持他们家族葬礼的麻栗寨摩批，今天还在主持棕匹寨一个老人的葬礼，没有办完的葬礼之前又不能接着赶过来。他们过来的时候已经是下午三四点了，等全部办完吃过一点饭就已经 6 点多了，送上山就有点晚了，只是办这样年轻人的事情要简单些，只要草草安埋就好了，无须像安埋老人们一样认真做。

还有一点是，当我们正在吃饭的时候又下起一场暴雨，还闪雷了，摩批又得为打雷做几个法事，也就是说，村里了一旦死了人严禁打雷的，而这雨水天，又不是人为的事情谁能说不打雷就不打雷呢，就只好拖到后面了。李倮明家的话，应该在打雷之前就下葬了，可能不会为了今天打雷的事情再做法事。

这几天帮忙葬礼，有点累了，感觉时间上或者精力、物力上都付出太多了，要是一点一点地能改变一些就好了。

2016年8月14日，星期日，农历七月十二，属龙，多云间晴，中午有阵雨

早上，有十几个国外的游客来，他们想找村里的三轮车坐着从村里上去，而不是其他的车。

按照村里葬礼的程序，今天的李俅明家还是要待客的，一方面现在是农闲时间；另一方面是几个寨子一直就有这样的习俗，附近的几个哈尼寨子来的村民还是多，过的礼金多数是50元，少数的是给20元和30元的，100元200元的也有。吃过饭以后，他们家族要组织人去给昨天送葬的死人添添土，再给他献一次饭，之后，只有在这样的特殊情况下才会来看望了，在今天之内也可以给其他以前过世的老祖们砍砍草、添添土，其他一般情况是不会去动土的。

老人和年轻人过世就是不一样，昨天晚上送葬出去的李生禄家人就不会去看望了，因为他们认为这样反而会给家庭带来不好。

今天是新街镇的集日，很多村民从街上回来，主要是看见卢学锋的妻子和李永福的妻子买塑料口袋回来，不用说那一定是要装谷子的。我知道，他们两家今年是栽种了杂交水稻，两家的田都是在麻栗寨河底，气温要比我们寨子脚高好多，谷子成熟得就比寨子周围的要早，由于气温高，生长出来的谷子也比寨子周围的要饱满。在以前是食不果腹的年代，麻栗寨河底的田是村民的抢手货，都要争着去要河底的田，但是社会会改变人的，到了现在，很多村民都不愿意走那么远的路去劳动，来去背一背谷子都要说累了，寨子周围的田离家比较近，来去生产都方便。在很多村民全家出门发财，不存在粮食不够吃的年代，寨子周围的田又转过来要比远地方的田升值些。今天是一个属龙的日子，他们两家也买回来鸡，就要在我们之前过新米节了。

2016年8月15日，星期一，农历七月十三，属蛇，多云，中午有阵雨

昨天自己家过了新米节，今天李永福家召集了亲戚朋友去收割，就如同昨天说到的，他家的田主要是在麻栗寨河底，海拔低，气温就高，而栽种的又是早熟的杂交水稻，自然就熟得早。听栽种过的村民说，只要适合的地方还是高产的，要比村民以前栽种的传统品种多收好几背的。当然，有一点就是养牛的村民为了谷草不会栽种这样的品种。

上午，有一对外地的夫妇来村里做交易，驾驶着一辆三轮港田车，是用不锈钢锅、盆等来换村民的旧手机、旧电视等，生意还可以。我注意观察了一下，村民最多拿来交换的是旧手机，看样子这年头真的是手机普遍了，有的一家人就拿来十个八个的，也许是被前面来交换的人换去得多了，拿来旧电视的不太多，只有一台，11点左右下起一阵雨后收起他们的东西走了。

下午，我们云南大学哈尼族调查点负责人马老师他们到来。说是放假，其实他还是很忙的，每个假期都要外出调查，说这次刚从德宏州那边调查了回来，因为这边的一些事情也就接着下来了，准备在箐口村做几天的调查，很辛苦的。正如他们说的，要想做出一点事情，总是要利用别人休息的时间自己去劳动的。

2016年8月16日，星期二，农历七月十四，属马，阴，有中雨

前天属龙，李永福家和卢学锋家自己过了新米节以后，昨天李永福家就去收谷子，今天又听说卢学锋家要去收谷子，可是到了中午以后就一直下雨，不可能正常收割了。就是因为中午以后有雨，我们也没有做什么，只能在家做自己的事情。

早上没有下雨，正在给村里维修厕所的卢学贵他们早上就出去，带了他的弟兄们挖通寨子脚路中间的一条排水道，准备给寨子脚的那个厕所做一个排除污水的管道。但是后来因为下雨，他们也不能正常施工了。

下午，朋友李祥为了女儿上学的事情特别请假回来，向马老师他们请教，由于考的成绩不理想，原来报的红河卫生职业学院就不录取了，只能选曲靖能源技术学校。没有办法，分数限定在那里，只能就自己的分数选择合适的学校了。

2016年8月17日，星期三，农历七月十五，属羊，晴

早上起来，还是到田间走了走，呼吸一下新鲜的空气。不过，昨天是在朋友李祥家喝多了一点酒，头还是晕晕的，感觉没有睡醒的样子，所以，我在心里劝告自己，到了这个年纪，酒还是少喝一点的好。

今天是农历的七月十五，附近的土锅寨彝族过节，中午李爱生和李朝生两个堂弟兄从土锅寨朋友家过了节日喝了酒回来。

昨天下了一场中雨后，雨过天晴，今天的天气就好多了，我们的感觉也好多了，村民也能正常生产劳动。在村里施工的卢学贵、卢小华他们也组织人员正常干活。

2016年8月18日，星期四，农历七月十六，属猴，晴

前几天一直有雨，这两天是有点晴了，上午在基地晒了一下潮气很重的被子，下午应朋友的邀请到黄土坡张志学家抓鱼，准备晚上的饭菜。我们的晚饭就是在张志学家吃了回来的，这样参加朋友的约会有时是很高兴，但要是忙着喝酒的话，会感到很累的。

2016年8月19日，星期五，农历七月十七，属鸡，多云转大雨

今天上午随马老师和郑佳佳老师一同到全福庄村里调查卢文亮老人打银器的经历，回来已经是下午1点多了，吃中午饭有点晚，正当我们吃中午饭的时候就下起了大雨，今天就没有出去村里观察。

吃饭的时候，马卫明家运一大车碎石来，前几天是运回来沙，今天是运回来碎石，说是要准备加盖他家的老房子了，其实他家的房子建起

来的时间不长，可能是设计上不合适，听说是要重新拆建了。

建房子是人们一生中的一件大事，习惯性地都要选择一下日子，他们家可能就是等着好日子到来的。

2016年8月20日，星期六，农历七月十八，属狗，阴转多云

昨天晚上，马老师说他的弟子现任元阳县县长和爱红中午要过来，于是我起得很早，得给他们准备一点伙食，先到街上买了一点肉、一只鸡回来，后来到自己家地里找了一些蔬菜，中午就在我们云南大学哈尼族调查研究基地吃饭。他们一边吃饭一边商量要做的事情，到了1点左右，他们说还有其他事情就走了。

昨天晚上到今天早上一直都刮风下雨，做农民的总得跟风雨打交道，怕的是，到了这个时候栽种传统老品种水稻的，寨子脚土质比较肥的田块里的水稻就会被刮倒了，而他们家就要不顾风雨地到田里捆缚倒地的禾苗。今天李志和的妻子和儿媳在寨子脚捆缚他们家的禾苗，远一点的李文贵老人在他家田里捆缚着。这些老人就是固执，李文贵儿子李祥在外工作，很不能回来做家务事情，叫老人栽种抗倒伏的杂交水稻也不听话，说是要稻草喂牛过冬，各有各的理，由你去理解。

下午，前一段时间经常到村里来卖水果糕点的夫妇又来了，我看生意不错，很多吃过晚饭的妇女以及孩子都围着购买，他们到村里来卖了一段时间了，可能是品种多，总是有人要买他们东西。有一段时间没有过来卖卤肉的彝族青年也过来了，我看了一下时间，他们到8点钟卖完就回去了。

2016年8月21日，星期日，农历七月十九，属猪，多云，有阵雨

我习惯早起，要是不下雨，习惯早上到田间闻一闻稻花的香味，呼吸早上的新鲜空气，提醒睡眠的神经，今天还是早起。到了李祥家田的时候发现他家的禾苗全部倒伏在田间，回来的路上又遇见他70多岁的

老人包着米饭出来，肯定就是来捆缚倒伏的禾苗了。我就在想种植传统老品种的辛酸，越是刮风下雨越是要到田里劳动，所以现在的我们村民特别是寨子脚田块比较肥沃的田里基本都不敢栽种传统老品种了，有的是栽种了城里买来的杂交水稻，有的是栽种张明德哥哥从金平县引进来的品种。不知道过些年要栽种什么样的品种。

现在的村民嘛，只要有钱就知道要买冰箱、电视、汽车的，能享受了。下午4点左右，李学华家买回来一台海尔电冰箱，由几个人扛着回去，

下午，又有一对夫妇驾驶着车辆来村里卖蔬菜、水果等，这一对夫妇以前没有来过，来我们箐口村还是第一次，但我听村民说他家的蔬菜品种多，买的村民还是不少，他们是卖到晚上的8点钟才回去的。

今天下午，李世华带着自己的工人回来，说是这一段时间供应不了材料，没有办法施工就回来休息，等材料到位再出去施工。他们这次是到屏边县的淀粉厂装修，离河口县只有五六公里的路程，比较近比较热。

2016年8月22日，星期一，农历七月二十，属鼠，多云

早上，张保祥买了两头小猪回来，说一小头都给到了600多元，是要作为过年猪买回来养的，说现在田地里猪食多，养五六个月就够大了。没过多久，就看见李贵文夫妇也买一头回来。

说实在话，有村民算过养猪的一笔账，说家里养一两头猪，不过是找一点事情做做，觉得家里的剩菜剩饭可惜，田地里那么多猪食，不拿来喂猪也可惜，纯粹是零存整取的事情，但要真算起账是不划算的。但是，就我的口感的话，市场上买饲料喂养长大的猪肉吃起来绝对比不上自家养大的猪肉好吃，至于营养我暂时就不说了。

李院明家装修厨房已经两三天了，请了在蒙自市打工多年的张少宇，我过去看了一下，他还用上了一些仪器，看样子很认真。我知道，在村里像他这样夫妇都在蒙自市打工的还有张文学家、李成家、卢少强家、李庆贵家、李小明家、卢世文家、李庆生家等。我相信，还有我不知道的村民家，

听说这一部分村民的建筑技术在蒙自市都提高了不少,都拿着师傅的工价的,每天要是真做起来要拿两三百元工资的,难怪多数在那里辛苦了几年的村民都买起了汽车,建起了新房子,很了不得的。我想,要是能把这一帮人集中起来,绝对可以办一个建筑队或者成立一个公司的。

卢小华施工队修理寨子背后这条水沟已经两三天了,这条水沟,以前的村民小组都申请过的,申请政府能投入一些资金,寨子中心就有水,村里的卫生就会做得好一些,就是需要一定的审批程序才到今天来施工,希望这次能够顺利施工。

2016年8月23日,星期二,农历七月二十一,属牛,多云间晴

上午,云南大学民族学与社会学的师生来箐口村参加社会调查,来了19人,说是由云南大学民族研究院党委书记带队,他们在村里走访了一圈,说是还要到其他地方调查就走了,不像他们做暑期学校的调查时间长。

二哥张明德说稻谷出现稻曲病了,要我买农药回来,因为我配合新街镇农科站和云南农业大学在村里做调查已经十多年了,他们都很相信我跟他们学到了一些农业知识。实际上,现在很简单了,只要用手机照一张相片到药店买就好了,或者很简单很原始的办法就是带一个样品让卖药的看了就知道该打什么药了。

2016年8月24日,星期三,农历七月二十二,属虎,多云间晴

今天是牛角寨乡集日,因为快要收谷子了,有村民就要准备秋收的农具了。今天张正明从牛角寨乡集市上买回来一张谷船,说是每张谷船是180元,是铁皮做成的,是这几年才发明出来的,以前的话,村民都是用木头做成的,根据木头的质量,有沉重的有轻一点的,说是一张谷船质量好保护得好就可以用10~20年的。

杨文亮家原来建了两层房子,年初的时候,又加建了两层,多增加

了两个房间，但是，这样又把他的老房子遮挡住了，光线就暗一些了。他的兄弟杨文荣又找钱加建了两层，这样房顶上就可以晒东西了，今天叫了几个亲戚打第四层的屋顶。原来100平方米左右的建筑，两个弟兄分开了以后每个家就只有三四十个平方米的建筑占地，今天的这个屋顶面积就很小了，所以没有叫几个亲戚，他们十几个人到下午1点左右就打完了。

下午，马翀炜老师和郑佳佳老师因为有事情要办就下去南沙镇了，他们在村里已经调查十几天了，本来可以休息的暑假用来调查村里的文化，跑来这么远的地方做村寨的文化调查，很辛苦的。

2016年8月25日，星期四，农历七月二十三，属兔，晴

因为稻谷出现稻曲病了，我就去买药。我问过新街镇农科站的技术人员，说用的主要是井冈霉素A，要在抽穗百分之五时打一次，到抽穗齐了再打一次。他们认为现在的谷子都快要成熟了，就起不到应有的作用，所以我的稻谷就没有打药，二哥抱着试一试的心理趁着今天天气好就去打了，过几天我再去观察情况。

为了在收谷子之前把屋顶浇灌好，趁这两天天气好的时候，李绍华家叫了亲戚李文科、李四文、李绍云几个建筑师傅抓紧时间做钢筋。按照村民的说法，他们都是从蒙自市建筑学校毕业回来的，城里的建筑技术要求高，他们参加打工多年以后，都学会了，手脚灵活，做起来就快，这两天的进度确实很快，过一两天可以浇灌了。

2016年8月26日，星期五，农历七月二十四，属龙，多云间晴

为了明天收谷子，今天李世华家过新米节，他家昨天就从田里摘回来几株新谷穗，脱了壳用新米献饭的。他们这些传统的家庭只有做了这个仪式才能收谷子的，即使不是统一在同一天过节，也要根据自己家的情况选择一天属龙的日子做这个仪式，我知道的都是选择一个属龙日子来做的。

原本想去给稻谷打井冈霉素 A 也没有去，想想都这个时候了，根据农科站朋友们的说法，到了这个时候也没有多大的作用打了。

2016 年 8 月 27 日，星期六，农历七月二十五，属蛇，多云间晴

李世华家收谷子，今天没有叫几个人，只是他们一家人收零散的一些，多数要在今天晚上多叫几个人明天再去收。原本是叫我也过去收的，但是收得少，我也就没有过去而是做自己的事情，到了下午的时候再去帮助背谷子回来罢了。

他家今年栽种的是早谷，名符其实，成熟的时间要比其他的谷种早，收割的时间自然比其他的谷种要早些了。

2016 年 8 月 28 日，星期日，农历七月二十六，属马，多云间晴

李世华家和李成两个弟兄家收谷子，今天是找了四张谷船，也多叫了几个亲戚想早点收完。今天又有李绍华家浇灌屋顶，他要叫的亲戚被李绍华家叫去一部分，人手就很不够了，不能像计划的那样早点收完。

李绍华家和卢志林家打屋顶，都是请亲戚们浇灌的，没有请小工，而今天又有村民家去收谷子，都是一个寨子的人，男的不亲近，女的要亲近的，总是有忙不过来的时候。

2016 年 8 月 29 日，星期一，农历七月二十七，属羊，多云间晴

今天中午，李才明家、李五家、李正福家等到团结村委会用小猪丧祭，这丧事，村里没有，其他的寨子里也会有，有时候还是很累的。

今天，李庆华家收谷子，自己家今年盖房子没有育秧苗，栽种的就是李世华用剩的秧苗，品种就是早谷，所以，谷子成熟得快。他家田块不多，五个弟兄分家下来，每个人只能分到十背左右的谷子，大概也就是 1000 斤，所以需要的人手不多，五六个人就够了，今天帮忙的人只

叫了两个男的、四个女的，下午4点左右就收完了。

2016年8月30日，星期二，农历七月二十八，属猴，阴转多云

李红亮家收谷子，收的是栽种在岳父李正林家田里的早谷，由于他的岳父李正林上了年纪，自己已经不能照管自己家的田了，前两年是给马卫华照管了两年，而马卫华也因为嫌种田累，就退还给李正林家不种了，毕竟是一家人，现在只有自己的女儿和女婿李红亮栽种管理了。今天是叫了自己的朋友李院生、李世文等去收的。由于早上有雨，谷子还没有来得及干，有点难收，收完他家的那几块梯田的谷子已经有点晚了。

今天收谷子的还有李庆明家，栽种的是市场上买来的谷种，他家栽种这个品种已经几年了，说是很适合在他家田那一带的海拔栽种，很增产的，可以收到二十几背的，在他与老父亲没有分家之前从没有收到这么多，那些传统的老品种最多收到的就是十几背。

2016年8月31日，星期三，农历七月二十九，属鸡，多云有阵小雨

学校开学了，学生们要回到学校接受新的知识，现在的学校就是严格，都要监护人接送到学校去，办理了所有的手续才能回来。

今天，李万祥老板安排了施工人员来装修我们云南大学哈尼族调查基地，已经11年了，很多设备旧了，房子也应该装修一下了。

下午接到通知，我们这一届的一个战友的老父亲去世了，明天下午要去看望，可是，基地要装修，我还要做自己的事情，这次就只有请假了。

2016年9月1日，星期四，农历八月初一，属狗，多云间晴

今天上午，张少宇家做法事，李生福家也做，都是因为上个月有家人过世，过了当月（主要是指农历）后必须要做的一个法事，都请了家族的人参加吃饭喝酒，凡是家族的人都要安排人提前通知到每户的，而被通知的家族人只要没有特殊的事情也会自觉来参加的。做了这个法事，

才可以说是整个丧事了结了，一家人才可以出门打工或者做大事情。

张少宇家请的摩批是张保祥，昨天晚上就安排人通知了的，我也要过去参加张少宇家的法事，因为同时有李生福家做这样的法事，我们张氏家族和李生福家族是结拜家族，一部分人到张少宇家，一部分到李生福家，一家有五六桌的人，要是只一家在做的话，家族的人就会更集中。李生福家请的摩批是麻栗寨的，就是专门管理他们家族丧事的摩批。我们箐口村姓卢家族和小李家族的丧事是由麻栗寨摩批来主持的，只有张氏家族和大李家族，还有少数几户的丧事是张正和或者李正林来主持。当然，姓卢和小李家族的其他小的祭祀如果不想麻烦麻栗寨也可以由张正和或者李正林来做，像这样的大事是要请自己的主摩批的。

我们云南大学哈尼族调查基地在箐口村建立已经12年了，由于房子旁边都是树木，屋里比较潮湿，墙体包括很多屋面都出现问题，已经到了必须装修的程度。这次在县里申请了一点项目资金，请了李万祥当老板于这两天开始进行装修，可能需要一段时间才能装修好，这两天屋里都是乱乱的，我想做一点作业都静不下心来，只能是白天配合他们工作，晚上又做自己的事情，很辛苦的！10年，我一生最珍贵的青春（30岁到40岁）都付出在箐口村，还有云南大学哈尼族调查点。我认为很幸运，但是人不应该吊死在一棵树上，应该活得更精彩一些，我应该再找一点其他的事情来做，特别是要解决经济上的困难。

2016年9月2日，星期五，农历八月初二，属猪，阴雨转多云

上午，李保明家做法事，还是同昨天张少宇家一样，请了他们家族的人来参加，摩批是他们大李氏家族的大摩批李正林，他家的口碑不是那么好，参加的人自然要少一些。人可能就是这样，你对人家好，人家才会对你好。

生意人就是会抓住机会。村里快要收谷子，今天是有水卜龙施正超夫妇来卖口袋和镰刀之类的生产农具，来买的村民很多，特别是买口袋的村民很多，一元钱一只塑料口袋，一买就二三十只口袋，我看来了二三十个村民在挑拣口袋呢，就是买来装谷子的。这个塑料口袋便宜又方便，村民家基本上都用这种塑料口袋装谷子而很少用以前结实的麻袋了，这应该也是生产上的一大改变吧，记得我们家以前就是用父亲从什么地方买来的麻袋装谷子的。

因为收谷子前要过一个新米节，还要献饭。卢志林家今年新建的房子还没有来得及装修，今天就做迁居仪式，请了亲戚朋友们来，因为没有多少事情，有几个亲戚是从早上喝到晚上。到了晚上12点，他家的黄土坡亲戚张贵忠要驾驶三轮车回去的时候，还把车开翻到停车场的路边，等一伙亲戚过来拖上来的时候已经1点多了，人多声音大，把我也给吵醒了，好在说是没有伤着人，要是伤着了人就麻烦了。这酒还是少喝的好，特别是驾驶车辆的朋友们。

昨天晚上下了一阵大雨，早上还下着蒙蒙小雨，中午转变成多云。李文宽家去收谷子，收的是今年给他1800元管理费的李永家的田，说栽种的也是早谷，梯田就在寨子后面一点，离家近，谷草都被村民背完喂牛了，谁来背谷草主人家都不会说的，所以他家今天收谷子剩下的谷草都被养着牛的村民背完了。

2016年9月3日，星期六，农历八月初三，属鼠，多云

上午，贴着中国中央电视台中央新影集团《情况很复杂》字样的摄制组来村里拍摄，他们请村民小组叫了一些村民去给他们搬运器材，说主演是外地的人，暂时没有村民做演员，被请的村民只是给他们搬运器材罢了。

寨子脚的谷子这两天成熟得很快，今天去收割的村民家有张永福家、卢宽亮家、卢荣贵家等，说栽的都是杂交水稻，成熟要早些，几家的田都适合栽种杂交水稻，粮食产量还是高的。他们几家栽种杂交水稻都几年了，特别是张永福家，他与大哥张祥分家后，谷种一直是在市场上买来栽种的。原来栽种老品种的时候一般都只能收十几背，现在栽种杂交水稻后每年都可以收到二十五六背的，至少是增加了十背谷子，也就是1000斤左右，田少，当然希望多收几背谷子。

2016年9月4日，星期日，农历八月初四，属牛，多云有阵雨

上午，有几个姓卢的家族人到大鱼塘，说是今天大鱼塘村有个姓卢的老人要出殡，他们几个是过去帮忙的，下午再回来。

今天有大哥张明生家收谷子，作为兄弟，我也被叫去帮助他们家收割。因为早上下雨，想着要改变计划而没有去，叫几个请来的朋友们来吃饭，到了9点半左右天气又变好起来再去请说好的几个村民去收割的，原本想着可以正常收割了，可是，到了吃中午饭的时候又下起一阵中雨来，耽误了我们的一点时间，搞得我们收割都很麻烦了，计划可以在四五点收完，其实到了6点左右才完成，回来都有点晚了。

从经济的角度稍微算一下，除了我们五六个弟兄一家人之外，请了四个男的、四个女的，女的70元一天，男的100元一天，这里就开支了680元；今天他家收回的谷子30背，背回来一背谷子是十元，就要付300元，加上这里开支了980元，吃饭喝酒的伙食要花费三四百元，今天开支就近1500元了，要是加上插秧和犁田、耙田、搭田埂，还有平时的管理，收回来一点谷子也像是买吃的，一背谷子都要投入上百元以上。所以，有村民就说种田不划算，付出不等于收获，只是放荒一年的梯田会长满杂草，想恢复就要费很大的力气，村民都还得继续付出劳动栽种着，延续祖辈的耕种方式，这应该是最核心的问题，是不能从经济的角度来分析的一种农耕文化。

早早地，今天有中央电视台中国新影集团继续来村里拍摄电影《情况很复杂》，也不知道他们还要拍摄几天，具体拍些什么事情。

2016年9月5日，星期一，农历八月初五，属虎，多云

今天电视台继续来拍电影，主要是在陈列室广场拍摄，到了晚上七八点再返回城里休息。

昨天有一个大鱼塘村的老人出殡，根据习俗今天有很多村民到大鱼塘村做客。昨天帮助大哥家收谷子劳动了一天又因为下雨被淋了一会儿，有点累，我就没有到大鱼塘村做客了，也没有出去做其他的什么事情，只是看一会儿书休息了一会儿。

2016年9月6日，星期二，农历八月初六，属兔，多云，有阵中雨

今天李文宽家收谷子，请了自己的亲戚朋友过去帮助收，要是像早上的天气还好收割，只是中午下了一阵中雨后就还是难收割一些了，收回来的谷子都是潮湿的，在家里还得好好管理，如果一两天不去翻开透气或者及时晒干是要发霉发芽的。

下午，有村民们到黄草岭村民小组做客，是参加李车福的儿子过生日的，说是请了全村的人家，但是今天下午为了过明天的新米节，每户都要有人去背新谷子的，一部分人家就不会去做客了，人肯定比平时要少些了。

为了明天过新米节，今天有很多村民上街买菜、买鸡。今天下午，每户都有人去背新谷子，村民要用今天下午背回来的新谷子脱壳煮成米饭献祖的，当然啦，前面自己家为了早些收割献过的，明天就不用再做一次了。

知道明天村里过新米节了，在附近打工的村民都回来，有李雪家、李庆云夫妇等。

天下没有不费力气可以做的便宜事情。中国中央电视台中国新影集团拍摄也很辛苦的，这几天每天都是早早地过来，中午只是简单地吃一点盒饭，今天拍到了晚上11点才回去休息的。

2016 年 9 月 7 日，星期三，农历八月初七，属龙，多云，有中雨

这几天，村里主要有李庆光妻子带队的女子浇灌队每天都去打屋顶，每天早上四五点就出发了，今天还是有的，她们是 5 点 30 分的时候出发，我还在做作业的时候她们就出发了，很勤快的。想多做一点事情，多挣一点钱得舍得比别人花时间和精力的，得利用别人休息的时间多想一想、做一做。

今天，村里过新米节，还是和往年一样，来的客人很多。村里以前认为够大的停车场现在用起来很小了，今天只是来了四五十辆亲戚朋友的车子都摆不下了，加上今年有几户人家建房子，有些建筑材料未来得及搬运，就显得更拥挤了。

2016 年 9 月 8 日，星期四，农历八月初八，属蛇，阴转多云间晴

昨天是箐口村的新米节，过了新米节以后，今天收谷子的村民家就多了，我知道的就有李建军家、李绍云家、卢荣祥家、卢忠文家、张正和家、卢建忠家、卢小华家等，只要天晴，就不断会有村民家收割了。

后天是教师节，初中部的学生今天下午就放假回来了，在家休息几天再出去上学。

晚上，朋友李庆云从个旧市回来，约我到他家吃饭。知道李庆五的孩子生病，像是着了魔似的，说是有点怪，半夜三更的又不便于送医院，家人只有用传统的民俗做法给作怪的死人送饭烧钱烧烟的，一家人还是有点着急了。

今天，张华家拆除茅草房顶了，说是茅草捂坏了水泥顶，现在政府又不给什么补贴，这样没有用处的茅草堆还给房子加了重量，还不如拆了算了。

2016 年 9 月 9 日，星期五，农历八月初九，属马，阴雨

收谷子的有李建军家，两张谷船，十几个人。李文科家有两张谷船，李正祥家请了李永得的妻子和卢树云的妻子背谷子。

我原来打算与村民修路去的，只是李文科家要收谷子，人手不够，我便与他一起去收谷子了。天气不好，一会儿阴一会儿晴的，对于收谷子的人家来说很麻烦的，我们原来计划收20背谷子，干到晚上6点多才结束，回到家里吃饭已经7点多了，是有点晚了，正常情况下，现在的人四五点钟就要收工的。

根据习俗，今天村民每户要有一人参与修路的，主要是修理从麻栗寨河到寨子脚的这一条到田间的主路，可是，今天他们主要到"拿安天"（地名）去了，说是有大鱼塘村民来围着我们箐口村的一点地，今天过去是踩平他们家所围着的地。今天村民小组的人没有组织去修理从麻栗寨河到我们箐口村去田间的主路，对此，有村民是反对的，说是今天不应该去踩平围着的地而应该依照以前的做法。

2016年9月10日，星期六，农历八月初十，属羊，有大到暴雨

今天早上就有大到暴雨，准备去收谷子的人家只有取消了，我原来说好了要帮助朋友卢建忠家去收谷子的。我们早上7点左右就吃饭了，一直等着雨停，就是停不了，一直下到上午11点左右，谷粒不可能晒干了，就决定不去收谷子。他们几个约了去打牌，因为下雨，也没有看见其他村民家去收谷子的情况。

要是再过几天，村民都要去收谷子啦。可能就是考虑到这个因素，今天虽然下着雨，李正云家照样打屋顶，亲戚们还是带着雨具过来帮助他家了，不用说，在雨里干活肯定是辛苦的事情。我是与卢建忠吃完饭回来的，因为下雨没有去收割，喝了两杯酒，也没有去帮助李正云家打屋顶，正好做我自己的事情。

2016年9月11日，星期日，农历八月十一，属猴，多云间晴

可能是昨天下过一场大暴雨，今天就没有雨下了，村民都能正常地收谷子了。有张牛志家,他是我的堂弟,我与他相处得好,叫我也过去互换劳动力,今天就到他家收谷子,到我家收谷子的时候他又过来帮助我家收割,农忙的时候就是这样相互换劳动力的。他家的田离寨子相对远一点,他家的谷子是用马驮回来的,每袋谷子10元,他家收了50袋谷子,应该付给马帮500元了。要是算一下经济账,加上他家请几个小工,买一点烟酒,估计今天是要花去上千元的,自己栽种的粮食也像买吃的一样要花费一笔钱。

知道今天收谷子的李红家,也是一半互换劳力,一半请小工。这几天不是很忙,在村里基本还能请到几个,要是再过几天村里特别忙的话是请不到小工的,只有请外地的亲戚朋友过来。

今天收割的还有一家是卢建华家,他家今年有点特殊,来帮忙的亲戚朋友很多,这种特殊的情况是不用请小工的,亲戚们会特别考虑抽出时间帮忙的。

2016年9月12日,星期一,农历八月十二,属鸡,多云间有阵小雨

李文才家打屋顶,作为朋友,他是请我过去帮忙的,可是前几天就有朋友卢建忠约我去收谷子,我只好把他的事情推托了而去帮助卢建忠家。卢建忠已经60多岁了,只是与我相处得好就叫作朋友了,他今天请的都是年纪比我大的,在我们几个中我年纪最小,我身体好,就轮着我背谷子啦,他家的田离寨子算有点远的了,人手不够,要背到马能过来的水沟边。马帮有5匹马,每匹一次驮两袋,五匹一次就是10袋了,他家驮了两次就是20袋,都是我一个人背下去的,好在路程不远,基本能挺住,再过几年就肯定不行了。

今天卢金家收谷子,他的父亲今年过世,亲戚和家族的人认为今年收割该过来帮助他家收谷子,所以他家今天来帮助收割的人很多,田不多,所以收回来的时间就早了。

2016 年 9 月 14 日，星期三，农历八月十四，属猪，多云间有雨

李世得家拆除茅草房顶，说是政府不给茅草房补贴，这样装饰对自己的房子也不好，不如拆了减轻房顶的重量。

今天虽然有些雨，但还是有村民家收谷子的，都认为再过几天天气好，村民都会忙起来，尽量能收多少就收多少。

2016 年 9 月 15 日，星期四，农历八月十五，属鼠，多云间晴

今天的天气虽然很好，但因为是中秋节，收谷子的人家少，只看见有李文祥家和张春华家，很多村民都上街买糕点和水果，或者直接休息了。

正因为是中秋节，在单位上班的一些年轻人都回来了，有李祥、张崇云等。

2016 年 9 月 16 日，星期五，农历八月十六，属牛，阴，早上有中雨

张明德家收谷子，他是我的哥哥，因为有病在身，我觉得帮助他家去收割是应该的。当然，到我们家收割的时候还是要他们换工的，我们夫妻就都过去帮忙了，只是，上午下了一阵雨，影响了正常出工的时间，不能像打算的那样收割完毕了。

2016 年 9 月 17 日，星期六，农历八月十七，属虎，多云，有小雨

今天，虽然还飘着小雨，但是李建军家在收谷子。他家的家庭有点特殊，李建军和他的兄弟都还小，家里只有奶奶顾家，妈妈打工在外地，父亲和爷爷前几年过世了，家里基本没有劳动力，好在经济上还过得去，劳力上除了亲戚帮忙之外，可以用钱请一些小工来完成家里的事情。

我打算明天去收自己家的谷子，所以今天就休息了。上街打了 10 斤酒买了一点肉，毕竟是生产劳动，大家的体能消耗肯定大，要补充一些营养的，不能就青菜萝卜打发吧。

2016年9月18日，星期日，农历八月十八，属兔，多云间有小雨

虽然今天还是有点小雨，但是其他村民家都收谷子回来了，我也很着急，前几天就决定了，都约好了人，所以我们还是出工去收谷子了。人手充足的话，完成的时间是基本正常的，有点麻烦的是，元阳县农机站带来了一台打谷机，要我们试用一下而耽误了一点时间，使用的朋友都说麻烦，还不如我们用自己的农具打得快。

马卫明家拆建房子了，他是做生意的人，可能这几年找到一点钱，是准备整幢地重新拆建，亲戚都忙着收割，帮他家拆房子的人很少。

2016年9月19日，星期一，农历八月十九，属龙，阴，有雨

今天还是下着一点雨，但到了该收割的时候不收也不是办法，昨天张五夫妇到我们家帮助收谷子，今天我们夫妻去还昨天他们夫妻两个的工了。由于一天飘着小雨，谷子也不易脱粒，很费时间、人力，不能像天气好的时候那样收割了。

2016年9月20日，星期二，农历八月二十，属蛇，多云间晴

卢宽亮家拆除茅草房顶，也是说，茅草盖住了水泥顶以后，屋顶烂得快，不拆除不行了。就这几天的时间，我发现村里是有几户人家拆除了茅草房顶的，要不是政府阻止的话，我估计村里的茅草房顶会越来越少的。

连续这么多天的收割劳动，感觉很辛苦，才回味自己已经是40岁的人了，体力已经不如年轻的时候，我想收集一点收割的影像资料都抽不出时间来，今天就找了一点时间到田里拍照，我虽然是本地人，但还是有人不太愿意给拍照。

2016年9月21日，星期三，农历八月二十一，属马，多云间晴

收谷子的有李庆云家，这几天是村里最忙的时间，他家原来是打算

请几个小工的也找不到人，只有叫了他亲家一家人去收割。我和李庆云是从小一起长大的，是同学，辈分上我是他的叔叔，今天看他家人手的确少就过去帮助了。我看见其他收割的有李永亮家，他家请了全福庄的亲戚过来帮助收割。

要说的是，今天晚上吃饭的时候，李庆云的母亲告诉我，村里原来在新街镇酒厂上班的李志文已经酿出酒来了，如果我们要可以去打一点回来品尝。

2016 年 9 月 22 日，星期四，农历八月二十二，属羊，多云间晴

收谷子的有李祥家、李红亮家等，这几天是村里最忙的时候，想在村里请小工都请不到，李祥是我的好朋友，说也是请不着人，我就过去帮助他家背了几背谷子。

2016 年 9 月 23 日，星期五，农历八月二十三，属猴，晴

这几天的天气就好了，收谷子的有卢永贵家、李文科家、李光明家、李世文家、卢树云家、李庆云家，这几天是村里最忙的时候了。

天气好，收谷子就忙，由于前几天是连续的阴雨天，已经收回谷子的人家也忙着晒谷子了，很辛苦很忙的。连续这么多天的收割劳作，我今年特别地感觉到农忙的辛苦。

2016 年 9 月 24 日，星期六，农历八月二十四，属鸡，多云间晴

收谷子的有高文华家、李则忠家、李绍新家、张志学家等，张志学家的人手少，还没有收割完，就是因为请不到小工，他家的谷子还没有背回来，都放在田边，等请到愿意背的妇女再去背回来。

到今天为止，谷子没有收回来的村民家少了。做农民的收割农忙就像是比赛一样，都争先恐后地趁着天晴抢收，没有收回来的村民家想请几个小工也请不到，有的是只有请外地的亲戚或者直接请外地的小工了。

2016 年 9 月 25 日，星期日，农历八月二十五，属狗，多云间晴

连续的几天晴天以后，有的谷草可以收拢了。今天是李志和夫妇收谷草，他家养有牛，谷草要作为整个冬天的饲料，收了一些留着一些，冬天里找牛吃的饲料是很困难的。

经过这么几天的抢收后，村里的谷子基本收完了。今天收割的是李学家、张志学家、李永得家，今天以后，村里还没有收的谷子是没有剩余多少了。

今天下午 4 点左右，云南大学哈尼族调查点马翀炜老师来看调查基地装修情况。由于师傅们去收割去了，影响了工程进度，而且他们没有按照施工要求来做，他是一点都不满意的，批评我不好好督促又告诉施工员要加快进度。

2016 年 9 月 26 日，星期一，农历八月二十六，属猪，多云间晴

今天的天气不错，收谷子的有李永禄家、李永得家、高里发家、李文科家、李国忠家、李正云家等，这些家庭落后一点，劳动力也稍差一点，经济上也是落后的家庭。李永禄一家经常在街上务工，很少回来帮助其他亲戚换劳力。高里发家也是，两个老人已经70多岁了，有病在身，不能正常劳动，而高里发的话，2 个月前才带回来一个媳妇，还不能很好地主持家务，今天他姐姐和姐夫都从麻栗寨过来帮忙了。李永得就不用说了，是村里出了名的懒汉，插秧在人家后面，收割也要在人家后面，而且他也不跟其他村民搭伙，只是他们夫妻两个收割，这样只是夫妻两个收割的还有李国忠家、卢树云家，就是以前所谓的"单干户"。李文科家的话，主要是劳动力少，加上李明的田地他们又得去管理，谷子稍微多了一些，两口子已经够辛苦的了。

上午，听说黄草岭有一个老人过世了，村里有好几个家庭过去奔丧，有的还是停下农事去的。原本李国忠是要带一只鸡去奔丧的，可是他家的谷子还没有收完，就让李世忠带鸡过去，他不能亲自过去了。今早或许是要确定村里没有办理土地使用证书的农户，村民小组通知村民拿着土地使用证书到办公室进行登记。

　　交通方便了就是好，这几天每天都有外地人来村里卖东西，而买的村民也多，我发现这两年特别多，卖菜的、卖水果的、卖家庭日用品的，什么都有。

2016 年 9 月 27 日，星期二，农历八月二十七，属鼠，多云间晴

　　今天是新街镇的集日，前几天才处理了四头大肥猪的张小明家又买回来十头小猪饲养。人是被逼出来的，他们还是当儿子儿媳妇的时候，我们看不出来他们这么能干，特别是做儿媳的，听村里的妇女说，她以前就是跟着丈夫打工，料理一下基本家务，还不能正常持家，应该是去年老婆婆过世以后，自然就顶了母亲的位置，所有的家务只能自己操持了，年初就科学饲养小猪，起步很成功，村里的妇女都是夸赞的。

　　上午，李志文妻子赶猪回来，说是原来养在他们居住的新街镇酒厂，现在李志文已经退休了，夫妻一起努力创业，在村里办了一个酒坊，已经酿出酒来了，有些村民已经喝过他们酿造的酒了。李志文是我妻子的舅舅，我们还亲一点嘛，那个酒我在儿子大舅家吃饭时喝过一点，口感还不错。

　　今天有的说是收谷子，有的说是要到黄草岭村民小组帮忙，在基地装修的人员今天又休息了，在村里做事就是麻烦，三天打鱼两天晒网的，这么一点活计都不能及时完成。

　　都说勤劳致富，张牛志的妻子和卢正学夫妇每天都在收其他村民家不要的谷草，要说他们家养有牛是事实，因为他们勤劳，他们家的牛就是养得肥，而没有养牛的人家的草要是没有人去收的话，就点火烧了。趁着这两天谷草被晒干烧草的有李庆五家、卢学贵家，卢学贵家现在也养有牛的，只是他家种的是杂交水稻，成熟早收得早，那几天是连续的阴雨天，谷草都霉烂了捆不好，即使捆好了牛也不一定会吃，再说之后收割的很多人家都不要谷草,可以与他们商量等晒干了收回来,他家就收别人家的,自己家不好的谷草就烧了。

今天收谷子的人家有李正超家,他家主要是夫妻都不经常在家,育苗时间晚,插秧也就在别人家后面了,而李永得还是和昨天一样就只是他们夫妻两个,一边收着一边背回家,自然要慢一些。

2016年9月28日,星期三,农历八月二十八,属牛,多云间晴

今天收谷子的有卢正荣家,他们是3个弟兄,都已经成家了,有自己的子女,都在外地打工,很少回来,家里基本由他母亲管理。听说他母亲这几天因为生病不能出来管理自己家的田地了,其他家的基本已经收割完了,家人会感到害羞的,所以今天召集了他们弟兄回来,并请了全福庄舅舅家的人过来帮助收割。只是老天不作美,前几天天气还好好的,未曾下过一滴雨,今天中午正在收割时下了一场中雨,影响了他们家正常收割。

今天收割的有李正和家,到了这个时候,来帮助的亲戚朋友会多一些,所以他家收工得早些。

早上说是黄草岭村民小组过世的老人今天要出殡了,箐口村的卢氏家族人卢建忠、卢学贵、卢永贵、卢荣富、卢荣等,包括几个妇女到黄草岭村民小组他们卢氏家族帮助。

2016年9月29日,星期四,农历八月二十九,属虎,多云间晴

根据这一带葬礼的程序,上午黄草岭昨天送葬的人家要请客,箐口村民到黄草岭做客的多,但是有很多村民要忙于农事,他们是不可能到黄草岭村民小组做客的,人就比平时少些。

中午,兄弟张明福家拆除茅草顶,说是水泥顶都要被压坏了,对于村民来说仅仅是装饰的茅草顶没有用。仅这几天就有五六户村民家将茅草顶拆除了,要不是政府或者其他什么单位来阻止村民拆除,村民都会拆除完的。

下午，李艳英家新房迁居，被请到的村民去做客的多。

因为昨天下雨，卢正荣家也没有能够收完谷子，今天还是他全福庄的舅舅一家人过来帮忙才全部收完。

2016年9月30日，星期五，农历八月三十，属兔，多云，有雨

今天李正学家收谷子，在黄土坡下面一点，海拔高些，成熟要晚一些，虽然今天还是有点雨，但是其他村民家都收完谷子了，自己家没收完会害羞的。

李庆华去年出了一场车祸，还没有完全恢复，虽然自己家的田不多，只要一头牛犁田就完成了，但他自己不能劳作，昨天就请卢同则来垒田埂，今天又请了他犁田，他是今年村里第一家犁田的。

2016年10月1日，星期六，农历九月初一，属龙，阴，有雨

今天收谷子的有张志祥家、李朝生家，他们两家的田都在寨子的上方，海拔要高些，气温自然要低些，当然，最主要的是品种问题，栽种的都是晚熟的品种。张志祥一家在南沙镇打工，原来想给一点管理费让其他人管理的，只是找不到人，没有人愿意管理罢了，只有他自己抽出时间来管理了。

现在，多数村民的生活还是困难的，农村最低生活保障补贴到位了，今天是朋友卢建忠去取款，钱不多，这次收割开支了一些以后，他已经没有钱用了，等收了假以后，还要给两个孙子上学用。

下午，原本有一张水卜龙新房迁居的请帖，不是很好的朋友，又忙于做自己的事情而没有去了。这年头，好像流行请客似的，新房迁居要请，年轻人结婚要请，孩子过生日也要请，老人过世了也要过礼，要没有什么经济来源的话，有时候连做客的钱都没有。我发觉，人到了中年后，事情就是特别多，时间过得特别的快，半辈子不知不觉就这样过去了。

2016年10月2日，星期日，农历九月初二，属蛇，多云间晴

国庆节期间，学校也放假了，学生都在家里休息着，说是过了国庆节再回学校上课。

因为国庆节，多数单位都放假了。今天下午李庆云的朋友从个旧市过来，约我一起去喝酒，不敢喝多了，自己的事情这么多，只是陪着喝了两杯，喝茶讨论一些可能会发生的事情，这样的喝法感觉还可以，要不然只顾着喝酒，既浪费时间，又消耗体力，会很无聊的。

2016年10月3日，星期一，农历九月初三，属马，晴

这两天天气好，村民都陆续垒田埂了。今天是李建军家，请了六个小工，还有卢四文家，他要到蒙自市打工，今天也是请了四个小工去垒的，想着自己的田埂快些垒好就早些过去挣钱。这样的夫妻都在蒙自市打拼的村里有好几户，有的已经10多年了，多数还买了车、盖了房，只是他们回来说这两年工程有点少了，不像前几年好干，事情多，工钱又容易拿到手。

今天中午，我看见李生明穿着哈尼族服装过来，他是世博元阳分公司在箐口村里的保洁员，说是这一段时间是国庆节放假期间，来的游客多，公司要求每个员工都要穿民族服装，他们两个保洁员每天都要清理村里的路面，来回巡查的。

2016年10月4日，星期二，农历九月初四，属羊，多云间晴

天气晴朗了几天，就有村民家收谷草了。朋友卢建忠去收别人家田里的谷草，因为他家养着两头牛，到了冬天需要很多谷草过冬，现在不储备一些的话，到时候很困难的，他就找一些没有养着牛、不要谷草的人家把谷草晒了自己去收，没有养牛的村民基本也不需要谷草，不像以前村民家里都是传统的茅草房一定要收茅草建房子。相反地，这段时间还有一些村民拆除茅草房顶，说是装饰在那里对我们自己没有什么用，

反而会给房子增加压力，水泥顶都会变坏的。

传统的农耕就是这样，收了谷子收谷草，收了谷草就放水养田，接着就是给田埂锄草、垒田埂、犁田，这一两个月，做农民的就是辛苦。今天有卢成家、李世文家垒田埂，都是叫了朋友一起去的。

2016年10月5日，星期三，农历九月初五，属猴，多云间晴

这几天是国庆节放假，元阳县新街镇政府召集了人在哈尼小镇过节，说今天邀请了9个县市的人来过节，有点热闹的，卢生亮夫妇等村民也到那里去卖东西了。

做农民的，这一段时间田里的事情还是多的，主要的事情是给田埂锄草、垒田埂、犁田等。卢成家是请人垒田埂，卢建忠是给李文祥家垒田埂，卢新犁田，反正村民都希望在冷天到来之前把田里的事情做完。

正是国庆节放假的时间，前几天来的人是少些，而今天就有点多了，来了几十个，村里的卢龙和李云又做起了餐饮生意，这两天都有人到他们两家吃饭，但是我看比往年的国庆节少很多，光是停车场来看，往年是停不下车辆的，还需要人去指挥停放，今年的停车场里还堆放了几户村民家的建筑材料，进来的车辆都有地方停。

2016年10月6日，星期四，农历九月初六，属鸡，多云间晴

李志和帮李扎卜家犁田，说是他家的田淤泥太深了，栽种的又是杂交水稻，谷桩牢固，牛犁田也很费劲的，要犁两三天才能完成。

今天是没有去什么地方了，在基地做作业，总结一下这10年的历史，等明年再重新选择。

2016年10月7日，星期五，农历九月初七，属狗，晴

我们云南大学哈尼族调查研究基地已经很长时间没有检修了，昨天晚上还会正常通电，早上就不正常了，为此我还忙了一段时间，我还担心了一阵，要是基地的电路出现难解的问题，我的事情怎么办？基地的事情怎么办？我还是请了村里以前的电工卢学明朋友过来帮助修理一下，到了中午解决了问题，才解了心里的疙瘩，松了一口气。

李志明犁李建军家的田，朋友李志明说自己家的田都没有整好，只是李建军的奶奶都来家里叫了三四次，他不好意思了才答应去犁的。

村民很知道谋生的，田里的庄稼都收回来了，都是一片空田，掉在田里的谷子要是喂鸭子就好啦。今天是牛角寨乡集日，李文祥的母亲和卢永贵的母亲到集市上买鸭子回来，说两三个月大的鸭子是33元一只。她们家没有专门养鸭子的地方，养多了也喂不起，每家都只是买了三四只，这一段时间可以到处放养，再养几个月就可以吃鸭蛋了，不能养多的情况下，养几只还是划得来的，自己吃的鸭蛋根本不用买的，而鸭子的本钱又不会赔掉了，养来自己家做法事用杀吃也值的。

说一点村民的说法，说是有朋友来一般不杀鸭子吃，杀了朋友间会因为出现矛盾而产生矛盾的，不得已杀吃时也要同煮一个鸡蛋或者鸭蛋，这样会破解。

晚上，因为我们云南大学的调查研究基地没有装修好，不方便在基地做饭吃，我就到朋友卢建忠家吃饭，说吃的是新米，是好吃的一种品种，口感确实比老米好多了。

2016 年 10 月 8 日，星期六，农历九月初八，属猪，多云，有阵小雨

学校放了一个星期的假以后，学生今天是回到自己的学校去学习了，箐口小学也开始上课，进入正常的上学时间。我看这些学生在家里基本没有什么事情可做，农村的孩子，能自觉做作业的也是少数，这些孩子能正常上课就是好事了。

建好了房子，要是没有装修好也不像房子，人住进去也不像样子。今天李庆林家运回来瓷砖和沙准备装修，自己一个人背不了，就请了李国忠妻子、李永华妻子等背回家，具体付了多少工钱没有去问。

李跃和李扎卜是亲弟兄，两弟兄就一块大田，去年搭田埂划分了，今年开始就各管各的。这三天是李志和去犁李扎卜家的田，今天，李扎卜家的田下午1点左右就犁好了，而李跃也借了张里保家的公牛犁田，公牛的劲就是大，已经犁了一半，估计明天也能犁好啦，但是这牛长时间不使用，今天才开始犁田，很不按正常线路走，让人有点费劲。

　　我是通知了元阳县农机站的人以后，才去收他们用机器播种的谷子，他们是中午12点左右才到的，据说有一个品种是从武汉那边带过来的，也是杂交水稻，也是红米，不能留种。我看分蘖还可以，容易脱粒，又不倒伏，我想自己留一点种子试验一年，这是今年村里最后收的一点谷子了，有村民要用谷草喂牛，就有几个妇女来帮着割谷子，打了谷子的谷草全部被几个妇女背完了，一点没有剩。元阳县农机站的人叫我称一下收得的谷子，总共有148公斤，栽种面积四分多一点吧，具体的面积数据他们是有一个的，问一下他们就清楚了，这样算来，我们家的田每亩产量可能在五六百斤。

　　下午，村里有卖牛肉的，卖卤肉的、有卖蔬菜的，停车场也像一个小农贸市场一样，村民也能买到所要的蔬菜和肉类，方便多了，我看是一天比一天热闹。

2016年10月9日，星期日，农历九月初九，属鼠，阴雨转多云

　　因为早上下了一阵雨，影响了村民去种田，今天犁田的只看见李绍新，他是卢成的姑爹，卢成还是一个没成家的年轻人，还不会犁田，是帮卢成家犁的。就是因为早上的这阵雨，昨天李跃家没有犁完的田也不犁了。看见几个村民锄草，下了一阵雨后，锄草要省力些，垒田埂的也没有看见几个，像是要让劳累了的村民休息一天似的。

2016年10月10日，星期一，农历九月初十，属牛，阴转多云间晴

　　早上停了一会儿电，没有电，用惯了电的村民就嫌麻烦，煮一顿饭

都要烧火，特别是要去做工的年轻人，想吃一点早点都不方便。

早上有雾，中午转多云，还是有几家犁田的，有李建军家、李跃家、张文和家、李世民家、卢世文家、李志锋家，垒田埂的有李院生家、李文科家、卢建忠家等。渐渐地，村民家的田都要换上新装，变成一块块镜子似的，像有人说的就要好看了。

2016年10月11日，星期二，农历九月十一，属虎，多云间晴

这一段是整田的农忙时间，我到田里观察了一下，有李跃付钱借用张里保家的牛犁田，因为前面就犁了一天，今天下午三四点就犁完了。卢同则犁李志锋家的大田，他的犁田技术好，昨天犁一天，今天犁一天就好了，记得去年张正荣是犁了三天的。还有李志明犁李建军家的大田，已经第三天了，只剩一点没有犁完，他的技术也不错了，记得有一年是叫张有亮犁田，用了五天的时间才犁完。垒田埂的是有李文贵家、李庆祥家、李上嘎家、李永新家。

多数情况下，整田是男人的事情，女人一般插秧、割谷子、除草就行了，垒田埂、犁田是男人们的事情，但是老公不行老婆上，今天是李上嘎家请了几个妇女垒田埂，我看她们还行的。李永新是小学教师，他要忙着上课，他的老婆没有事情做，前几天就给田埂锄草，今天是看见她垒田埂了，虽然没有男人垒得好，但是一年要修复两三次，只要不渗水就行了，又不是比赛，能保水养田就是好的。

这几天说是要重新修理水池了，村里的自来水都停了，村民小组只得接几个水池里的水，辛苦村民了，得用水桶挑水吃。

2016年10月12日，星期三，农历九月十二，属兔，阴，有雨

早上，前一段时间常来村里做生意的夫妇过来卖蔬菜、糖果，把车停好以后，问一个过路的人说："昨天有人来卖过蔬菜、水果吗？""没有，各人生意嘛。"言下之意，如果有人来卖过了，村民家里可能就买

好蔬菜、水果了，今天来买的村民就会少些，他的生意就不会好。之后，他们还是在村里卖了一阵再回去，看来，他的生意还是可以的，不然的话，他是不会每隔几天就过来的。

今天天气很不好，一天都是阴的，整田的村民就少了。我只看见李世华、李世科两弟兄垒田埂回来，像是要让劳累的村民休息一天似的，很多准备去种田的村民都没有出去。

下午5点左右，又有几个人驾驶车辆来村里卖菜，品种还是不少，有十几种蔬菜，猪肉也带来了，我看了一下，来买的村民还是不少。

我就想，可以在停车场这一带做一个小型的农贸市场，这里车辆可以进来，外地的人也可以进来，村民自己有什么要交易的也可以拿来，应该会好的。我要是有这样一块地来开发的话，那我的日子一定会好过些了。

2016年10月13日，星期四，农历九月十三，属龙，阴转多云

学习也是一件很辛苦的事情，我凌晨4点钟才休息，起床有点晚，精力看似充沛，其实体力不支了，今天中午是应该休息一下了。

十五六岁的孩子们想什么做什么呢？我真的有点困惑，他们又不能挣钱又要花钱，要找吃的又不能找，正是长身体长思维的时候，在村里怎么能长呢？晚上，八九点的时候，去朋友卢学明家坐坐，看见十五六岁的这帮小伙子都到他家打麻将。

2016年10月14日，星期五，农历九月十四，属蛇，多云间晴

昨天晚上学习得有点晚，今天需要休息一下，就到朋友卢正华烤酒的地方，能跟他交流烤酒的技术也不错，万一以后自己也要烤酒呢。我这么多年来越来越发觉，人活着，总得找一点事情谋生，整天跟着别人靠自己的体力过日子也不是办法，总得找出一条适合自己的路子，走的人多了，自然会成为路。现在喝酒的人多，烤酒的人也多起来，这条路

或许会走得长吧。

今天我到田里劳动了一阵，出去的时候，遇到侄子张祥，说是前个月他的父亲喝酒多了摔跤，已经住院半个多月，这几天才回来休养身体。这酒，还是少喝一点为好。

2016年10月15日，星期六，农历九月十五，属马，阴，有小雨

这两天，听说外地来了几个妇女，给村民家垒田埂，早早地，就看见李红家的田埂是她们垒的，说是还行，和村里的男人们一样能垒的。五六年村里大建设，村民忙不过来浇灌屋顶的时候，就请了外地的妇女，村民学会了以后，这也成了村里妇女的打工之道，这两年是经常看到村里的妇女到其他村寨浇灌屋顶，这成了谋生之路。而这两天有外地妇女来给村民垒田埂，会不会成了村民妇女的一条生计之路呢？让我们等着看吧。

这几天正是整理梯田的时间，但是，今天天气不好，有小雨，所以出去田里做农活的村民还是有点少，再说，离冷天气到来还有点早，特别是有的村民在田埂上栽着黄豆，还不便于锄草、垒田埂，所以，我就在屋里学习。

2016年10月16日，星期日，农历九月十六，属羊，阴，有雨

李学华请外地妇女小工背石头，准备砌秧田埂，本来可以在村里找妇女来背石头的，只是，这几个妇女昨天是请过来给田里锄草的，认为只让她们做一天的活计有点不好意思，今天就又请她们背石头了。

勤快的人就是勤快，本来今天的天气也不是很好，但是垒田埂的有李文科家、李光明家、卢朝生家等，只要人勤快，这一段时间田里的事情就是多，多数想着在冷天到来前、其他村民都忙着的时候忙好自己家田里的事情。我发现种庄稼也是有时间段的，要是错过了、落后了，自己一个人做什么事情都很没有劲头，当其他村民都在做的时候，就像比赛似的，自己去做也很有劲的。

2016年10月17日，星期一，农历九月十七，属猴，多云间晴

上午，马刚金买鸡回来，说是棕匹寨有亲戚过世，今天要到棕匹寨奔丧，说过世的人还年轻，才四十几岁，说是喝多了酒摔跤受伤，送医院也医治不了。这酒还是控制一点好，村里也有几个是喝酒废了的，要是不能控制好，谁知道还要废多少人。

今天的天气不错，正是忙着整田的时候，田里都是整田的村民。今天有卢学明、卢永贵、卢朝生等垒田埂，都想着在冬天冷季节到来之前把田里的事情整好。

堂哥张牛后的眼睛前一段时间做了手术，今天遇到的时候说还要到医院检查一下。我觉得人有时候就像一部机器一样，每一个器官都很重要，要是某个器官不能正常运行的话，就像机器的某一个零件出现问题不能正常运转一样。

2016年10月18日，星期二，农历九月十八，属鸡，多云间晴

今天的天气好，看别的村民都正有劲地做农活，田都整理到一半了，自己也会慌的，不愿意落伍，今天我让妻子收田埂上的黄豆，自己去锄草。

我没有问村民为什么这一段时间要锄草垒田埂犁田，我自己的观点是要是不把草锄掉，会有老鼠、水蛇、虫子等到田埂上打洞过冬，会把田埂打垮，再说村民家养着牛，看到青草也会来踩踏的。而要是不垒田埂的话，不容易积水，田也会被晒干，等春天再来劳作也是很辛苦的，犁田的原因可能是想把谷桩翻了腐烂肥田，泥土犁翻之后让水泡着会松软一些，来年的庄稼就会长势稳定，这是我的基本看法，相信很多村民都是这么想的。有的村民会说，以前的老人是这样干的，我们也就这样干了。当然，有的家里因为建房子或者其他什么大事，忙不过来的，等明年要插秧的时候再来整田也是可以的。

因为天气好，今天整田的就多，仅犁田的就有张保祥、李庆文、杨文亮、李志和、李杰、李世华、李永禄等。垒田埂的有李明、卢朝生、李爱生、张正和、李永华、卢学明等。收田埂上黄豆的有我的妻子、卢朝生的妻子、大哥张明生的妻子、李庆云的母亲等，要不然整田的时间会推迟的，到了冷天村民都不愿意进田里劳作。

可能是秋冬气候变化了，村民家的猪也出现病情了，上午的时候，村民小组用喇叭通知要给猪打预防针的村民到猪圈等着兽医过来。下午的时候，表哥李世华打电话叫我过去做菜，他家的一头猪也因生病被杀吃了。

2016年10月19日，星期三，农历九月十九，属狗，晴

早上，有新街镇农村信用社的工作人员过来村里，说是有一批村里的困难户可以到信用社借款，他们要找村民小组长把困难户名单给他们，村民都去田里做活了，要我晚上村民回来时候把名单交给他们，说是这次利息低，属于扶贫性贷款，要挨家挨户地通知到位。同时，他们也找到了李永福，说他家的贷款利息已经6000多了，要他尽快找事情做，挣钱来还款，还清了借款之后日子才安宁。

今天白天的天气就很热了，正是村民整理梯田的时候，犁田的有张保祥，他已经是60多岁的人了，把一生的精力奉献给了梯田和养育子女身上，估计不用辛苦多少年就要退出劳动了，得有家人来接他的班。犁田的还有李志明，他还年轻，才四十几岁，已经跟妻子离婚，自己带着两个小孩，上有80多岁的母亲，生活上是很辛苦的，因为要照顾老母亲，不能外出打工，只能在村里给村民种田挣些钱来持家，今天是犁高文华家的田，他的犁田技术不错，有很多村民还是愿意请他去犁田的，前面已经给李建军家犁了五六天，应该挣了1000多元了。李杰也在犁田，他是40多岁的中年人，说是手痛，技术不好，今天就没有犁多少。村民都想在这一段时间把田整好。

垒田埂的有卢永贵、卢朝生、李光明、李正云、卢小华等，有几户是自己一个人垒，卢小华家是请了几个弟兄一起去垒的。晚上，他们捉泥鳅、鱼等回来煮吃，几个年轻人在一起吃饭，总是要喝一点酒的，说是卢小华也喝多了一点。

2016年10月20日，星期四，农历九月二十，属猪，晴

这几天天气好，心情也好，早上起来在村里走了一圈，知道卢生亮家买回来做包子的机器，说是叫他的妻子蒸包子、馒头在村里卖，看这几天的生意还是不错的。人总是要谋生的，总是要找到一条适合自己走的路。

卢建忠犁李文祥家的田，说是他家的母牛快要产牛崽，不能赶太快，不能让它太累，一天只能让它犁一段时间，所以，今天的他早早就放了牛，只犁了平时能犁的三分之一，今天可能只犁了一亩左右就收工回来了。

到今天为止，我们云南大学哈尼族调查点的装修工作基本收尾，由于农忙时间，他们几个做活计的人干几天就去忙几天农活，时间是拖长了一点，已经50多天，我是嫌他们干活太慢了，要是急着用的话是等不及的。下午罗丹同学来村里做调查，原本是打算在调查点住的，但是因为调查点正在装修，满屋子都是油漆味，还不能住人，她就到对面的永福农家居住了，说是要在村里调查几天再回去。

下午，还是有外地人来村里卖蔬菜、水果等，来买的村民很多，生意很不错的。我就在想，要是在村里办一个小型的农贸市场也会好的，建设这样一个小市场，各取所需，还是很方便村民的。

2016年10月21日，星期五，农历九月二十一，属鼠，晴

早上起来，遇见在浙江省某市打工的卢正清回来，交谈中知道他回来已经十多天了，说是他妻子前几天过去他儿子打工的福建省某市，他的儿子跟着当地的一个女友好上了，要她过去看看，是他的儿子到昆明

市来接，之后是坐飞机过去的。现在有电话就是方便，是用电话联系了之后过去的，要不然一个没有读过书，又不会说汉话的哈尼族妇女怎么能去大城市？怎么能坐飞机到离我们这么远的福建省呢？

上午，我到田里转一下的时候发现，李世荣家墙上张贴着缴纳明年农村合作医疗保险费的通知，要求村民带着户口簿在 2016 年 11 月 30 日之前交到户口所在村委会，每人要求入保费用是 150 元，去年是每人 120 元。这个政策每年都有所变化，从刚开始的十元上升到明年的 150 元，现在身体好一些，这几年基本上不吃药不打针的村民是有想法的，他们有点不想交这么多，只是这是政府的规定，村民也没有办法。

2016 年 10 月 22 日，星期六，农历九月二十二，属牛，多云间晴

下午，有几个朋友在一起吃饭，打了一点村民李志文家自己烤的酒，说是已经不多了，才烤了几箱，快被村民打完了。现在做酒的生意还是可以，都忙不过来，不仅是我们箐口村民来打酒，连大鱼塘村民和黄草岭村民小组的人都来，价钱不敢抬很高，自己家还要养猪养鸡的，要用烤酒剩余的谷子和苞谷喂猪、鸡，仅是卖酒的话，赚不了多少钱，一家人的劳动力也不够，还是辛苦的。

2016 年 10 月 23 日，星期日，农历九月二十三，属虎，多云间晴

有部分村民的田都要整理好了，今天我看见李明出去，又是要出去打工挣钱了，他还没有成家，与李文科一起生活，家里的田地又多一些，两个弟兄从收谷子到整田已经 40 多天了，中间觉得累了就休息了几天，如果不休息的话太累了，在田里劳动不像干其他的事情，人都会瘦下来的。

2016 年 10 月 24 日，星期一，农历九月二十四，属兔，多云

今天的天气有点变化，今天去犁田的有卢建忠家、卢志华家。渐渐地，

寨子脚的田要犁好泡水了，由原来的绿色变成白色，有浮萍的田又是另外一种景色。

2016年10月25日，星期二，农历九月二十五，属龙，阴，有雨

从昨天晚上到今天中午一直下着雨，所以，没有多少村民到田里劳动，很多村民都休息了。只看见有李文新犁李学家的田，李有新犁李春家的田，卢建忠是犁自己家的田，锄草的只有李光明、李世忠。我的时间很紧，下着雨也出去锄草了，想抓紧时间做好田，便于做其他的事情去。

今天属龙，看见有妇女去做糯米粑粑，问了一些妇女，才知道原来是新谷子要入仓库了，按照民俗有必要做一点糯米粑粑献一下，村民叫作"车波活同"。"车波"就是谷穗，"活同"就是糯米粑粑，表示期望粮食满仓，年年有余。

上午，村民小组登计身份证和户口簿，说是村里可能会扶贫一些猪鸡牛羊给村民，要村民相互通知了上交来统计。我过去的时候，一些有能力的村民已经在交农村合作医疗保险费了，每人150元。

2016年10月26日，星期三，农历九月二十六，属蛇，阴，有雨

这两天的天气变化了一点，每天早上都有雨，今天也是，还是影响了打算去劳动的村民，今天也没有几个出去整理梯田的，只有卢建忠和李正云犁田。卢建忠家今天只犁了几个小时就完成了，是犁前几天剩余的田。李正云是一个30多岁的年轻人，父母离开得早，这就是所谓的"穷苦人早当家"，像他这样年纪犁田的村民还少呢，他家没有养着牛，也不知道是借了哪一个亲戚家的牛，今天上午下雨，他出工有点晚，估计还要犁两天才能完成。

这几天，村里每天都有人来卖东西，上午，前一段时间经常来卖菜的夫妇又驾驶着车辆进来了。下午的话，有一对夫妇来卖新鲜的猪肉，价钱比市场便宜，买的村民还是多的。

下午，听说李学亮那个年轻的嫁到棕匹寨的女儿去世了，才50岁左右，正是要过日子的时候，根据双方的打算，后天李学亮家要去丧祭的，他的儿子还因为这事特意从建水县工地上回来，我们哈尼族的葬礼还是有点麻烦的。

老鼠要打洞，麻雀要搭窝，再穷的人也要建房子的。今天是卢学锋家拆建第二层茅草房，前些年的话，由于家庭困难就没有一次性建两三层，这两年的话，子女也长大了一点，需要给他们建卧室，再困难也要建。

2016年10月27日，星期四，农历九月二十七，属马，多云间晴

早上起来，到田里走了一趟，早早地，李贵祥的田里就有五六个妇女垒田埂了，到了下午才知道她们是从攀枝花乡阿挡寨村过来的，中午，主人李贵祥家供一餐饭，她们每人的工钱是70元。社会进步，人也在改造自然中进步，以前所谓的"男耕女织"就要改变了，在村里，女的除了插秧和割谷子是没有其他事情要做的，灌溉水就不分男女了，其他的锄草、垒田埂、犁田、耙田都是男人的事情，而今天的事实就说明没有什么东西是一成不变的。

也是今天，卢同则和李永华到黄草岭村民小组垒田埂，他们男人的工钱是120元，还要提供烟酒、中午饭。

下午，从田里回来的路上遇到李正华，说是到李永福家背谷子去了。他家和卢学锋家的田都是在麻栗寨河底，那里海拔低、气温高，今年的他们两家都是栽种了杂交水稻，成熟得早，是村里较早收谷子的。听说老虎嘴和牛角寨地方都能收再生稻，他们两家就进行试验，第一次收的时候就没有晒谷草，让谷桩新生谷穗，到今天就饱满收割了，只不过收成就没有第一次多了，他说是只收了五六背谷子，第一次可以收三四十背的，就只有第一次的五六分之一。不过，我听一些朋友讲，这个再生稻的米是比第一次的要好吃些。

记录日记，有的是亲眼看到的，有的是听到的。晚上，在与卢永贵吃饭时我听到，村民卢金福家、卢进家来了两封信，说是他们的孩子在外地打工，利用身份证贷款买了三四千元的好手机，到现在一直没有还款，就送信过来通知还钱。

2016年10月28日，星期五，农历九月二十八，属羊，晴

早上，李文学家安排了二十几个年轻人出去杀牛，就是到他姐姐家棕匹寨丧祭，这是先锋队，得首先出去办理伙食，更多的村民是中午过去的，后面出去的村民基本不用办什么，多数都由先出去的这一帮人准备好了。我们是邻居，昨天晚上就通知到了，只是自己家的田因为等着收黄豆而没有整理好，今天就出去垒田埂，其他村民也可能都去吃牛肉了，很少见打理田的，只有李正云和卢朝生犁田。

今天下午回来，看见卢学锋家收再生稻回来，说是收了六背谷子，就是六口袋，要不是亲眼见到，有的人可能要说是吹牛了，到了这个时候，谁家还会有没有收的谷子？可事实就是这样，昨天也说到了，他们两家栽种的是杂交水稻，产量自然是比第一次收得少很多，可能只收得了第一次的五六分之一，这是今年最后收回来的谷子，箐口村能生产再生稻，也是一个历史的突破。

2016年10月29日，星期六，农历九月二十九，属猴，有暴雨

从凌晨两三点开始，雨就一直下，直到上午10点左右才缓了一些。今天的雨真的很大，田里的水都灌满了，也不知道冲塌了多少村民的田埂。等雨水稍微停了一阵到田里去的时候，看见梯田的出水口都"哗哗"地流淌着，远远看去，又是一道亮丽的风景线。李倮明家、李明里家、李世明家、李文贵家等家的田埂都倒塌了很多，又得等明后天找时间去修复了。

中午12点，李文学家到棕匹寨丧祭的人都回来了，中午休息了一阵后，到下午五六点，又请去帮忙的人吃喝一顿。可能考虑已经是月尾了，准备过了这个月再做法事，或者其他的什么原因，今天晚上，他们家没有请摩批做法事，而是煮了牛肉和几个素菜吃。

2016年10月30日，星期日，农历九月三十，属鸡，多云间晴

我总认为，彝族经商的人是比我们哈尼族人要多些的，他们更能干一些。早上起来，就看见一个彝族妇女来叫收购头发，还问每一个路过的妇女，这是一个例子。前些天来村里卖肉卖水果、蔬菜的多数是彝族人。

说是箐口村到黄草岭村民小组的一段老路，要重新修复了，今天看见有两个人赶着马驮运石头和沙等材料。

今天有李正云犁卢家贵的田，李文贵犁黄草岭李正新家的田，李文贵已经70多岁了，身体还算好，大儿子已经分家，妻子去世已经多年了，二儿子和二儿媳都是残疾人，两个孙子都在上学，生活比较困难的，除了大儿子持家外，他也只有力所能及地挣一点钱来持家，生活是比较辛苦的。卢建忠犁朋友李正福家的田，他的家庭也特殊，要挣钱供两个孙子上学，也是比较辛苦的。

看别人家的田都整好了，我也很担心天气凉了不敢进田里劳动，今天就去垒田埂了，我发现田里的泥鳅比较多，垒田埂都挖出来几十个了，够晚上做我的美餐了。小时候，田里的泥鳅、黄鳝都很多，中间几年是少了一些，不知道是气候的原因，还是土壤或者水源的问题，这几年又多起来了，每个出去挖田的村民都能捉回来做自己的伙食，很愉快的，但是，村民都说这几年的黄鳝病死得多，很多田里基本都见不到黄鳝了，我们家田里就是这样。记得父亲种田的时候，我家田里的黄鳝、泥鳅、鱼、螺蛳是吃不完的，这两年泥鳅多起来，其他的都少了。说到这些，这两年出现的新事物是龙虾和牛蛙，特别是龙虾，基本上每块田里都有了，繁殖很快，它们又打洞，把村民的田埂都打通了，很不保水，村民恨死龙虾了。

2016年10月31日，星期一，农历十月初一，属狗，多云转晴

前几天下了一场暴雨以后，这几天的天气变化了很多，特别是早晚，得穿一件外衣了，要不然会着凉的，到了这个时候可能就是这样：每下一场雨，天气就会凉一些。因为前一段时间是等妻子收回来栽在田埂上的黄豆，就误了一点垒田埂的事情，所以，自己家的田埂没有垒完，我怕天气凉下来，到时候水凉了，懒得进水里劳动，今天还是去垒田埂了，到下午3点左右完成，之后就可以放水犁田，还可以养鱼，今年要是不去什么地方的话，准备多养一些。

上午，出去劳动的时候，听说卢龙的母亲病危了，已经到了奄奄一息的地步，已经通知了她的子女、亲戚来看望，还带着一点东西过来，下午回来的时候，他家有两三桌人吃饭。

从整体来看，村民家的田是犁了三分之一，还有一大半没有犁，所以，只要天气好每天都有村民出去犁田的。今天是卢新犁李上嘎家管理的李烟文家的田，二哥张明德犁自己家的田，他是因为身体血压的问题而回来种田了，没有办法，要多锻炼身体，每天都到田里活动，我们分家以后各自忙着，也顾不了那么多，只能是自己克服着各种困难生活着。

2016年11月1日，星期二，农历十月初二，属猪，阴，有雨

这一段时间，村民的主要事情还是收尾田里的事情，今天李平真家请了几个小工垒田埂，是有李世得、李江西等五六个人，听他们说男的要每天给100元，还要供他们吃饭，当然，也就免不了烟酒的。这年头啊，即使这样也还是很少有人来跟你做的，好像都感到种田累，很不愿意进田里劳动。

犁田的有卢新，是犁李文宽管理的李永家的田，田不多，到下午三四点就完成了。

田埂倒塌了怎么办？当然是要修复的。李红家水沟旁边的田埂因为雨水过多给冲倒了，今天是请了几个妇女背石头过去，一不做二不休，

要做就做得牢固些，这次是准备要用水泥砌起来了。

中午，李庆华、李正华两家都买回来铝合金门窗准备安装，他们两家都是今年新建的房子，都把屋顶封住了是因为经济的原因，不可能一次性全部解决到位，得慢慢解决每一个问题，接下来可能就是装修室内、添置家具了，那样才像一个家嘛。

人上了年纪，病就是多。昨天说的，卢龙的母亲生病，已经奄奄一息了，叫了亲戚来看望，今天还是有几个亲戚来看望的，不过今天的情况是比昨天稍微好了一些，说是已经能说一点话、吃一点饭了。

下午，李世华是带着李永福等几个弟兄回来的，他们是从屏边县糖厂回来的，通过朋友介绍，他们在那里做一点事情，说是现在已经做完了一道工序，等过几天其他工程开工的时候再出去。

2016年11月2日，星期三，农历十月初三，属鼠，阴，有大雨

这天气就是怪，到了这个时候还有这么多雨，从昨天下午3点到今天上午11点左右都一直下着雨，还好村民没有什么要收的粮食，基本上都是在家休息了。

下午，卢龙家还是有亲戚来看望他生病的母亲，上点年纪的老人就是这样，一会儿好些，一会儿差一点，听他们说的，今天的情况又比前两天好些了，自己一个人也能吃些饭了。

下午，卢永贵家做叫魂法事，请的摩批是李建国老人，他的辛苦费是50元。卢永贵都已经40多岁了，为什么叫魂呢？说是这一段时间身体感觉不好，全身乏力，精神也集中不了，前一段时间去建水县打工，因为与女朋友谈恋爱过晚，被当地的警察讯问过，受到惊吓，想着魂灵被人家给吓跑了，晚上都是经常做梦，有必要做这样一个法事，至少是慰藉一下自己吧，这就是哈尼族的做法。

2016年11月3日，星期四，农历十月初四，属牛，多云

村民的农田都基本做好了，接下来，村民稍微闲一点了。今天李世科家拆除茅草房顶，说是水泥顶都被捂坏了，看来，村民是不太看好这样仅仅是装饰的茅草房顶的，听到风声说是还有人家也准备要拆除的，不知道茅草房要怎样才能保护起来。

中午，在新街镇打工的李学光回来，说是回来碾米的，家里只有大儿子在家，很少吃饭，前两年的谷子都被老鼠吃完了，现在是跟一个老板说好，要碾1000斤，以两元一市斤卖给他们，2000元的话，可以买一点家具了，但是，钱各有各的用法，谁知道他们家要支付到什么方面去。

2016年11月4日，星期五，农历十月初五，属虎，多云转晴

早上起来，到黄土坡就是哈尼小镇走了一圈，趁早上这样走一走，对自己的身体也好。张东家拆除了原来的老房子，这几天已经建起来快一层了，这样，箐口村又少了一栋土坯房，少了一栋所谓的传统建筑。说真的，看见别人家都做起来新房子，自己还住着老房子，的确不是滋味，是被人看不起的，正常的人，总是要想办法建一栋属于自己的新房子。我就想，一个人的背后要么是发光，要么就是黑暗，就是说，一个人背景好一些，总会给你一点好脸色，要是差一些，别人给你的脸色就要差一些，一般人就是这么简单、这么直接。

中午，又看见卢永贵家拆除茅草顶，也说是茅草顶捂坏了水泥顶，晒不到太阳，要是不拆除的话，总是潮湿的，里面什么东西都放不了。

今天的天气是好转一些了，就有几户人家到田里劳动。有大哥张明生犁自己家的田，他都已经是60多岁的人了，没有办法，孩子们都在外上班，不能回来做田里的事情，只有自己一天做一点了。还有张志学家，已经是60多岁了，孩子在外，自己不能种田，今天是请了几个人去垒田埂的，供他们吃的，每人每天至少得给100元的工钱，还是要费一点

钱的。

就是因为天气好，李红家也开始砌被水冲倒的田埂，这次还是用了一点水泥，砌好以后，估计可以牢固一段时间了。

2016年11月5日，星期六，农历十月初六，属兔，多云间晴

受朋友的委托，我去几户村民家买些鸭蛋，问了几户人家，都说是被其他村民早就订好，我也只能在亲戚家买了50个过去，现在的鸭蛋销售是没有问题的。

今天，张志学家还是叫了几个人去垒田埂的，一天四五个，两天的话，我估计还是开支上千元了。

2016年11月6日，星期日，农历十月初七，属龙，晴

可能是来反映的村民太多了，今天是有村民小组组织去疏通寨子脚我家下面的一条水沟。村里至少有三分之一的梯田是需要这条水沟来灌溉的，倒塌已经一段时间了，很多村民家的田都灌溉不了，一两个人一时又解决不了什么问题，集体的事情又很少有人自发地去做，如果组织好的话，是应该一户出一个劳动力去修理的，可是，今天的他们是没有组织好，到了12点了，还不叫村民出去，组织是差了一点，去参加的村民也很少，他们也只是用塑料管疏通的，基本还是可以灌溉水田了。

今天的天气就好了，有卢正和犁田，他已经是60多岁了，就是因为儿子卢学贵还没有学会吧，都已经40多岁了，很少看见他犁田。

下午，看见张正和的妹婿来买李学光家碾好的米，说他家的这些米是四五年前就留着的了，因为与儿子的关系不和，他和现在的妻子又很少回来，家里的很多谷子都被老鼠吃完了。这次是与儿子说好了来碾了卖的，说是一市斤红米是两元钱，米质不算好，又是刚收割回来的，米价就自然低一点了，只是留着也需要人照看，嫌麻烦，想着有人来买就卖了。

2016年11月7日，星期一，农历十月初八，属蛇，多云间晴

上午，知道村民小组去上缴近期收好的农村合作医疗保险费用，说是现在的经济条件好了，没有上缴的农户也不多了，就是有部分村民有意见，说是有一年到头都没有吃过一粒药的，今年每人收150元是多了一点，要是少一点，来上缴的村民更会积极主动了。

村民都知道到了冷天进田劳动不容易，就尽快完成田里的事情，今天还是有卢正和犁田，没有垒田埂的村民家也不多了，今天没有看见有村民垒田埂的。

村里的消防栓也要重新更换了，这两天开始，就有李跃、卢文华、卢永贵等几个人开始挖通原来的管道，他们说是用人力挖不动，只有用电动工具来施工，看他们也确实很吃力，每天只能挖几十米的路面。

天气变化了，人们还是要学会保护身体的，白天热，早晚凉的，最容易感冒了，我的孩子张熙楠感冒了，平时最调皮的孩子在这样的天气变化下还是小心照顾好。

2016年11月8日，星期二，农历十月初九，属马，阴，有大雨

早上，我看见朋友卢正明和卢正祥背着行李出去，看样子是去打工了，都已经是50多岁的人了，为了生活，他们还要背着行李出去，很辛苦的。我就想，村里有几个加工厂或者其他服务业等，让村里人在村里做事情多好。

今天的天气就怪了，像是决堤的河流，雨一直下个不停，从上午直到晚上，这样的天气除了要去放牛的部分村民之外，基本都只能在家休息了，包括在村里更换消防栓的施工队也停止了工作。

这样的天气对于年轻人来说能干什么呢？我看见李院明家有七八个妇女在打牌的，玩得不大，每张牌只是一元，说是玩这两年才流行的"干瞪眼"，雨下到晚上，她们也玩到晚上才去做饭吃。

2016 年 11 月 9 日，星期三，农历十月初十，属羊，阴，有雨

这两天的天气我是感到有点怪，昨天晚上下了一夜的雨，也不知道哪儿来这么多雨水，从未停过，都让人睡不着，早上起来，沟里的水都上涨了。直到今天白天都是这样的天气，真的，我是佩服了，雾还浓，见不到几十米之外的东西，让人也很难受。

下午，可能就是下雨的缘故，带工的李庆五带了他的弟兄们回来休息。他们是在南沙镇从事建筑业的，室外的活计，要是下雨也做不来什么事情，南沙镇离我们箐口村也只要几十分钟的路程。

下午 4 点左右，在读博士郑佳佳老师下来基地做调查，我们云南大学哈尼族的调查基地还没有完全装修好，还是得辛苦一下的。

2016 年 11 月 10 日，星期四，农历十月十一，属猴，阴，有大雾

今天的雨水是少了一点，就是还有大雾，几十米之外都看不见，很难受的，这样的天气，村民能做什么呢？没有什么的，只能做正常的家务事情过日子了。

早上，李绍云给村民家发请帖，说是 17 号下午李学华的儿子要过生日了。

2016 年 11 月 11 日，星期五，农历十月十二，属鸡，多云

我们云南大学哈尼族调查基地建好已经十多年了，房子周围都是树木，比较潮湿，里面的很多办公用品都很旧了，今年是我们县政府资助了一点经费购买办公用品，今天来安装。

早上，李树林通知我们张氏家族的人，说是黄草岭村民小组张志华的小儿子出事去世，要我们张氏家族的人都上去帮助处理丧事。

2016 年 11 月 12 日，星期六，农历十月十三，属狗，多云

今天是牛角寨乡集日，李祥家安排张贵忠、李文才几个人到牛角寨

乡买牛，是要准备到黄草岭村民小组他的舅舅家丧祭，主要是他的母亲去世的时候他家来丧祭过，一般情况是要还礼的。我们是好朋友，原本是要叫我过去的，只是因为有事情而没有过去了。

2016年11月13日，星期日，农历十月十四，属猪，晴

李祥家到黄草岭村民小组奔丧，准备去丧祭，准备了一些需要的物资，因为路远，过几天还要请客，今天就没有叫多少亲戚过去。

因为表哥需要一点鸭蛋，叫妻子到村里去问，村民养的鸭子不少，但是有很多人家的鸭子就是不下蛋，找了很多家才找回来一点，还是有点难找的。今年鸭蛋价钱还是2元一个，原本是打算做自己的事情的，只是他叫我送过去又不得不去，一天的时间就耽误了一些。

2016年11月14日，星期一，农历十月十五，属鼠，晴

这两天的天气情况就好了，就是早晚凉一些，白天还很热，早上的河谷还有云海，想看云海的话该是一个机会了，或许是这样的缘故，这两天来旅游的人还有点多呢，每天都有几十个，村里还稍微热闹一点了。

就是天气好的缘故，今天是有堂兄张庆贵去犁田，要是天气不好的话，到了这个时候一般不会有村民进田里劳动了，村民都怕水冷的，水冷很容易让人生病。

中午，李小龙等人背着行李回来，说是他们的工程不顺利，要不然的话，现在是农闲时间，可以利用农闲时间挣一点钱的。

下午，李学华买五桶酒回来，主要是17号为儿子过生日准备的。在我们农村，有的人似乎到了要喝酒才能过日子，每天不喝一点酒是不会好过的，特别是有朋友的时候。

下午，我们云南大学哈尼族调查点负责人马翀炜教授过来考察情况，请了几个朋友来吃饭，但是我们喝酒不像村民那样的喝，只是朋友过来就喝一点罢了。

2016年11月15日，星期二，农历十月十六，属牛，晴

明天，朋友李祥家就要到黄草岭村民小组丧祭了，是准备请全村村民的客，今天中午，是安排张贵忠、李文才到街上买菜，今天就用车送过去好叫办理伙食的人家做好准备。

上午，李生学带着马刚金夫妇等几个人出去打工，没有办法，村里现在挣钱的方式就是打工了，很辛苦的，农忙又是生产劳动，农闲又是出去挣钱的。

晚上，李祥家还是开了一个简单的会议，安排明天去丧祭的人员，特别是组织好先过去杀牛办伙食的年轻人手。

2016年11月16日，星期三，农历十月十七，属虎，晴

今天是有朋友李祥家到黄草岭村民小组他舅舅家丧祭的，准备请客的，请了全村的人过去，路程有点远，是请了村里几个朋友用车运送的。

今天的天气好，正在建房子的李绍华家叫了几个亲戚抓紧时间做钢筋，说是打算在天气变化之前浇灌好第二层的屋顶。

上午，我们张氏家族的人也组织人凑大米到黄草岭村民小组，说前几天出事的张志华的小儿子才20几岁，现在没有妻子的，只要以前按照哈尼族的习俗办理过结婚的仪式，即使最后没有成为夫妻，也算结过婚的，还是得按照结过婚的人的标准来办理丧事，所以就选择了日子，通知了大鱼塘村、箐口村，包括他们本村的人来参加葬礼。

上面说的李祥家去丧祭的黄草岭村民小组是原来胜村乡的一个寨子，我们张氏家去的是我们土锅寨村委会中的一个寨子，都是哈尼族，联姻多，生产生活中来往得就多了。

下午，现任元阳县县长和爱红来接马翀炜教授，具体商量什么学术上的事情就不知道了。

2016年11月17日，星期四，农历十月十八，属兔，晴

从早上开始，李学华因为儿子要过生日，家族人就开始准备下午的饭菜了，做这样的一件大事，还是很忙的，还召集了家族的人来帮助。而同样的，到了下午还是有很多的亲戚朋友来做客的，家族的人要忙着招呼他们。

中午，随李祥家去丧祭的人都回来了，因为明天要请客的，今天杀了一头猪，还得准备明天的伙食，希望明天的事情办得好些。

下午，张正和摩批从黄草岭村民小组主办了张志华儿子的丧事回来，因为是年轻人，我是有其他的事情在身，这次就没有过去见面了。

说是我们红河州州庆放假，学生都回来了，在读初三的女儿和她母亲下午过去开完家长会之后一起回来了。

2016年11月18日，星期五，农历十月十九，属龙，晴

上午，我们云南大学马翀炜教授在村里做了几天的调查以后返回学校了，他在这里负责做调查已经10多年了，都已经50多岁了，看他很辛苦的。

昨天，是朋友李祥家从黄草岭村民小组丧祭回来，按照原来的计划，今天是请客了，邻居与朋友早早就起床做饭菜招待来的亲戚朋友。

同样，昨天是黄草岭村民小组一个年轻人送葬了，也是按照正常的葬礼来，所以今天有很多村民到黄草岭村民小组做客，上午来李祥家做客的就相对少些。

2016年11月19日，星期六，农历十月二十，属蛇，晴

明天，说是李绍华家要浇灌第二层屋顶了，从前几天到今天就做好了钢筋，是准备请亲戚朋友帮助来完成的。

下午，李祥家请了李正林摩批做法事，主要意思是打扫这次去丧祭的事情，用的主要牺牲是一只公鸭、一小对鸡，这个法事外人都是可以参加的，他是我的朋友，也请我过去吃饭，还是有几个亲戚朋友来吃饭的。我看见李祥家是拿了100元的辛苦费给李正林，只是李正林说不要这么多，叫他家退了40元，李正林只收了60元。

2016年11月20日，星期日，农历十月二十一，属马，晴

农历的属马日，在我们箐口村民来说，都是吉利的日子，难怪今天有李绍华家浇灌第二层屋顶。谁知道他家打的什么算盘，说是没有请小工，就叫了亲戚朋友帮忙浇灌，我认为这也是很好的事情，主要现在是农闲时间，很多村民都有时间帮忙的，我和他们家都是亲戚关系，我也担心冷天气到来，到时候水冷，谁都不愿意进田里劳动，就趁着今天跟老父亲商量了去犁田。

卢龙家做祭祀，主要是前几天他的母亲病危，到了快要去世的地步，亲戚都拿着鸡来看望过，认为这样的大事也是很不吉利的，今天还是请了摩批做一个法事。

2016年11月21日，星期一，农历十月二十二，属羊，晴

早上，村民小组组织收护林员的管理费，是每户交一斗谷子，我们箐口村200多户的话，就有200多斗，一斗十五六斤的话就有3000多斤谷子，折成钱的话，也就是五六千元。有人可能会说不划算，可是，人要是勤快一些的话，树林的空地是可以栽种很多农副产品的，林地里还有鱼塘，还可以养鸡鸭，一两家的小日子还是可以过得很愉快的。

我们的集体林离我们箐口村有点远，没有村民愿意去管理，是安排了大鱼塘李朴后一家管理的，他家已经管理七八年了，因为有人管理，就很少有人来砍树，树林很多都进不去，有点像树林的样子了。

昨天还没有犁完自己家的田，今天我还是去犁田了，我没有问过村民为什么要犁田，只是其他村民都犁田的话，我还是要学着他们去犁田的，至少在没有改变梯田用途的情况下，其他村民家都犁完了，自己家

还没有犁完，像是自己缺少了什么似的，看着那几块田都不舒服的。但是，从这两天犁田的思考中我是这样想的，犁田主要是把土层犁翻了让谷桩腐烂，板结的土层也要让它们松软些，这样的话，土质会比较保肥，保证来年的生产肥力，这该是一代又一代的村民辛苦犁田的理由。今天犁好了田，像是完成一件任务，心里也踏实多了。

下午，李红亮请他的弟兄吃饭，说是在新街镇完成了一个小工程，有必要请弟兄吃一顿的。吃饭的有李院生、卢小祥等，这也好像成了一个惯例，每完成一点事情就要庆祝一下，请弟兄喝上两杯图个愉快。

2016年11月22日，星期二，农历十月二十三，属猴，晴

前几天是我们红河州的州庆，学校也放假了几天，学生们回来在家休息了几天，今天要返回到自己的学校学习了。他们在家又不能做什么事情，休息好了是应该回学校学习的。

今天的天气还是不错，没有一点云雾，晴朗得很。李爱生犁李永新家的田，也是付钱请小工犁的，只能这样了，李永新是小学老师，而他的父亲已经是70多岁了，儿子是20岁左右的特殊人（残疾人），不能做犁田耙田的事情，只有请人来犁田了。

而我呢，前两天犁田，身体感到有点累了，今天就在基地休息了一会儿，恢复一点体力，晚上才可以静下心来学习。

2016年11月23日，星期三，农历十月二十四，属鸡，晴

今天，看见李志和犁李正林家的田，没有办法，都是亲家，他儿媳是李正林的女儿，李正林家没有养牛，也没有劳动力，他也只好帮助他家去犁田了。

李院明的妻子背谷子到大鱼塘交护林费，说是前天村民都交护林费的时候她没有在家，也没有亲戚替她家交一下，今天只好自己背着去交了。

下午，有卖菜的夫妇来村里叫卖，他们已经几天没有来村里了，所以，今天下午是有几个村民来买的，生意还算基本可以。

　　听说我的朋友李世忠的儿媳生了一个男孩，他是50岁多一点的人，又当上爷爷了。卢绍福的妻子生了一个女孩，他们夫妇原来就生养了两个男孩，养子女传承香火是一种观念，防老、养寿也是一种观念，这两年计划生育政策可能改革了一点，便有多个村民借此机会生育，他们夫妇就是其中一对。哈尼族人到了过世的时候，需要有一个女儿做一个习俗，所以，他们夫妇再生育一个，指望生女儿是习俗所需要，这次是真的生育了一个女孩，可以说是实现了他们家的愿望。可以这么说，哈尼族家庭儿女双全是最好的了，要都是女孩，他们也会指望生一个儿子的，这也是各人的观点，就像生活一样，各有各的想法和做法。

2016年11月24日，星期四，农历十月二十五，属狗，晴

　　这几天，李庆明妻子带队的妇女浇灌屋顶的人每天都起得早，早上四点半五点就出发了，看她们很辛苦，但是，农闲时间挣一点钱持家，又是与自己的朋友一起做事情也该是愉快的。

　　早上，李牛后家卖了一头牛，说是以5106元卖的。在村里来说，李牛后夫妇养牛是够勤劳的了，每天，夫妻俩割草，把牛都喂得肥肥的，是一对地道的农民夫妇。

　　李志和还是犁他亲家李正林家的田，已经两天了，今天是应该可以犁完了，要不，到了冷天进水里劳动就冷了。

　　下午，麻栗寨河底起雾了，看样子该是天气变化了，我就急忙到地里把谷草背了两背回来。我们基地的茅草顶有几个通洞漏雨，需要几把稻草盖一下。

　　安装基地的窗帘，做什么事情都要行家的。装窗帘的老人听口音是外地人，60岁左右，他前几天过来测量了尺寸，今天也是一个人过来的，一会儿就把几道窗子的窗帘都安装好了，留他吃饭也留不住，我们这些

人，做事情还是得学着一点。

今天，是有几个电力公司的人来村里安装电表的，说是这一段时间有项目，没有安装而需要安装的村民只要拿着身份证填写申请表就够了，程序比以前简单多了，而且还是免费的，正因为是免费的，李红亮的妻子咨询他们说要申请一个电表装到他家的田棚里（离寨子有五六百米）。

2016年11月25日，星期五，农历十月二十六，属猪，多云转晴

早上，知道龙绍文和李院文出去打工，说是要跟着李生学到黄草岭乡树皮村委会做建筑。没有办法，经济来源以打工为主的村民确实辛苦，他们的能力就是做一点建筑业了。

夫妻一家人，没有了妻子或者没有了丈夫都像是断了翅膀的鸟儿，生活是不完美的。今天是李世文去垒李明里家的田埂，就是因为前年李明里的丈夫李树华年纪轻轻就过世了，两个儿子又在外地打工，不能回来持家，只有李明里和老岳母在家，眼看其他村民家都整好了田，自己也会慌的，就趁这几天天气好，找了亲戚李世文去垒田埂，说是已经第三天了，才算基本垒完，过些天就等着犁田了。

还在箐口村做调查的郑佳佳博士今天到哈尼小镇找梯田管理局的人做调查，每天，她都为了完成她的论文找人找事，很能吃苦也很能干，相信这样的人将大有作为。

2016年11月26日，星期六，农历十月二十七，属鼠，云雾转晴

早上，村民小组通知没有交农村合作医疗费用的村民尽快来交，说是快到规定的时间了，超过了时间的话，村民小组不再受理，会很麻烦的。

就是在早上，我过去村民小组办公室借几本书来看，看见村民小组副组长卢小华张贴村民选民名单，知道我们箐口村有选举权和被选举权的共654人，如有不同意见，可以在选举日（2016年12月12日）五天前向人民法院起诉，详细内容略省了一点。只是，村民对此不是很关注，

很没有人来看这些张贴出来的名单，村民最在意的是切身的经济问题，要是经济上有牵连的话，村民是会不约而同地过来看的。

上午的天气有点糟糕，有点冷又有雾，到了下午又转晴。下午，朋友李祥家修理冰柜回来，说是前两天冰了一点肉发现变味了才知道冰柜坏了，今天由张贵忠用三轮港田车送出去修理，修好了又运回来。

下午，卢志林打工回来，手里拿着一点肉、一点蔬菜，背着自己的行李，主要以打工为经济来源的村民就是这样，有事情做了就出去，没有事情做就回来，在工地与家之间来回奔波，很多人就是这样走完一辈子的。我一直在思索一个产业问题，就是在自己的家乡做一点事情，而且是上了一点年纪的人也能做的事情，这样的话，上了一点年纪的人有事情做，为后代也开辟出一条路子，日子要赶上其他村民的。

2016年11月27日，星期日，农历十月二十八，属牛，云雾转晴

这几天早上，我都起得很早，凌晨3点就起床了，要做一点事情出来，总是要比别人多付出劳动的，而老人家说："身体是革命的本钱。"村民说，没有很好的身体，掉在门口的馅饼也要被别人捡走。我就买了一套休闲服，一双运动鞋，每天都跑一段，希望出出汗，增强一点体质，而我发现像我这样起早的有张春华，还有一些其他村寨的村民也会在公路上跑步，这也是这几年才出现的现象。我相信，以后会慢慢有很多村民参加这样的运动，当然，为了生活，起早做农事是村民的生活，那就是另外一回事了。

有村民就是不自觉，说是村里有妇女到附近村寨的树林里偷砍树木、早上，有村民小组用喇叭宣传要求村民要自觉些，要是偷树木被主人抓到了是不会客气的。

早上9点左右，云南大学马翀炜教授带着100多名老师和学者到村里来考察，说是来红河学院开会的，随路就来看哈尼梯田了。只是早上的天气不好，雾很大，能见度很低，几十米之外什么也看不见，他们只能在陈列室看了一下，在村里走了一圈就到其他景点去了，希望像昨天一样下午转晴，能看看梯田的美景吧。

上午，元阳县粮食局局长李富贵带着几个工作人员来村里调查今年村里栽种他们品种的村民农户，发现确实没有几户栽种他们给的粮食种子，要想收购也收不了多少啦。

上午，为了打扫我们云南大学哈尼族调查研究基地的卫生，我到街上买几把扫把和拖把回来，在坐车途中知道，李朝生的孙子（七八岁）因为摔跤伤了手，今天由李朝生带着去看医生。

今天，几个亲戚妇女帮助李绍华家背砖，他家正在建房子，到目前已经做好了两层，现在是准备建第三层了，有李文祥的母亲、李成的母亲等几个，因为房子就在停车场旁边，比在其他地方建房子省了很多力。

2016年11月28日，星期一，农历十月二十九，属虎，阴，有大雾

早上去公路上跑步，看见有李文才还有几个妇女到挖水沟的地方打工，她们像是上班一样，说是早上8点左右就要到工地上的。

回来的时候，要等李小龙、李贵文、李庆明、罗金夫妇等七八个人从阿挡寨李小龙的姐姐家回来，说是昨天李小龙姐姐的公公去世了，昨天晚上是过去养老一天，给来通宵的村民们发放糖果，等开祭的时候还要过去杀小猪。我开玩笑地问："是否有牛肉味？"就是说是否要用牛去丧祭，说是对方家不同意，不会给杀牛丧祭的。

今天是农历十月二十九，是农历十月的最后一天，明天就是农历的十一月初一了，就是说，村里明天就要过十月年了。今天下午我看见马卫华的妻子、叔叔张文和的妻子碾了糯米粉回来，明天是要做汤圆献祭的，只是与其他民族杂居生活的我们也不是那么传统的哈尼族了，要是绿春县和绿春县附近的元阳县哈播乡等是比较热闹的，如同汉族过春节一样杀猪祭祀。听说，后天11月30日绿春县还要摆长街宴的。

下午，我看见卢清华家买家具回来，知道他们夫妇前几天才打工回来，可能是赚了一点钱，这次是回来购置一点家具的，主要是沙发、床、茶几等。他们夫妇年轻，家里有母亲招呼孩子，两个人就可以出去打工，两个人一起出去的话，还是可以挣一些钱回来的。所以有的人就把守家的老人说成是一把"金钥匙"，还是有点道理的。

晚上，我到朋友卢建忠家吃饭，他说前几天他家卖牛的4000多元被李四德借去了，说是李四德的儿子在外地打工，复印了他的身份证买了好手机，已经好几年，就像贷款一样，现在已经有上万元了，他们来追款，在没有办法的情况下来借朋友的钱还款。实际上，我的朋友卢建忠也很困难的，妻子过世早，儿子离婚后跟一个主鲁村姑娘相好生育了一个女孩一直都在外地不回来。卢建忠一个人料理家务还要供两个孙子读初中，还是很辛苦的，出于亲戚加朋友就借给他了。我还听说，村里这样的年轻人还有几个，现在的年轻人就是这样，生活不能自理，也是让做父母的头疼。

2016年11月29日，星期二，农历十一月初一，属兔，阴，有小雨

早上，我去了一下新街镇，买了一些菜回来，说是过十月年的，还是到朋友卢建忠家吃饭。今天早上每户村民家都要煮汤圆献一下，然后才能煮饭吃的，我们村过这个节日不是很热闹，村民都只是简单地做一点汤圆献一下就行了。当然，有条件杀鸡鸭吃的人家还是有的，只是总的来说不像绿春县一带热闹，显示不出节日的样子来。

今天是农历十一月初一，就是说过了农历的十月份，按照绿春县一带的哈尼族习俗，今天就是过年了，就像是汉族过春节一样，很热闹的，听说绿春县明天还要摆长街宴的。

2016年11月30日，星期三，农历十一月初二，属龙，阴，有雨

今天是新街镇的集日，可能是下雨的原因，没有看见几个村民上街的，要不然平时的集日总是有很多人上街的。我们在停车场从村民上街

的情况就基本能知道是否是新街镇的集日了，集日上街的村民总是比平时要多一些。

上午，李朝生的妻子背着一捆木柴到土锅寨小学，说是他的孙子在土锅寨小学上学，中午饭在学校里吃，因为要烧火，学生的家长是要轮流背柴火过去的，今天也是学校通知了背过去的。

上午，李世荣家房子墙上张榜公布了我们元阳县人民代表和新街镇人民代表名单。我们土锅寨社区的元阳县人民代表是李伟和田丽两人，新街镇人民代表是罗秀华、普洪昌、卢虎福、李学、李学金、李佑生、马梦婕七人，可能是新一届的选举工作要召开了。

今天的天气还是阴雨，雾还大，村里是很没有干农活的人了，但是，今天有几个外国的游客来村里，看他们的兴致还是比较高的。

2016年12月1日，星期四，农历十一月初三，属蛇，多云

上午，我去看了一下建房子的地，战友李庆祥要过去他的工地嘎娘乡，已经好长时间没有出去走动了，今天就跟着他出去走走，也是散散心吧，好长时间了，是应该出去走走的。他给一个老板当施工员，监督工人在那里做工，现在做的都快要完工了，因为自己有车，把任务安排好以后又接着回来，到家时已经傍晚6点多了，一天的时间就这样过去。

晚上是跟一个叫张荣的孙子辈吃饭，主要是商量挖平地基的事情，认为用人挖的话很费劲，公路边的地基，用挖机可能要快些，即使花一点钱，在时间上能省出很多的。我准备叫张荣的朋友来挖，用电话通知叫他过来看看现场，都是朋友，还是把账算清一点好。

今天的天气稍微好一点了，村里安装消防栓的施工组组织了布局水管的。一般人施工水平也够差的了，村里的路面为了埋消防栓，基本都挖开了，近期都不能正常行走了，而他们施工组却三天打鱼两天晒网的，到现在都没有做出什么名堂来，够恼人的，很多村民就是这么说的。

2016年12月2日，星期五，农历十一月初四，属马，多云

下午，二哥和几个亲戚从多沙村回来，说是他的老丈母过世了，明天叫我尽量跟着过去，我们的老母亲去世的时候，他们家来丧祭，看样子我们还是得还礼丧祭去的。

今天是星期五，现在的学校又改革了，学生们今天下午就放学回来家里了。

特殊人（失语者）也是人，李阿三认为他的兄弟做给他的房子什么地方不对，今天叫了其外甥卢永贵去买了一些砖回来，也不知道他是准备砌什么地方。

下午，看见李庆五的妻子在停车场向村民妇女收购干牛粪，说是十元钱一塑料口袋，三四十斤一口袋，要运到南沙镇。而养着牛的村民每家多少是晒着一些的，自己要用的，现在有人来收购牛粪，自然是高兴卖给他们的。

2016年12月3日，星期六，农历十一月初五，属羊，多云

早上，卢学锋家叫了人背碎石，人家建房子的时候，自己多少也帮助一些，而自己家现在建房子也可以叫一些亲戚朋友来帮助。前些年可能生活困难，能力小，他家只是建了一层就没有继续建房子，缓了几年积攒了一点钱，今年是加建第二层，已经很多天了，该是到了封顶的时候才叫人背材料。没有办法，房子在寨子脚，而汽车只能进到村口，不能进车建房子的地方就是得依靠人来背运一些材料，同时，因为请了前一段时间驮运谷子的五匹马在黄草岭村民小组做工程的地方运材料，那么今天有时间就可以请来驮运沙子，也省着一点人力了，就是要开钱。

因为昨天有多沙村二哥张明德的老丈母去世，今天就约了几个亲戚去奔丧，因为路远，就请了表哥李世华的车子和表弟卢世文的车子送过去，但是由于从国防路到多沙村正在修路，我们还得走一段路过去，大概走了一个小时，到了下午两三点钟办理好事情，吃过饭四五点钟又回来。

因为2013年9月，我的老母亲去世的时候，二哥张明德妻子娘家方来丧祭过一头牛，这次他们家老人去世，我们家还得按照礼仪习俗还礼丧祭。今天是带着一只鸡，一块古时候用的布料，给她献一次饭，把这块布料盖到棺材上，声明这一方会给她来献一头牛的。这次是自己弟兄家的事情，所以我们都要参加，我看了献饭时用的物品，主要有一只鸡、一碗酒、一碗姜汤、一个荷包蛋、一碗黄豆、一碗饭、一碗面条、一碗糖果，说一定要双的，都是象征性的，碗是用了小的。献饭时，我们这方去献的人，每个小碗里献三次，鸣鞭炮就算献好结束。

2016年12月4日，星期日，农历十一月初六，属猴，多云间晴

昨天是随二哥到多沙寨子奔丧，今天又得跟着去养老。本来我的事情很多，很不想去的，但是这一段时间年轻人都外出打工了，找不到人，我是不得不去的了。中午，我们几个弟兄就带着几个亲戚，带着所需要的物资过去了，今天过去的人是要陪到天亮的。因为是冬季，害怕晚上会变冷，都准备了防冷的衣服，穿得比平时要厚一些。

2016年12月5日，星期一，农历十一月初七，属鸡，多云间晴

因为昨天是到多沙寨养老，跟着那边的亲戚陪到天亮，到今天凌晨才回来，没有休息好，感觉很困，今天就休息了，没有做什么事情。没有办法，都已经是这样的年纪了，有的事情就得跟着参加，躲也躲不掉，很辛苦，好像是互换人工似的，只有这样，以后自己遇到这样的事情的时候才会有人来帮助自己的。

2016年12月6日，星期二，农历十一月初八，属狗，晴

今天早上，我跟着二哥张明德到牛角寨买牛，是准备后天到多沙寨其岳母去世处丧祭，花了6260元。二哥张明德以前一直都在外面打拼，

很少做这样的事情，这几年因为身体问题回来在家务农了，认为做这样一次大事想请客就买大了一些，开支自然要多一些。

李小龙家也是要到多沙寨子其姐姐家丧祭的，他家用 3560 元买了李小生家的一头牛，不准备请客，买的牛就小些，花费的钱就要少些。

2016 年 12 月 7 日，星期三，农历十一月初九，属猪，晴

二哥张明德家和李小龙家准备明天去丧祭的物资，主要就是烟酒和蔬菜等。

我都到了 40 多岁，因为弟兄分家，又没有挣到建盖房子的钱，还没有一个属于自己的家，生活上很困难。今天我请了一台挖机平整准备建盖房子的地面，每小时是 220 元，从早上 8 点开始，到下午 7 点左右基本平整好，一共是 9 个小时，该付给他 1980 元整。因为是用机器，相比用人力是省了很多时间，可能因为地基在公路边，被元阳县国土资源局新街分局的工作人员知道，要我到他们国土分局办理有关手续再来建盖房子。

晚上，张明德家和李小龙家都在召集家门的人开会，安排明天的人员，由于都是一个结拜的家门，两家的人就只有分开了。现在是农闲时间，很多年轻人都已经外出务工，都没有来参加开会，能来帮助的年轻人也要少些。

因为晚上停电，我们只能在蜡烛下开会，没有电的日子就是难受，听说是李明里家房子边有个地方电路出现着火的事情而停电，因为一个地方的电路影响了全体村民的生活。

2016 年 12 月 8 日，星期四，农历十一月初十，属鼠，晴

昨天晚上停电，不能用喇叭通知村民今天有张明德家和李小龙家去丧祭。今天早上有电了，可以用喇叭通知村民，这样的事情以前是要安排人挨家挨户通知的，只是，这几年丧祭的事情多，有电了，有喇叭了，

只要用喇叭通知一声村民就会主动来的，当然，一个寨子的人，是有几个亲戚的，只要这些亲戚知道了，一传十，十传百的，基本上都会知道了。

因为是自己二哥家的事情，这一段时间的年轻人少，早上吃过一点饭就跟着他们出去打先锋队了。这批早上就出去的，主要就是杀牛，办理伙食，要在后面的亲戚和村民过来之前把伙食全部做好，等后面的人员过去，到下午两三点就要吃饭。

2016年12月9日，星期五，农历十一月十一，属牛，晴

中午，我们从多沙寨子吃过饭以后就回来，做这样的丧事很辛苦的，很多事情都是我亲自出面做，我是没有休息好。回来以后，因为二哥家还准备请客，我和表哥李世华还要去买菜，家里还安排人杀了一头猪，二哥张明德以前没有请过客，这次是预算请50桌的，召集亲戚朋友来热闹一次。

到了年底，我的事情很多，原本是打算把手机都关了的，但是这一段时间很多年轻人都外出了，又是自己弟兄的事情，还是不得不抽出时间来帮助了。几天下来，很累很辛苦，做好这样的一件事情也要一些人付出劳动的。

2016年12月10日，星期六，农历十一月十二，属虎，晴

二哥张明德家请客，因为准备请50桌的人，自己回来务农已经几年了，分家后还没有请过一次客，这次的动作就大了一点。因为来的人多，我们家人要做的事情就多，很忙的，自己弟兄的事情也当作自己的事情来完成了。

2016年12月11日，星期日，农历十一月十三，属兔，晴

上午，二哥张明德家请摩批张正和做法事，主要就是打扫这次去丧

祭的卫生，村民就是这样，家里做了一次祭祀就认为有必要做一个法事消灾。因为昨天没有准备鸡鸭，还是今天早上去买的，买回来的时候已经是9点多，再做法事以后，今天早上吃饭就有点晚了，到了中午11点多才吃的，村民平时是9点多10点就吃饭了。

2016年12月12日，星期一，农历十一月十四，属龙，多云转晴

这一个星期以来，都是在二哥家帮忙做事情，不帮助也不行，帮助了，自己的事情又误了，很辛苦很累的，真的想好好休息两天。

今天是新街镇集日，小孩厌学是做父母的一件很费心的事情。卢建忠收了孙子卢小的行李回来，没有办法，村里这样厌学回来的孩子还真不少，我的孩子就是其中之一，他们又不能去务工，在家还不能做什么事情，真是无可奈何！

2016年12月13日，星期二，农历十一月十五，属蛇，多云间晴

早上，看见李世忠和李文新出去打工，说是要到黄草岭乡与李正祥去做建筑。一个人一天要吃几顿饭，总是需要钱支撑着，没有事情闲着是闲不住的，现在正是农闲时间，没有事情做，到了过年还得花钱，家长总是要找钱谋生的。

下午，才出去一个星期左右的李世得从工地上回来，买了一些蔬菜，召集了他的几个弟兄吃饭、喝酒，出去的时间不长，这样吃喝一顿后，能省出几个钱来呢？

2016年12月14日，星期三，农历十一月十六，属马，多云间晴

今天是附近的牛角寨乡集日，我知道张贵学的妻子和我的妻子到集市买青菜，说是牛角寨集市上的青菜很便宜。这两年不知道什么原因，栽种在箐口村的青菜根部会生结，栽种不好，所以很多村民妇女都到市场买青菜来腌菜。我怀疑是村民打草甘膦的原因，要不然，往年的箐口

村民还是能栽种出好青菜来的。

上午，村民小组卢小话张贴有关宣传防范毒品的材料。李世荣的房子在寨子的进村口岔路，来往的村民多，看见知道得就多。这几年他们要张贴什么宣传材料都会在李世荣家的房子墙上张贴，村民小组没有钱，他们是不会给主人家钱的。

2016年12月15日，星期四，农历十一月十七，属羊，大雾夹小雨

前一段时间的天气就好，可是今天早上起来就是大雾夹小雨，能见度很低，十几米之外什么都看不见，我们南方的冬天很多时候就是这样。但是人不能就这样生活，眼睛看不见，心里总是要看得见的，得看清对面山头的景色，愉快地过日子，雾雨天气总是暂时的，明天的天气总是会好的。这几天村里浇灌屋顶的一伙妇女就是这样，她们早上四五点就起床摸黑出发，到下午甚至晚上才回来。朋友李国忠家的生活还是困难，他的妻子就是浇灌屋顶队伍中的一个，今天是到了晚上7点才回来，说是雾太大，驾驶员都不敢开快。

没有房子的家庭肯定是困难的，总得想办法建一个属于自己的房子。前几天我请了挖机平整了准备建房子的地基，今天是自己过去用人力平整了一下。谁想过寄人篱下的日子？我也是恨不得尽快些建起一个属于自己的房子。

2016年12月16日，星期五，农历十一月十八，属猴，大雾夹小雨

中午，看见卢小华又带着几个弟兄出去打工，他们说要到附近的牛角寨乡去做建筑。农闲时间村里本来就没有什么产业可以提供村民做事情，而人总是要过日子，总是要挣钱糊家的，村民绝大多数的本领就是跟着老板打工挣一点钱了。

下午，我看见卢进、李江等几个小伙子捉回来一条菜花蛇（我们本地语是这样叫的，具体的学名也不知道怎么称呼），他们说是准备买一只鸡连同着一起煮吃。我不懂蛇的知识，不知道这种蛇是否有毒，但是听有人说，过冬的蛇是不能煮吃的，这些小伙子怎么就想着煮吃呢？又不是多好吃的东西，要是有人中毒了多不好，病从口入，有的东西还是少吃一点好，尽量挑一点嘴吧。

这几年的发展就是快，我调查的情况是很多村民家都使用电器煮饭了，减少了使用柴火的情况，只是在办理婚丧嫁娶等大伙食时使用，也有养着猪的人家还是使用柴火煮食。正因为还是有使用的情况，去年被冻死的树枝树干还是有村民捡回来的，正好这一段时间又是农闲时间，还有妇女从地里背回来一些干柴。这两天是卢学贵妻子砍倒树林里被冻死的干树，说是等到了明年的雨季腐烂了就不能烧火了。

2016年12月17日，星期六，农历十一月十九，属鸡，多云

今天的天气是好转了一点，没有小雨，雾也散开了一些，能见度大了，我的心情也好了一点。我请了朋友李国忠做我砌挡墙的师傅，说好每天的工钱是120元，不提供吃饭，要是提供吃饭每天是100元。都出去找过年钱了，请几个朋友都找不到，请工人的工钱高，每天每人都要100多元，但还是要做事情，就不得不请他们了。

上午，我们张氏结拜的李树林就通知黄草岭村民小组张贵敏的母亲去世了，要我们箐口村张氏家人都过去帮助。我已经说好了要带朋友李国忠砌挡墙，就不能去参加，只有其他家人过去帮助了，不好意思，这次不能给家族人面子了。

村里到黄草岭村民小组奔丧的有卢正学家、李庆文家，他们都是有点亲戚关系的，通知到了，就得买一只鸡，带一点米过去见面，献一顿饭之后再回来。

2016年12月18日，星期日，农历十一月二十，属狗，多云

早上，我坐朋友李祥驾驶的汽车去工地，知道李祥老父亲的牛前几

天被小偷赶去已经三四天了，掉在倮马点寨子后的一个凹坑里，估计是小偷一个人赶不出来，昨天是倮马点的村民小组用喇叭宣传消息传到这边后才知道了赶回来的。

马卫明正在建盖房子，今天运回来了一车水泥，已经要浇灌第二层屋顶了。他家建盖房子的时间不久，可能当时设计得不太理想，今年收割后又拆了重建。

黄草岭去世的老人是卢正新妻子的奶奶，今天下午有一些亲戚朋友过去，应该是去养老的，就是给来他们家凑热闹的人发放糖果，还请了一个唱哈尼古歌的歌手，今天晚上又得通宵，等明天凌晨再回来。

2016年12月19日，星期一，农历十一月二十一，属猪，多云

这一段时间的村民有点闲，田地里的活计要少些，而勤劳的人总是闲不住的，妇女们又要开始劳动了，主要是挖地和背柴火，把地挖好了晒干杂草，准备来年的生产，等到快要播种的时候烧一把就是肥料。多数村民家很不用柴火了，可是去年被冻死的树干树枝都快要腐烂了，妇女们会可惜的，就趁现在农闲时间去砍回来备用。今天挖地的妇女有李明里、李建军奶奶等，劳动总是提前准备的好些。

2016年12月20日，星期二，农历十一月二十二，属鼠，多云

这几天很累的，因为自己没有房子，前几天找了一台挖机平整了一下准备建房子的地基，这几天是找了两个朋友砌墙，我也参加了，几天下来，很辛苦的。

现在是信息时代，下午回来的路上看见李松取回来从网上订购邮寄过来的衣服，说是从深圳订购来的，由快递公司元阳分公司送过来，30多元，价钱便宜，质量也不错，说是比在新街镇买的便宜多了。

2016 年 12 月 21 日，星期三，农历十一月二十三，属牛，多云

这几天，我请了朋友李国忠、卢同则砌自己准备建房子的地基，几天下来，还是有点累的，晚上一睡就是到天亮，只有这个时候才知道劳动的辛苦。

今天是冬至，附近的彝族寨子有过冬至的习惯，基本上每户都要杀鸡，而我们箐口村民没有过冬至的习惯，就没有人去买鸡。人与人之间就是这样，民族与民族之间也是这样，我们箐口村和土锅寨只是隔一条河，过年过节来往得还是多，所做的事情就是有所差别。

2016 年 12 月 22 日，星期四，农历十一月二十四，属虎，多云

今天是送葬了黄草岭过世的老人，因为我们姓张，原则上我们都要过去帮助的。我们箐口村的张氏家人多数还是过去帮忙了，但是我是跟着朋友李国忠他们砌墙去了，没有过去帮忙，没办法，这次就让其他弟兄多出一点力吧，反正有我不多，无我不少。

中午，李南南买鸡蛋回来，中午也没有去上班，我怀疑是他的妻子生了孩子，他的母亲还带了黄袍草回来，按照村民的习俗，应该是准备挂门头上驱邪用的。

2016 年 12 月 23 日，星期五，农历十一月二十五，属兔，多云

昨天黄草岭村民小组的老人送葬出去了，根据我们地方的哈尼族习俗，今天上午我们箐口村的很多村民都上去做客了。前几天我没有过去见面，有点过意不去，我就约了几个朋友还是过去做客了，现在过礼的一般就是 50 元或者 100 元的，我的钱不多，只是给了 50 元。

根据村民小组的通知，今天做客以后要到新街镇复印身份证，说是要换养老保险的存折。

上午，农科站的唐永福给李明里运来一吨水泥，说是准备砌倒塌的田埂。这是一大变化，以前村民都比较困难的时候，村民砌挡墙就是用

石头，根本不可能考虑用水泥沙浆的。现在的话，很多村民家田埂倒塌了都使用水泥沙浆，特别是与其他村民家地界的地方，往往就是用水泥沙浆拌石头砌牢固的。

2016年12月24日，星期六，农历十一月二十六，属龙，多云

昨天，是到黄草岭村民小组做客，接着到新街镇复印身份证，刚好休息了一天。今天又跟着朋友李国忠砌墙，人手少做活就是慢，砌一堵墙都用了好几天，估计还是要几天时间才能做好。

今天，李保明的妻子叫了妇女到陈安村，肯定是有陈安村的亲戚去世了。这是我们的直觉，不用问也不用说，主人家拎只鸡，带上几个穿新衣服的妇女，百分之百是奔丧的，男人们则可以穿简单些。

晚上，我去关鸭子的时候遇到了张正和叔叔，说是他这两天到黄草岭村民小组办理丧事，拿回来很多肉，叫我们到他家吃饭。好意请我们，我就买了几包烟过去，来吃饭的人不多，真的煮了很多肉，难怪村民都说，摩批不愁没有肉吃，经常给村民家做法事，他能吃得到，办理丧事时，又能拿回来很多，基本上不会缺肉的。

2016年12月25日，星期日，农历十一月二十七，属蛇，多云间晴

早上，村民小组还是通知村民尽快去复印身份证，要办理养老保险的村民，要求尽快在这几天复印好交来。

中午，有一个爱春村委会地方的老人背着背篓过来，听村民说是用背篓来换谷子的。我看见他早上是背着十几只背篓，最后装了五口袋谷子，他的生意做完以后，是请卢生亮送过去的，看样子还是有妇女愿意用谷子换背篓的。

下午6点左右，我看见张氏摩批张正和坐面包车被送回来，问了一下，原来是从个旧市回来的。我记得前些天在与他吃饭的时候他说过，过几天是要到个旧市给一个亲戚做法事，说是那人见了一条龙，长长的，有点像一条大蟒蛇，钻入山林间的一个水凹塘里，之后出现了一道彩虹，让见了的人很惊讶，就像是电影里艺术加工播放的样子，那人认为有必要根据哈尼族的习俗做一下法事，就选择了今天去做，这是他说的。我不知道这世间有没有龙，有没有鬼魂，但是我相信哈尼族的摩批能这样长久传承下来是有它的生存能力的，要不然早就被某种力量某种信念推翻了，但是让我困惑的是，这些至今无法用科学的言语、明晰的思维来解释。

注说：村民叫"龙"，哈尼语是"纹荣"，说是龙能变化，会根据不同的情况变成不同的人和物，见异行的龙者会死，见蟒蛇的人会变穷。

2016年12月26日，星期一，农历十一月二十八，属马，晴

今天是牛角寨乡集日，李国忠的妻子到市场上去卖刺绣，说是生意还可以。利用空闲时间绣一些，每年还是可以赚两三千元的，主要是子女多，能填补一下家庭的生活所需。

李跃和卢朝生他们开始填埋村里的消防栓管道了，这么长时间是应该填了，村民来去都不方便，还是给生活还带来了一定的麻烦。

2016年12月27日，星期二，农历十一月二十九，属羊，大雾，阴雨

李世华也是村里经常能组织人手做事的人，今天早上，他又组织了几个人手说是到哈尼小镇做事情去了，快过年了，要去挣几个过年钱。今天早上起来就有大雾，十几米之外什么都看不见，到了9点还下起雨来，室外的事情做不成，我和朋友李国忠也回来休息，李世华他们也回来休息。

以打工为主要经济来源的箐口村民就是这样，每天都有村民出去打工，也有村民回来。今天下午，张伟和李建搬行李回来，说是从南沙镇回来，他们是去砌一堵挡墙，是做好了回来的，连他们的工具都搬收回来了。

晚上，我到年轻人经常去玩麻将的几户人家走走，发现李保明家里又摆了游戏机。我是最恨游戏机的，很多孩子都在那里玩，就是不上学十几岁的那一群，他们不会帮助家里做事情，又不能出去打工，还能做什么呢？只能这样在村里来回逛，有的还学会了抽烟、喝酒，很让家人生气的。

2016年12月28日，星期三，农历十一月三十，属猴，阴雨，有大雾

早上，我跟着李辉送兄弟的孩子上幼儿园时到市场上买了一点蔬菜，跟他们夫妇聊天中知道他们前几天才从广州东莞市打工回来，是通过原来就在那里打工的李永三夫妇介绍过去的，主要是做手机配件，每月能拿到3500～4000元的工资，说是这一段时间回来一下，估计过一段时间还要过去的。

今天的天气很不好，特别是有大雾，能见度只有十多米，但是上午来村里的游客还不少，外国游客也有几个。我们箐口村在公路下边，他们要看的很多梯田在路边就能看了，已经很少有这么多游客进村里来了。

中午有一对夫妻来拆除村里的标示牌，说是这些已经老化了，需要换成新的。下午，他们请堂弟张贵忠把这些已经拆下来的旧牌子运回到胜村村委他们的老家。

村民都说，到了过年前后请客吃饭的就是多，我也发觉是这样，这一段时间送请帖的人就是多一些。下午李辉给亲戚家送帖子，是2017年1月7日的，是李章红新房子迁居的帖子，我具体还不知道新房子在什么地方，应该不会是他的老家，他的老房子做起来已经多年了，估计是在他做生意的开远市或者蒙自市买了一幢房子，在新房子地方请了他的朋友以后，现在是回来请家乡人吃一顿饭的意思。

2016年12月29日，星期四，农历十二月初一，属鸡，多云

今天的天气是比昨天好一点，多云，没有小雨了，做工的人还是可以出工的，我看见表哥李世华带着几个弟兄上班了。今天虽然有点冷，但是只要人运动着，还是不会冷多少，刚刚适合劳动。

下午，我看见李文才带着卢正华挖出昨天取走的标示牌木桩。这人也是的，自己家建着房子，还没有做完，昨天有老板进来做工程，叫他请弟兄挖木桩，他就真的叫人来挖了，都快过年了，自己的房子建起来不重要，打工挣钱的事情就忙起来了。

现在车辆可以直接进入村里了，所以经常有人到村里卖东西，今天下午有两对夫妻来卖蔬菜和水果。

2016 年 12 月 30 日，星期五，农历十二月初二，属狗，多云间晴

上午，李小明家约了人去奔丧，听说，今天要去奔丧的亲戚家是一年里去世了三个人，这次去世的虽然是上了年纪的老人，但是，一家人在一年里处理三件丧事，要开支的钱还是多的，还是够家人累的。

下午，李志文家砍倒了树林里的树，一是砍除遮挡庄稼的树木，增强阳光，可以保证粮食增收一些；二是他家今年烤酒，是村里第一家烤酒卖的，砍倒树木，晒干了以后用来烤酒，可以省一点成本。

下午，还是有卖卤肉的人来村里卖，生意不错，卖完了就回去，还有父子两个来卖蔬菜，生意也不错。看来箐口村还是有点市场的，要不然他们是不会经常来卖的。

晚上去关鸭子的时候，我看见李班长整理秧田。他是一个 60 多岁的人了，但是在我们农村，这样的年纪身体依然好的人还是从事体力劳动的。今天天气情况稍微好些了，他就去除秧田里的草，也把田埂处理了一下，因为等过年以后，村民都要忙着育秧苗了，现在闲着的时候处理，等以后忙起来就轻松一些。

2016 年 12 月 31 日，星期六，农历十二月初三，属猪，多云间晴

到了这个时候就是这样，早上冷，白天热，下午又有点冷，建房子

的人家都抓紧时间了，都想在过年前封顶。就说李文才、李绍华家都增加了人手做顶层，估计再过几天就要浇灌了。

快要过年了，过年间能做点什么？这是生意自然来的事情，李云家在停车场旁边，今年没有出去什么地方，一直在家接待些散客过日子。今天搭建了一间凉亭，说是过年间会有一些游客来，为他们增加几个座位。

女儿正在上初三，已经学会上网购物，说是物美价廉，她的衣物很多都是这样上网买回来的。我也在手机上看了一下，觉得还是可以，今天叫她帮我订了几件衣服，说是下个星期就可以邮过来了。村里这样购物的年轻人是有好几个的。现在这个信息时代就是好，我还是要学会使用手机的，想过几天买个好一点的来用。

2017年
村民日志

2017年1月1日，星期日，农历十二月初四，属鼠，多云间晴

上午，我和李国忠及卢同则两个朋友又干了一阵活，平整一下自己准备建房子的地基。因为是元旦，新的一年的第一天嘛，我们也想去凑热闹，今天下午就休息了，再说，今天又是新街镇的赶集日，估计会热闹的。我们就去新街镇了，去看看小镇里有什么活动，连续干了这么几天的活计也是累的，该放松一点，休息一天身体才会得到恢复。

新年的第一天嘛，跟着朋友李国忠买几注彩票，看看自己的运气怎么样，反正不要买多，不买多的情况下，不中也好玩，中了更好玩，抱着这样的心态买了几注彩票，等第二天就知道情况了。

下午，听说李志和家的牛丢失了，已经通知亲戚朋友找了两三天，估计是被小偷偷走的，怎么也找不到，他们家还通知了附近其他村寨的亲戚朋友注意一下。就像前几天李祥家牛被赶去一样，他家的牛可能是真的找不到了，他家人很恼火，一个困难的家庭丢失了一头牛（大概8000元），这是一笔不小的损失。

今天是元旦，学校也放假了，前两天学生们都回来休息，今天下午是回学校去了，估计明天就要上课了。学生们在家也做不了什么，还是回到学校接受新的知识好，在家还要父母管着，还要管他们的吃喝和安全。

下午，我看见卢永贵和李正云打工回来。他们两个十几天以前是到红河县的一个地方做建筑，原来说是可以做到过年的，到今天说是做完了，所以今天中午收了行李回来，就是准备过年了，没有过完年是不会出去再做工了。

2017年1月2日，星期一，农历十二月初五，属牛，阴，有雨

本来，我是想着在过年前就把自己准备建房子的地块平整好的，但是今天的天气就是不好，早上有阴雨，不能做室外的活计。今天是跟着老战友李宏去嘎娘乡，去看看他工程的收尾情况，这样又过了一天。天

公不作美，只有自己找一点愉快的事情做，想着抽一点时间出去走走也是好事，毕竟在一个地方待久了不是好事情，我认为有必要换一换生活环境，也可以换换心情，对人的身心是有好处的。

我的战友要过去办事情，我没有事情要去做，就是怀着玩的心情出去的，当然了，只要人用心，在什么地方都会找到好玩的事情。嘎娘乡也是一个哈尼族集中的地方，交流一点他们那边的哈尼文化也好，不同的地方总有不同的生活方式，有的文化是值得我们学习的。

2017年1月3日，星期二，农历十二月初六，属虎，阴，有雨

这两天天气不好，一直有雨，室外的活计很多都做不成了，我也就没有叫朋友李国忠他们去干活了，只能在家休息，做一点室内的事情。人总不能天天做体力劳动，偶尔休息一下，调整心情、调整体力也是一件很好的事情。我感觉人还是要劳逸结合的，每天做一点体力劳动再做一点脑力劳动最好。

听说，老战友车文光老家黄草岭乡那边过节，他还邀请我们一起退伍的老战友到他老家那边过节，但是今天的天气不好，再说大家都是这样的年纪了，事情还是会多，我和老战友李宏都没有过去，只能在家做一点自己的事情。都这个年纪的人了，有时候就是感觉时间不够，自己想做的事情偏偏没有做完时间就过了，好像永远有做不完的事情，总是留给自己太多的遗憾。有时候就恼闷，一个人的一生究竟能做多少事情？什么事情该做？什么事情不该做？又怎样去辨别？有时候还真的糊涂。

2017年1月4日，星期三，农历十二月初七，属兔，阴，有雨

这个鬼天气，我简直怀疑这天空是否通洞了，从昨天到今天一直都下雨，从白天到夜晚未曾停过，我这一生也很少见吧。外面潮湿湿的，除了村里的石头路，田地里的泥巴小路都很难行走，我们要外出劳动的村民也做不成什么事情，所以这两天，我都一直没有出去，就在基地学习，

"活到老，学到老"。毕竟多学习一些知识，增加自己的阅历，丰富自己的知识总是好的，有利于自己去做其他的事情，理论指导实践，应该是好的。然而有时候，我会想其他的村民能在家里做什么，没有事情的日子一天的时间是怎么打发的？当然这样的问题用不着我猜疑，毕竟过日子各有各的过法。

这个时候下雨，天气有点冷，这两天就是没有看见村民出去放牛的，都生怕自己辛苦养着的牛被冻坏了，只能关养在牛圈里喂些谷草，喝些水就过了。这个时候就需要谷草了，所以养着牛的人家收割后还是要把谷草晒干了收回来，有稻草喂牛的人家这样下一两天雨也就没有事情了，很省事，要不然这个时候牛也不能放出去的，人工找野草也很麻烦的。

2017年1月5日，星期四，农历十二月初八，属龙，多云

今天的雨是稍微停了一点，早上就没有下雨了，我看见有村民在山上放牛，有李牛后、李生亮的母亲等。动物都差不多，在家里闲了几天，天气好的时候就是要放出去运动一下的，要它们出去活动一下筋骨，呼吸一点新鲜空气，吃一点地里的草料，总是好的。

上午，有一对做旅游线路标识牌的夫妇运牌子进村里来，说是村里的旅游标识牌已经很旧了，需要更换，就叫了李文才和卢正华在原来的一些路段上立牌子，换了一些，以便让来观光的游客看得清楚，牌子还是用原来的防腐木材。当然，说是防腐的木料，我个人还是有点怀疑的，风吹日晒雨淋的，自然是坏的，只不过是作为一种特色来使用，从旅游的角度来看是够味的。我认为在雨水过多、空气潮湿的地方不适合用这样的材料，这样做是不够经济的。

我算不上彩民，只是偶尔买几注玩玩，买得不多，花去几十块钱中与不中也无所谓，中得最多就是5元、10元的，经常跟村里的几个彩民在一起玩玩。昨天是走运了一点，买了五倍的三丁317号码，中了5200元，这是我中奖最高的一次，所以我买了一点菜想请几个朋友吃一顿，因为中奖有点少，不好意思说，所以我就像平时一样平静，我没有说自己中了奖，买了一只猪脚和蔬菜，等以后中大奖的时候再说吧。

用小钱买来大钱是划得来，只是中奖的机会少些，也不要用太多的时间花太多的钱去研究，玩玩而已，中奖也好，不中也罢，保持平静的心态要紧，钱也不多，精力也没有，不能花过多的时间和金钱投入进去，我是这样想的。

俗话说："家家有本难念的经。"知道已经多年没有联系的老朋友卢建忠的儿子前些天在工地上肩膀骨受伤，回来治疗一个月左右了，但是，回来的这一段时间，听说他一直与老父亲闹矛盾，父子关系闹得有点僵，儿子今天下午又赌气走了。我看老朋友卢建忠很伤心的，儿子与其妻子离婚以后，又找了一个主鲁村的女孩生了一个女儿，没有挣钱回来不说，还骗走了家里的一些钱，之后离开家，那两个孙子十多年来一直都是朋友卢建忠一个人抚养长大的，逢年过节、播种收割他儿子从来没有回来过，也没有给两儿子带回来什么生活费，能不让人生气吗？又有俗话说"家和万事兴"，我真的认为，一家人还是和气的好，有什么事情一家人可以商量解决，相互之间闹矛盾是解决不了什么问题的，两父子这样闹下去是有害无利的，人又不能活两辈子，最多不过百年，有什么坎不能过的呢？为什么不能愉快地生活下去？为什么不能多一些快乐少一些烦恼呢？

2017年1月6日，星期五，农历十二月初九，属蛇，多云间晴

早上，我与老朋友卢建忠吃饭，才知道前几天卢成家组织建做的汽车美容服务站没有办理手续，被元阳县梯田管理局组织人员挖翻了，强制执行恢复原状，浪费了他家的几万元钱，说是每个平方米的地只是象征性补给了他五元钱的损失。我们个人有困难的时候有想法是肯定的，但总的还是要听党委和政府的，总的方向还是跟着党跟着政府的路线走的好。个人不能总是按照自己的想法走下去，总是要与党和政府的路线相结合，国家才会强大，人民才会富有。

快要过年了，这几天有的村民在议论农村最低生活保障费用了，有村民希望 2016 年下半年的农村最低生活保障费用发放下来。下午，我知道村民小组组长李学华和副组长卢小华就是在处理我们箐口村民最低生活保障费用发放问题了，张榜公布我们箐口村 2016 年下半年的农村最低生活保障费用是 142748 元，公布几天以后，要是村民没有意见的话就要发放了，这个多少还是可以解决一部分困难村民的生活费用的。

今天是星期五，下午女儿放学回来，带回来上个星期我叫她在网上订购的衣服，算是便宜的了，比我们在街上买的好，这样的货要是在街上买的话要贵一些的，总的感觉是比我们在新街镇买的更好、更便宜。我听说村里有很多年轻人就是这样上网买衣物的，包括其他的东西，现在的信息时代就是快，不出远门就可以买到自己称心如意的东西了，真是方便。评论都基本相同，说是在网上买东西价钱实惠、货物又好。

2017 年 1 月 7 日，星期六，农历十二月初十，属马，晴

早上，我的老战友李宏过来接我，说今天是牛角寨乡集日，他的二哥李庆华家明天就要做新房子迁居仪式了，要过去买几只鸡鸭，说是在牛角寨乡集市上买鸡鸭可能要便宜些，要我随他们一起过去。我的事情也很多，但是快要过年了，过去看看鸡鸭，买几只回来准备一下也可以，所以我也放下手里的事情过去了一下，发现物价确实比过年的时候便宜一些，我就买了几只鸡、一对鹅回来。遇到好朋友就做佳肴吧，人总得找一点自己喜欢的事情做做。

下午两点左右，租了村民李志光家卖旅游商品的大理人回去家一趟，说是家里有点事情，等过年游客来得多的时候再过来。我看他们搬走了一些东西，可能是贵重的金银首饰，是要随身带走的，说是到了过春节的时候是要回来做生意的，具体也不知道回不回来。

下午，参加李其三家新房迁居仪式，宴席订在土锅寨村风景缘饭店，听说请了他家附近的全部亲戚，订了 80 桌，人员倒是挺集中的，但是他家是在他们打工的开远市买的房子，前面就在开远市请了他们的一些亲戚朋友了，现在是回来请老家这边的客。很多村民是有说法的，说是这样做既不赚钱，吃得又差，还不如在家里杀猪杀牛让亲戚朋友吃好些，他家想赚的钱都被风景缘店主赚去了，他家的想法是有点失误的。再说房子买在开远市，回来请客是有点不对，有点想赚村民朋友钱财的意思，有部分人是不高兴的，只是碍于面子，既然人家请到了，多数村民还是过去做客了。

2017 年 1 月 8 日，星期日，农历十二月十一，属羊，晴

上午参加朋友李庆华家的新房迁居仪式，请的摩批是张正和。他们小李家族自从李树华去世后，村里暂时没有他们家族的摩批了，举行葬礼那样的大事是到麻栗寨请摩批的，而这样小祭祀的话，可以请村里的其他摩批，今天就是这样，请的是我们张氏家族的张正和摩批来做。这样看来，村民是离不开摩批的，摩批文化是哈尼族的一大特色，摩批文化能在哈尼族村寨中生存是有它的生命力的。

李庆华家的新房子迁居仪式没有请大客，只是通知了他们一个家族的人来。今天上午用餐的有八桌子的人，来参加的人有的带来了大米，有的带来烟、酒等不一，烟是红河 88 烟或者其他的，散酒是李庆华主人家买的，客人一般是带啤酒来。因为没有请大客，也就没有人做登记了，都是他们夫妻的亲戚朋友，他们用心记着，或者过后自己家用本子记录一下就行了，以防忘记，等以后好还礼。这样没有请大客的情况下一般是不送礼的，但是人总是要面子的，人家请到了，总不能空着手去吃喝，我也是带了一条红河 88 烟过去的。

今天属羊，与村民交流知道，村民做新房子迁居仪式一般在属龙和属羊的日子。村民选择属龙日迁居，可能是"龙"，有落实、落户、回归的意思；而属羊呢，村民叫作"拥侬"，语音上"拥"就是房子，选择"拥侬"就是选择属羊日回家了，落脚的意思。可能就是这样来的吧，时间长了，村民就习惯这样做了，箐口村民新房迁居一般就是选择这两天日子，很少看到其他的日子迁居的。

同时，今天马卫明家打第三层屋顶，前次是请了几个小工来打屋顶，这次没有请了。可能是考虑到现在是农闲时间，房子的建筑面积不大，会有很多亲戚朋友来帮忙，只要他们家准备一点伙食就够了。

渐渐地到了过年时间，村里回来的年轻人就多起来，这两天回来的有张华、李庆福、李贵、卢卫等，在跟他们用餐中知道他们当中有很多人是在昆明市打工，也有在浙江省、福建省、广东省等打工，甚至更远的地方。现在有了手机以后，他们之间都互相用微信联系，他们之间知道谁在什么地方，很方便联系，信息范围广，出去的年轻人到处都有。

2017年1月9日，星期一，农历十二月十二，属猴，晴

早上，村民小组年审农村合作医疗保险单，还没有年审的村民还是自觉来了，都到了新的一年，需要的村民是会着急的，还是有必要审核的，不然临时出现什么问题都很麻烦，谁也解决不了问题就更麻烦了。

李庆林家的房子已经做好了，说是准备在1月13日下午请客，前天就来给村民发请柬了。今天早上看见他家买了一些家具回来，有一套沙发和几张床，请了一辆三轮港田车送回来，到停车场又叫几个朋友抬回去。

最懂得过节的应该是生意人，听说是元阳县亿够生活超市开业，前几天就给上街的市民发放宣传材料了，开展活动是今天到明天。今天是新街镇集日，知道的村民上街去买的不少，特别是日用品，听妇女们说村民买回来的不少。

要过年了，李正云家今天叫了人打灶，就是准备过年前搬到新房子里去做饭，要是像现在一样在临时搭建的棚子里生火做饭过年是不愉快的，因为他们家到了过年是要献饭的，总得把神龛搬到新房子里，在临时搭建的小棚子里献饭是不允许的，心里也不舒服，不能让老祖宗们在临时搭建的棚子里过节，总得请老祖宗们到新房子里吃饭的。因为我忙着处理自己的私事，没有过去观察，有村民说打灶要杀一只鸡和一只鸭子，不知道他们家杀了没有。习俗怎么来的？我看就是这样来的，做的人多了，人们习惯了就成了习俗，时间长了就成了节日，对于现在的家庭来说，杀一只鸡、一只鸭子没有什么难度的，但是，回想一下曾经困难的日子，村民不要说杀鸡杀鸭，就连基本的米饭都没有，啃的是树皮，穿的是树叶，哪里来的鸡鸭肉吃呢？所以，我就想，有村民说的打灶杀一只鸡、一只鸭子能否成为一种习俗呢？很有可能的。

2017年1月10日，星期二，农历十二月十三，属鸡，晴

　　昨天说到的，李庆林家准备1月13日请客，早上他们父子去街上买13日所要的东西，提前准备好，到时候就不用慌张了。很多事情就是这样，如果不提前做好准备，要是临时缺少什么，就会慌了手脚，做出来的饭菜也不好吃。

　　这两天李文才和卢正华与做旅游标识牌的人换了村里的旅游标识牌，前两天是用水泥砂浆固定，今天找了一些茅草盖在上面，防止雨水淋湿，估计一两天就要做好了。这样村里的旅游标识牌基本换新了，来旅游的游客也能看得清楚一些，不会让他们认错路，但对于我们村民是无所谓了。

　　接近过年，在外地打工的人又要往家跑了。下午高里发夫妇打工回来，每天都会有几个年轻人打工回来，而且一天比一天多起来，晚上他们要请上他们的亲戚朋友吃喝的。

　　晚上，有一对夫妇到村里来，听口音可能是河南省的，车辆上标着平顶山的字样，说是做蚕丝棉被的，还运来了他们做棉被的材料。晚上，他们就是住在停车场临时搭建的棚子里，等着明后天村民们来做被子，他们很耐得住吃苦的，生意人想挣一点钱也不容易，要是真从河南省平顶山过来的话，更是辛苦了。

2017年1月11日，星期三，农历十二月十四，属狗，阴，有小雨

早上起来，天气就有点变化了，气温比昨天低了一些，好在雨水不是很大，村民还能正常外出劳动。挖地的妇女有李明里、杨松记等，这种雨水不大、又没有太阳的情况正是妇女劳动的好天气，动一动，身体就暖和了，回来吃饭也是香的，再说过了年就是播种黄豆、玉米等农作物的时间，妇女们得提前做好播种前的准备，比如把地挖翻、除草等等。

中午，我们云南大学哈尼族调查点马翀炜教授的博士研究生罗丹等三个同学过来，说是要在箐口村做几天的调查，有同学还要到其他的村寨做调查。

明天，李庆林家就要杀猪准备后天的伙食了，他家在张家买了一头大猪，应该明天去赶来杀的，但是明天属猪，主人家是不被允许杀猪的，所以他们家下午叫了李金华、李小刚等几个年轻人去把猪赶回来。因为猪都是关着养的，没有出过猪圈，赶着它一段都走不了，他们几个年轻人只好叫其他人把猪拴着扛回去，打到家，看猪的反应不正常，再说就像刚才说到的，明天属猪，村民的观念里一般不杀猪，所以就在今天傍晚杀了。

下午，张明生夫妇去定做了一床蚕丝棉被，说是做成1.5米的一床被子要120元，用起来很轻也很暖和的，村民的生活质量就是这样一天一点地改善。

2017年1月12日，星期四，农历十二月十五，属猪，阴，有小雨

下午，可能是生意不太好做了，前天下午来做蚕丝棉被的河南人离开了箐口村，说是到其他村寨去看看。

傍晚，卢文明家发请柬过来，说是补办他儿子的婚礼，孙子都可能有一岁多了，说是他儿子娶了一个河北省的汉族姑娘，在打工的地方认识的，前些年没有办理宴席，这次是来补办的。宴席就订在我们寨子他们自己家里办，准备由自己家的亲戚朋友帮助来做，说是这样做辛苦一下亲戚朋友，但在经济上可以省出一些来，剩余的饭菜可以给隔壁亲戚朋友多吃一点，这样做要划算一些。

2017年1月13日，星期五，农历十二月十六，属鼠，阴，有雾，有小雨

上午，我们原本是要到工地上干活的，但是到了工地上就下起小雨来，不能干活，只能回来休息了。朋友李庆林家办宴席，我们是结拜的家族，就是一个家族的人了，平时的关系也不错，我的意思是他们分家以后，他家人不在家，很少帮助村民，但还是有他们的弟兄在家里帮助我们，而且以后还有机会让他们帮助的，还是得过去帮助当炊事员的。办理这样大伙食的事情还是得有一点经验的人来做，要不然一家人三五个的小伙食能做，但是做不了大伙食，我们箐口村办大伙食稍微有名的是卢建忠、马卫华、李志学、李树林等，谁家做这样的大伙食还是会去请他们帮助的，做小伙食和大伙食还是有差别的，做出来的菜口味就是不一样。

中午，卢文明家运回来一些饮料和啤酒，他家是本月19日请客，现在就开始准备所需要的物资了。

我回来以后就到李庆林家帮助，当炊事员，负责炒了几个菜，在我们村里，特别是我们家族当中，做这方面我的口碑还是好的，所以他们每要做一件什么大事都会请我。不好的是，我酒量不好，常常会被朋友给喝晕了，这是我要注意的一点，今天下午还好，就跟着几个朋友喝了一点，吃了一点饭就回来做自己的事情。

2017年1月14日，星期六，农历十二月十七，属牛，阴，有小雨

上午，我还是到工地上看了一下，又是因为雨水，朋友们说这样的天气不能干泥土活就回来了，也好。有的事情要赶紧做，有的事情要看看天气再做，还是安全为好。

下午，张崇祥夫妇打工回来了。他们夫妇在昆明市已经混了十多年了，以前儿子在家里很调皮，照顾他的哥嫂没有办法，前些年就转学出去了。我是他的叔叔，下午他们一家人回来，还请我吃饭，我们农村就是这么简单，大家有些日子不见，就买些烟酒菜请亲戚朋友喝一杯酒，聊聊天、叙叙旧。一年就这样过去了，到了中年后，感觉时间过得很快。

2017年1月15日，星期日，农历十二月十八，属虎，多云

今天的天气稍微好转了一点，我急着用完堆在工地上的水泥，过年肯定要休息一段时间才能过去干活的。所以今天我就到工地上干活了，很少注意村里的事情。

卢小华带几个弟兄做事已有几年了，今天遇到他时说回来运一点水泥，说这一段时间他在绿春县做事情，通过朋友介绍承包了做几栋房子，准备过几天浇灌水泥顶拿一点过年钱再回来。很现实的，说是拿不到钱就不好打发他的几个弟兄，用他们的话说："都是支了锅等米下的，不能为难了弟兄们。"

2017年1月16日，星期一，农历十二月十九，属兔，多云

今天，李绍华家浇灌屋顶。这次不知道出于什么考虑，他家请了外地的妇女来浇灌屋顶，村里的亲戚没有几个人参加的，前两次是请了村里的亲戚朋友来浇灌的，人的想法一改变，事情就会跟着改变。李绍华家和我家还是沾一点亲戚关系的，但是我也忙着自己的事情，他家也没有请我过去帮忙，我就忙自己的事情了。

2017 年 1 月 17 日，星期二，农历十二月二十，属龙，多云间晴

上午李正云家做新房迁居仪式，没有请很多的亲戚朋友来，只是通知了与他们家最亲近的几户人家，我认为我们之间也够亲近了，但是没有通知我过去就算了。有一句方言：不请的客人不贵。他们家没有请我过去，我过去了可能会碍着他们的。

白天，华南理工大学的三个师生都在村里做调查，她们说主要是做旅游方面的。本来，她们是通过朋友杨忠明介绍让我帮助做调查的，但我的事情很多，要带着我的几个弟兄砌墙，这几天都没有时间陪她们做调查。我心里想着，既然是朋友介绍来的，总得找一点时间陪陪她们，这也是一种学习的机会，可是就是抽不出时间来，这几天都是叫李正华和李福他们陪着，但是我心里就是过意不去，所以晚上，我去到她们住的朋友家，叫他多买几个菜，请她们吃一顿饭，跟她们交流下，也算还个人情吧。

2017 年 1 月 18 日，星期三，农历十二月二十一，属蛇，多云间晴

明天，村里有卢文明家补办儿子的婚宴，所以，他们家今天就组织人手准备了，说是杀了一头猪，其他的多数还是到市场上买回来的，今天的主要事情是把猪杀了，通知了亲戚朋友过来帮助。

下午，村里有很多人都到黄草岭村民小组做客，有一部分人认为过年期间请客送礼过多，有时候连过礼的钱都拿不出来，所以不是很熟悉的亲戚朋友就不去做客了。

2017 年 1 月 19 日，星期四，农历十二月二十二，属马，多云间晴

今天是什么好日子，三张请柬，大鱼塘村有一张，黄草岭村民小组有一张，我们箐口村也有一张，隔壁这几个寨子嘛，只要请大客基本都能请到我们，这次我们家也只能分开做客了。我去参加黄草岭张学明家门家，妻子去她堂叔卢文明家，而大鱼塘村只能叫姐夫李贵生代交了 50

元，姐夫也是这样，他就叫我帮他给卢文明家代交了50元，人来不了，只能带礼来了，只要在礼单上报个名就说得过去了。

　　这两天的天气是好，快要过年了，回来的村民多，来旅游的人也不少，在村口李云家吃饭的也有三五个人了。卢龙家因为他的老母亲生病，这几天也没有看见他有动作，来了客人都没有心情接待了，要是像往年的话，他是要准备东西了。我听他们说去年过年的那一段时间，他就赚了两万多。我觉得在我们箐口村以他现在的经济条件来说已经可以了，他们年轻人出去一年也不一定能赚这么多回来，整不好还会欠着钱回来。所以我有时候的观点就是在家门前能赚钱是比出门赚钱的好。

2017年1月20日，星期五，农历十二月二十三，属羊，多云间晴

　　我们云南大学哈尼族调查点负责人马翀炜教授的博士研究生罗丹过来调查学习已经10多天了。今天上午我和她去找世博元阳旅游公司元阳分公司的冯钺副总交流，咨询一些相关的学术问题，主要是他们世博元阳分公司对箐口景点的开发情况。

　　做人总是得有几个亲戚和好朋友的，表弟李成是我的亲戚之一，他们一家在蒙自市打工已经几年了，每次回来都要请我吃饭、喝酒、聊天。快要过年了，他们一家人是今天回来的。下午我在地里干活还没有回家他就打电话请我过去吃饭了，但是因为今天我约了蔡晓琴几个华南理工大学的研究生去吃饭就没有过去跟他喝酒。说实话，我们村里的朋友喝的酒质量不好，他们都喝不起好酒，村里李志文家烤的酒现在是七元一市斤，也有十元一市斤的，他们也很少有买喝的，喝的一般都是3～5元一市斤的，一瓶矿泉水都要卖两元，3～5元的酒一定是一般的酒，特别是村民家办大事的时候，一次要喝一两百斤，仅酒钱就要几千元，很少有村民消费得起。所以酒还是要少喝一点，要喝就要买一点好的存起来，有朋友来喝一点尽兴就行了，年轻的时候跟朋友比赛喝酒由着朋友喝酒那都是错误的，特别是到了这样的年纪是应该醒一点了，喝酒误

事，还要伤身体，没有多少意思。

2017年1月21日，星期六，农历十二月二十四，属猴，多云

我和几个朋友这一段时间天气好就得到工地上干活，按照我的打算完成过年前的计划。

像还礼似的，下午，华南理工大学的蔡晓琴、刘丹皮又请我吃饭，她们明天就要离开箐口返回学校去了，请我和几个这几天陪她们做调查的朋友表示一点谢意，还利用就餐时间讨论了前几天没有谈过的话题，还是很愉快的。我认为，人能跟新老朋友友好相处就是最愉快的事情，还有什么比这些值得珍惜的东西呢？

2017年1月22日，星期日，农历十二月二十五，属鸡，多云

早上，在村里做了一段时间调查的博士研究生罗丹和她的一个师妹也返回学校了，她们两个在村里以及周边的村寨调查了十几天，到了这个时候，她们说也想家了，说是要回家过年。

快过年了，李世华带着在哈尼小镇做工的工人收工具回来了，他们要准备过年的东西，也就提前几天放假了。这似乎也成了一个惯例，都喜欢在过年前休息几天，准备一点年货，或者说看人家休息了自己也要休息的。

2017年1月23日，星期一，农历十二月二十六，属狗，多云

箐口的早春可能就是这样，上午有大雾，下午转多云，这几天都是这样。我们干活计的人觉得不冷也不热很适合。在外面打工的年轻人都陆续回来，我们也是很慌的，但是还有一吨多的水泥没有用完，离村民们杀猪还有几天，还是要想办法把这一吨多水泥用完，买水泥的钱不多，还是得合理利用的好，不能浪费，因为我的钱也是辛苦挣来的。

有钱没钱也要回家过年，这是我们多数村民的想法，所以打工的人都陆续回来了。下午，李庆五家杀猪了，说是请他的弟兄们吃饭，给他

的弟兄们发工钱过年了，不然的话我们箐口村民一般都是在大年三十那一天才杀猪的，杀猪的那一天还要献饭，所以，其他的村民家还没有杀猪，他就叫他的弟兄们杀猪吃饭了。

2017年1月24日，星期二，农历十二月二十七，属猪，晴

今天，我们的工地上还有几包水泥没有用完，想着过年就要休息一段时间了，没有用完的水泥时间长了也会被浪费掉，所以我还是叫了朋友李国忠、卢同则去砌墙。因为到了明天，看其他村民朋友都忙着过年的事情，总不好意思还叫他们来干活吧，朋友们都要准备过年的事情了，还是该让他们也去准备一下。

一天的时间就过得这么简单，忙了一点自己的事情以后，就忘记到村里观察其他村民的事情了。总之这一段时间，村民们还是忙着过年的事情，其他的事情就做得少些。这是我在村里做这么多年日记的困难点之一，要是忙了自己的事情，就没有时间去观察其他村民的事情了，或者遇到生病休养的时候，总不可能出去调查。我发觉，时间长了，做这项记录还是辛苦的。

2017年1月25日，星期三，农历十二月二十八，属鼠，晴

早上，为了买到好的肉过年，我打了电话叫杀猪卖的朋友留了一点好肉，我们家今年不准备杀猪了，所以早早地，我就到街上买肉去了。我估计过几天市场上的蔬菜会涨价，所以今天早上就买了一些新鲜的蔬菜回来备着。

其实，也没有啥好准备的，只是大家都过年，咱也得简单准备一点，即使没有啥好准备的也得休息着。

2017年1月26日，星期四，农历十二月二十九，属牛，晴

在我们箐口村，村民一般只在大年三十才杀猪，也就是明天。现在的

村民生活好起来了，每年杀猪的村民家很多，有时候有点忙不过来，到时候还请不到亲戚朋友来帮忙，一些年轻人就改变习惯了，会提前杀猪。

今天是堂弟张志贵家杀猪，他在我们村里是少有的有正式工作的，是从红河州卫校（现在改名为红河州卫生职业学校）出来到现在在元阳县牛角寨卫生院上班，平时因为工作的事情很少回来，说是今年轮到他休息，他也就回来过节了。他家上午就把猪杀好，请我们过去吃饭，一起长大的好弟兄，在一起总是要喝几杯的，一起度过这美好的时光。

2017年1月27日，星期五，农历十二月三十，属虎，晴

早上，堂弟张志贵又叫我过去他家吃饭。昨天喝了一点，今天就没有喝多少了，我就回来基地做一点自己的事情，总不能把自己珍贵的时间就这样花费在吃喝上。

按照过春节的程序，村里很多家庭都要杀猪献饭的，我发觉这几年杀猪的村民很多，很多亲戚都打电话叫我过去吃饭，我就知道得喝酒，也就没有接他们的电话，一天的时间基本就这样打发了。吃喝的事情能躲就躲，都这个年纪的人了还是要少喝一点酒好。

2017年1月28日，星期六，农历一月初一，属兔，晴

大年初一，按照我们村里的习俗，村民家是要献饭的。一大早，就有村民家献饭、鸣鞭炮了，大概凌晨两点就有人家鸣鞭炮，我都睡不着觉了，有的村民也是过分。我有点不想到亲戚家吃饭，就在基地吃，请了两个不用献饭的朋友来，要是他们都是家长，要在家里献饭的话，没有做好家里的事情是不会来的。

2017年1月29日，星期日，农历一月初二，属龙，晴

今天是大年初二，一般情况是不串门的。但是现在的年轻人就不管这么多了，都可以互相来往，舅舅早上就叫我过去吃饭，我上午在李成

家吃饭，中午休息了一会儿。

下午，卢永贵带我和李成去老城说是要和一个女朋友约会。都四十几岁的人了，还没有真正意义上成家，我们农村就是麻烦，今天又是大过年的，去别人家找朋友，我的心里是很不爽的，但是他是妻子的哥哥，我又不好打击他，只能跟着过去了，到了晚上9点左右才回来。

2017年1月30日，星期一，农历一月初三，属蛇，多云转晴

过年间，年轻人就是会集中到一起，朋友们聚会又要吃饭喝酒的，高兴过度了还会喝很多酒，要是不注意这一点，就是会出问题。早上起来，我就听说村里的年轻人又吵架了，是李金华与其他的几个，一个寨子的年轻人吵架，我们村民能做什么呢？

今天是农历一月初三，按村里的习惯是过完年了。今天的主要事情就是给姑姑和姐妹送糯米粑粑过去，这是我们哈尼族的一个习俗。我们几个弟兄分家以后，我负责给全福庄的姐姐送，还要负责给父亲的姑姑送，但是父亲的姑姑已经过世多年，她的儿子也是过世几年了，现在只有孙子们，我们之间相互不来往已经很多年了，她的儿子过世后我连续送了三年，说是今年就不再给他家送了，所以今天我就没有给他们家带糯米粑粑过去，几代人的亲戚关系可能就这样慢慢疏远了。

2017年1月31日，星期二，农历一月初四，属马，多云转晴

今天，张小华家做祈福仪式。因为过了年，年轻人就要出门打工了，他们准备做祈福仪式的就选择村民所说的好日子来做，希望出门吉利、平安，大体的意义就是这样，但是否真的灵验就谁也说不清了。

今天我家收到一张土锅寨的请帖，是我的老同学送来的，说是他的妹妹回门，都是大姑娘了，已经有了孩子，说是彝族有这样的一个礼仪，我不知道哈尼族有没有这样的说法，又不是结婚，也不是生日，谁知道哪来的一个回门。我有时候就想，这年头什么样的花招都会有，虽然说是 20 年的老同学，但感情基本上就是一般化，而且又是过年间，我就没有过去参加了。

2017 年 2 月 1 日，星期三，农历一月初五，属羊，晴

对于我们成年人来说，我相信很多人和我有一样的想法：就是害怕过年。过年嘛，就是吃喝玩乐，村民们又好酒，喝了几杯酒之后，往往就忘记吃菜、吃饭，连续几天吃喝，很伤身体的。早上吃这家，晚上又吃那家，连续几天喝酒，像是赌命似的。跟朋友们喝酒，用村民的话说，不喝几杯好像不高兴，有点说不过去，这是村里朋友们的一贯看法。有时，真是到了很想躲避的地步，有时候还真想把手机也关了，让朋友们联系不到，自己静下心来做一点事情。可是又想，真要是某个亲戚或者朋友有事情要联系的话，关手机也不是办法，所以，还是得想其他更灵活一点的办法。记着：关手机不是躲酒的办法。

我想，对于我们生活困难的农村来说，是不应该把这么多的时间花在吃喝玩乐上的，伤身体又伤精力又费金钱的，没有什么意义，应该多花一点时间在谋事上，这是我的一点想法。但是，人也总不可能天天劳动，天天为了生计而奔波。过年间，要是不喝多的话，还是可以适当休息一下，跟亲戚朋友聚一聚，聊聊家常，交流一下生活的经验也好，要没有过年这样一个节日，谁知道亲戚朋友又干什么去了，一年到头的，什么时候又能集中在一起呢？

2017 年 2 月 2 日，星期四，农历一月初六，属猴，多云间晴

郑佳佳博士从昆明过来在村里调查已经几次了，今天是带着她们一家人过来，既是趁这个假日带着家人来看梯田来了，又是来做她自己的调查，就住在我们云南大学哈尼族调查点。

这年，我们村里总的来说到初三献饭完就算过完了，但是，年轻人还没有完全出去做事情，还是整天相互来往着喝酒吃肉的，好像相聚一起

的时间太少了。而我也好像还在晕着，还是静不下心来做事情，整天瞎转，有时候想，自己已经不正常了，什么时候能正常地找一点事情来做？

2017年2月3日，星期五，农历一月初七，属鸡，阴，有雨

今天早上，李国忠家为了大儿子李田去做一个休息台，说是他们家几次找尼玛算卦，他的儿子李田的命有些不顺，需要在路边做一个休息台来消灾，所以，根据尼玛的推测，就在今天早上他的属相鸡的时辰过去，到9点左右就回来家里做饭吃了。

早上，我是去给我的朋友郑博士一家人买菜了。回来之后，出于好朋友关系，还是到朋友李国忠家吃饭，知道今天帮助他家的人有李光明、李世明、李世忠。一般过程是：他们几个准备好所需要的物资以后出发到事前找好的地点，做好了法事献一点饭就回来吃饭，这种事情一般是可以有其他家族的人参加的，所以，我也不例外，跟他们喝了一点酒，一个上午就过了。人到这个年纪后，要是不充分把握时间，就会很容易浪费时间的。

吃饭期间，听他们几个朋友说，他们路过的地方堆放了一些石头，还是有人准备去做休息台的。

2017年2月4日，星期六，农历一月初八，属狗，多云间晴

按照我们村里的习俗，村里过好年了，是可以出去做农事了。大哥张明生家的秧田去年雨季时田埂倒塌了，过了春节以后，村民就要育秧苗了，所以，今天叫了几个亲戚去砌田埂，准备再过几天就育秧的事情。

过年都这么多天了，得出去走走，由着公路走了一段，看见今天的游客多了一些，公路省道上都停满了车，长长的，从哈尼小镇到世博元阳旅游公司元阳分公司售票点两三公里的路上都是游客的车辆，平时是不可能这样的。到了这个时候，来的游客多，路边又没有专门的停车场，即使有点空地也只能停放几辆车，来的游客车辆多数都只能临时就着路边

停放了，路面就越是显得拥挤了。有点糟糕，作为景区，是得改善这些设施的，很多过来的游客都有意见了，有的说不定投诉到了有关部门。

2017年2月5日，星期日，农历一月初九，属猪，晴

  我的朋友郑佳佳博士一家人于今天上午返回了。因为还在过年余热间，我忙着与亲戚朋友来往拜年，相互商量一些事情，交流一点感情，今天见这亲戚，明天见那朋友的，有的是一年都在外地的，从小一起长大的，很难得在一起，也就不得不抽时间出来。说是拜年，其实就是喝酒、吃饭、喝茶、聊天，但是，多数的亲戚朋友只有这个时候才会相聚，他们邀请我过去，我请他们过来，也就没有招呼好朋友郑佳佳博士一家人了，心里有些歉意的，好在她来过几次，村里的情况基本都熟悉了，又是大人，他们都能招呼自己，可以说些家里的事情，吃住又有我的妻子陪他们就好多了。

  今天是属猪的日子，所以，是有村民家做祈福仪式的。有张小华家，他本人也是摩批，也可能还要做这样的法事，摩批就是他的父亲，父子都是摩批，可以相互祭祀，好玩吧？

  过好年了，天气变好，就有村民出来做事情了。妇女们开始挖地了，准备播种前的劳动，基本都认为现在播种是早了一点，现在主要是挖地、锄草、施肥，播种要到2月底，还要等几天，现在是趁有时间做些前期准备工作。

  今天，是李祥家为儿子李林做一个休息台，说是尼玛算出来的，他的生辰八字也有点不利，需要在寨子日出的东方做一个休息台消灾。我们两个是好朋友，早上的时候我有事情出去，到了吃饭的时候才回来，吃饭交谈中知道他家用的是一对鸡，不用太大，公鸡和母鸡都行，而且是用本地的土鸡。这就跟朋友李国忠家有区别，他家用的是一只大红公鸡，主要是利用早上的时间叫几个朋友在准备好的路边做，再把鸡杀了煮熟了献一点就回来家里吃饭，叫了几个朋友过去，花不了多少时间。

问他们立的一块石头怎么称呼,他们只说就是"门肖",就是风水先生讲究的所向位置,要求要在地势平坦的地方,比如像桌子或者圆石一样的缓坡地带,不允许面向冲沟或者凸凹不平的山地,认为那样会给家里带来不幸。

2017年2月6日,星期一,农历一月初十,属鼠,晴

早上起来,知道昨天晚上卢龙的母亲去世,今天全村村民都过来帮忙打扫家里的卫生,布置灵堂,做她的棺材。以前,很多家庭都是用准备好的木板请村里的木匠师傅做棺材,现在的话,多数村民都嫌麻烦,很多家庭都到木器厂或专门做棺材的地方买回来,之后是按照村民的习俗做一些其他的事情就好了,很省事,他家也是这样。现在的一副棺材基本是在一两千元,我们农村的生活还困难,这些地方也没有很贵的木材,有了也消费不起,绝大多数村民家用的就是一两千元的那种棺材。到目前是没有听说谁家用了价钱贵的木材。

2017年2月7日,星期二,农历一月十一,属牛,晴

昨天,卢龙家处理母亲的丧事,电话通知了所有的亲戚都过来奔丧,所以今天他们家就有很多村民过来帮忙,招待所有来的亲戚朋友。吃饭是全部摆到陈列室广场,说是摆了70桌,怕桌子不够,要求我们村民先让外地的亲戚朋友坐下来吃,我们本村的村民就等了一会儿在他们后面一点吃。当然,这就是待客的一般礼貌,相信其他寨子也会这样做的。

因为天气好,在村里的年轻人也多,来帮忙的人就多,做伙食就快了,到了中午12点左右就全部做好了,下午1点多就让来的亲戚朋友吃饭了,到用餐完毕还只是下午3点多,他们返回去还早早的。

如同往常过年一样,今天来的游客有点多,在李云家吃饭的也有几个了。听他们说,这两天是有点生意了,他们家做餐饮生意的,每天还

是可以赚到五六百元。而同时，在村里运送游客的每天也可以赚两三百元，看他们几个还是有点忙的。

2017年2月8日，星期三，农历一月十二，属虎，多云转晴

今天是牛角寨乡的集日，卢龙家的丧事听说要在属蛇日主办，到属马日出殡，他们家就安排了人到牛角寨乡集市上购买牛。他家是养着一头公牛的，但是，按照村里的习俗，女人过世祭祀一定要用母牛，男人就要用公牛，所以，他们家就要到牛角寨乡集市上买。

上午，卢正清的儿子儿媳带着朋友们驾驶车辆到附近的景区去游玩，说是在打工的地方相遇相知的，说是福建省的姑娘，已经生有一个孩子了，也要学着外地的人补办婚礼了。这是他们年轻人的事情，而家里的话，亲戚朋友要忙着准备下午的伙食。

因为今天的天气还好，村民们还是能够帮助卢正清家正常办理伙食，伙食就在他们亲戚家屋里做，宴席就设在陈列室广场。没有下雨，农村的最好条件就是有这样的广场，客人们集中，帮助的人也好加饭菜。

中午，堂弟张五夫妇整理秧田了，说是其他的村民家已经开始整理秧田了，自己家的秧田也要开始整理了。这几年两口子除了农忙时候回来处理一下家务之外一直就在工地上挣钱，现在也想着把秧田整理好后快点出去，像是害怕钱被别人挣完了，当然，只要把秧田整理好了，育秧的事情就可以交给守家的两个老人处理了。

2017年2月9日，星期四，农历一月十三，属兔，阴，多雾

我听有个朋友说，天下没有不费力气可以做好的便宜事情。我准备建房子的地基很不平整，用人力的话费时间费钱，原来想在过年前请挖机平整的，只是，驾驶挖机的朋友事情多，没有在过年前来得及做，这地方的挖机又不多。再说，给尼梯田申请世界文化遗产成功以后，想在附近一带建房子都需要审批，不能随意挖沙取石，只好拖到现在了，这次请的工钱是每小时350元，需要平整的土地石方量不多，要不是朋友的话，他说不定都不会来，今天是过来了，只用了四个小时就基本平整完了。这机器就是快，要是请人工的话也不知道要多少时间、人力。我的心情也舒畅多了，像是放下一块沉重的石头，基本上完成了第一期工程，接下来，就是把四周的墙砌起来。

马刚金与卢龙是亲戚，他的妻子就是卢龙的妹妹，马刚金的母亲去世的时候，卢龙家是去丧祭过的，现在卢龙的母亲过世了，马刚金家是要还礼的。今天晚上，马刚金家是买了一头小猪，还有烟酒等去养老，请的歌手是村里的杨正明，陪同的是他家的隔壁邻居，因为同时还有李学光家来养老，今天晚上还是很热闹的。

2017年2月10日，星期五，农历一月十四，属龙，阴，有大雾

上午，卢龙家准备明天要用的东西。我们村里死了老人是必须要用一棵竹子的，我们寨子脚的竹子全部被冻死，只有海拔比较低地方的竹子还活着，今天上午砍回来的是麻栗寨河底的竹子。河底海拔低，气温比我们寨子要高，去年下雪结冰也冻不到那里，也就有没有被冻死的竹子，他们家就是从亲戚家的竹林里砍回来的。这也有点麻烦，真要是下雪，结冰再厚一点，把河底的竹子都冻死的话，村民办丧事的竹子又要到什么地方去找？或许村民办理丧事会做出一些改变。

今天的天气很不好，又是春天开始，进水里劳动，水还是有点凉的，但是，已经有一部分人家开始整理秧田了。我考虑到过几天事情会更多，就抽时间去整理了一下秧田，想着过些日子要帮助卢龙家或者马刚金家，过几天事情多了还要误事，完成自己的一桩事情的心情就是这样愉快。做事情就是不能拖，一天的事情一天能做完就好。

2017年2月11日，星期六，农历一月十五，属蛇，有雾

今天，村里是主办卢龙母亲的丧事。在我们村里，只要谁家的老人过世,到了主办的那天,全体村民都会来帮忙料理,他们各尽所能,或者根据事务长的安排去做,只要能做到,无论安排到哪一个人都不会拒绝的。要不是什么非正常死亡的事情,这种时候,亲戚朋友都会很团结,都会过来帮忙,年轻人也会听从中老年人的安排,顺利完成每一桩丧事。

因为马刚金家是与我们张姓结拜的弟兄,卢龙的母亲就是马刚金的岳母,这次又是马刚金家去丧祭,我们张姓家族的人就到他家帮忙了。我也不例外,要不然,我们是要到卢家帮忙的,村里这样办理一桩丧事很费人力、物力。

2017年2月12日,星期日,农历一月十六,属马,有雾

都是按照正常的哈尼族葬礼进行,昨天主办了以后,卢龙的老母亲于今天下午出殡,村里的年轻人都出来帮忙。他们卢氏家有一块集体的林地,村里还在进行着土葬,他们家就将棺材送到公路上方的拿安天林地里。

就像昨天说到的,我们张姓和小李家姓主要是到马刚金家帮忙,这样的葬礼经历得多,办理事情就很顺利。今天就是到马刚金家帮忙,回来休息了一阵,到下午再跟着村民送葬,程序就是这么简单。

2017年2月13日,星期一,农历一月十七,属羊,多云间晴

按照正常的葬礼程序,今天的卢龙家还是接待,附近的亲戚朋友还是来做客了。因为马刚金家也请客,我早上就到马刚金家帮忙,在马刚金家吃过饭后来卢龙家过礼,男人过礼,现在一般都是50元或者100元了,只有少部分妇女还给二三十元,随着社会的发展,这礼金也在慢慢地增多。

这几年丧祭一般都不请客,但是这次马刚金家不同,还是接待请客,作为朋友,我还是过去帮忙了,给了50元的礼金,在他家吃了饭后,直接去卢龙家过完礼没有吃饭就回来休息了。几个年轻人在一起吃饭,

是难免喝一点酒的，而喝了一点酒，就是费时间费精力的。所以我认为，办我们哈尼族的葬礼很费时间和人力。每年，寨子里每一两个月去世一个人，就要花费我们的很多时间，要是不学会处理这些日常琐事的话，过日子还是有点累。

2017年2月14日，星期二，农历一月十八，属猴，晴

上午，马刚金家做了一个法事，就是消除这次丧祭的法事。村民认为，谁家出了这样的大事也是一种灾难，有必要消灾的。在我们村里，姓马的就他们几个弟兄家，而我们农村，做这样的一个大事情，总是需要很多人手帮助，这样的事情谁家都难免，所以，他们几个弟兄家就跟我们张姓搭伙了，我们张姓出什么大事情，他们家就一样很积极地参加。所以，这次也就叫了我们张姓，今天上午也如此，作为家主，他一家一户登门通知，有时间的村民也会主动过来参加。

这样办一桩事情浪费的时间就是多，特别就是吃饭中，几个朋友集到一起的时候，喝酒聊天的，什么事情都会想起来说，有时候一顿饭就要花三五个小时，真浪费时间。今天上午也是这样，一坐下喝就是几个小时，到了下午两点多才收碗筷，休息一会儿，一天就过去了。

2017年2月15日，星期三，农历一月十九，属鸡，晴

好事多磨。"唇齿相依，难免相碰。"家家都有一本难念的经，原来，我们几个弟兄都是说好的，但是，到了我动手要砌墙的时候，弟兄的妻子却说我家占到他们家的地了，这让我很困惑、很生气。

晚上，在朋友卢建忠家吃饭，这两天的心情很不好，就是因为自己准备建房子的地方，他们三个弟兄说是占到了他们家的地，很让我伤心。他们几个建房子的时候，我本人心放得宽宽的，没有说什么话，还尽了自己的能力帮助他们，现在，轮到自己要建房子，他们却有话说了，不知道他们是怎么想的，明明利用自己的地点建设自己的家园，他们却还

要说三道四的，怎么不叫我伤心呢？心情不好，到村里调查也烦，日记就记得少了。

2017年2月16日，星期四，农历一月二十，属狗，晴

这年头，过年前后做客的事情就是多。上午，我和表弟李成到大鱼塘村做客，发现现在过礼每人基本是50元，或者是100元，我们是外村去的，出于面子问题，基本都是给100元了。发现一个有趣的事情是女人过的礼金要少些，也有部分是二三十元的。

还是和昨天一样，自己的事情不顺利，心情不好，静不下心来做事情，做客回来就休息了。

2017年2月17日，星期五，农历一月二十一，属猪，晴

今天属猪，村里做祈福仪式的人家有点多。有张崇云家，请的摩批是张正和，参加的人还有他的父亲张明生。李爱生家请的摩批是李贵文，李农排家请的摩批是大鱼塘村的张正明，卢迁华家请的摩批是李建国，估计今天还有我没有观察到的。反正到了这个时候，做这种法事的村民就是会比较多，有时候，村里的几个摩批忙不过来，有的还会通过各种朋友的关系请外地寨子的摩批来，知道的有请陈安村的、热水塘村的、黄草岭村民小组的、多沙村的等等。我看每一个寨子还是会有几个摩批的，像这一段时间的话，他们还是够忙的，但是，我听说他们做这样一次法事的酬金已经是一两百元了，有的还要多一些，主人家还要送一些烟酒，一个月下来，他们还是有点收入的。

今天的天气是好，没有一丝云彩，村民都要出来劳动了。男的整理秧田，准备育秧的农事了；女的则是到地里锄草、挖地，准备栽种苞谷、黄豆，一年的春播就要开始了。

中午，农科站的高国兴运来梯田红米品种，交给村民小组来发放。我观察了一下，今年准备栽种的人家不多，只有三四十户，李文科与李明家的田与其他村民相比是多一些，领回去的谷种有25公斤，是今年栽种梯田红米最多的两户。我们村里人口逐渐增多，我大体上统计了一下，一年要增加四五口人，所以，到现在来说是人多地少，人均耕地不到一亩了，他们两家是人口没有增多而已，像他们这样的家庭已经很少了。

2017年2月18日，星期六，农历一月二十二，属鼠，晴

早上路过的时候，知道李文贵家牛又丢失了，丢失的不仅是一头牛，还有面子。今天他们一家人都出去找了，还好到了下午3点左右就找了回来，多少挽回来一点面子。

这一段时间，来村里的游客明显增多了，每天都有不少的游客来。再说因为刚过完年不久，村里的多数年轻人还没有出去打工，村里是热闹了很多。上午看见有一个摄影比赛团队到村里来，有100多人，因为天气也好，他们像赶什么似的，争先恐后地进来，生怕好地点被同行占了。

2017年2月19日，星期日，农历一月二十三，属牛，多云

上午，说是有什么人物要来箐口村，村民小组请了几个妇女清理停车场的建筑垃圾。没有办法，有部分村民就是不自觉，他们运回来建筑材料之后产生的垃圾就是不及时处理，时间长了，他们也不愿意来清理了，只有上面领导来或者村民小组来处理。垃圾实在是村里一件令人头痛的事情。

这几天的天气都很不错，看见地里的桃花都要开了，树叶发芽了，村民都开始育秧苗、播种黄豆、苞谷了。

2017年2月20日，星期一，农历一月二十四，属虎，晴

有村民育秧苗了，而且，很多村民都学会了用塑料薄膜育秧的方法。今天看见60多岁的张文和堂叔叔也在用塑料薄膜育秧苗，说是育新街镇农科站给的梯田红米品种。他已经60多岁了，还是这几年才用这样的方法。

天气好，看有的村民育秧了，自己也会慌一些，我也到秧田里锄草，做好育秧前的工作，看过日历，知道今年的惊蛰来得晚，明知道这几天天气好，我还是不着急育秧，只是做好前期的事情，打算到了三月初再育秧。

2017年2月21日，星期二，农历一月二十五，属兔，晴

早上，表弟李成的车子被来马卫明家安装门窗的车子刮了，可能是对方不熟悉路况，进村里的这一段路又是下坡的，车速也过快了一点，通知交警过来勘查现场以后，对方全责，调解双方报案到保险公司之后到附近的修理厂定损。但是，双方协商认为事情不大的情况下，报案到保险公司也麻烦，来年还要增加保险费，协商私了算了，结果是对方一次性赔偿5600元了事，现在的事情就是简单，他们没有带现金来，对了双方的银行卡号，说是打到卡上算了。

李成是我的表弟，平时相处得好，我也过去参加协调了一会儿，从早上到下午，一会儿说这一会儿说那的，就折腾了一天。虽然说没有到动手的地步，我们村里的几个弟兄还是出来说话了。晚上还是在一起吃饭喝了一趟酒。

2017年2月22日，星期三，农历一月二十六，属龙，晴

中午，村里年纪最大的、已经95岁的李志宽老母亲去世，按照村民的说法，属龙日女人去世有点不吉利，属羊日男人去世有点不吉利，这两天村里忌讳老人去世。所以他们家今天没有鸣鞭炮通知村民们来，也是上了年纪属于正常死亡的老人，就不许亲戚哭出声音来，只是正常地准备所需要的物资。

我想，要是年轻的人突然死亡的话，什么样的日子也封不住家人嘴吧。只是这样的老人了，她的子女都已经上年纪了，经历的事情多，就能自然地面对。

2017年2月23日，星期四，农历一月二十七，属蛇，晴

早上，村里发放2016年下半年农村最低生活保障费用，说是过年前有的寨子做不好统计才拖到现在来发放的。

这次，我们箐口村是以人口发放农村最低生活保障费用，每个人可以领到131元。这次最低生活保障费用的事情有点变化，有几年是以户口来发放，现在又是以人口来发放，而人口又常常会变化，所以，有的村寨就做不好统计，就没有在去年底来发放了，这农村的事情就是有点麻烦。

昨天，村里年纪最大的李志宽老母亲去世，今天通知了所有的亲戚奔丧，所以，村里办理这样的丧事很热闹，说是办了80多桌子的饭菜，全部摆到学校的球场上。

今天的天气很好，发现育秧苗的村民很多，有李红家、李庆亮家等，他们认为这几天天气好就急着育秧苗了。而我认为，要等惊蛰前后一个星期再育秧苗。

在李志宽家吃饭的时候，知道昨天晚上李得福家的牛被盗了。真气人，牛是关养在牛圈里的，说是昨天晚上已经关好在牛圈里了，今天早上是去整理秧田，回来去喂牛草的时候发现牛不见了，之后叫了几个亲戚朋友去找。可是，人家是有备而来，我们村民估计就找不到了，怀疑是有我们寨子里的人参与，否则仅是外地的人的话是不会知道谁家的牛在什么位置的，路怎么走都不一定知道，怎么能赶着牛出寨子呢？

2017年2月24日，星期五，农历一月二十八，属马，多云，有大雾

今天属马，要是村里没有死了李志宽老母亲，肯定会有人家做祈福仪式的。只是，按照村民的说法，村里有死人没有送出去就不能做这样的法事，说是有这样的事情在村里，做祈福的法事是不会灵验的，所以，他们都只好取消了，也可能就是这样的原因，我看见张正和摩批要到大鱼塘村，箐口村就没有人做这样的法事了。

早上，李德云的妻子说昨天夜里他们家一带的电路冒烟被烧了，这一带村民家的电路都烧断了，想叫电力公司的人来修复，找知道的人要电话号码。

过两天学校就要开学了，在蒙自市打工几年的表弟李成一家人出去了，而且他的车子前几天被划了需要修理，也要带孩子出去，就于今天上午出去了。

这两天来村里的游客挺多，每天从早上开始就有一大群，村里的几辆面包车每天都可以运送游客，有时候，一天到晚都要运送。听说这几天，他们几个驾驶员每天在村里运送游客也可以赚三四百元的，比平时跑其他地方还要赚得多。

2017年2月25日，星期六，农历一月二十九，属羊，大雾

这几天村民正是忙着育秧的时候，前天的天气还好好的，昨天就突然出现大雾天气，气温也有所降低，村民还是担心秧苗是否会被冻坏。但我还是相信科学的，我看过日历，到3月5日才是惊蛰，有人说就是春天会来得晚些，育秧还可以等几天，我才不着急呢。

今天上午，我们村里又停电了，说是要修理昨天被烧坏的线路。中午，电力公司的人知道村里的电路出现问题以后，安排了人手过来修理，说是问题不大，已经把电路查清楚修好了，下午就供电过来，恢复村民正常的生活。

李志宽的母亲已经是95岁的老人，他家是村里目前五代同堂生活的家庭，可谓子孙满堂，所以，每天来养老他家老人的就有三四户人家。今天是我们村的李学华家、李清华家，还有大鱼塘村的一户张氏人家。因为离出殡的时间还有一个星期，每天就是那么三四户，他们下午就带

来烟酒菜到他们家煮吃,到了晚上,还要做消夜吃,要请哈尼歌手唱哈尼族古歌到天亮,晚上10点左右,要给来陪夜的村民发放糖果。这样的老人过世,晚上是很热闹的,特别是村里的中青年人,都会到他们家打牌,当然,多少还是赌一点钱的,有的人找钱容易些,玩得还是大一些。

2017年2月26日,星期日,农历二月初一,属猴,阴,小雨,大雾

今天是农历的二月初一,已经过了农历的一月份了。所以,上午卢龙家做法事,昨天晚上就通知了他们卢氏的全部家人来参加,一则是把房子的后墙洞口封了,完成母亲的丧事;二则是招待帮助他家料理母亲丧事的所有家族的人。当然,也要请到其他帮助处理丧事的村民,只是,除了主要帮助的村民以外,很多村民一般不会来参加了。毕竟大家都有各自的事情,不可能每天就围着他家的事情转,还是要处理自己的家务事情。

今天,学校都开学了,学生们都背着自己的行李回学校了,又要接受新的知识。

2017年2月27日,星期一,农历二月初二,属鸡,阴,小雨,有大雾

昨天晚上,我也到李志宽家玩到天亮,是朋友李庆生家去养老。可以这么说吧,就是唱赞美歌,正常情况是要到凌晨3点多的,参加的人很累,主唱的每天晚上可以拿到200元的劳务费。我们都知道,这样闹夜是很辛苦的事情,但是,从村里的民俗来说,这也是一种互换劳力的方式,你经常给其他村民家凑热闹,到自己家有这样的丧事的时候,其他的村民也才会来你家凑热闹,否则凄凉得很。所以我昨天晚上没有休息好,今天休息了一上午,到下午才去做自己的事情。

也罢,现在的农事不算太多,这也算给村民朋友一种面子了。偶尔跟着村民朋友玩一两个晚上也是抱着学习的态度去锻炼自己,认识一些

身边的日常琐事。

2017年2月28日，星期二，农历二月初三，属狗，多云

今天是牛角寨乡的集日，李跃家、卢荣家说好了要到李志宽家丧祭，所以，他们两家都到牛角寨乡集市上买牛，后天就要杀牛，得在这个牛角寨乡集日就买好。

同时，也有李金华家到牛角寨乡集市买牛，这次是因为要到主鲁村还礼。他家经济有点困难，正常情况是不会去杀牛丧祭的，但是，人家的礼在前，欠人家的情总是要还的，这次就是这样挺直了腰还礼的。

2017年3月1日，星期三，农历二月初四，属猪，阴，有雾

罗金得的妻子50岁左右，或许是罗金得懂一点医药知识，教给了他的妻子一些，今天早上我遇到她，问我是否知道臭灵丹这种草药在什么地方找，没有跟我说治什么病。或许是天气变化的原因，这一段时间村里流行感冒，而且很多人咳嗽，每天都能看到有村民到医院打针，还有一些村民认识点草药就自己找药温服。罗金得的妻子就是一个，她说是给别人找的，我也试过这种药，就是治疗流行感冒之类的病，可以配一点生姜加红糖，用开水温服就行了，反复几次，效果还是蛮好的。

中午，李志宽家准备明天办理丧事的物资。我们寨子对于这一带的农村来说还算中等规模，有200多户，村民之间也很团结，谁家出了什么大事都会主动过来帮忙，所以处理这样一两桩事情的人手还是绰绰有余的。今天也不例外，过来帮忙的人还是多的，什么事情都能正常进行。

晚上，我们跟张氏家族结拜的小李家族李跃家开会，都集中到李跃家，我们张氏家族的人都要参加会议，主要就是安排明天丧祭的事情。因为李跃家和李金华家同时要去丧祭，我们家族的人手只有分开了，有些年轻人要跟着李金华家到主鲁村去，有的要留下来帮助李跃家。而同时张文学家有全福庄寨子过来李志宽家丧祭的人在办理伙食，还得留几

个人跟着张文学帮助他们，给他们提供方便，还有一部分人要带小猪到李志宽家丧祭，这样，人手就会更少了。还好我们箐口村寨子在农村来说是大一点的，而且这一段时间还有很多没有外出的年轻人，还是能顺利处理的。

2017年3月2日，星期四，农历二月初五，属鼠，多云转晴

今天村里主办李志宽母亲的丧事，因为是上了年纪的老人，属于正常死亡，有李跃家去丧祭，就是属于死者的娘家方了；卢荣家去丧祭，是属于还礼，说是卢荣的前妻不在的时候李志宽家去丧祭过，是属于卢荣的儿媳娘家，这次是还礼的。同时，村里还有李金华家要到主鲁村丧祭，也是属于还礼。自己家办理丧事的时候，别人家来丧祭过，现在别人家要办理丧事了，自己家自然是要还礼的。李金华的父亲去世以后，他家里生活是有点困难了，但是如果还没有到无可奈何的情况下，还是得想办法去还礼的，因为面子上怎么都说不过去，所以他家还是想办法去还礼了，我们家族的人还是得出力帮助，免得欠人家的情。这人，感情的债是不能欠得太多的。

因为主鲁村过世的老人是我们战友的母亲，听说也是90多岁高寿了，我们一批退役的老战友协会已经通知我们过去了，因为顺路，我就跟着李金华家的人一起过去主鲁村了。我们是战友协会的，退伍已经20年了，大家都当上了家长，事情还是多的，见过面、吃完饭以后，我们都还是回自己家了，我跟着李金华家的人回来，他们家的事情还是得由村民帮助处理。

2017年3月3日，星期五，农历二月初六，属牛，晴

前一段时间天气一直很不好，其他村民都育秧到田里了，我的心里还是有点着急的，做了这么多年的育秧的事情，心里还是不放心，生怕育到田里的秧苗被冻死了还得重新育秧。时间上也不算晚，看今天的天

气稍微好转了，我中午才把秧苗育到田里的，天气变暖和了，应该不会出现什么大的变化，会正常生长了吧。

中午，我到主鲁村丧祭的李金华家吃过饭就回来，到了晚上是做一个法事打扫卫生就算结束了，还了人家的一次礼。

今天，村里要送葬李志宽的老母亲，根据我们箐口村的葬礼习俗，上午吃过饭后可以适当休息一会儿，到了下午再出殡。李志宽家是大李家族的，摩批是李正林他们一组，在我们村里，送葬老人一般是下午三四点的事情，今天是在下午3点左右送葬的。这一段时间寨子里年轻人比较多，又是送葬到寨子下的坟山上，离寨子近，一会儿就送到了，安葬好是下午5点多一些，天气又好，会做的年轻人多，所以动作还是比较快的。这些年，我也在家，这样的葬礼基本都参加，心里知道，谁家都会遇到这样的事情，要是平时不给其他村民出出面，帮帮他们家的忙，到了自己家有事情的时候别人也不会来帮助的，村民都是这样想的也是这样做的，所以村民在这样的葬礼当中还是比较团结的。

晚上，我又到李志宽家丧祭的李跃家做法事，也是大扫除这样事情的法事。李跃家也是我们张氏结拜的家族，平时来往得也好，晚上，我就在他家吃饭了。

2017年3月4日，星期六，农历二月初七，属虎，晴

按照村里的习俗，昨天送葬了李志宽家老人以后，今天属虎，村民就可以做祈福仪式了。今天用村民的话说是硬日子，是好日子，或许是这样，上午，李建国拿着做法事的小竹子、树枝出去做事，只是我忙于处理其他事情而顾不上去过问别人是谁家的。

今天，我们得去做客，卢荣家也请客，我们就得去卢荣家和李志宽两家做客，又要多开支一份礼钱了。这些年在我们农村，开支这样的葬礼钱还是有点多的，一年下来要开支几千元，现在的物价又上涨，我们男人嘛，出于面子，过礼一般都是50元或者100元了，女的做客嘛相

对要少些，但我看有的家庭是经常有女的去做客，男的就以各种理由回避，这是我观察到的，村民之间吃饭聊天也会说到，村民之间聊天就是这样，只要有什么现象就要议论。

2017年3月5日，星期日，农历二月初八，属兔，晴

早上摩批张正和给李建军做祈福仪式，参加的人有李春。李建军还年轻，才十五六岁，是第一次做这种仪式，所以用的是一只红公鸡，第二次以后就要用白公鸡了，这是村里的做法。有的哈尼族地方是一直用红公鸡做这样的仪式，与我们箐口村的做法有点不同，同很多文化一样，都是摩批做的法事，一个地方的哈尼族和另一个地方的有所差别。

今天上午，李国忠家育秧苗，这个懒汉朋友，说是前一段时间太冷了，不敢撒秧苗到田里，也害怕撒到田里的秧苗被冻死还得重新再育就等了几天，他到今天才育的秧苗，相比其他村民是晚了一点。不过，前几天是冷一些，有的村民还担心育到田里的秧苗被冻死，所以有村民还在观察中，真要是有冻死的，他们还得重新育秧的。

今天晚上，李正云家到麻栗寨养老，麻栗寨去世的老人是他姐姐的老岳父。李正云家去年刚建了房子，生活上很困难，但是，出于亲戚关系，还是得想办法去崩面子的，不用牛去丧祭就罢了；李祥家也去了，说是他老母亲过世的时候，人家是来过礼过的，这次他家不得不去还礼，我们哈尼族这种丧事礼仪还是有点多的。这样来来往往的，用在这方面的时间和金钱还是不少，而有的事情只有慢慢地去改变了。

2017年3月6日，星期一，农历二月初九，属龙，多云间晴

因为前一段时间天气很不好，还有点冷，有的村民就认为不能育秧，没有把秧苗撒到田里。今天，我看见李世华去育秧，说是到了这个时候，天气变好了，秧苗不会受冻了，看着其他村民都把秧苗撒到田里，自己也放心了。

这几天，来村里的游客还是多的。村里有面包车的几个驾驶员每天都等候在停车场运送他们，上下两公里的路程每人收费五元，他们几个说是每人每天可以赚到三四百元，有时候还可以赚到七八百元，到其他地方营运还不一定比在村里运送游客的生意好。所以，每天他们几个都早早等候在村里的停车场，有时候他们几个人之间还因为抢生意出现一点小矛盾。绝大多数人是想赚钱的，只是有的人办法多一些，有的人办法少一些，有的人能多赚点，有的人少赚点。

前几年游客少，很多村民都停止了做饮食服务业，我觉得像这一段时间，还是可以在村里做一些饮食服务业挣一些钱的。这些天李云家和卢龙家做饮食业，我看在他们家吃饭的人还是有一些的。

李文才的父亲和卢家贵这两个老人像模特似的，站到村里有空的地方让游客拍照再收点小费；还有几个小孩子，也是专门给游客拍照收一点费用的，估计多少是有收入的，还是给他们提供了赚钱的机会。听说，在村里租李志文家房子卖银饰产品的大理人也卖了一些。像这个时候游客多的话，在村里还是可以做一点事情的。

李永福可以说是村里的一个彩民了，没有特殊情况耽误的话，他自己有一辆面包车，方便上街，每天都要买几注彩票。再说这些年他又没有去找其他的事情来做，基本上就是运送游客赚钱过日子，而这几天游客多，每天运送他们能挣三四百元，这几天买彩票就买得勤，今天晚上7点左右的时候上街买了100多元的彩票回来，我也是跟着出去的，知道他今天买了这么多。前几年他中过一次一万多元的，可能还是想着会买中一注大奖吧，前段时间，我也中了几注小奖，只是玩玩吧，也买了几注，能中也好，不中也罢。

2017年3月7日，星期二，农历二月初十，属蛇，多云转晴

凌晨5点左右，卢小祥的妻子等从麻栗寨回来，麻栗寨去世的老人是她姐姐的老岳父，昨天晚上请了几个人，买了一些糖果去发放，去养老的到了凌晨天亮时再回来。农村就是这样,要去养老的话,就要带着一些糖果,带一些弟兄朋友,请一个歌手唱民族的习俗歌,一般要到凌晨鸡叫的三四点以后才可以休息。我也跟着亲戚家通宵过很多次了,这样的事情很辛苦的。

早上起来,听说李正福家的牛昨天晚上在自己家楼底下的牛圈里被偷走了,很气愤的,竟然在自己家的楼底下被偷了!今天白天,说是安排了几个自己的亲戚朋友到寨子周边四处去找,可是小偷应该是有备而来的,怎么就能轻易给找到呢?我猜是找不到了。

这样,这两个月我们箐口村就丢失了三头牛,作为箐口村民的我们在隔壁村寨来说是很没有面子的,而他们丢失牛的主人家在我们村里来说也是很没有面子的,用我们原始的话说就是他家人没有魂灵了。箐口村民应该提高警惕,严防再次被偷了。

到了下午,李正云家、李祥家到麻栗寨用小猪祭祀。过世的老人是李正云姐姐的老岳父,如果双方人景气一点的话是可以买牛丧祭的,但是李正云家刚建了房子,经济上没有能力了,就没有买牛去丧祭,出于礼节,只是杀一头小猪罢了。

2017年3月8日,星期三,农历二月十一,属马,多云,有小雨

今天是三八妇女节,村里没有开展什么活动,前几年的话,村里到了这个时候还有人学着到县里的各单位要钱,开展一点活动,或者他们自己组织起来野炊,而今年是没有看见有什么动静,看起来很平静,又进入春播时间,村民都正常地进行着自己家的农事。

今天属马,我看见李文才家做祈福仪式,是给他的儿子李某做的,因为他的儿子大学毕业,现在昆明市打工,在我们村民来说,就是经常在外地了。村里缺少就业岗位,年轻人都得外出挣钱,而家人希望在外地打拼的人能平安发展,就做一个法事给他祝福了,请的摩批是李贵文,参加这个法事的就他们三个人,三个人吃一只鸡够香的了。

接到农科站朋友高国兴的电话，叫我和卢建忠参加元阳县农牧局农机站开办的微耕机操作技能培训，地点选在寨子头土锅寨村民家的田里。我们上午9点多过去的，新街镇各村委会的农科员都基本来了。但是人都会有疏忽的时候，他们运来的一台微耕机不能正常操作，就不能实际操作演示了。来的农牧局领导只能讲了几句话，技术员跟参加的新街镇各村委会农科员讲解了一点，得等以后运来能正常使用的机器才能演示培训了，今天是有点失误，各层领导或者下面的工作人员都不喜欢的，我又没有做什么事情就浪费了一天的时间。

2017年3月9日，星期四，农历二月十二，属羊，阴，有雨

早上，我是要叫卢同则到工地上干活的，只是他说亲戚李某某家前几天丢失的牛今天还要叫人去找，也叫到了他，他还是得过去帮助找一天的，就不能和我去干活了。

今天属羊，是农历的二月份，附近大鱼塘村、黄草岭村民小组、全福庄村等是过昂玛突节了。村里要是有咪古的话，也该要过节了，可就是因为没有咪古，村里是不过昂玛突节了，具体不知道是什么原因。村民私下议论的是前任大咪古嘴大了一点，村民带去给他的烟酒他分给其他助手的少，留在自己家的太多，他们就不愿意配合他了，这样村里就没有咪古组织，不过集体民俗节日已经三年了，不知道以后能否恢复或者是怎样来恢复。

然而，我们村里的卢文华家还是要杀鸡献他们家小树林。卢文华是卢新、卢文明他们三个中的小弟，按照村里的继承规矩，他继承了老房子，今天的话，他们三家人都要集中到老家做这个仪式的。

同时，我还看到有的村民妇女私底下还要染黄糯米饭献祭的，特别要带糯米饭献祭刚育下去的秧苗，希望秧苗茁壮成长，这也是村民过昂玛突节中的一个仪式。

今天我们云南大学哈尼族调查点的负责人马翀炜教授和郑佳佳博士

过来，我到街上买了一点菜。下午他还带来了从北大、清华毕业出去的几个留美华侨，很荣幸能有这样的知名人士集中到箐口村来寄福，我是相信箐口村民的日子会越来越好的。

2017年3月10日，星期五，农历二月十三，属猴，晴

今天的天气就好了。我原来是打算带着朋友李国忠和卢同则去做准备建房子的墙脚，昨天马老师他们的到来，改变了我的一点计划，他要带着我到爱春村委会哈达普调查，要我学习调查哈达普村寨的情况，我也只好跟着去学习了。

因为有朋友的车送我们过去，是吃过中午饭过去的。一天下来我的感觉是：人活到老，学到老。这一生不论什么地方都有值得我们学习的东西，虽然相隔不远，只是一座山，只有十几公里的路，但是，"一方水土养育一方人"，也生产了一种文化，同是哈尼族村寨，民俗与我们村寨还是有一定差别的，这里不做详细的分说了，我将会做单独的写作。

2017年3月11日，星期六，农历二月十四，属鸡，晴

今天一天，我是和马老师一起到大鱼塘村调查他们寨子过昂玛突节的情况，还是与我们村寨有差别的。因为到大鱼塘村做调查，我们几个是在我姐夫家吃了饭回来的，回来得有点晚，一天的时间就用在大鱼塘村，我们村里的事情知道得就少了。

2017年3月12日，星期日，农历二月十五，属狗，多云

上午，村里统计拆建新房子和无房子的村民情况，要户主带着身份证和银行卡去，估计是要给予这一部分村民一定的照顾，要叫这一部分村民改造老房子或者新建了。国家发展了，人民富有了，对困难的人民也会照顾好的，相信党委政府是会带着人民走富强之路、强国之路的。

中午，我看见张正和叔叔从牛角寨乡集市上买了两头小猪，说是要

饲养的。在我们农村来说，没有其他产业的情况下，家庭主妇还是喜欢养一点鸡、鸭、猪、牛的，也算是家庭的一部分经济收入，或者说零存整取，猪和牛养大了可以杀吃或者卖了补贴家庭经济。

下午3点左右，红河哈尼梯田申报世界遗产协调领导小组办公室副主任朱文真等来箐口村找马翀炜教授，主要对村里的咪古情况做了一些了解，希望箐口村能恢复原来的民风民俗，过传统的民族节日，丰富箐口村的民族文化。他知道这两年箐口村没有咪古组织，不像以前一样过传统的民俗节日，他作为县里主管民族文化的一员，知道这一情况以后感到很惋惜，希望借自己的影响恢复起来，我听说他前些日子还来箐口村问过一些村民的意见了。

2017年3月13日，星期一，农历二月十六，属猪，多云间晴

今天，我还是跟着马老师到爱春村委会做调查，顺便到观音山庙里游览了一遍，发现进门后功德碑上的"东观音山"写成"西观音山"，只是一字之差，我们发现就是有那么一些人不分东西南北，完全把事情搞反了，我们建议带着我们的爱春村委会马副主任在合适的场合下跟有关人员反映，要求他们改正过来，这样的笑话不要再闹下去了。

2017年3月14日，星期二，农历二月十七，属鼠，晴

根据马老师的安排，我请老战友李宏送马老师他们到南沙镇，这几天跟着他们做调查，感觉这个年纪跟着学习还是有点辛苦的，回来以后好好休息了一会儿，没有去什么地方。

2017年3月15日，星期三，农历二月十八，属牛，晴

马教授他们于今天上午返回昆明了。十几年了，马教授每年都要来回跑几次，从40岁开始到现在已经是50多岁了，从他每年的变化看得出他很辛苦的，他真是为哈尼族的文化付出了艰辛的劳动。

对于请客，有的人家也过于勉强了。马卫明的儿子结婚生子已经一年多了，他们常年在外地打工，很少回来与村民生活，今年扩建了一点房子，下午说是要办理儿子的婚宴，因为天气好，宴席设在磨秋场，摆了80多桌，剩着十几张桌子没有人吃饭。

2017年3月16日，星期四，农历二月十九，属虎，多云转晴

上午，和村民朋友聊天，听说年轻人李金华被其他寨子的年轻人打伤了，已经住院好几天了，说是在大鱼塘村喝酒后被打伤的，到现在还没有出院。这年轻人啊，就是冲动。

今天的天气稍微好转些，我到工地上转了一圈，今天也基本没有做什么事情就把时间打发了。

2017年3月17日，星期五，农历二月二十，属兔，多云转晴

人都是自私的，很多人都为了自己的利益不顾弟兄们的情面，这种事情在我们农村的妇女之间、在土地分配上表现得最突出了。今天，我听说张某一和张某二两弟兄家吵架，说是做大哥的张某二建猪圈挡住了兄弟张某一家的出门口，给张某一家生活带来不方便，张某二建猪圈是母亲答应的，而张某一打工回来后发现这样建猪圈挡住了他家的出门口，生活上确实不方便，这样，两弟兄之间就出现分歧，两弟兄的妻子知道后更是嘴长了，只有上诉到村民小组和村委会来解决了，又是一桩伤感情的事。无论解决的结果如何，两家是要存在一段时间的隔阂了，我们农村，亲戚与弟兄不合往往就是这样的原因。

2017年3月18日，星期六，农历二月二十一，属龙，凌晨有雷雨

前几天天气晴朗了，地面也有点干，今天凌晨到上午下了一阵雷雨，还有点大，滋润了已经栽种下去的苞谷、黄豆，也滋润了正在开花发芽的树苗，这一阵雨下得正是时候，我很高兴，村民也该很高兴的。

上午，村民小组统计户主和村民家的稻田面积，我过去看了一下，他们是做"稻——鱼——鸭共生项目"的前期统计工作，说是今年也要在我们村实施这个项目。

2017年3月19日，星期日，农历二月二十二，属蛇，晴

上午，杨文亮家叫了亲戚朋友到麻栗寨奔丧，他们一行有六七个人。说真的，我认为我们哈尼族的葬礼还是比较费人力、物力的，我是希望能减少一些程序、一点人力的，但是什么时候能减少呢？

昨天下过一阵雨后，今天的天气就格外的好，我的心情也好些了，还是到工地上转了一圈，我准备叫朋友去砌墙了。

2017年3月20日，星期一，农历二月二十三，属马，晴

早上，村民小组通知说哈尼小镇有酒店要开业，要向箐口村招工18岁到40岁的村民可以到酒店工作。知道情况的箐口村民还是去报名的，认为在附近酒店还要组织培训的话，是可以去打工的，休息天或者家里有特殊事情还可以请假，又可以回来家里做事情，认为还是比较方便的，能解决就业问题。

做一点事还是很辛苦的，我准备建房子的地方原来是一块旱地，请挖机平地，四周还要砌墙，还要买水泥和石头，还是花去了不少钱。这几天还忙着，一个人的精力就是有限，忙了这边就丢了那边，村里的事情观察得就少了，回来吃过饭，感觉累了就休息。

2017年3月21日，星期二，农历二月二十四，属羊，阴，有雨

下午，黄草岭李小二家做新房迁居仪式，请了我们村的李氏家族，没有请其他的村民家，所以今天下午，村民到他家做客的人就少些。他和我们是一般朋友，我认为会请我们过去，但是只请了他们家族的人员，打听到几个朋友都是这么说的，我们就没有去。

2017年3月22日，星期三，农历二月二十五，属猴，晴

昨天下了一阵雨，今天的天气就变好了，还有很多村民忙着去整理田里的事情，秧苗长高了，都忙着插秧前的事情了。

下午，我看见李永新背着电瓶捉泥鳅回来，说这一段时间是捉泥鳅的最好时候了。他还是自觉的，都是在河里捉的泥鳅，但就是有村民怀疑他是在田边捉的。

2017年3月23日，星期四，农历二月二十六，属鸡，晴

这两天的天气情况就很好了，李爱生、卢建忠、张正和等老人去整理梯田了，做一些插秧前的准备工作，这两天是耙田。我们清楚，村里这几个老人是种田的汉子，比较认真，要犁几道耙几道的，而年轻人就不吃这套了，只要秧苗长高了，到时候有牛的话，少部分可能会耙一下，要是没有牛的话，就除除草，用钉耙或者锄头刮平了事，等秧苗返青时施两包肥料进去就完了。现在的年轻人就是这么简单。

2017年3月24日，星期五，农历二月二十七，属狗，晴

这几天说是上级领导来检查工作，村里的卫生打扫得干干净净的，每天都有村民小组的人员来回检查。

这几天天气就是好，每天都有不少村民到田里劳动，都是在准备插秧了，有的锄草、有的糊田埂、有的耙田，反正各忙各的。

2017年3月25日，星期六，农历二月二十八，属猪，晴

今天，我们哈尼族小镇又举办梯田野越跑了，我是很想去看看的，但是自己准备建房子，请了几个师傅砌墙，我不去指导的话还是很不放心，就没有过去看他们梯田野越跑。中午，说是我们箐口村李云家在陈列室广场摆长街宴，还有演出，我都没有过去看。

下午，箐口小寨李四华家的儿子结婚办喜宴，宴席就在自己家箐口小寨，我们箐口村每户都请了。我和李四华是朋友，自然也请到了我，但是村里有一种说法，说是当年建新房子的人家不能去参加这样的喜宴或者丧事。我很不相信，这样的说法很没有科学依据，但是很多人都是这么说的，这次是听了他们的劝告，我也就没有去参加宴席了。

2017年3月26日，星期日，农历二月二十九，属鼠，阴，有雷雨

这个时候的天气就是会变化一些的，昨天的天气还好好的，今天早上是下起雷雨来，因为下雨，室外的活计做不了，我们几个朋友就没有去砌墙了。

下午，朋友李祥回来，他在街上买了4000多元的一套沙发，装饰了一下自己的房间。现在的社会好了，能赚到钱的年轻人会陆续添置家具美化生活，特别是这几年的变化太大了，很多家庭多少都添置了家具，日子是比以前好过多了。

2017年3月27日，星期一，农历二月三十，属牛，阴，有小雨

今天还是有雾有雨的，这样的雨水天气不能做室外的活计，我们几个朋友还是没有去砌墙，但是正在建房子的李小祥家还是正常建房子，他们是想把想做的事情尽快做好。现在建房子的情况和以前相比还是有所变化的，以前是请亲戚朋友来帮忙建的，都是用当地的建筑材料，做出来的房子就是所谓的传统蘑菇房了，现在的话，都是用砖混凝土，买来钢筋水泥，做出来的房子就现代化一些，而请的工人也是要付钱的。今天的李小祥家请了六七个妇女背沙子，因为车子只能进到停车场，所要的建筑材料在停车场，只能用人背运了，很费劲的，所以，寨子下方的村民很希望开通一条公路，便于他们来去，也便于他们建设什么。

中午，龙绍文等人又要外出务工了。在以前的日记里也多次提到了，村里基本没有直接的经济来源，主要的经济还是依靠年轻人外出打工，省一点回来持家的。

我们村民有钱有物就是想把房子做大一点装修好一点，今天上午，又有李红家拆除院子里的瓜架，说是要做一个耳房，还要建一个牛圈和猪圈，便于关养动物和搞卫生。

2017 年 3 月 28 日，星期二，农历三月初一，属虎，凌晨有雨，中午转多云

今天属虎，早上李学带着他的兄弟李小云、李牛后、儿子李义成、大鱼塘摩批张正明去做祈福仪式，具体是他自己做还是他儿子做不知道了。到了这个时候，多数准备做祈福仪式的年轻人是做完了，今天就只看见他们几个人去做，在我们村里来说可以做这种祈福仪式的日子是有好几个的，毕竟也不是所有的人都喜欢做这种仪式。我认为人到三四十岁，就会觉得做这些祈福仪式没有多大意思了，从心理的角度来说，年轻的时候做一个法事可以提醒自己不要乱行事，自然就可以减少一些事情发生，上年纪的人，主要的是要有一个好的心态，用平静的心态去处理生活就好了。

不知道谁家又有老人过世了，上午我看见李田明抱着一只鸡，约了李农排、李永新、李万祥、李其三等人到麻栗寨奔丧去了。

2017 年 3 月 29 日，星期三，农历三月初二，属兔，阴，有雾，有中雨

今天属兔，李红亮家为儿子李新做祈福仪式，是请了他的岳父李正林，他的儿子可能是二十几岁，是第一次做祈福仪式，所以用的是一只红公鸡。到了这个时候，做这种仪式的人家也逐渐少了，今天就只是他们一家，其他打算要做的人家都做完了，或者是过了时间就不做了。

今天有大雾，有雨水，我们几个人就不能去工地上干活了。也好，天天做体力劳动也很辛苦的，停下来休息一两天也能调整一下我们的身体。

2017 年 3 月 30 日，星期四，农历三月初三，属龙，多云，下午有阵小雨

今天是新街镇的集日，只要是到了新街镇的集日，是会有妇女早早地就上街交易东西的。李世华家去卖鸭子，说是快要到插秧的时间了，鸭子没有放养的地方，不好管理，就趁着今天新街镇集日卖掉，多少可以换一点零花钱。

今天虽然下了一点雨，我还是带着弟兄去干活了，一天里做自己的事情，体力消耗大，时间也用去了，是很少有时间去观察村里的情况的，村里的情况自然就要记录得少一些。当然，这一段时间村里也正常，没有什么大的事情可以去观察的，我只是没有学会处理日常的这些琐事罢了。

2017 年 3 月 31 日，星期五，农历三月初四，属蛇，多云，有大雾

早上，我看见李田明老人买一只鸡回来，说是金竹寨村有他家的亲戚去世了，今天要带几个人去奔丧。我们这一带的哈尼族大体就是这样，只要有亲戚家人去世了，知道的亲戚要买一只鸡，带几个亲戚朋友过去奔丧，过去做的事情就是把鸡杀了煮熟，献一顿饭给死者，之后，一同去的人在死者家吃了饭就回来。

这一段时间，只要天气好，我就带着几个弟兄去砌墙。没有一个属于自己的家就是困难，一定要在年轻的时候建一个房子，做人真的困难，特别是困难的家庭，分家了新建一个房子也是很困难的。

2017 年 4 月 1 日，星期六，农历三月初五，属马，多云

生老病死，人之常事，是没有办法的。今天早上，听说金竹寨李永福家的亲戚去世了，李永福妻子早早地就出去买鸡了，今天还要带几个家族的人去奔丧，到了下午吃过饭再回来。我们村民就是这样的，只要有亲戚过世了，就会通知亲戚来，而被通知到的亲戚自然也会过去的，过去的亲戚家主要是带一只鸡，其他的带一点米。

今天的天气不是很好，早上起来，还是有大雾，要是衣服穿得少，还是有点冷的，白天稍微晴开了一阵，太阳还露出一会儿笑脸，才感觉好一点。但是，晚上天气又变卦了，有雾有雨的，心情也不会好的。

这样的天气干体力劳动还是不错的，白天没有下雨，我们几个朋友还是照常砌倒墙，想在插秧的农忙前把计划的部分做好，不然的话后面的事情会更多。有时候，我感觉人到中年之后的事情就是多，每天都有做不完的事情，时间也过得特别的快，一天的时间眼睛一睁一闭就过了，一年的时间转眼就过去了，才过了年头，年尾就到了。

2017年4月2日，星期日，农历三月初六，属羊，阴雨

表哥他们一家人在城里长大，他都已经工作了，习俗都已经汉族化了，每年到了清明节的时候都要回来上坟的，前几天就打电话通知了，要我今天一大早去杀猪，做他们的伙食。我是准备要建房子的，有人跟我说自己既然要建房子就不要去了，可我就是固执，都是一家人的事情，有什么不能去的呢？再说，今天有雨，不能做室外的事情，田里的秧苗还小，还不急着到田里忙插秧的事情，所以我停止了自己的事情过去帮助他们，我的几个弟兄也休息了。

2017年4月3日，星期一，农历三月初七，属猴，多云

昨天阴有雨，这样的天气很不适合干室外的活计，所以我的几个朋友想休息了，今天也没有到工地上干活，只能做一点室内的事情。无所谓的，又不到插秧的时间，休息就休息吧，每天都做体力活也很累的，休息一天恢复一点体力也是好事情。

这样，我和朋友李祥又到大表哥那里吃饭。说是吃饭，就是喝了一点酒，吃一点菜回来，有时候我们男人吃饭就是这样，吃一点菜，喝两杯酒就解决了。

2017年4月4日,星期二,农历三月初八,属鸡,多云,有中雨

昨天有雨,今天下了一阵中雨,我又没有去干活,只能在基地做一点自己的其他事情,这样也好,劳逸结合,对自己的身体也好。实际上,我发现这样连续劳动惯了突然休息一两天也是很累的,想整理一下自己的日记都感到累,所以吃过饭后我好好休息了一阵,到了晚上才有一点精力做事。

2017年4月5日,星期三,农历三月初九,属狗,多云间晴,有阵小雨

到了这个时候,雨水就要多起来了。这几天每天都有雨水,地面都潮湿起来,庄稼也生长起来,小草也微笑了,树叶也变绿了,到处都是生机勃勃的,空气新鲜极了。

中午,根据马老师的安排,去找李正林老人问一问村里为什么咪古组织不起来。基本情况是这样的,说是小咪古人手不够,没有村民愿意当咪古,他做过几个人的思想工作,只有杨志宽和李正亮还愿意当,他也做过李志宽、李建国、李永忠、李国忠、张明生、李建生、李其三、李牛后、李万祥等人的工作,他们都不愿意,李平发、李平真、李平清几个已经70岁了,身体不好,也不愿意当,村里卢氏家族又从来没有人当过咪古,也不好做他们的工作。张正荣是有点愿意的,但是他经常会喝醉酒,这样的人做村里的咪古有点不适合,咪古要是村里的优秀人员,要代表村民献祭的,不能出洋相,李正林有点不放心,而且他家人也不让他当,村民也不会同意的。总的来说,村里组织咪古还是有点难的。

我问是不是因为他们的报酬太少,要是报酬太少的话,可以召开村民大会,申请让村民多支付一些,有关政府部门也可能会补贴一些。他说:"这个原因也有点,但不是主要原因,主要的原因是有的家族从来没有当过,很多人不敢冒昧来当。"我说:"咪古是村民选举出来的,是代表村民祭祀寨神、山神的,是办好事,是否可以像选举村民组长一样投

票或者抽签来决定？"他说："这个问题的话，事关当选人及其家人的生死病难等，他不敢这样开口，估计村民也不会选择走这样的路。"我说："我看有的寨子里的卢氏家族人还是当咪古的，我们寨子为什么卢氏家人不能当咪古呢？"他说："这个我就不知道了，我只知道我们箐口村从来没有卢家人当咪古，也基本没有去做过他们的思想工作，估计他们也不会来当选的，我不能拿他们来打破常规，要是当选人家真出现什么意外，我会吃罪不起的。"

我说到有的村民和有关部门的人员很在乎村里组织咪古，想要恢复村里传统的民风民俗，增强村民之间的凝聚力，丰富我们箐口村的民俗文化。李正林当村里大摩批时，他还是愿意出力的，但是今年是不能做了，要等明年春节以后从头开始，从年头到年尾的祭祀都是一条路，中间不能多一个或者少一个，也不能半途而废，要有始有终。

以上这些是今天调查的基本情况，我心里还是希望村里能出现好的思路来，根据自己村里的情况做好事情，村里200多户人家，像上任大咪古说的，适合当咪古的人家还是少，这样，我分析建寨的时间也不会太久的。

2017年4月6日，星期四，农历三月初十，属猪，晴

前两天天气不好，很不适合做室外的苦力，今天的天气就变晴朗了，中午的气温明显就高很多，我们去干活的人都感到很热了，像是七八月间的天气。

到了春末夏初，气温明显升高了，是田里龙虾繁殖最旺盛的时间，这一段时间打龙虾药的村民也多起来，今天有李世华打龙虾药，说是他家的田里已经有很多龙虾了。好在这些年多数村民都学会了这门技术，只要买药回来，妇女们都会用了，基本上能自己防治了，但是也只能是控制，这龙虾生命力太强了，能打洞到一米深的地里过冬，到了这个时候又出来繁殖，繁殖能力也强，一只母龙虾一次能繁殖上千只小龙虾的，我们寨子脚田里到处都是，烦死了，能彻底消灭它们就好了。

2017年4月7日，星期五，农历三月十一，属鼠，晴

今天种田的有张保祥家、李庆华家，现在田里的工作就是除草，再把坏了的田埂垒结实，不能让田埂通洞渗水，这样水稻就能多一点空间生长，或者可以在田埂上栽种黄豆，多增加一份农副生产。

马卫明家请人垒田埂，因为他家今年拆建房子，没有时间去忙田里的事情，收割之后田埂还没有垒过，今天是请了人去垒田埂。晚上回来的时候他大哥马卫华捉了满满的一口袋龙虾，说是田里龙虾很多，今天捉回来是要喂鸭子的。

2017年4月8日，星期六，农历三月十二，属牛，晴

因为白天要去干活，我早早地就起来放鸭子去了，看见李金华家组织人手迁坟。说是这几年家里连续不幸，主要是他的祖坟带来的，坟口也有点开裂了，是一个外地的亲戚通过他们家人面相看出来的，建议他们家人把这座坟迁了，所以就趁这个清明节前后一点的时间迁移了，只是迁移他爷爷的坟，没有请多少人，就是他们家族的几个人，知道的村民也很少的。

为了在插秧前把挡墙砌好，这几天我们几个朋友每天都到工地上干活，到了晚上下班回来，吃过饭，累了就想休息，村里的事情只能知道一点记一点了，总是要比平时注意观察记录得少。

2017年4月9日，星期日，农历三月十三，属虎，晴

我观察我们箐口村这么多年，就知道箐口村民很不上坟的，每年都只有个别少数人家根据自己家庭的需要去上坟。今天是朋友李祥家去上坟，也没有通知全部的家庭成员，就只是去看他的老母亲的坟墓罢了，说是坟上长起一棵树来，只能在这个时候把树苗拔出，不能让它长大，也只有这个时间或者家族有丧事的时候可以去做这样的事情，平时是不能动。他们家买了几只鸡，杀了煮熟献一献，请了自己家几个亲戚去处理罢了，其他几个弟兄家的祖坟商量了也不让动，就没有去看了。

出于好朋友关系，晚上我到李祥家吃饭，就像是一个调查员，打听他们家迁坟的事情，知道了一点，还是忌讳坟头上长树，忌讳坟口开裂，忌讳坟墓下沉，要是出现这样的情况，都要想办法弥补的，因为他们认为出现这样的情况会给家人带来不幸和灾难。

2017年4月10日，星期一，农历三月十四，属兔，晴

这几天是连续的晴天，天气很干燥，田里的水明显被晒干了，赶水的村民也多起来，这时候就会出现抢水的纠纷了，今天是听说卢同则的妻子与李志明为了分水吵架了。虽然是听说的，但我看他们平时的性格是就会出现矛盾的。

考虑到秧苗已经长大，过些天村民都要忙着种田了，我得抓紧时间再增加了两个小工背材料，得把挡墙砌起来，所以这两天又请了两个妇女，她们说现在的女工一天是80元，供一顿中午饭是70元，我还是请了两个，不然会耽误师傅砌石头的。我请的是罗金得的妻子和李文祥的母亲，交通不方便的地方做一点事情就是费钱费力的，整个房子做下来仅背材料就不知道要费多少钱。

2017年4月11日，星期二，农历三月十五，属龙，晴

人到中年，我就是感觉时间过得特别的快，转眼又是一年。村民们育的秧苗已经半高了，这几年年轻人当家的多起来，传统老品种改种新杂交水稻的多起来，听说有的新杂交水稻品种，产量高、抗病力强，特别是麻栗寨河底的村民家，他们的田地海拔低、气温高，很适合栽种新杂交水稻品种的，所以有部分村民家就栽种了新品种的杂交水稻。听说李万祥家也是育了杂交水稻苗，有的杂交水稻品种要求秧龄时间不能太

长，他家今天就请人拔秧苗，准备明天就栽种了，是我们箐口村今年插秧的第一户。以前老人还健在的时候，他还得听老人的，老人过世，自己当上了家长，家里的事情就他说了算，家长换了，生产也就换了，他同一部分村民的想法一样，认为老品种抗病力低、产量不高，还容易倒伏，今年就换了新品种试验，按照他们家田附近的情况来看，该会丰收的。

2017年4月12日，星期三，农历三月十六，属蛇，晴转多云

或许，今天是南沙镇的泼水节，早上就听说有重要领导来村里调查工作，谁也不知道是谁要来，只是安排了人打扫村里的卫生。我们几个朋友在公路边干活，看见是一个车队过来，由元阳县公安交通警察开道，车队还是有好几辆车的，问了几个村民和新街镇政府工作人员都说不知道，估计是有大领导来了。

2017年4月13日，星期四，农历三月十七，属马，阴，有小雨

上午，我和几个朋友还是到工地上干了一会儿活计，因为天气不好，干了一个上午就回来休息了。我想，都快要去忙田里的事情了，得抓紧时间处理一下其他的事情，所以，上午大家还是在我的要求下过去做活，今天做完这一点以后，就可以忙田里的事情了，什么事情还是有个计划要好些。

下午的话我跟着朋友李国忠到街上买了两注彩票，本想休息了就买一点菜叫他们几个弟兄吃饭，喝两杯酒的，但是我手里已经没有钱了，现在的物价高、消费高，做一点事情花去我好几万了，所以就没有请他们吃饭，等我有一点钱的时候，我要好好请他们几个朋友吃一顿饭，犒劳一下他们。

2017年4月14日，星期五，农历三月十八，属羊，阴，有雾

这一段时间连续的晴天，眼看寨子脚田里的要干一些了，有些村民着急了，要求村民小组组织去挖水沟。上午，村民小组通知村民要去挖通堵塞的水沟，就是寨子脚的"爱穷倮干"和"赖捂倮干"这两条主要的灌溉水沟。总的来说，村里很不缺水，村里的白龙泉和长寿泉基本是够用的，所以村民不用经常清理，只是每年的夏天雨水多、气温高，有的地方很容易长草和塌方，到了这样干旱的时候还是要适当疏通一下，这样便于水源流淌，灌溉梯田。

前几天都是连续地做体力劳动，今天突然休息一天也会感觉累的，什么也不想做，到室外走走，观察一下村民劳动的情况就回来好好休息了，等过一两天再去忙田里的事情。

2017年4月15日，星期六，农历三月十九，属猴，多云

有人喜欢春游，说是这个时候更适合锻炼身体，又或许是星期六的原因，今天有很多学生来村里游玩，寨子里多了几分人气。对于学生来说，每天都要接受很多新的知识，很累很辛苦的，借着周末的时间出来走走也是锻炼身体、增长见识的。

这几年我发现一个问题，村里的年轻人更愿意外出挣钱，谁家做新房子都很少有人出人力帮忙的，亲近的人都更愿意在物资上帮忙，而很少出人力了，这是普遍的一个现象。正在建新房子的李小祥家来了几个妻子家的人帮忙，每天都帮忙背材料，听说是明天就要准备封第二层屋顶了，今天多了几个来帮助的远方亲戚。他家离停车场堆放建筑材料的地方有三四百米，一个人一次只能背百把斤重，村里建这样一栋房子也很辛苦的，离停车场远一点的村民多希望再建设一段公路，直接通到家门口，那样多省力，运什么回来都方便。

春末夏初，万物生长，山上的茶树又发新芽了，附近的水卜龙茶厂来收购新鲜的茶叶，很多妇女又忙着到山上采摘新鲜的茶叶去卖了，但是听说今年的茶叶价钱不好，每公斤鲜茶叶只能卖到两元多，比前些年下跌了不少。正因为茶叶价钱下跌，小工工钱上涨，听说很少有人愿意

给水卜龙茶厂采摘茶叶了,村里到山上采摘茶叶的多是放牛的老妇女,她们放牛的时候利用空余采摘罢了,反正能卖多少就卖多少,对她们来说还是赚了一点钱,以后的茶叶市场是否会有点变化呢?

晚上,我到朋友卢建忠家看电视聊天,他以前是茶厂的老工人,自己还懂得加工茶叶的一些技能,今天晚上就在加工他的朋友采摘回来的新鲜茶叶。首先是热锅,之后是把新鲜茶叶放到锅里炒,记住一定要首先把锅洗干净,不能有半点油味,否则炒出来的茶叶带有油味就不好喝了,在锅里炒茶叶要随时翻的,不能给炒煳了,热到一定的程度又要拿出来放到簸箕里用力揉,他说要是直接加工的话,就是这样反复炒反复揉了,直到炒干为止。今天晚上他是炒揉了一道之后放到干净的地方晾干,说是这样就可以卖给茶厂了。我在想,喝起来香香的茶叶,加工还是需要一定技术水平的。

2017年4月16日,星期日,农历三月二十,属鸡,多云

今天,李小祥家打第一层屋顶。有的人家喜欢请小工来打屋顶,而有的人家是请自己的亲戚和朋友,当然只要不是付钱请小工的话,村民知道了还是会主动过来帮助的。今天的李小祥家是由家族以及亲戚朋友来打屋顶的,房子建筑面积不大,这一段时间又没有多少人家插秧,所以来帮忙的人还是多的,到下午1点左右就完成了,帮忙的人就在他们家喝酒吃饭了。

看别人家都整理梯田了,我在没有找到其他的事情做之前,梯田也是我的办公室,离寨子近,只有一两百米,每天,都是散步走几趟,今天也是。李文科家今天耙田了,说育的秧苗都是杂交水稻品种,秧龄不能过长,准备今天耙了田,明后天就插秧,他家也是村里插秧最早的人家之一。

2017年4月17日，星期一，农历三月二十一，属狗，阴，有雨

因为村民家都要插秧了，在外地打工的一些家长也要回来了，李四得就是其中的一个，说是昨天下午回来的，今天上午请他的朋友吃饭。说是请他们吃饭，其实也不是发了多大的财，只是有一段时间几个朋友没有在一起聊天就约来喝几杯酒而已。

我发现很多村民还是喜欢做法事的，晚上，卢龙家做法事，说是做法事的是一个黄草岭乡的年轻人，他看了卢龙哥哥卢同沙的面相以后说是被小人害过，需要做一个法事才会好起来，他们就半信半疑的。做一个法事对于现在的家庭来说也没有多大困难，要是做了能好的话也就没什么，家人都希望能有所好转，卢龙家就请他做了。这人到处走的，说是其他很多地方都会去，请他算卦、做法事的人也不少，这次也是专程赶过来的。

2017年4月18日，星期二，农历三月二十二，属猪，阴，大雨

上午一直都有雨，元阳县农牧局新街镇农科站的人来村里召开群众大会，是有关2017年稻—鱼—鸭高效生产培训现场会，要求每个农户家都有人来参加的，还要在会议记录上进行登记，包括主人家的电话号码，要村民插秧的时候留出鱼函，做好鸭圈，不合格的村民家还不给。按照他们的说法，一亩田里可以放养十公斤鱼苗和25只小鸭子，一年下来可以增加一万多元的收入，这样的话，村民的生活质量是要提高了。

或许是天气变化了，又要出现禽流感了，听说李阿三家守棚子的狗不正常了，今天上午约了几个人杀吃了。我建议我的村民朋友们，要是不正常死亡的牲口最好不要拿来煮吃了，病从口入，最好不要吃这些病猪肉、病鸡肉了，吃青菜萝卜过几天又怎么样，要是真得了什么病，治得好还可以，治不了还了得，后悔都来不及。

2017年4月19日，星期三，农历三月二十三，属鼠，多云间晴

快到插秧的时候了。今天的天气很好，就有很多村民去种田了，李志明去耙李建军家的田，可能准备插秧了，张学贵是犁他老人家的田，这些家估计一两天就插秧了。

因为昨天的一场大雨，自己家的田埂也被冲垮了一处，我是趁今天天气好去修复的，都要插秧了，得尽快修复好，不然的话，到插秧的时候，田埂松软的，我们劳作的人不好在田埂上行走，所以这一段时间是村民忙着整理田埂的时候。

听说云南农业大学今年还要在李金华家田里做紫外线的水稻试验，好几年了，接电线的树桩都该换了，今天是新街镇农科站的唐永福组织人手更换的，修复坏了的那一部分，树木是从李金华家树林砍回来的，还要从家里接电线到田间。

2017年4月20日，星期四，农历三月二十四，属牛，多云

快要插秧了，趁热打铁，其他村民家种田，我也得跟着去种，要不然过了种田的热潮，一两个人在田里劳动也会孤单，会觉得很没劲。今天天气好，我也到田里劳动了，给田里打了两桶龙虾药，发现田里龙虾确实多，药喷到水里几分钟，就有很多龙虾被毒死了。可以说，我们村民的田里已经龙虾成灾了，到处打洞，到处是它们的窝，民愤很大。所以今天上午，村民小组发放龙虾药，要求村民尽快在插秧前全体打一次，要不然没有被毒死的龙虾也会跑到打过药的田里来继续繁殖生存的。我估计，要是没有它的天敌到来，我们村民也只能控制而不可能完全消灭，总是会有躲在深洞里的龙虾出来繁殖的，梯田里有龙虾真的可恨。

中午，我到田里走走，看见李文科家插秧了，栽种的就是杂交水稻。因为前天有元阳县农牧局、新街镇农科站的人来村里召开群众大会，说是要养鱼、鸭子的人家要留出五分田鱼函来，李文科家今天栽种的这块田大，有两亩左右，比较适合养鱼，他家也根据要求留出了鱼函。

2017年4月21日，星期五，农历三月二十五，属虎，多云间晴，有阵雨

今天，李文科家插秧，秧田就在梯田边，就他一个拔秧，一边拔，捆好后一边送给插秧的妇女，有点省事的，不知道是什么原因，请的插秧妇女不多，每天就是四五个，今天请了七八个。今天插秧的还有李建军家，也是只有三个妇女去插秧，他家还有大田没有插秧，估计还要请十几个妇女的。这样，村里的插秧就开始了，其他村民也会着急，就会跟着陆续插秧了，慢慢地给梯田换装了。

今天拔秧苗的有张正和家，准备明天插秧，秧田在寨子脚，梯田在麻栗寨河底，拔了秧苗还得家人背下去，有点麻烦。因为背秧的麻烦，近几年有部分村民家就到田边育苗，有李建军家、李国忠家、李正祥家、李学亮家、卢正荣家、卢学贵家。当然，有很大一部分村民家是因为村里建设的时候被征用了田地而不得不到田边育秧的，比如卢志明家、李志明家、卢正荣家、李建军家、李文科家等，这也是没有办法的办法，不然的话，寨子边肥料充足、管理方便，育出来的秧苗茁壮、返青快，分蘖又旺盛，老人们是喜欢在寨子边最肥的秧田里育秧的。现在的年轻人才不管这么多，他们认为打工一天都能赚百把元，一年的粮食只用打工一两个月就能赚回来，其他村民栽种了，他们也栽种就行了，不得已施两包肥料就解决问题了。

到了这个时候，忙着周边插秧的事情了，每天都很多村民整理田，要说的很大一个问题是，现在的人不再是三犁三耙了，有的直接是清理一下杂草就插秧了，有点简单化了。

2017年4月22日，星期六，农历三月二十六，属兔，阴，有大雾

今天插秧昨天就拔了秧苗的张正和家，三个儿子都已经长大分家后，根据我们村里的习俗，他老两口与小儿子过日子，田地分成三份以后，他家就只是一份了，所需要插秧的妇女数量也减少了，每户只需要七八个妇女插秧。其他两个儿子就由他们自己管理去，他已经上了年纪，不如以前有能力去管理了。

今天插秧的还有李志明家，他的家庭有点特别，他与妻子离婚后，自己养着一儿一女，还有一个80多岁的老母亲，生活条件是有点辛苦，这样的农忙时候经常得请他的姐姐姐夫帮忙。现在不是很忙的时候，容易请到插秧的妇女，所以他就赶早不赶晚，先把自己家的农事解决了，之后再转过来还其他亲戚家的工，这样的家庭在这样的农忙时候总是要互换几个劳动力的，他也不会例外。

就是到了插秧时节，生意人知道村民需要什么。这几天，每天下午都有人驾驶车辆进村里来卖蔬菜，有洋芋、白菜、茄子，还有水果等，还有人来卖水豆腐、卤肉的，生意还好。我们菁口村离新街镇近，交通条件相对较好，户数和人口算来也多，就是这样，经常会有人来卖东西，他们该赚的也赚了，我们村民该买的也买到了，很方便我们的。

上午，有一对夫妇驾驶一辆三轮车用日常家用品锅碗瓢盆、菜刀、热水器等换旧手机的，还是有不少村民拿着旧手机来换的。用村民的话说，现在的手机便宜，而劳动中也会经常损坏，有时候一家都会有五六个坏手机的，既然坏了没有用，就只有用来换这些日用品了。

傍晚，我去田边关鸭子的时候，看见李生亮家在院子里做一个法事，请的摩批是这几天在我们村算卦的黄草岭乡人，是一个50岁左右的男子，在我们村里已经好几天了，听说已经算卦了好几户人家，找他算卦的村民还不少，叫什么名字，我明后天得找人落实。至于李生亮一家人，在新街镇做钢门窗生意已经好几年了，很少回家，只有逢年过节、农忙时候或者特殊情况偶尔回来一下，平时就忙他们的事情了。

2017年4月23日，星期日，农历三月二十七，属龙，阴，有大雾

已经进入农忙时间了，生怕误了插秧的时间，村民都赶着到田里劳动，可以说是早出晚归。只是，现在村里的人口比以前增加了很多，户数也增加，田地却没有增加，原来一户人家的田地分成几份后，每户都没有以前的多了，每家只要两三天就能解决了，大家就清闲些，都是正常的早上八九点吃过饭出去，到了下午四五点就回来，基本没有人干到七八点钟，偶尔有这样的村民也要被村民朋友劝回家的。

2017年4月24日，星期一，农历三月二十八，属蛇，多云，有雨

从现在来说，我们村民基本能保证自己的田正常生产，到了插秧就插秧，到了收割就收割，这几天就是忙着整理梯田准备插秧的时间，村民都有条不紊地进行着，生怕自己家落后于其他村民家，所以，今天虽然下着一点雨，但还是有村民劳动的。

2017年4月25日，星期二，农历三月二十九，属马，多云，有雨

今天李学家拔秧，说是明天就要插秧了，他现在任土锅寨党支部书记，事情多，忙不过来处理家里的农事，还好他家田地不多，秧苗也用不了多少，只是叫了他的弟兄李小云、李世华、李文新去拔秧，几个小时就拔够了，到下午两点多就回来了。

老朋友卢建忠耙李文祥家的田，说也是还有一两天就要插秧了，他的妻子过世得早，之后没有再续一个，而李文祥的母亲又是丧公早，两个人都是60多岁了，好在身体还行，两个人相处来往，谁家有什么事情都相互照顾。今天把李文祥家的田耙了，明后天插秧，之后转过来去整理自己家的田，两个老人的孩子都在外面打工，这种时候也不寄些生活费回来，很辛苦的。

2017年4月26日，星期三，农历四月初一，属羊，阴，有雨

今天的天气不是很好，原本我是打算到田里干活的，但是表弟李成回来了，叫我到他家拔秧，我就过去帮忙了。他家的秧苗少，明显比往年发芽少，所以叫来插秧的妇女没有往年多，还要等找到秧苗再去插秧，

还得多耽误两天的时间。

今天的雨水大了一点，我到舅舅家帮助拔秧苗，因为有雨水，就没有到其他地方转了。吃过饭去干活，干完活计回来吃饭，到了晚上就回来休息了，一天的时间就这样打发了。

2017年4月27日，星期四，农历四月初二，属猴，阴，有雨

这两天是村民忙着种田插秧的时候了，今天插秧的有张静家、卢正清家、李志学家（由马卫华管理）、李建军家、卢超家、李学家、李杰家等，是真正的农忙时间，基本上没有休息的村民了。

因为有雨，我打算等几天，就没有到田里劳动，在基地学习，等天气好转再去干活也不迟。

2017年4月28日，星期五，农历四月初三，属鸡，阴雨，有大雾

李贵祥家都是请小工插秧的。他们一家人都在浙江省宁波市打工，已经两年多没有回来了，田地由他们的父母管理，父母已经60多岁，身体不好，都是付钱请小工来种田，这样的家庭村里还是有几户的。

朋友李庆云的父亲已经70多岁了，前两年还可以做体力劳动，这两年是明显不好了，今年的农事也见不到他的影子，说是到个旧市人民医院住院了。今天他们家拔秧苗都是他妻子带着几个妇女在劳动，见不到男人的影子，要是往年的话，村里一般情况都是男士们拔秧苗，妇女们只要到田里插秧就好了，这样的家庭男主人身体不好，只有女主人支撑了，没有办法，人、事、物都会随着家庭情况改变的。我就是在寨子里面看着一些人长大的，感觉改变一个人很容易的。人这一生，说长也长，说短也短，朋友李庆云的父亲前些年还跟我们比赛干活、喝酒，在一起生活这么多年，想想那些记忆中的情况，甚是感叹。我这样与他们一起生活，一起慢慢长大，慢慢地变化着，从个人到家庭，都有一种说不出的感觉。

下午，郑佳佳博士过来调查，说这次主要是来调查多依树和老虎嘴的情况。为了做好她的调查，她已经来过几次了，说是她的博士论文就要在我们梯田景区完成，在没有完成之前，她还要往来几次，还是辛苦的。

2017年4月29日，星期六，农历四月初四，属狗，阴

早上，在蒙自市打工的表弟李成夫妇返回蒙自市了，两个孩子都在蒙自市上学，心里总是会挂念些的，每次回来要么带着孩子，要么就尽快返回，家里的事情都要我们亲戚帮助管理，每次来去都会与我们打招呼。

今天插秧的有张明生家、李金华家、张绍宇家，这样每天都有三五户人家插秧，梯田一天天变化，从白色变成绿色了。

到了农忙时节，看着其他村民都忙田里的事情，我也有点着急的，妻子说是还要在田埂上栽种黄豆，我还得重新糊好田埂，把田埂糊结实，容易积水才便于养鱼，田埂上还可以栽种黄豆，增加一点农副业收入。

2017年4月30日，星期日，农历四月初五，属猪，晴

今天上午，哈尼小镇开展2017年哈尼梯田世界文化遗产开秧门节暨哈尼族服装展示会，说是红河州文化局负责编排的，参加的有红河学院的师生，有红河州文化馆的人，有元阳县传习馆的人。在村里来说现在是农忙时间，我原来想不会有村民参加的，但是，我去看的时候还是有村民在参加演出。为了这次演出，他们还编排了一段时间，也是忙着田里的事情，我没有去看，听说他们的音响设备好，这几天排练的声音我们在田间劳动也能听得到。今天演出，说是请来了外地的很多游客和专家学者，我认为这样的机会难得，所以特意抽时间去看了，观看了整个演出过程，还是很精彩的。说的开秧门暨服装展示，我作为本民族的一员，都不知道我们哈尼族还有这么多支系，能穿不同色彩的服装，这使我很惊讶，仅我们哈尼族的服饰文化就有这么多是我不懂的。

回来以后，我还是到田里劳动了。插秧的有李杰家、张庆贵家，逐渐地，每天就会有很多村民家插秧了。

今天县农牧局的陈刚、车进明、新街镇的高国兴等过来调查村民留鱼函的情况，说是今年县里对这次"稻－鱼－鸭共生项目"比较重视，要求村民要认真做好工作，他们几个这几天都过来，有的是指导村民去做，有的是亲自去做给村民看，看他们也很辛苦的。

下午，卢世文家叫魂。他们一家在蒙自市打工已经有几年了，平时没有事情就很少回来，家里的事情基本由两个老人照看着。他是我的表弟，关系还好，只是因为工作的原因很少在一起，这次回来做叫魂的法事，还特意请我过去吃饭的，有满满的三桌子人，请的摩批是李建国。

2017年5月1日，星期一，农历四月初六，属鼠，晴

吃过上午饭后，我看见在蒙自市打工的表弟卢世文一家人也返回工地上了，说是小女儿在蒙自市上学，年纪还小，生活自理能力太弱，学校没有放假，需要回去照顾的，再说，家里的插秧农事也处理好了，没有什么事情要做的了，他们要到工地上苦钱的。这么几年后，他们对家里的事情反而感到生疏，感到有点不习惯了，每次回来都想把事情处理完了就出去，在家会感觉到无聊。

今天拔秧的有李庆亮家，李庆亮已经三十八九岁，七八年前找到一个女孩并生了一个女儿又离婚，这两年又找到了一个女朋友相处，而这年纪正是要苦钱的时候，他们经常在外面，家里就他母亲持家了。有人说，女人持家就有女人的味道，今天他家是请了亲戚妇女拔秧的，要是男人持家的话，一般会请男人的，村里的一般情况也是男人拔秧，妇女插秧的，像他家这样特别的家庭就不好说了。一个家，正常情况下是男女一起撑起来的，个别有的是男人撑起来的，有的是女人撑起来的，没有固定的规律。八仙过海，各显神通，我们过日子也是各有各的过法。

今天插秧的有卢正祥家、李绍云家、李庆华家、李庆祥家，都是请了小工，说今年的插秧妇女工钱每天是 60 元，提供一顿中餐，要不提供中餐的话，一天一个插秧妇女的工钱是 70 元。有的村民家是请自己村里的妇女，有的是请土锅寨、小水井、大新寨的彝族妇女，也有请麻栗寨、黄草岭、全福庄、大鱼塘等村的哈尼族妇女。总的说来，插秧现在是妇女们的事情，男人们只管把田种好，把秧苗送到田里就行了。

今天李正云家是他拔秧，妻子插秧，夫妻两个一家人干，因为家里困难，请不起小工，用以前的话说就是单干，两三亩田，夫妻两个配合着，一边拔秧苗，一边插秧，三四天就种完了，不用在经济上开支，还是会省一点出来的。所以有的村民是自己一家人栽种的，不用花费钱，就是说明，并不是所有家庭都要花钱请小工，有的家庭插秧自己一家人就能完成的，包括收割也是自己一家人处理的。

前两天是周末，学生都放假回来。今天下午，读初中的学生都返回学校了，可能没有放一周的小长假，要是正常的话，五一劳动节是要放几天假的，学生们是可以休息几天的，这次是没有放假那么长时间，今天下午就收假了。

2017 年 5 月 2 日，星期二，农历四月初七，属牛，晴

今天插秧的有李清华家、卢学贵家、李正云家、李庆五家、李世荣家、李庆亮家、李小云家、李贵云家等。今年来看，有很多人家的秧苗是不够的，但是并不是所有的村民家都不够，还是会有人家的秧苗是多余的，李庆亮家秧苗就多出来，留给了因为秧苗不够而闹心的亲戚卢学贵家；李清华家用的是李树林家剩余的秧苗，解决了他们家的燃眉之愁。

拔秧苗的有张明福家，他家的秧田肥，秧苗就会长得壮，前些年是早些插秧的人家，今年育秧有点晚，说是要保证秧龄而在插秧时间上缓和了一些，到今天才请亲戚们来拔秧，又叫孩子们背过去，到明天妇女们过去田里插秧就行了。

按照现在多数村民的看法，传统的老品种秧龄需要 60 天左右，而

近几年栽种的杂交水稻一般是 50 天左右,也就是说,2 月底 3 月初育的秧苗,正常情况插秧就是 4 月底 5 月初,这几天正是插秧农忙的时间,每天都有村民犁田、耙田、拔秧、插秧的,基本没有闲着的村民。

2017 年 5 月 3 日,星期三,农历四月初八,属虎,晴

今天,我去耙田了。因为自己家还不方便养牛,是借用了舅舅家的牛,原来是打算先耙一次的,但是,眼看其他村民家都插秧了,我就没有心情慢慢处理田里的事情了,只想最快插好就行了。再说,这两年其他村民都简单化了,只是除除草,用钉耙或者锄头平整一点田就插秧了,等插了秧再施一点肥料就解决了,哪里管你几犁几耙的。现在的年轻人都想着多挣一些钱,不想把更多的时间和精力投入田里,有很大一部分是想着别人收割自己家就收割,别人家插秧自己家就插秧过过程序不弃荒罢了,都说种田是赔钱的事情。

早上到舅舅家借牛的时候就听说下午表弟李成一家人回来叫魂,晚上叫我过去吃饭。他们一家人常年在蒙自市很少回来,这样回来做一次法事,而这种法事又可以请亲戚朋友的,所以,他们家还是请了几桌人吃饭,为了做这个法事,他们的孩子都请假特意回来。要不是今天下午还有李爱守家叫魂,分散了家族的人员,来吃饭的人还会更多一些的,一个家族的人在一起吃饭就会更热闹的。舅舅家请的摩批是张保祥,姑姑家是张明福代表。

2017 年 5 月 4 日,星期四,农历四月初九,属兔,晴

今天插秧的李世忠和李世明两家,他们是弟兄,已经分家了,主要是李世忠丧妻过早,子女又外出,一个人在家,很不好处理家务事情,就到老家与父母和兄弟李世明搭伙,几个弟兄有管伙食的、有管种田的要方便一些。因为要在一天之内插好秧,请的妇女和以前一样,两弟兄家的,请了 15 个妇女,完成的时间就早。其实上,也不是说以前的妇

女们不会插秧，不知道什么原因，这两年每家插秧都完成得早，一般到下午两三点就插好收工了。我的估计是她们插秧的株行距宽了，速度自然就快，听村民们说，秧苗的株行距宽一些不减少粮食产量，反而会增多分蘖，抽穗好，长势就好，减少的只是谷草的数量，而养牛的人家也不是很多，特别是现在分家的年轻人就不管那么多了。

生意是要看市场行事的，知道村民插秧了，就有人运化肥进村里来叫卖，有尿素、过磷酸钙、复合肥等，说是卖的价钱和街上一样。自己到街上去买要付一点运费，还麻烦，所以还是有村民买的，特别是不能冲肥料到田里的人家和简单种田的人家，都想通过施肥来增加土壤肥力。

可能是生活很困难，我记得小时候村民很少用化肥的，都是用农家肥，水源方便的就用水冲下去，水源不便的用人力背过去，而现在的年轻人能找到些钱了，土壤不够肥的人家都习惯了用化肥。特别是那些只是除草，简单插秧的人家一般都就是用化肥了，这样可以保证简单种田而不影响产量。

2017年5月5日，星期五，农历四月初十，属龙，多云

今天插秧的有卢永贵家、卢朝生家、高文华家、张志学家，这几户人家都顺利插下去了。而今天插秧的卢树云家就有点不一样了，因为家庭的矛盾，前两个月才与妻子离婚，家里的父母又闹矛盾，不能很好地相处，自己一个人当爹当妈地照顾三个孩子，还要处理家务，还是很辛苦的，特别是像这样遇到农忙的时候，多一个人真是多一份力，但是过日子就是这样子，家家都有本难念的经。

今天凌晨有雷电，没有下多少雨，然而线路还是出了问题，今天白天都停电，手机信息上都说要停电的，到了晚上才供电过来。过惯了用电的生活，这样突然遇到停电的日子也很不正常的，做什么都不方便，特别是这样农忙的时候，遇到这样的事情也会很生气的。

2017年5月6日，星期六，农历四月十一，属蛇，多云

按照手机上的信息，说今天有中雨，说的可能是南沙镇的天气预报，我们箐口村没有下雨，只有一点云彩罢了。都几天没有雨水了，村民都担心插到田里的秧苗会被晒死，这个时候，村民是希望有一阵雨水的。再说，今年很多村民家秧苗都不够，要是被晒死了，还得重新找秧苗，不要说麻烦，还很有可能因为找不到秧苗而把田放空。

今天拔秧的有李世华家，他家的秧苗有多余的，都给了其他秧苗不够用的亲戚朋友家。有卢建忠和张庆贵到他家帮助拔秧，卢建忠晚上是这么说的，他不欠李世华家人工，只是因为自己家秧苗不够，看长势就知道李世华家秧苗会多余，所以，今天就帮助他家拔秧苗，自己家的秧苗也找够了，也帮助李世华拔了秧苗，作为朋友，两全其美。

插秧的有卢正荣家、李金家等，说是秧苗不够用，还有没插秧的田，要等其他村民家有剩余的时候找些过来插下去，要是找不到，他们两家的这几块田就得空着了。

卢超已经是60多岁了，年轻的时候身体好，到新街镇参加过县里组织的摔跤运动会，因为比赛点名的时候不在场到街上吃烧豆腐了，于是村民给他取了一个外号叫作"新街卢超"。转眼几十年过去了，村民还是一直叫他"新街卢超"，这几天，或许是天气变化的原因，听说他90多岁的老母亲病重了，虽然是农忙的时间，但还是有不少的亲戚来看望的。

下午，白龙泉旁边地里李某一的母亲和李某二的母亲吵架了，他们是妯娌关系，听得出来，就是财产继承的原因，说是一块地的问题，老妇女吵架，什么难听的话都说得出来，还是吵了半天。说是这块有纠纷的地原来是分给了李某一家，但是，前些年他大伯李某三在地里盖了一间茅屋生活，现在，李某三80岁了，作为小兄弟的李某四在他的地里建了一个烤酒坊，也叫李某三回来居住，一起过日子，属于李某三的田地都由李某四继承，这样，李某三把原来分给李某一家的地和小茅屋都

给了李某一家，而李某四的妻子就不同意，认为李某三生活过的小茅屋和生产的地都应该由他们家来继承，所以就与李某一母亲闹纠纷了，一家人之间的，因为这样的田地纠纷，谁知道感情将来要发展到什么程度。

2017年5月7日，星期日，农历四月十二，属马，多云，有阵中雨

前几天天气晴朗，我看着田里的水被晒干了，心里也着急起来。我和李志和商量用水管代替倒塌的水沟，叫水卜龙的施正超买两段水管过来，是说好今天去接通的，可是，看见天气有所变化，我们两个的计划就有所变化，还是从寨子脚赶水到田里，基本解决了田里水的问题，可以缓一段时间的水了，心情也变轻松些了。

今天插秧的有李生亮家，他们一家人在新街镇做门窗生意，平时很少回来的，家里的事情都是他的老母亲和大哥李生明一家人招呼的。前几天，大哥李生明忙着处理自己家的事情，现在才转过来插他家的秧苗，也是正常的事情。现在的人插秧就是快，他们家到下午两点钟就插完了，到下午3点下雨的时候就没有淋湿，要不然在雨水中做农事是很辛苦的。

村民家的田里都插满了秧苗，秧苗又没有返青，这一段时间鸭子就不能放到田里了，以免秧苗被踩坏，村民只能在秧田间做鸭圈养着，到了秧苗返青或者到收割后再放到田里去，这一段时间是村民最难看管鸭子的时候。所以，我得在自己家的秧田里设计并做一个鸭圈。

2017年5月8日，星期一，农历四月十三，属羊，晴

可能是五一劳动节小长假结束了，今天上午，元阳县安监局的领导们来村里调查情况，由我的一个朋友带来，因为要忙着去做鸭圈，等着"稻—鱼—鸭共生项目"来实施，要是能正常开展的话，一亩田可以放养25只鸭子、10公斤鱼，我们家也能养一些的，得按照他们的要求来做，不能因为一个人而影响了其他的村民。

绝大多数村民家的话，秧苗是插下去了，今天是卢学贵家、李跃家插秧，有李永得家拔秧苗。这人过日子也有自己的过法，平时也不知道忙什么，农事基本要在其他村民的后面完成的，今天拔秧苗的也是他妻子的朋友，没有他的朋友参加。

下午，做完了鸭圈回来，我遇到世博元阳旅游公司元阳分公司的人带着云南理工大学的设计工作人员来卢龙家吃饭，我应朋友冯副的邀请过去跟他们吃饭。卢龙家的准备不充分，做出来的菜很普通，都是自己一家人凑出来的，口味也一般化，要接待客人的话，还是要多学习餐饮知识，提高服务能力。

村里现在还没有提供餐饮服务的人家，前些年开办农家乐的时候是有五户村民家做了一点事情，但现在真正能运转的没有了，只是偶尔的事情。卢龙家也不过是凭自己家的能力招待一些散客罢了，而且能力还是有限的，箐口是应该出现一些带头人参与到旅游服务当中来，多少还是能解决就业问题的。

2017年5月9日，星期二，农历四月十四，属猴，晴

昨天李永得家拔秧苗，今天是插秧，他家也没有用牛犁田耙田了，只是他们夫妻两人简单地清理了一下草，用锄头刮平了一下就插秧了，没有办法，别人这么做他家也就这么做了。当然，庄稼的长势就不会一样了，认真与马虎做出来的结果肯定是两个样的，没有很好清除杂草的，杂草很快就会长出来，吸收了田里的肥料，秧苗要吸收的肥料自然就少，影响庄稼的长势，秋收时候的粮食产量自然就不同。

这个时节是叫魂的时间，每天都会有人家叫魂，村里几个摩批的时间都基本安排好了。今天上午，是卢建明家去叫魂，可能是因为他们在外面遇到了什么不好的事情，是叫了摩批李建国。驾驶他的汽车出去叫魂的，要是给村民叫魂的话，是在下午四五点，是插完了自己家的秧苗后，选择所要叫魂的生辰日子到田边叫的。今天的卢建明家有点不同，但做的就是叫魂仪式。

2017年5月10日，星期三，农历四月十五，属鸡，多云

上午，马卫明的妻子给李光明家插秧，他们是亲戚，她已经给他家插了三四天秧苗了，而且就她一个人，很辛苦的，说是李光明家的秧苗不够了，这两天的秧苗都是从其他剩余的村民家拿来的，一天能找多少就插多少，人员和秧苗数量都固定不了，也就没有请其他的人，当然，生活困难也是一个原因。

说起李光明家，他已经50多岁了，他与妻子离婚后，自己把两个孩子养大，现在孩子都20岁左右了，已经外出打工，后来找过一个妻子又离婚，现在就他一个人守家过日子，没有多少经济来源，生活还是有点辛苦的。今年插秧一个是他家自己育的秧苗不够；一个可能是没有钱请小工了，就让自己的亲戚马卫明妻子一个人插秧，还是很辛苦的。

下午，朋友李国忠挖翻了秧田回来，说是今年他家的秧苗也不够，是将李永福家剩余的拿来，也给自己添了一点麻烦。插秧完了，之后是找时间把秧田犁翻或者用人挖翻了由水泡养着，或者再找一些蒿子等树叶腐烂了育肥秧田，以前的老人们是这样做的，说是这样育出来的秧苗粗壮，当然，这些年就有村民施用其他肥料的。

2017年5月11日，星期四，农历四月十六，属狗，多云，有小雨

去年底的时候，新街镇政府是准备把村里原来的水池拆了重建，不知道什么原因到现在都还没有开工，所以，这半年来，村里的水源都很紧张，这几天又断水了，生活很不方便的，村民又纷纷打扫原来的老水井，到处挑水用，好像回到了20世纪七八十年代的日子。这让我回想起被早起挑水的妇女们的过路声吵醒的感觉，我们真是认识到，再小的村寨，没有了水电，生活起来真是辛苦。我们箐口村的水利工程是应该重视一下，应该尽快处理了。

为了锻炼身体，呼吸新鲜空气，我早起到田边走一走，看见寨子脚村民的田是基本插完秧了，包括说是秧苗不够、到昨天还空着的李光明家的田已经插好了，是用了其他村民家剩余的秧苗插的。现在就剩着李金华家的一块大田没有插秧，说是要等云南农业大学的师生们来插试验品种用的。还有卢志林的一块大田，说是秧苗是后来补育的，认为秧龄不够要等几天，要是这两家插好秧苗，村里就只有少许的旱田没有插秧了。

我只是村里1000多人的其中一员，我相信村里每天都有精彩的故事发生，就是我收集得太少了。村里有几个彩民，李永福有车，基本每天都要出去买几注彩票的，李新民、李正林、李学、李祥、张春华也是基本天天买，但是有事情的时候偶尔会落空一两天吧，用他们的话说："每天不买一两注就睡不着。"这几个人每个月有点收入，也中过奖，吃香过，认为不买多的情况下每天买几注玩玩还是可以的。但我万万想不到的是，今天下午，70左右的卢傈应也买了几注彩票回来，可能是消遣吧，很好玩的。

说起卢傈应，他已经70岁左右了，年初的时候，他的妻子生病多年医治无效去世了，几个月后，卢傈应心情放松，身心得到些恢复，能配合子女料理家务了。我就没有想到他还去买彩票玩，我想，他的心情再开放些，身体也会更好一些，也能多活几年的。

张宽一家人在开远市打工已经几十年了，家里的大部分田已经放荒，但是，还是有一部分容易管理的田继续种着。秧插好了，又是村民叫魂的时间，他的妻子是特意回来做这个法事的，请的摩批就是他哥哥张保祥，过路的时候叫我也过去吃饭，只是，平时相处的时间少，关系不是那么好，我就没有过去了，具体有些什么人就不知道了。

下午，我看见有李生亮家也做一个法事，就在他家院子里，就他和摩批李建国两人，门前插着绿树枝。我知道这意味着这个法事不能有外人参加，也不能与他们两人搭话，否则这个法事就得重新做。

2017年5月12日，星期五，农历四月十七，属猪，多云间晴

今年建盖房子的村民家不多，现在是李小祥家拆建老房子，今天运回来一车有 8000 片砖，说是现在的砖价运到村里来是四角七分一片。村里的交通条件还是差，他家又是在寨子脚，砖运到村里的停车场以后，还需要人工背到家里去，很费劲的。寨子脚一带的村民是很希望有一条能通车的路到寨子脚的，总希望运什么都能直接到离家更近的地方，这样可以省很多麻烦。所以，我以前任村里的领导时（就是 2009 年）测量了一条当时是想作为猪、牛经过的路，所经过的路段占了人家的用地时已经发了补偿费，宽度是 150 厘米，主要是从村里的停车场到寨子北面过猪圈牛圈的一段，现在这些人家还在自己管理着，时过境迁，已经五六年的时间了，村民领导又更换，村委会和新街镇政府的人员又换，不知道以后会怎样处理这些事情。

绝大多数村民的田是插好秧苗了，而今天是卢志林家和卢迁华家在插秧，他们两家到今天才插秧主要是因为秧苗是在其他村民家后面一些育的，家庭主妇认为秧龄不够就等了这么些天。寨子脚的田只有云南农业大学要试验栽种的李金华家一块大田了，大部分秧苗都在返青，寨子脚看过去就是一片绿色了，梯田又换装了。梯田也爱美，一年要换几套衣服，冬天春天穿白蓝红衣服，夏天穿绿衣服，秋天穿黄衣服，四季有不同的穿法，迷倒了村民和游客。

接下来村民的事情就要相对少一些了，年轻人可以放心地外出打工，在家里的人可以在田地脚栽种一些蔬菜，比如辣椒、茄子、瓜果之类的，日子看起来就清闲多了。可是赚不着钱，解决穿衣住行的问题还是要外出挣钱。

2017 年 5 月 13 日，星期六，农历四月十八，属鼠，多云

今天是新街镇集日，因为忙完了插秧的事情，我看见有很多妇女上街，有张正明夫妇一起出去，说是地里的猪食多起来，今天要趁集日到街上买一头小猪来养，养大了做过年猪杀吃。

中午，堂叔张文和买了一头小猪回来。到夏天了，草木旺盛，田地

里野草疯长，找一点猪食是不费劲的，当一辈子农民的他们会珍惜，会觉得不拿回来喂猪或者喂牛就可惜了，所以，有劳动能力的村民就是喜欢买小猪来养，养大了到过年杀吃或者卖了添补家庭的经济，这就是村民生活的一部分，他们的日子就是这样简单而平凡。

下午，堂兄张牛后的孙子叫魂，通知亲戚朋友过去，包括我家也叫到了。叫的主要是他孙子的魂，请的姑姑是嫁到全福庄的张牛后女儿家，因为他们都已经外出打工，做代表的是他的外孙女，而他的外孙女还小，有的事情他们也不会做，只有请他姐姐和姐夫带着过来了，等做完仪式吃过饭后，张牛后又驾驶三轮车把他们送回去。

2017年5月14日，星期日，农历四月十九，属牛，多云，有雨

新街镇农科站来插他们试验的秧苗，这样，寨子脚的梯田都插完了，村民就要农闲了。相对的，农事就要少些，在秋收前，年轻人就可以外出务工，或者做自己想做的事情，田里的事情只要有一人平时照看下就行了。

下午，李贵祥家和李永新家都在叫魂，两家就住隔壁，所以来吃饭喝酒的邻居就分散了，要不然，仅一家人叫魂的话，人员就会集中的。

2017年5月15日，星期一，农历四月二十，属虎，阴，有小雨

早上，我又接到堂兄张牛后的电话叫我过去吃饭。习惯上，叫魂这样的法事是可以召集一家人的，而现在的生活条件好了，主人家准备好的饭菜一餐一般是吃不完的，所以，今天早上是叫我们过去吃剩菜的，今天早上的人就没有前天晚上的多了。

上午，卢文、张牛志两个中年人背着行李外出打工了。村里很少有挣钱的事情做，村民的经济来源主要还是靠打工的，年轻人和中年人总是为了生活利用农闲时间外出挣钱持家，多数家庭基本就是这样。

2017年5月16日，星期二，农历四月二十一，属兔，阴，有雨

早上下着雨，插秧的事情又完成了，没有多少事情要做，这样休息两天身体会有点累的，我起得有点晚，到田边观察了一圈。田里的水是基本灌溉满了，就是发现有些稻飞虱，过些天，要是多起来的话还得打药防治的。

下午，因为有战友结婚，我就到南沙镇做客，人家有来在先，我也总得给人家还礼的，要不然雨水天的，有点烦有点累的，我有点不想去。大家都已经是40岁的人了，还要办理婚事，有点说笑的，战友李宏又在工地上不能一起过去，要是两个朋友一起过去就要好些，但是，人家有礼在先，感情的账总是要还的。所以，我还是一个人搭了运营车下去与战友聚会，几个战友聚到一起来，免不了喝几杯，散得有点晚，我就在南沙镇开了房间住着。

2017年5月17日，星期三，农历四月二十二，属龙，阴，有雨

今天气温有很大的变化，我们新街镇一带气温低，南沙镇很热，身体上有点不适应，感到有点累，什么事情也不想做就休息着，这样一去一回的，又过去了两天的时间，感觉时间就是过得快。

2017年5月18日，星期四，农历四月二十三，属蛇，阴，有大雨

今天的雨水特别大，从早上就一直下个不停，又是大雾蒙蒙的，整天在雨里雾里过日子真是难受极了，好在村民的秧苗都插完了，都可以在家休息了。我也是这样，昨天才从南沙镇做客回来，心情有点烦，到田里观察一下就回来基地学习了。

2017年5月19日，星期五，农历四月二十四，属马，阴转晴

前两天下雨，室外的事情做不了，今天的天气稍微好转一些了，可以到外面干农活了，地面都是潮湿的。村民们可以栽种农副产品，诸如黄瓜、茄子、南瓜、辣椒等，有地的农民都是要自食其力的，农民的好处就是这点，可以不施肥，吃一点自己栽种的蔬菜，味道好又营养。

秧苗插好了，农事就少一点了，但是，勤快的人总是会想办法找事情做的。上午，天气好转，就看见张牛后带着卢同则和李绍新在砌他家的田埂，因为有龙绍文家建盖在他家秧田上方，他也是为以后做打算的，如果政府批准的话，他也要在那里建房子的。

2017年5月20日，星期六，农历四月二十五，属羊，晴

这两天天气不好，心情也不好，什么事情也不想做，只想多休息一会儿。所以，从昨天到今天早上，我一直都是懒懒地睡觉，就在基地里学习。只是心烦的时候什么事情也不想做，心情也静不下来，我就困惑着，人还真会这样，有喜有忧，有苦有乐，心情好的时候做事情也会好些，心情不好的时候做事情也不会那么顺利。

下午，李祥家叫魂，请的摩批是李建国，跟他们家是好朋友，也请我过去帮助做点什么。他家还是请了五六桌的人来吃饭喝酒的，心情烦的时候，酒也不想喝，我只喝了一点就跑回来了，听说其他的几个朋友喝到12点多的。

2017年5月21日，星期日，农历四月二十六，属猴，晴

要不是自己找一点事情做，这一段时间就是闲得慌。上午，我还是被朋友李祥请过去喝了两杯，回来休息了一阵，一天的时间没有做什么事情基本就这样过去了。

缺乏经济来源的村民还是困难的，有一大部分村民的卡上可能没有钱了，要是有的话，抄表员就用不着每月都过来收电费。今天上午，就有抄表员到村里来，我看了一下，还是有几十户没有交电费的，就得他一家一户地过去收现金了。

2017年5月22日，星期一，农历四月二十七，属鸡，晴

今天是有李庆云家带着小猪到麻栗寨他的妹夫去世处丧祭，说他的妹夫才39岁，还年轻。人的命就是不好，只有自己照顾好自己，才会多活几年，要是事多病多，就要少活几年的，越是到了这个年纪越是知道生命的脆弱和可贵。

下午，李志锋的女儿李艺出嫁，在村里办喜宴，听有个朋友说嫁金是30万元，要是这个信息属事实的话，就是目前我们箐口村礼金最多的一个了。随着社会经济的提高，人们观念的改变，村里年轻人结婚的礼金也逐渐提高，谁知道以后又会是什么情况呢。

他们一家人一直是在外面打拼的，很少这样回来村里办事情，有的村民不想参加，说村民办理大事的时候他们家人也很少来参加，这样去参加他们家的事情还要过礼，认为这样不划算。但是也有的村民认为他们家人是想家，想和村民热闹，想请亲戚朋友吃一顿，真从经济的角度来讲的话，他们家是会选择到酒店办理的。

应他们家的邀请，我还是过去参加了婚礼，几个朋友坐下来吃饭，就是会找一些话题来说。五一劳动节放假期间世博元阳分公司请来打扫村里卫生的十个村民都已解除了协议，理由是他们打扫得不好，要重新找责任心强的村民。

2017年5月23日，星期二，农历四月二十八，属狗，晴

前一段时间阴雨几天以后，这几天的天气是晴朗了一点，所以有村民打药施肥，有的打秧苗返青药，有的打龙虾药，也有给田里灌溉水的。因为连续几个晴天，有部分村民家的田水被晒干了，要不给田里灌溉水，秧苗是会被晒死或者会被虫子咬死的。

上午，到麻栗寨办事的李庆云一家人回来。听说昨天还有张庆贵一家人到全福庄村办事，还有李爱生一家人到团结村委会新广坪寨子办事情。生老病死是人们生活中最常见的事情，人们总是不得不面对这样的

事情，往往也因为这样的事情，很多家庭是陷入困境的。

2017年5月24日，星期三，农历四月二十九，属猪，多云间晴

村里没有什么厂矿企业，村民都只能外出挣钱持家，特别是年轻人，办完家里的事情，总是要出门挣钱的。早上，李庆云夫妇又要出去了，他们在个旧市已经好多年了，他们的工地就在个旧市，两个孩子又在那里上学，总的还是要顾他们的工作的。

上午，妻子哥哥家做一个法事，请的摩批是攀枝花乡母鸡寨的一个老人。他做的事情多，知道的人就会多，我也是通过其他人知道有这么一个人的，说来在我们村还是做了好几家的事情，有的做了还是有所好转的，比如李万祥家、卢伟家、李贵祥家等，难怪有村民就喜欢请相隔几十公里的他过来做。

2017年5月25日，星期四，农历四月三十，属鼠，阴雨

这几天，李国忠找朋友得到一点事情做，说是绿化南沙镇到绿春县的这一段公路，他的朋友大老板分了一点给他带小工做。前两天早出晚归，还算正常去干活，但是今天凌晨就下雨，就没有带着工人们出去正常干活了，这一季在室外干活就是这样，很多时候就要看天气的情况来做，天气好了就干活，下雨就休息。

昨天，我是到妻子的哥哥家参加做法事。妻子的哥哥卢永贵原本是要打算外出务工的，但是，在他家做法事的摩批算卦了以后，说昨天的日子不吉利，不能出远门，出去了也挣不到钱，今天这个日子还算可以，所以他今天就出去了，我等着看是否真的灵验。

晚上的时候，李生明家在做一个法事，请的摩批是李建国，一家人都在自己家院子里吃饭，也就是摩批和他们一家人，没有其他的人参加，说明这个法事不能有其他的外人参加，所用的祭祀牺牲肉品都不能带回屋里，吃不了也要倒在外面。我们哈尼族就是这样，有的祭祀还是有所

忌讳的。

2017 年 5 月 26 日，星期五，农历五月初一，属牛，晴

家里的农事忙完了，村民就很少有事情做了，闲着的人都会很无聊。每天每户村民家都要开支的，而没有固定收入的村民就只有外出打工了。今天上午，我看见李庆明、李永福、李世明三个人外出打工，他们的经济只有打工挣回来，基本上没有其他的途径，这就是我们农村困难的一个因素吧。

这两天天气好，每天都有村民到田里打药，今天下午是李建军的奶奶在他家田里打药，说他家秧苗出现立枯病。根据各家田里的情况，有的是打龙虾药，有的是打稻飞虱药，有的还是施肥。

2017 年 5 月 27 日，星期六，农历五月初二，属虎，晴

下午，李世忠、李正祥等回来，是特意回来过端午节的。年轻人还算可以，家里的祭祀等活动都不用管太多，但做了家长的人就是麻烦，按照村民的说法是每到一个节日都要回来祭祀的，耽误不得，加上村里红白丧喜事要帮助，所以，当了家长的一般都不会出门很远，这样便于来往。

这两天天气晴朗，就有一些村民打龙虾药和稻飞虱药，稻飞虱的虫灾在现在看来不是那么严重，但是经历过的村民知道了预防的常识，就有村民自己买了药去防治的。

晚上，李庆云的父亲从个旧市出院回来，说已经在个旧市人民医院住院 20 多天了，钱也是花了两万多。李庆云的父亲已经 60 多岁了，也许是上了年纪，这两年病多，已经很少到田里劳动了。

2017 年 5 月 28 日，星期日，农历五月初三，属兔，晴

早上，李庆云到麻栗寨接他的外甥来他家。李庆云的妹夫 22 日去世，还是前几天的事情，根据我们这一带的哈尼族习俗，过了农历的当月，舅舅家是要请他的外甥过来吃一顿饭的，李庆云家要杀一只鸡，等他的外甥回去的时候还要带一只鸡腿连同一点煮好的糯米回去，今天就是做这个习俗。如果不做这个习俗的话，他们之间的关系会淡化甚至会僵的，所以，谁家有人去世了，过了农历的当月，舅舅家就会选择日子请他的外甥过去办这个习俗。

明天，对于箐口村民来说是端午节了。所以，今天就有不少的箐口村民上街买菜，因为多数村民是要献饭的，村民主要是买一只鸡，到明天杀了献饭。近期听说城里运进来越南那边的猪肉很不卫生，在与村民吃饭中讨论得还是有点多的，或许是这样，今天村里有李志学和张庆贵两家杀猪，他们都是搭伙杀吃的。

因为明天我们寨子就要过端午节了，附近打工的一些村民今天下午就回来了，我看见有李静、李西、李生亮一家人等。这节日很大情况下召集了亲戚朋友，传承了民族的文化，然而，在经济上是要花费一些的，有部分村民每到一个节日就要费一份精力。

2017年5月29日，星期一，农历五月初四，属龙，晴

我到现在还真不明白为什么全国人民都是五月初五过端午节，而我们箐口村偏偏就是在今天就过端午节了。问过一些村民，都只能很朴实地说反正以前就是这样过的，我们也只能这样过了。也有一些村民说自己编的，说是箐口村以前都是茅草房子，不在其他村寨之前过节就会有火灾发生。小时候我们箐口村确实都是茅草房，每年干旱时有火灾发生是事实，我也经历过几次的，但是这两年没有咪古了，村里的集体祭祀都不做了，也没有多少火灾发生，这样的说法我认为是不成立的，也就暂时这样吧，等以后多在意些，多问问老人来证实。

因为昨天就准备好了，早上，每户都要杀鸡的，多数家庭还要献饭祭祖，饭后，就包粽子、染糯米饭，这次的节日主要就是今天过，就是

包粽子，其他好像没有再多的仪式。

正如上面说到的，我们篝口村是今天就过节了，比附近村寨提前一天，所以，附近村寨的亲戚朋友来村里做客的还是有一些的。

2017年5月30日，星期二，农历五月初五，属蛇，多云

上午，我看见李志祥家去做一个法事，请的摩批是李建国，参加的人是李世忠、李爱生、李朝生，就是他们一个家族的人，一共有五个人。出去的路上，我看见摩批李建国拖着两条草编的绳子，这我知道，说明是李志祥家有人看见蛇交配，或者在外地做了偷情等不能见人的事情，这在我们村民来说是不吉利的，具体的有几种我也不太清楚，反正村民认为有的事情人是见不得的，如果看见类似的情况，就会见者或者家人丢魂，给家里带来不幸的灾难，有必要做一个法事来禳解。所以，他们家今天就请了人去做法事，可能路程有点远，他们回来的时候已经是下午3点多了，当然，做这个法事的时间很长，我也参加过几次。

我们篝口昨天过了端午节以后，今天还是有村民到其他寨子过节的，李小明到上马点他女婿家过节，李学华是到小水井村过节等。

秧苗插好了，农事就少些了，还是像上班到办公室办公一样，每天都要到田里走走看看。秧苗是返青了，就是有秧苗被稻飞虱害了，也有害立枯病的，知道有村民拿样品或者用手机拍照以后到药店买药来防治的。

2017年5月31日，星期三，农历五月初六，属马，多云，有小雨

过节对村民还是重要的，特别是当家的人，每到过节就要回来献祭，而这样的农闲时间，过了节日也就基本没有什么事情可以做了，还是得出去打工，前两天回来的李文新、李世忠、李正祥等又外出了。

村民认为今天属马是个好日子，办事情会吉利，就有李院忠家拆茅草顶，准备加建第三层，用来堆放粮食等杂物，这样，村里的茅草房子又少了一间。还有卢学贵家开小卖部，晚上村民玩扑克牌的小房子说是

漏雨，今天请了几个朋友拆换了，说今天的日子好。

我原来以为村民的田都插完秧了，谁知道，今天李庆云去插秧了，说是插旱田的秧苗。原来是打算前几天插秧的，只是他的妹婿过世，没有劳动力去整田，只好推到今天来插了，他家怕是村里今年最后一家插秧的了。

下午，卢成的母亲跟现任村民组长李学华说她家地里埋了一个水泥柱，问李学华他们知不知道，李学华也不清楚，上面政府的人也没有跟他们说。我过去看了一眼，是一根一米左右高、20厘米左右厚的水泥柱，上面写着"界桩"两个字，具体还不知道是什么人什么单位来做的，我估计是政府或者国土资源局的人来立的，我去的时候，界桩已经被人挖倒了。

2017年6月1日，星期四，农历五月初七，属羊：多云有小雨

今天是六一国际儿童节，村里现在只有小学一、二两个年级了，有37名学生，他们都只是八九岁的孩子，年纪还小，自我安全意识比较低，为了安全起见，老师没有带学生集中到土锅寨小学，更没有集中到新街中心小学去开展活动，只是他们两个老师在本校组织开展一些活动罢了。或许是提前通知了村民小组，我听说村民小组长李学华和副组长卢小华上新街镇买糕点和水果给学校，说一会儿回来以后要到学校与师生们一起过节。

村里，彩民还是有几个的，中毒最深的可能要数李永福了，他自己有一辆面包车，每天他都要去买几注，今天中午的时候还约我过去买了几注。同时，前面也提到过，村里还有几个老人参与买彩票了，我知道的有李正林。卢保应，今天卢保应也跟着李永福出去买了几注三丁，说是看了别人的车牌买的，虽然买得不多，但是我觉得还挺有意思，都70多岁的老人了，不知道是谁教的，这把年纪了还学着年轻人买彩票，挺好玩的。

插秧前，元阳县农牧局和新街镇农科站的人来村里开过会议，说是今年全县要实验"稻—鱼—鸭共生项目"。在插秧期间，他们还安排了工作人员配合村民留出鱼函，时至今日，秧苗都返青了，就是不见他们来发放鱼苗和鸭子，这几天到处听见村民在议论，前几天有人来卖鱼苗，但是大家都觉得政府会发，就没有人去买，有的已经跟村民小组的人说了，说再过一段时间的话，鱼也不容易长了，要是今年不给养鱼养鸭子，他们还准备向政府或者农牧局投诉，在寨子里随便走一走，都能听见这些议论。看样子，村民是有点火气了。

2017年6月2日，星期五，农历五月初八，属猴，多云

早上7点多一点，习惯了早起的我刚从田里巡逻了一圈回来，就听见几个妇女在停车场议论，说昨天下午，卢朝生家买回来几斤肉，前几天儿媳在手机上发现有信息说猪肉里有虫，叫其公公认真看一下，果然发现有虫，就把买回来的肉都丢了。

几个妇女的意思是希望村民之间都能知道，叫他们买肉的时候小心些，最好少买。也有人建议把肉捡回来，叫几个人拿肉到市场上讲理，或者直接投诉到有关部门，这是早上就知道的今天的信息，所以，只要用心，村里早晚的事情都会知道一些。

这个年头连没有上过学的儿媳妇都会用手机了，知道这样的知识用到生产生活中来，更是可喜可贺，这是高兴的一面。可让我郁闷的是，发生这样的情况，他们怎么就不知道保护自己的权益？怎么就把肉轻松地丢了，怎么就不找人论理呢？这真是让我可恨的地方。肉可能不多，钱也没有花多少，但是，谁知道猪得的是什么病呢？要是对人体有害的寄生虫，不小心吃了可是很危险的，我的意思是得叫有关部门鉴定。

今天是新街镇的集日，早上看见李保明的母亲去卖鹅。李新明知道以后买了下来，说是准备买来饲养，一公斤以18元的价格卖，四只鹅一共就有32斤了，合计576元，知道情况的李院忠说是像买一头小猪似的，实际上，四只鹅576元算是合理的了，他应该是问过市场价的。我听说他家鹅是从红河县带过来的，品种好，养的时间还不过半年就很大了，如果照看得好，还会长大的。

人言可畏，早上一听说卢朝生家买回来的猪肉里有寄生虫，"好事不出门，坏事传千里"，一传十，十传百，一天里，全村到处都在议论这个事情。也许就是这样，下午五点左右的时候，有平常卖卤肉的人来村里叫卖，没有一个村民来买，搞得卖肉的连一两肉都没有卖出去就灰溜溜地开车走人了。

不买肉也罢，蔬菜、水果总可以买一点吧，也是在下午的时候，看见停车场有人卖蔬菜、水果也没有村民买，像躲着瘟疫一样。只有几个散步的村民与他们聊天，议论着这几天猪肉市场的事情，说有大批的猪从越南那边偷渡过来，已经发现很多不合格的猪肉了，这几天买肉的人也就很少。

2017年6月3日，星期六，农历五月初九，属鸡，晴

已经连续几天晴天了，这几天的太阳很大，田里的水都要被晒干了，村民还是有点着急。晚上都有赶水灌溉田的人，生怕插到田里的秧苗被晒死，那就白费一年的功夫了。

早上，村民小组用喇叭宣传要求没有清出鱼函的村民家赶紧做好，说不合格的村民家要重新做出来，要是不合格的话，不给放鱼，希望村民自觉些，要是到时候不合格不给发放鱼苗也不要为难村民小组。

确实有点害怕，这几天村民都在议论说买回来的猪肉有几户都发现有寄生虫了，今天又听说李正福家发现了，只好把肉都丢了，还是得小心，要是感染到村民身上就可怕了。他们家也没有到市场找人讲理，也是把猪肉丢了就算了。

今天，听说是李小祥家浇灌第二层屋顶，房子面积不大，只是亲戚朋友帮助着就浇灌了。这两天天气好，农闲的村民又多，知道了来帮助的村民就多，到中午1点钟就浇灌好了。

下午，村民小组张榜农村养老保险缴纳名单情况，说如有村民发现错误登记或者漏登记的情况就及时反映，及时去修正。

2017年6月4日，星期日，农历五月初十，属狗，晴

今天的气温很高，手机信息说南沙镇已经达到40度了。我们箐口气温没有这么高，但还是比较热，这几天又是连续的晴天，没有一点雨水，田里的水都要被晒干了，村民都有点着急了，不管白天黑夜都有人开始赶水灌溉了，都生怕田里的秧苗被晒死。我看了手机信息以后，觉得应该再过一两天就会有雨了，养鱼的几块田我故意耙深了一些，所以晒不到鱼苗。沟里面的水又少，赶水的村民又多，过去赶水也分不了多少，我就没有急着去赶水，等一两天看看情况再说。

下午，李爱生夫妇砍回来了去年被冻死的树木，因为我们箐口多年没有下雪了，有些树种在没有遇到冰冻的天气也能生长，正好去年下雪，就冻死了一些已经长得很高大的树。甜竹就是其中一种，一到下雪天就会被冻死。今天李爱生夫妇砍回来的是我们叫的水冬瓜树，水冬瓜树也很不耐寒，一旦下雪就会被冻死，而冻死了的这些小树，眼看一天天腐烂了，村民就只有背回来烧柴火了。

2017年6月5日，星期一，农历五月十一，属猪，晴

上午，有村民从大鱼塘村做客回来，说大鱼塘村有一家从阿党寨丧祭回来，请大客，而大鱼塘村、黄草岭村民小组、箐口村几个寨子就像弟兄一样，都是哈尼族，要么是直系亲属要么是姻亲关系的，来往很多的。所以，知道的村民今天上午都过去做客了，因为我不知道，就没有跟着村民过去，要是知道的话，大鱼塘村、黄草岭村民小组这两个寨子是要过去做客的。箐口村、黄草岭村民小组、大鱼塘村这几个寨子谁家请客，一般都要过去做客的，像今天不知道请客的就罢了。听回来的朋友说，

他家的伙食办得还不错，有点可惜的是我不知道而没有过去。

俗话说："男大当婚，女大当嫁。"到了20岁左右，男女都要成家的，这几年，我们村里的几个女孩打工认识了外地的人嫁出去了。今天，看见卢正荣的女儿带了一个外地的人回来，看她已经是怀孕了，目前，我还不知道是什么地方的人，问一下应该就知道了。我的意思是，现在社会好了，信息条件优越了，村里的帅哥可以找外地的美女，而村里的美女也可以找外地的帅哥，方便多了，就因为这样，寨子里嫁进来外地的姑娘，而我们寨子里的姑娘又嫁出去，不像以前那么封闭了。

并不是所有的猪肉都寄生了虫子，我想，政府早已设立了主管部门来管理市场秩序，还是会负责检查的。下午，还是有来村里卖卤肉的人，我看今天还是有几个村民去买肉了，我过去观察了一下，肉质还是不错的，肉眼看不出什么异样来，不过，听说这一时间段猪肉还是上涨了一点，一市斤卤肉卖到了18元，前一段时间没有卖这么贵的，或许是买肉的人不多就上涨了。

有时候，我认为有的政府工作人员办事情也是不太切合实际，他们为了解决多数村民的困难，却不管一部分村民的具体情况乱办事的也有。就说今年的"稻—鱼—鸭共生项目"，有的人家的田就没有几亩，田块又小，像现在这种打工普遍的情况下，有的全家人都外出，把名字报上来领了鱼、鸭子却没有人看顾，他们要不就送给亲戚朋友家，要不就以低价卖到市场，这样的人家你还能让他们家管理吗？也没有办法，什么事情总是会有一点漏洞的，今天我知道我们村民有从其他乡镇村民家拿回来了没有人管理的小鸭子，是属于亲戚关系，那边的家人管理不来，就打了电话送过来这边养，不知道这样的情况政府人员是怎么想的。

2017年6月6日，星期二，农历五月十二，属鼠，晴

连续这么多天的晴朗天气，田里的水被晒干了很多，有大半村民开始着急起来了，每天都到田里去灌溉。我过去田里转的时候，看见有卢学贵的妻子、李永福的妻子、李德云的妻子等都在赶水灌溉自己家的田，都还是怕田里的秧苗被晒死，种庄稼还是得用心管理。

下午，有父子两个外地人驾驶农用车来村里卖蔬菜。许是村民家的地里都有蔬菜，当然，他们来卖的这些都是从建水县等外地运进来的，相比我们自己栽种的蔬菜来说不怎么好吃，买的村民也就少些。也有可能是因为不是农忙或者过节期间，要是农忙期间或者过节的时候还是会有很多村民去买。

傍晚6点多一点，下了一阵中雨，基本缓解了一下田里的水，沟里的水源上涨了一些，被晒干田水的村民可以去灌溉了，还是解决了村民的燃眉之急。今天晚上终于可以睡安稳一点了，心里也踏实些了。

2017年6月7日，星期三，农历五月十三，属牛，多云间晴

今天，村里的故事有些什么是值得我去记录的呢？又是农闲时间，有时候，我觉得没有什么可记录的，村民正常过日子，看顾着自己的猪鸡牛羊，一天两三顿饭，早上起来，田地里走一趟，吃一顿饭，再处理一点家务；吃过晚饭以后，要么看看电视，要么跟村民朋友聊聊天就休息。一天就这么简单平凡过着，我该怎样去记录呢？有时候还真是困惑。

今年的高考今天开始了，到现在还不知道村里有没有谁的孩子参加今年的高考。

因为昨天傍晚的一阵中雨，河水上涨了一些，今天我给田里灌溉水了。因为寨子脚的"爱穷俫干"塌方，不能正常度水，我只能用寨子里的水沟，平时的话，村民都会把猪牛粪打扫到水沟里，这样突然来一阵雨水，会把沟里的猪牛粪都冲走，所以，寨子脚的田里一般不用施肥，仅靠平时灌溉都会很肥，有的人家反而因为田里太肥就故意在插秧前冲田。

2017年6月8日，星期四，农历五月十四，属虎，多云间晴

插秧下去已经一个多月了，气温逐渐上升，秧苗开始返青了，田里的杂草也会跟着生长。村民这几天的事情就是给田里除草，看见今天有李建军的奶奶、李建国的妻子、李世明的妻子、李红亮的妻子等。我看，我们家田里的草也需要清除一下了。

这两天，看见有几个穿着新街镇环卫站衣服字样的人来我们村里清理垃圾。说是村里原来安排的人员打扫不好，游客们的意见很大，所以，村里的卫生事情是叫人承包了，已经把原来的制度改变了，现在是有一个老板承包着，如果打扫不好就要调整保洁人员，老板完全有权力随时换人。

2017年6月9日，星期五，农历五月十五，属兔，多云间晴

人，要经常换装，房子也是这样，时间长了就要装修。对面的李永福家房子建起来转眼就十多年过去了，或许是当时师傅们的技术水平或者是主人家的经济能力问题，到现在已经出现一些问题。十多年过去，当时还是小孩子的他的儿子现在已经长大成人，找了一个女朋友，前两年外出打拼了几年，觉得外面也不好混，这两年在家里做饮食生意，接待一些散客维持生计，现在，知道自己的房子出现问题了，这两天就找了人进行装修，希望装修好些，来吃住的人也会感觉好些。

现在是农闲时间，田里的事儿基本没有了，有钱想装修房子的人家都可以用这一段时间来做了。这两天，李院忠家加建第三层屋顶，据说他们家建两层房子的时候因为没有钱而停止建房，缓了几年后，积攒了一点钱，现在开始加建，是准备用来堆放家里的谷物等东西。农村就是这样，要是没有一两间堆放生产生活用具的房间，再大的房子也会被堆放得乱七八糟的，根本不像一个家。现在的年轻人经常外出，见过的世面广，也会收拾一些了，情况稍微好转了一点，但是，总的来说，村民懒散的生活习惯不是一两天就能改变的，还是需要一定的时间。

2017年6月10日，星期六，农历五月十六，属龙，上午有阵雨，白天多云

  这一段时间没有什么事情，有点闲，而我又喜欢早起，喜欢早上到室外呼吸新鲜空气。今天早上没有下雨，早上5点半天刚蒙蒙亮，刚好能见到路面，我就起来散步了，走到哈尼小镇就是我们箐口村的黄土坡几户人家那里，大概是6点，看见张某的妻子在原来他家已经被征用的田里插秧，我知道，这一段时间还有施工队在那里施工的，不知道他们家是怎么想的。事实上，听说他家的田都已经被征用了，已经补偿给了他家20多万元，他家的田都集中在那里，其他地方都没有了，前两年，不知道他以什么理由拒绝施工，竟然还是插了两年秧，而施工队总是要按照规划按照图纸施工的，所以在前一段时间就把他家的田都给挖平了，组建了施工队来施工，基本上要完工了，现在就剩下几小块地没有平整好，今天他的妻子就在没有平整好的几小块地里插秧，不知道什么用意。听说，前一段时间此事惊动了上级有关部门的人下来调查，到现在也没有听说结果如何。现在的情况就是施工队照样施工，他们家还是在没有平整好的几小块田里插秧，我倒想看看最后的结果会怎样。这样政府与村民之间的矛盾怎样来解决。

  上午10点下了一阵中雨，河里的水上涨了，包括灌溉田间的水沟水也多起来。我知道，丰沛的雨季就要到来，我在想，这雨季能做什么呢？再过两个月，又是秋收，整天待在基地学习也不是办法，该找一点适合自己做的事情，日子总是要过的，没有了经费的日记还能坚持到什么时候？我该怎样去寻找自己的出路？同年纪的人都有了自己的房子、车子，我坚持这么多年得到了什么？图的又是什么？回想这十年，是什么力量支撑我走到今天？我还能坚持多久？我坚持的意义在哪里？很多时候，我还是困惑的，特别是经济上出现紧张的时候，最希望发点小财持家，做家长的最知道持家的辛苦，现在这样日益发展的年代，没有一定的经济能力持家最头痛。

上午，有云南农业大学的实习生过来，他们是到李金华家的田里观察他们栽种的实验水稻品种，遇到他们时说是来取土样的。云南农业大学在我们箐口村做调查实验已经十多年了，每年都有不同师生过来做调查，取土样和水样，还有他们的实验水稻样品。

今天属龙，是新街镇的集日，上街的村民有点多。或许是田地里的野草长起来了，看见中午有李爱生的妻子、李朝生的妻子买小猪回来，很明显，他们想着田地里杂草旺盛起来，就有足够的猪食喂养它们。闲着也闲着了，只要身体好一点，中老年人养一两头猪，养一头牛，一则可以锻炼身体；二则可以给家里带来一点经济收入，也是一种生活方式。

中午，知道李树林杀了一头猪在村里卖。因为近期村民都知道镇里买回来的猪肉出现了寄生虫，很多村民就害怕到市场上买猪肉，今天上街的村民也很少看到买猪肉回来。这样，李树林偶尔在村里杀一头猪来卖，他家自己养的，村民都很放心，买的村民很多，是一公斤28元来卖的，像抢似的一会儿就卖完了。

2017年6月11日，星期日，农历五月十七，属蛇，多云

因为昨天的猪肉生意好，今天李正福家也杀了一头猪来卖肉，一公斤还是跟昨天李树林一样卖28元。我们寨子还算中等大，这样偶尔杀一两头猪来卖是完全可以卖完的，要是寨子小一些倒是不一定卖得完。

上午，我和卢国兴到哈达普，找到了他们的村主任，与他们村主任闲聊了一些事情回来。

下午，卢永贵打工回来，他出去的时间不长，也是因为农闲时间，想利用这个闲余时间挣一点钱维持生计。只是这一段时间外面经常下雨，不好找到事情来做就回来了，这次算是白出去了，没有挣到钱反而浪费了路费、浪费了时间。

2017年6月12日，星期一，农历五月十八，属马，多云

昨天过去哈达普，与村主任们聊了一阵，知道了一些村民的想法，很想把他们的真实想法整理出来，或许是读的书少了一点，就是不知道怎样下笔。心情有点乱，静不下心来学习，只好到田地里转了一阵就回来基地，什么也没有干，晚上就去找朋友喝了两杯酒休息。

时间过得很快的，就这样又过了一天，白白地浪费了一天的时间。我知道，一个人一生没有多少天，这样浪费时间会虚度年华的，需要在年轻的时候多做一点有意义的事情才不冤枉这一世，而一个人的精力和能力又是那么的有限，只有把握每一天每一刻才会活出价值来。

2017年6月13日，星期二，农历五月十九，属羊，多云

这个世道，什么事情都会发生。我是有点不相信的，但是，很多村民都在议论了，很多年轻人都已经互通消息了，听说卢志林的大儿子已经失踪两三个月了，他们家人和亲戚打电话都联系不上，分析是被现在人们说的黑厂抓去了。他已经20多岁了，看上去有点智障的样子，前两年一直跟着他的父亲打工，这次是跟着他的姐姐过去昭通市，听说是他的姐姐嫁在昭通市那边，离开的原因是跟他的姐姐吵了几句嘴，几天后就没有他的消息了，一家人很担心，这么大一个孩子了，要是出现什么意外也很让人痛心。

他的父母都已经近50岁，因为，看他不怎么正常，前两年又生了一个，却又是一个女孩，在我们农村，最希望养一个自己的亲生儿子养老，继承家业，没有自己的子女是要被村民议论的，他们最希望有自己的子女特别是儿子，再多的家产没有自己的子女继承也是不理想的。

2017年6月14日，星期三，农历五月二十，属猴，多云，有阵雨

今天又是新街镇集日，有马卫华、马卫明两弟兄家买小猪回来饲养。这都是多方面的，一方面是前一段时间有村民买回来的猪肉发现了寄生

虫，只有自己养出来的猪肉好，其他的都是戴上了面具看不出来，就是不好的了。另一方面主要是到了雨季，田地的杂草疯长，只要加一点家里的剩菜剩饭，具有劳动能力的家庭养一两头猪是完全可以的。人啊，闲着没有事情做，也会疯的。每天总是要吃喝的，总得找一点事儿来维持生活。这两年不像前两年村里政府开发有事情做，总可以找到适合自己做的事情，挣一点钱维持生活。这两年少了，想象一下，五六十岁的人能做什么呢？就是早晚在家里，白天到田地里，他们的日子就是这么简单，围着家里地里转，他们一生做了什么？其实，不过就是拉扯大了几个子女，养过几头猪牛，一辈子就这么过了，有的活到八九十岁，连元江都没有跨过，连汉语也没有学过，就这样平凡地过来了，最后也就这样走了。他们没有带来什么也没有带走什么，很简单很朴实，就如同田里的螺蛳，它们就是吃泥土长大的，到了被人们抓吃的时候也没有爬出过一块田，是幸福还是悲哀？

真的，读书、写作，也是一件很大的劳动，脑洞开的时候觉得有点东西写，累了烦了一无是处。这两天我就是这样胡乱地过着，很无聊，我担心哪一天自己废了都不知道。

2017 年 6 月 15 日，星期四，农历五月二十一，属鸡，阴，有中雨

是真到了雨季，这几天就一直阴，每天都要下些雨，地面都是潮湿的，今天的雨水更大了，我本想到地里做事都不方便。

闲着也是闲着了，没有事情做的村民就是会找一点事情做了。村民都知道前些日子有人家发现市场上买来的猪肉有寄生虫，现在的村民还人心惶惶的，还害怕谁家又买着了。所以今天，李新明等村民搭伙杀猪，就是说不敢到市场上买猪肉了。而我认为，只要发现这样的情况，相信管理人员会来监督的，只能说是偶尔出现一两头罢了，哪里会天天出现不好的肉来卖呢？就是要求人们注意多观察，多细心些，一旦发现了处理就行了。

2017年6月16日，星期五，农历五月二十二，属狗，阴，有雨

中午，有一个外地的妇女来买李文贵老人编的鸡箩，一个鸡箩是以15元的价格买下。今天是买回去了57个，她叫了一辆三轮车来运走。李文贵老人挣到855元了，他已近80岁了，他的家庭有点特殊，儿子和儿媳都是残疾人，还有两个孙子在上学，大儿子一家与他们分家，过年过节的时候生活上会帮助一点，平时还是得他多想办法挣钱维持生活，这样能用自己的双手为家里挣一点生活费在他们家来说也是一笔大收入，很辛苦的。

人到中年，去外地挣钱的想法是打消了，就最懂得勤劳致富，或者说持家吧。发现这两年卢正华的母亲最勤快了，每天要放牛、种菜。今天下午，看见她背回了一大箩筐扁豆，说是明天早上要背到街上去卖，按照现在的市场价，她的这一大箩筐扁豆要卖100多元，还说地里的黄瓜、南瓜、韭菜等都长出来了，每两三天就可以去卖一次。而村里的基本情况就是人多地少，三五口人家没有分到两亩田地的也有，这部分人家不出门，一年到头在家生活的话是要多考虑一点生计的问题，就是说，一家三五口人怎样靠不到两亩的田地生活是头痛的事情。也就是说，像卢正华的母亲那样从自己的地里栽种蔬菜出来卖是很少的，多数人家自己家吃的蔬菜栽不出来不说，就连栽种的地都没有，这些人家是真的要出门打工挣钱的，也难怪现在的很多年轻人都外出了。

就这几天，看见有村民妇女收扁豆回来。李文贵家墙上挂了一些，李爱生家墙上挂了一些，要是到村里走一走，估计还有其他村民家也收回来一些了，渐渐地，是有些农作物可以收回来了。

这手机有信息就是好。早上，我去散步的时候遇到李文才说是要到全福庄村开会，我俩估计是"稻—鱼—鸭共生项目"的事情，等朋友们发微信过来，知道是我们"新街镇景区环境卫生综合整治工作现场推进会"。他们开会的时候，有朋友就用微信发过来给我们看现场会了，才知道早上我的估计是错了。慢慢地，我们哈尼梯田就要打造起来了，政

府就得从农村、村民、村寨做起，从刚开始的箐口村、大鱼塘村、普高老寨，然后又是其他的村寨，从一两个示范村寨到整个县地推进了，加快整个县的发展。

下午，太阳要落山的时候，下了一阵小雨，村里的上空又挂起一道彩虹，年轻人都认为是美丽的风景，这是一种天气造成的正常现象。然而，不知道什么人编了故事，致使有部分村民认为村里的上空出现这样的彩虹就预示着村里要出事了，影响很深的就是没有上过学，没有出过多少远门的妇女，很让人疑惑的，说是村里不久就会有人去世了。所以，寨子的上空出现美丽的彩虹，村民都不高兴，反而会担忧寨子出死人的事情。

2017年6月17日，星期六，农历五月二十三，属猪，多云，中午有阵雨

这一段时间，村里都属于农闲时间，很少有事情可以观察，有点像平静的湖面，有时候还是让我困惑不知道记录些什么。今天的事情有些什么呢？回想一下：

上午，我到地里平整准备建房子的地基，没有办法，我到地里再好好平整准备建房子的地基，前面花钱找推土机平整过，但还是需要人工再平整一下。反正，人活一辈子，总得有一个属于自己的房子，一天做一点吧，向着理想的目标一点一点推进，总有一天会实现的，我这样告诫自己，努力地前行。

有的祭祀是外人不能参加的，而有的祭祀是外人可以参加的。今天，我的战友李宏家因为妻子生病下午要到野外做一个祭祀，因为人手不够，叫我也过去参加了。祭祀品是一只公鸭、一对鸡、一只乳鸡，一只乳鸡要打死了埋起来，一对鸡和鸭子都是大的了，要是没有六七个人是吃不完的，摩批就是他的岳父白得华，说是参加的人数不限，后来又打电话叫了两个人出来，像打野炊一样。我知道很多祭祀妇女都不能参加，只

是象征性地带一些她的衣物就行了，但是，今天说是做战友李宏妻子的事，她要到祭祀点磕头，所以她也来参加了，还是跟我们一起用餐了。从某种观点上观看，哈尼族寨子中，摩批就是医生，哈尼人生病，就得请摩批来医治，就得请摩批驱赶鬼怪病魔，这样身体才会好。

傍晚，停车场里来了一对爆爆米花的外村寨夫妇，说来也奇怪，村里偶尔来这样一对夫妇做生意也不错，再说，今天是星期六，孩子们都在家，知道的孩子就叫家人带着来爆爆米花了，直到天黑9点左右的时候才离开我们寨子，他们夫妇还是赚了一点钱了。

2017年6月18日，星期日，农历五月二十四，属鼠，白天晴，傍晚有中雨

按照我担任村民干部时候的习惯，我们农村通知事情一般是早上未出工和傍晚回来的时候，这两个时候在家的村民多，多数村民能听到消息，白天的话，多数村民要到田地里干活，会有部分村民不知道。早上，村民小组也用喇叭向村民通知两件事情：一是要求村民准备农村养老保险费用，要求尽快上交；二是通知未交电费的村民尽快去上交。

说是农闲时间，只是相对播种和收割的时候闲了一点，实际上，村民还是有做不完的事情。多数年轻人都外出挣钱去了，妇女就管理家里的事情，还要管理猪鸡牛鸭，还要管理田里水多了还是少了，也是辛苦的。要说的是，以前浇灌屋顶多数都是男的，2011年新农村建设的时候，村里建房子的多，有50多户是政府给了15000元物资。有的村民是自己家建的，村民忙不过来，很多家庭就请了外地的妇女来浇灌屋顶，村里的妇女也就学会浇灌屋顶的技术。之后，她们像是成立了一个施工队，每隔几天就能找到浇灌屋顶的人家去干活，现在又是信息时代，几乎每天都有妇女们组织了去浇灌其他村寨的屋顶，每天，她们基本上凌晨四五点就出发了，到了下午干完了再回来。今天也听见几个妇女凌晨4点钟就出来讲话的声音，到下午6点钟时看见回来的有七八个，这一段时间

就是忙着去挣钱了。人，就是不能太闲着，太闲着也会变憨巴的，总是要找自己能做的有意义的事情来充实自己，这样才活得有意义。

就是因为田地里的草长起来了，能干的妇女就要买小猪来饲养了。这几个新街镇集日都看见有妇女买小猪回来，今天也看见大哥张明生的妻子和李其三的妻子买了小猪回来，说她们买的是杂交的猪崽，这种猪卖得贵一些，一小头猪都要五六百元，但是，她们的意思是这种猪好养，它们的个子大，以后也好养大瘦肉也多，以后的市场价也高。十年前，我担任村里的干部的时候，村里有几户还养着能繁母猪的，每年收10元的能繁母猪保险，到了年底，政府又给每头能繁母猪补助50元，用村民的话说："现在社会好了，母猪都吃低保了。"村民都认为自己养出来的老品种猪肉好吃，还喜欢养本地老品种小猪。当时，如果在养殖期间突然出现发病死亡的，中国人民财产保险公司元阳分公司还根据能繁母猪的价值给予相应的赔偿。但是，就是不知道什么原因，村里养能繁母猪的人家渐渐少去，村民所谓的"老母猪保险也没有了"。到今天，我知道的就只有李文祥的母亲养着一头，怕是村里唯一一户养着能繁母猪了，不知道她家产了几胎猪崽。

今天白天很热，在太阳底下做农事的村民就辛苦了。可是，到了傍晚就下了一阵中雨，增加了空气湿度，晚上的气温就稍微降低了，还是凉快了好多，劳动了一天的村民可以很好地休息了。

2017年6月19日，星期一，农历五月二十五，属牛，阴，有雨

我习惯早起，而这时候天又亮得早，早上6点左右就亮了，到田里呼吸了一阵新鲜空气，感觉很好。回到家里才7点左右，路上，看见李文贵老人扛着几棵竹子回来了，这我知道，他是为了编鸡笼卖而砍回来的，该是凌晨四五点起床就出去，到山上有竹子的地方需要半个小时左右的，回来又是半个小时左右，要是不起早就不会这么快回来的。他已经70多岁的年纪了，家庭有点特殊，生活很困难，自己家没有竹子，但是，为了生活得这么辛苦着，靠自己的手艺编鸡篓来卖挣点钱维持生活，多数的竹子也不知道从什么地方弄来，也不用说从什么地方弄来，这一刻，也不用说什么了，要是其他人的话，或许，我是会骂上几句的，但是，知道了他家底细，也不去管他罢。

中午，看见李永新的妻子在田里打药，他家的水稻有点枯黄，看样子是立枯病，打的药水就是防治水稻立枯病的，哈尼语叫"车咯"，就是秧苗要返青的时候叶片发黄，可是，刚打了药，不久就下雨了，不知道对此是否影响。我是怀疑的，很多药品说明上就写着雨前一两个小时打药是没有用的，我发现，前一段时间打药的村民是多一些，这几天是少了。早上，我过去田里的时候还是发现有稻飞虱的，但是，认为秧苗都返青了，对水稻影响不了多少，我就不打算再打药了。我是读过书的人，多少还是懂些科学知识的，这样那样的药物最好对农作物少用，有些药物还会长时间附着作物身上，对人体是有害的。但是，水稻既然出现病情，不打一些药也不行，这几年，就发现很多妇女都会打农药了。

还想告诉大家的是，记得我小时候20世纪八九十年代，村民家水稻出现立枯病怎么办？那时候的村民没有手机，没有经济能力，最多的办法就是到田里在水稻上撒一点草木灰，在田边烧一堆柴火，就像说是撵鬼一样想赶跑，或者养着鸡鸭的人家最多不过是请摩批念一段经，这就是他们的办法。现在的人就是会用手机了，会照相，有的妇女就照相以后存在手机上，到药店咨询农药师，之后，买药回来用了，这是我特意提出来说明的一点。

到了这个时候，秧苗都已经返青了，我认为是可以放鸭子到水稻田里，秧苗也不会被踩死，鸭子又可以吃一些虫子，既可以防虫，又可以踩死一些杂草，保护秧苗生长，等一段时间，鸭子下蛋的话又可以做美食，真的不错。田块不大，鸭子也不要放多，这是我实践这么几年的一点小经验，有时间有能力的村民就是这样在水稻田里养鸭子的。

村民可能真害怕街上的猪肉有问题了。今天，听说李庆明家的猪也被村民搭伙杀吃了，说是一公斤也是 28 元，都认为自己村民家养的猪肉好吃，这样约来搭伙杀吃也是一种办法。可是，总的说来，村里的猪肉现在来说是不可能自给自足的，箐口村民总不可能把自己封锁在箐口村小圈子里生活的，村民总是要走出去，外面的人总是要进来的，何况，村里也会出现禽流感之类的。我还记得，我堂叔叔家办丧事，买了村民家两头猪，同样都是痘猪，搞得村民都不敢吃肉了，一大堆猪肉就那样倒了。同样地，现在的村民家有的也不一定全是好的，个别家的猪还是会带病的。就是说，人倒霉起来的时候，霉运自然会闯到门前来的，不是你找它，而是它主动来找人，只能是自己小心些，多看看，多听听，尽可能地减少对人们的伤害。

2017 年 6 月 20 日，星期二，农历五月二十六，属虎，阴，有雨

人走霉运的时候还真是没有办法，一直打工到 40 多岁的卢永华从昆明生病回来，已经有一个多月了，而哈尼族医病的办法除了打针吃药还要找摩批的，今天下午，还是找了摩批到外面背经词了，这叫邪门。不找医生不找药而去找摩批，我不相信的。

这农民工可能就是这样了，有事情做了就出去，没有事情做了就回来。今天下午，是看见李静打工回来了，外出有一段时间，说是这一段时间没有事情做了，得叫朋友找其他的事情做来，毕竟还没有到收割的时间，还是可以出去挣一点钱的。

2017 年 6 月 21 日，星期三，农历五月二十七，属兔，阴雨转晴

今天夏至，可是，属于南方的我们箐口村一天都在蒙蒙细雨里，没有阳光的。这几天的天气一直都是这样，一阵雨一阵晴的，只是今天的天气就好转了一些，早上下了一阵蒙蒙细雨后，中午开始转晴，村民都可以晒晒衣物了，要不然，人们的身体都要发霉了。

或许是天气晴一阵雨一阵的，听说寨子里又出现些病人了，每天都有村民上街打针。知道今天是朋友卢建忠去打针，说是感冒了，已经在家休息了两天，今天是第三天了，打针回来稍微好受一些。

打工的拿不到钱也是麻烦的事情，知道年初卢小华带着出去做建筑的年轻人还没有拿到工钱，大部分工钱还欠着。今天上午，他带着他的弟兄记工员马刚金出去，说是这两天可能会拨款，他要去拿一点回来发放弟兄的工资。不然，时间长了，当弟兄们遇到困难的时候是过意不去的，用他们的话说："我们是支起锅来等着下米的人。"就是说，他们都等着钱用，只要干完了活计是要尽快付清钱的。

2017年6月22日，星期四，农历五月二十八，属龙，晴

早上，村民小组用喇叭宣传近期出现食物中毒的情况多，要求村民讲究卫生，注意饮食，特别要照看好自己家的孩子不要乱吃食物，喝生水，还叫村民准备农村养老保险费用。在我们农村，有这样一个喇叭也是很方便的，不用村民小组到寨子里到处转着通知，只是我们村里的这个喇叭已经用十多年了，有几个扩音器或者是线路有问题了，需要修理或者换新的了，听不见的村民还要问问其他的村民，村民很有意见的，可能还是因为村民小组没有经费的。

上午，看见张学亮的母亲、张文学的母亲、李牛后的妻子（就是张学亮的姐姐）、张正荣的妻子等几个妇女抱着两只鸡，穿着新衣服，每人挎一个包带一点米出去。我知道，这又是出去奔丧了。张学亮的母亲是陈安村的人，听说是陈安村有亲戚过世了，她们几个家人就是要到那里去了。哈尼族的葬礼就是这样麻烦，当知道有亲戚去世的时候就要带着一只鸡，带一点米，带几个亲人去看望，等办理葬礼祭祀的时候还得买小猪去丧祭，亲近的还得用牛丧祭，很费人力、物力。

稻－鱼－鸭共生项目在4月初就开始宣传了，现在已经是6月下旬了，村民看田里的秧苗都返青了，快要到打苞的时候，都有点怨言了。但是，知道昨天有我们土锅寨村委会小水井村里发放鱼苗了，今天早上又有黄草岭村民小组发放了一部分，知道的村民想着我们箐口村也要快发放了，还是有点高兴的，都希望我们村也尽快来发放。

2017年6月23日，星期五，农历五月二十九，属蛇，多云

今天是李院忠家浇灌第三层屋顶，因为建筑面积小，也没有请小工，而是请自己家的几个亲戚和邻居来浇灌的，自己家建房子，就连平时在南沙做事情的妻子也回来了，是应该回来一下的。下午，帮助他家浇灌屋顶的村民就在他家喝酒吃饭，没有付他们工钱。

人，就是有点好玩，什么样事情都做得出来。这几天，发现村里的李某某又带着他的前男朋友红河县人回来，这真的是，现在的村民是认为有点乱套了。前两年李克计跟一个在我们县金矿退职回来的中年人好上了，把红河县的这个年轻人赶回家，而现在，这个红河县人又回来了，都这个年纪了，像儿戏似的，在我们传统的老人说法是有点不允许的，说是这样离了又复合的夫妇对家人对后代都不好。出门见识多的年轻人不会说什么，老年人是会说："不要脸的。"

俗话说："男大当婚，女大当嫁。"下午，看见卢成带着一个女朋友回来，都已经是20多岁的男孩了，学会谈恋爱了，要是能够很好地相处下去，他们是要成家的。他父亲过世早，家人都希望他早点成家继承家业。

因为近期城里猪肉发现有寄生虫，搞得村民人心惶惶，生怕每头猪都会有似的，多数村民都不上街买肉了。在村里，村民之间搭伙杀吃的已经有五六头猪了，今天下午，李红亮家杀猪，不过，他家杀猪，不是约了村里的人，而是与外地他们家亲戚搭伙的，与村民有点不友好。

2017年6月24日，星期六，农历六月初一，属马，阴，有雨

凌晨4点半，下了一场暴雨，河里、沟里的水都上涨了，田里的水都暴满了，绝大多数人家的田水都从排水口流出来，还把一些田埂都冲倒了。6点左右天刚亮，我就到田里观察情况了，看见很多村民都到自己家田里观察情况了，田埂被冲垮的村民家，等雨水停了就去修复田埂了，要不然，养在田里的鱼都会被冲跑了，庄稼也会被老鼠啃死了。我们农民啊，没有水种不了庄稼，雨水多了田埂也要被冲垮，庄稼被淹没，担心还是多的。

中午，又看见在张春华家院子里有人搭伙杀猪吃，都是说这一段时间街上杀猪的也少，村民去买肉有点不放心，村里就有搭伙杀猪的情况，自己村里养的猪要放心些。当然，多数村民家养猪现在都是熟食喂的多，都是从田地里采摘回来的绿色食物，养出来的猪从肉质上讲也要好些的，绝对要比饲料喂养的好。

2017年6月25日，星期日，农历六月初二，属羊，多云

就如同前几天预料的，下午，村里运来了鱼苗，是土锅寨村发放剩余的，又是大白天的，很多人家的鱼苗都死了大半部分，我们家也是今天就拿到了，就是死了一大部分，有点可惜，今天来发放的这些鱼苗就不理想。他们做农业科学的，这几点就没有做好。

因为昨天下了一场大暴雨，我一整天都在自己家田边捉鱼、捉泥鳅，跑来跑去的一整天，今天早上醒来感觉上有点累，就在基地里休息了。这个时候就是这样，要是没有什么事情可以做，天气又闷热，人闲着也会发慌。

2017年6月26日，星期一，农历六月初三，属猴，多云

今天上午，村里又运来鱼苗发放了，因为寨子大，他们开的都是小型农用车，今天还是有一部分村民家没有拿到，说是过一两天会再运来的。总之，人家答应的鱼苗是一天一点地兑现了。这下，村民应该高兴了，不会像前几天那样说闲话了。

下午，卢志林家叫魂，说是前一段时间失踪的他儿子回来了，他身

体也没有什么不好的。农村就是这样，都二十几岁的人，因为电话联系不了就说人家失踪了，搞得他们一家人，甚至全村都到处议论，这两天看见还好好的，我们还说什么。

2017年6月27日，星期二，农历六月初四，属鸡，多云

今年，听说是水稻出现一种病情，新街镇农科站知道后买来了农药，今天上午是叫村民小组发放的。我用了两次龙虾药以后不准备再施药了，我听说"是药三分毒"，用不好对农作物对我们身体都不好，就没有过去拿药了。

上半年过了，村民小组又开始收取农村养老保险费用，毕竟是农村，很多村民家还是需要凑起来一下，这几天只是少数村民来交罢了，多数估计还是要一段时间才能收齐的。这一段时间，我的经济也紧张了，等几天再说吧。

下午，有卢成家叫魂，还是召集了邻居们过去吃饭的，请的摩批是张正和老人。我和他家关系还算不错，早早地，就通知我过去，就是前几天脚崴了一下，过去总得跟他们喝几杯酒的，这几天喝酒不方便就没有过去了。

2017年6月28日，星期三，农历六月初五，属狗，阴，有大雨

上午，元阳县农牧局水产站又运来两车鱼苗发放，到今天为止，要给村民家发放的鱼苗估计到位了。每亩就是以十公斤发放的，箐口村民都拿到了，多数人家都是四五十公斤的，而且鱼又不算小，有的二三两可以直接煮吃了。这个政策就是好，今年每家都有鱼放养了，只要村民好好照看，箐口村今年是有鱼吃的了，要是到时候收回来得多，也可以按照市场价卖出去。但是，可以肯定一点，并不是所有村民家的田块都大，有的人家的大一点田就那么两三分，天气又是晴几天雨几天的，鱼要么被晒死要么被冲出去，不可能百分之百地养大的，所以，没有不漏网的鱼，有的村民还叫其他寨子的亲戚朋友来拿，他们开着车，拿着背篓的外地亲戚朋友也来，事实就是这样，发放给箐口村的多少还是外送了一些的，就不敢说外送多少。

今天又刚好下雨，只要村民把鱼拿到桶里让鱼喝一点清水就不容易死，今天运来的鱼成活率就高。家家户户都有人到田里放鱼了，还没有做围栏的村民都去做了。

听他们说的，鸭子也快要到位了，要是落实到位了，初步算来，这次政府是投入了一大笔钱的，就是要看村民能否认真管理好。

听说有的学生是放假了，今天下午看见张宽的妻子带着她的孙子们回来，他们一家人都是在外地，他们是否要在家里过一个暑假呢？

2017年6月29日，星期四，农历六月初六，属猪，阴，有雨

昨天阴雨天，下了一天的雨，我想该会停止了，但是，今天还是有雨，不时地下雨，天空一直阴沉沉的，还整天见不到太阳，前几天洗了晾着的衣服一直干不了，都快要发霉了。我们箐口村的空气湿度就是大，七八月间下雨见不到太阳的话，还是潮湿得很，洗过的衣服简单晾在家里是干不了的，得想办法处理。

昨天下午回来的张宽妻子一家人今天还是出去了，可能是知道村里发放鱼苗，现在交通条件好，他们自己家有车，路况又好，用不了多少时间就可以回来的，估计是回来看一下情况。

2017年6月30日，星期五，农历六月初七，属鼠，阴，有雨

看水稻都已经到了打苞的时间，夏末秋初，正是昆虫生长最旺盛的时间，又是雨水又是昆虫的，是村民最要注意的时候。上午，村民小组发放农药，说是上面农牧局发放过来的，要求村民注意观察水稻，有了病虫害要及时施药防治，主要的农药有敌敌畏，是防治稻飞虱的，要求村民保管好药品，确实发现水稻有病就及时地救治。

对于学生来说，又是一个学期过去了。中午，李红接了几个去帮学生搬行李的家长回来，说是今天下午中考结束学生就要回来了，这样他们的初中时代就结束了。我们村里也有几个初中毕业的，有的还要继续上学，有的估计就要步入社会了。

今天的天气也和昨天差不多，一天都是阴沉沉的，不时地下阵小雨，在家里什么事情也做不了，当然了，事情永远没有做完的一天。只是雨水多，很多事情就不像晴天那样做起来方便。

2017年7月1日，星期六，农历六月初八，属牛，阴，有雨

今天是七一建党节，现在的村支部书记李文才早上7点左右的时候就用高音喇叭通知村里的共产党员今天要参加土锅寨党总支会议，之后，中午12点左右再次通知在停车场集合一起到村委会开会。以前是村支部书记到每个党员家通知方式变成了现在用高音喇叭通知了，在外地有的是用电话、微信通知的，这样是方便省事多了。

中午，平时来我们村里卖蔬菜、水果的一个年轻人驾驶面包车运货来卖。当他摆开他的货物时，70多岁已经退休的卢宽荣老师过来看，也许是卢宽容老师喝了一点酒，火气有点旺，又或者是卖货的年轻人用他们的彝族话说了什么，而卢老师又能听得懂彝族话，他们两个吵起嘴来，虽然没有发展到动手的地步。当时我就在停车场上方的基地学习，整个过程我是看得见的，我认为做生意的年轻人不应该那么大声，毕竟卢老师又没有冒犯你什么，一个老人了，年轻人对待老人总要客气些，何况你是做生意的，是来人家寨子做生意，难免有出差错的时候，到时候人家为难你，你也是没有办法的。

我认为播种不一定有收获，但是，没有播种是一定没有收获的。下午，我看见李祥的母亲背黄豆回来，说是有的黄豆已经可以收回来了，正是新鲜的时候，吃一顿把还是很好吃的。渐渐地，又有很多粮食杂物可以收回来了，秋天的脚步正一天一天向我们走近，我喜欢秋天。有水果吃，有粮食可以收获，是我们做农民收获的季节。

2017年7月2日，星期日，农历六月初九，属虎，多云，有小雨

云南农业大学在我们箐口村试验他们的水稻品种，调查空气湿度，调查水样等已经十年多了，今年还在李明里家田里做实验。因为每年要有一部分学生下来，而每年下来调查水稻都是在雨季里，他们师生基本上都会遇到雨水天气，来调查这么多年的情况下怕是吃了不少雨水的苦。负责配合他们调查的新街镇农科站唐永福前些天就准备了些材料，要在李明里家田边搭一个棚子来避雨，所以，今天是请我和李爱生、卢永贵去搭棚子，用的材料是石棉瓦和木头等，因为材料基本都准备在那里，今天上午又没有雨水，方便我们做事情，几个人一天就做好了，以后他们家或者师生们下来在田里做事情都有休息躲雨的地方了。我们村和其他村寨的村民这样在田边搭棚子的人家很多，我就想，我们的祖先不笨，能在生产生活中总结出对我们有用的知识来，这样在田边搭一个人们生产生活中用来避风避雨休息的棚子确实很好的。劳动累了，中午的时候捉一些鱼、泥鳅、鳝鱼等水产品在那里吃喝一点更是别有滋味，对我来说，那是比在什么地方都最美不过的了！当然两口子或者恋人能在田里养殖些鱼、泥鳅、鳝鱼等水产品，棚子里再养殖些鸡鸭的，生活上过得去，两个人的世界又不受任何干扰的话，那又是别有滋味的生活了。

晚上，我们几个人在李明里家吃饭时，李志文的妻子来找李爱生，说是明天请李爱生来杀猪，要他约一些村民来买她家的猪肉，说是李爱生有这方面的经验。做什么事情都还是要一些知识和技巧的，包括在村里这样约人杀猪吃肉的事情，也只有李爱生这样有经验的人做起来才会顺利。听说前些日子，村民从街上买回来一些有寄生虫的猪肉，所以现在很多村民不敢到街上买猪肉了，都更愿意在村里搭伙杀买村民家的猪肉吃。

2017年7月3日，星期一，农历六月初十，属兔，阴，有大雨

  这雨水天气就是这样，每天都有雨，今天的雨水就特别大，基本上没有停过，烦死人了。因为下雨，没有地方可以去也没有多少事情要做。中午我去找朋友卢建忠玩，碰到他和卢文华、卢小华几个在喝酒吃饭，与他们交流中才知道，今年的惠农政策款已经到账，这几天有很多村民上街取钱用。因为这几天我也没有钱用了，吃过饭后我也到寨子上面的世博元阳旅游公司元阳分公司设点的农村信用社服务站去取钱，保卫人员告诉我柜台没有钱可取，只好又到新街镇信用社服务站了，我们家今年补贴500多元，取了整数500元回来，暂时能解决我生活上的困难。

  今天村里有李志文家杀猪在村里卖，他家在箐口小学下边建了一个酒坊，还搭了猪圈来养猪，食料多是烤酒剩余的酒渣。他的妻子很能吃苦很能干的，说是养了七八头猪，现在都养大了些，每天喂的食料多，一个人忙不过来管理，就杀了卖钱用，自己家人也可以吃些自己家养的猪肉，他们说自家的猪肉总比在市场上买的肉要放心。我觉得街上的肉多数都是经过检验的，偶尔漏检冒充进来一两头猪也在所难免，只要我们去购买的时候看仔细些，多数的肉是可以放心买来吃的。

2017年7月4日，星期二，农历六月十一，属龙，阴，有大雨

  早上，经常来村里卖豆腐的水卜龙彝族妇女来卖豆腐，一些村民对她做的豆腐很满意的，每次只要她过来在寨子里转一圈就可以卖完。村民都说她家做的豆腐好吃，她每次都是卖完了才回去的。而其他偶尔来卖豆腐的人很多时候都卖不完，都是背着剩余的豆腐返回去，村民说是不好吃，而这个水卜龙妇女的就不同，没有过卖不完回去的。

  我喜欢早起，喜欢到白龙泉和长寿泉打干净的水来喝。我的感觉是比矿泉水好喝，不需要过滤，原汁原味的，喝起来很清爽，感觉很好。今天早上我去取水的时候路过一段村民家的秧田，看见有几户人家的秧田里漂起了几尾鱼，我就知道是前一段时间放养的鱼有些在运来的路上受伤了，一时适应不了而得病死的。我在想并不是所有的事情都能像我们想象的那么美好，还是要排除不可预料的事情，特别是有些村民家的田里要养这么多鱼的话，还是要具备一定的专业知识，还是要用心的。今年政府给我们箐口村民每户每亩十公斤的鲤鱼苗，我认为田块小的是养不了这么多的，而有的村民认为放到稻田里不便于管理，所给的几十公斤鱼苗都养到一整块田里，不喂什么食料，田块又小，水都搅得浑浑的，哪里有不死的道理？所以我就想，有时候政府做的事情还是有漏洞的，政府扶持人民是对的，可有的事情还是要再做得细化点，要因人因地来帮扶。

上午，村里有十几个中年男人穿着新衣服说是要到团结村委会上广坪村做客，说是有一家他们的亲戚到新广坪村丧祭回来请客，请了这边的亲戚就要去做客的。

下午，李正祥带着他的工人们回来，晚上在他家组织会餐，说是这一段时间连续下雨，工地上又缺少材料，有点难施工，这样误事又误工，说是回来休息两天，让弟兄们也消遣一下。

2017年7月5日，星期三，农历六月十二，属蛇，阴，有雨

已经连续十多天的阴雨天气了，做农民的我们还是担心这样的雨水天气会毁了庄稼，特别是有些早谷的水稻已经打苞了，要是天气再不转晴，过几天对抽穗的稻子影响是会很大的，很担心一年的汗水就这样慢慢地毁去。

多数人的想法和我都差不多，别人说猪肉有病，自己就害怕，每天都要吃，自己心里也会畏惧的，生怕自己买的猪肉是有病的。或许就是这样的原因，早上李正超的姐姐和姐夫来村里买了一头猪出去，说是他们约了几个朋友要杀猪吃的，这样在农村买的猪是放心些。实际上，其他很多地方养的猪都是好的，近期卫生质检部门把关，在城里也不会卖有问题的猪肉了。人怎能闭关自守起来呢？总是要同外面的世界接触，

总是要到外面去的，好的东西要带回来，不好的尽量排出去，有时，总是难免染指的，问题就在于自己是否用心，小心些总是好的。

上午，村里运来 3000 多只小鸭子发放，说是今天的这些是其他村寨发剩的，我们箐口村的明天运来，希望村民等明天来领。就如同他们说的，每亩以 25 只小鸭子来发放，每家都有两三亩田的，每家都会领到六七十只小鸭子，多的有一两百只小鸭子。我就在算，我们箐口村 200 多户，每户发 100 只小鸭子，就仅我们箐口村一共要发放两万多只小鸭子，每只小鸭子以 5 元来算，仅在我们箐口村就投入了 10 万多了。政府对我们农村不是不关心不支持，只是按照我们村民的养法，鸭子的食量还是大的，而很多村民家没有养这么多鸭子的能力，田地少，没有场地放养，苞谷等杂粮也少，会有很大一部分小鸭子要损失，不可能想当然地养成功，这是我的一点想法，等着验证吧。

就养鸭子这个行业，我也曾经试养过二十几只，我当时还想多养几十只，发展养鸭子这个行业，但是以我们传统的方法饲养的话，只是刚收回来谷子的一两个月时间，田里有漏掉的谷子可以吃而不用喂养，其他时间都要喂很多的食料，几十只鸭子一天哪怕只喂三四斤的食料，一年下来要喂两三千斤食料的，而村民的田地少，一家最多能收回来两三千斤谷子再加一点其他杂粮，收回来的水稻基本只够一家人食用，根本就没有喂养鸭子的份。现在秧苗返青了，这一段时间小鸭子放养进田里倒是无所谓，可到了抽穗时是要关养的，只有到收割完毕才能放进田里，也就是 10 月底到三四月插秧前的这一段时间，我们去算一下箐口村五六百亩的田里放养两三万只鸭子的情况，水源怎么保证？田埂都要被它们踩坏的，总地考虑一下，这么多鸭子这么长一段时间里喂多少食料才能保证它们正常地生长，我看，只靠梯田这点面积是不够的，只有考虑用到鱼塘或者其他场地才能保证它们生长，只有想其他的办法才能保证养活这么多鸭子，这是我的想法。所以，有一大部分村民家领到这么多小鸭子以后，他们也在想怎样来养大这么多鸭子，也有的村民家就直接送到其他地方的亲戚朋友家养，一部分村民是会为此而伤脑筋的。

可是，什么事情都要有所突破，就像是破壳的鸭蛋只有突破才能真正成为鸭子。我也40多岁了，知道村里只有李志学家前几年养过四五十只鸭子，其他的村民都没有这样尝试过，这样的情况村里还是第一次出现，对村民是一种考验。我希望村民都进行一定的投入，包括人力、物力，有的人家一家人就能养几千只甚至几万只的鸭子，我们为什么养不了几十只鸭子呢？三百六十行行行出状元，我希望在这个行业方面村里也能出点人才，我也想在这方面实践一下，希望能从中得出一些经验来，这是我的目标之一。

2017年7月6日，星期四，农历六月十三，属马，阴，有雨

我喜欢早起，喜欢到田间呼吸新鲜的空气。今天早上也起得很早，6点半就从田里放鸭子回来，回到村里才7点半左右，我看见卢俫应在塑料口袋里装一只死小鸭子出来准备丢到垃圾堆里，这是我早就估计到的，分给村民的一大部分小鸭子是会死的。据我估计，卢俫应家的田有五六亩，他家可以领到一百五六十只小鸭子，在此之前，他家没有准备好养鸭子的场地，昨天是随便关养着，所以早上起来发现被踩死了一只。什么事情都要付出劳动的，村里从来没有人家养过这么多的小鸭子，现在政府给我们这么好的政策我们是应该好好管理的，但政府这样的政策也有漏洞，我们哈尼族有一句话："人，无能话多，马，无能受力大。"我发觉村里贫困的人多数就是懒惰的人，而他们平时就是话多，政府没有发放鱼苗和小鸭子之前，他们就在说闲话，现在政府给他们那么多鱼苗和鸭子，估计能正常管理的也没有几个，管理不好还要嫌鱼苗有问题、鸭子大小不一等，议论就是多。所以从某种角度来说，政策是不是应该因人而异更好，有的村民还说给鱼给鸭子还不如给小猪好。这样那样的闲话就是多，农村的事情就是这样，有人说东有人说西的，认识不一样，我也当过村民干部，工作还是有点难做的。

我家的田就在寨子不远的下方，在田边还做了一个棚子，一直养着几只鸭子。但是，要养二三十只鸭子场地还是不够大，喂养的饲料又多，仅家里栽种收得的苞谷和稻子是无法供养的，特别是4月底5月初插秧到秧苗返青以及七八月份水稻打苞到抽穗这一段时间是不方便管理鸭子的。所以村里每户六七十只鸭子养起来还是有问题的，很多村民家把鸭子给了其他外寨子的亲戚家，而这两天也有很多村民家照管不好死了鸭子就丢出来垃圾堆里的，还是有点可惜的，做什么事情还是要付出劳动和心血的。

2017年7月7日，星期五，农历六月十四，属羊，阴，有雨

进入农历的六月以来基本没有停过一天雨，真是急死人了，又是农闲时间，很少有事情要做。我每天会到田地里转一转，看看村民管管牛，跟村民聊聊天，不然会觉得很无聊的。人真的要找一点事情来做，没有事情做就没有收入，真的会闷得慌。这几天倒有事情了，每天可以给小鸭子、鱼喂一点食料，时间就这样打发了。

这段时间来村里的游客少了些，今天来了一个团队，有四五十个人，还是给寨子增多了一些人气。的确，我是认为村民家要开发些旅游事业来，这样才会吸引游客，增加村民的就业和收入，这也是一条出路。

2017年7月8日，星期六，农历六月十五，属猴，多云

今天的天气还算不错，没有下雨，估计是这个月雨水很少的一天了。下午，我看见有村民收黄豆回来，不知不觉年初栽种的苞谷、黄豆就有收回来的了，才发觉一年的时间又过了一半，似乎才是年头就又到年尾了。

早上没有雨水，我还是早起到田间喂小鸭子，寨子水沟里又有几只死小鸭子了，我知道，这就是前几天元阳县农牧局来村里发放给村民的小鸭子，可能是小鸭子有病，或者是主人家的问题。总之，并不是所有

的村民都能管理好发放给的鸭子，总是要死掉一部分的，可村民就是这样不讲卫生，到处乱丢。

2017年7月9日，星期日，农历六月十六，属鸡，阴，下午有暴雨

村里要过苦扎扎节了，今天还是有两家人和村民搭伙杀猪的，一家是李新明，一家是李小生。李新明是买来李永得家的猪杀吃，他是约了其他村民，而李小生他们就是杀自己家的猪了，这个季节的肉不能保存太久，每家只能吃几斤，也是约了其他的亲戚朋友杀吃。有人说猪肉有病，现在的手机信息传递得快，这样的话一下子就流传到全村里，搞得一个寨子的人都知道，很大一部分人就不敢买肉吃了，只有在保证村里的猪没有病的情况下才敢吃。村里没有咪古，集体的不做祭祀，私人家也要祭祀的，所以有的人家是买鸡，有的人家是买猪肉，有的人家是买牛肉，到时候还是要祭祀一下的。

生意人就是会掌握时间和信息，也许是知道了村里已经发放了很多小鸭子，需要苞谷等饲料，下午就有一对夫妇驾驶农用车运了一车苞谷进来，价钱是一元两角一市斤。因为村民家的地少，栽种苞谷的人家就少，而每家都有七八十只小鸭子，的确是需要一定的饲料喂养的，自家又没有多的米或者谷子来喂养，这样小的鸭子又需要苞谷喂养，所以，经济方便的村民家是会来买苞谷的，有的买100多斤，有的买200多斤，说是市场上卖得要更便宜些，但是，加上运输费的话，或者买得少也就是这样的价钱，所以直接在村里买要更方便一些。

2017年7月10日，星期一，农历六月十七，属狗，多云

上午，李学亮请了摩批李建国做法事。李学亮还是中年人，才60多岁，这样年纪的人在村里不该算是老人的，但是由于身体的原因，他的腰弯得厉害，比较显老，跟村里与他同年纪的人相比老多了。他年轻的时候身材高大，体质好，省篮球教练看中了他，但是家里只有他一个独生子，在那个动荡不定的年代就是他的母亲也不敢放他出去，所以没吃上国家工资，现在又身体欠佳，家里的体力劳动都做得少了，每天基本就是管管牛，料理一下自己的身体，其他的家务事情都是他的妻儿两个人的事情了。今天做这样的法事，也是请他的侄子李保明、李永福等邻居来帮助做的。这么多年观察下来，我发现哈尼族生产生活中离不开摩批，每一个哈尼族人的生老病死都得由摩批主持，而哈尼族人也喜欢请摩批做各种法事，无论是大事还是小事或者没事，都会去咨询摩批，很大程度上都是听摩批的意见，要是遇到事情就请摩批做法事，如果没有发生事情，平安久了也要请摩批做法事继续保平安和健康。

村里没有咪古组织已经3年了，因为没有咪古，村里集体的祭祀活动都组织不了，但是村民自己家还是要祭祀的，所以，早上就有很多村民上街买鸡和牛肉，前几天很多在外地打工的年轻人也回来了，还是有点节日的样子，只是没有往年那样热闹。今天李学华等人以4000多元买回来一头牛搭伙杀了分吃，因为寨子大，这样只杀一头牛不够分牛肉吃的，很多村民家特别是要献祭的人家是要到街上去买的。当然，村里有大李氏家族和张氏家族的人不用牛肉献祭，他们就是买鸡用煮熟的鸡肉来献祭就可以了，他们家要是没有朋友来的话也可以不用买牛肉的，朋友来了要吃牛肉是要到街上购买的。

下午，李红亮家叫魂，请的摩批是他的岳父李正林。这雨水可能是昨天下过量了，今天是多云，这个月来说，这样没有雨水的天气也很难得了。

2017年7月11日，星期二，农历六月十八，属猪，多云

要是村里有咪古组织能正常过节的话，正常程序是昨天要修补祭祀房、架秋千、搭磨秋了，到了晚上，大咪古和他的第一助手两个人到祭祀房里祭祀。今天要杀牛分牛肉了，就是因为没有咪古组织，村民只有自己过节了，想吃什么就自己到街上购买回来，或者搭伙杀猪杀牛吃。

这样也好，村里还是热闹的，总的感觉就是没有像有咪古组织的时候那样热闹和欢乐，冷清很多，我认为还是有一个咪古组织的好，可以统一组织统一安排，有组织的时候，寨子里比较热闹。

到了我这个年纪当家长以后，每次过节就要为此付出精力，有时候是有点烦了，但是，总的说来，感觉过节像是一条绳子，连接着家人，连接着亲戚朋友，只有这种时候，亲人和朋友才能相聚在一起，才会感受生活的幸福与快乐。人的一生其实会很快走完的，谁明白为什么活着？一生要做出什么事情来？有时候，我就想：有什么比与家人与朋友在一起生活快乐呢？所以，老人决定过这样那样的节日还是有他们的道理的，会连接一家人的心，像一条绳子一样，到时候就把一家人拉到一起相聚，一家人可以吃吃饭、喝喝酒，讲讲生活的事情，讲讲彼此的想法，甚至，喝多了吵架，发泄一下生活的艰辛，在一个人一生的旅程中留下一点曲线的美也无所谓。这又有什么，有什么比愉快地活着更高兴呢？

2017年7月12日，星期三，农历六月十九，属鼠，阴，有雨

按照村里以前正常的苦扎扎节村俗，村民家今天早上是要献祭的，但是，昨天跟朋友卢建忠吃饭时知道，村里没有咪古组织，没有在磨秋场杀牛，即使是从街上买牛肉回来，也不用牛肉献祭了，用的只是鸡肉了。村里要是有咪古组织正常过节的话，今天是每户要做一桌子饭菜，在咪古的带队下到磨秋场献祭，但是，今年村里还是没有咪古组织，还是不能像以前一样过正常的苦扎扎节，村民只能自行在家过节了。

在我们农村，年轻人过节能做什么呢？恐怕只是吃喝玩乐了，每天都有人喝晕的，吃饭时间，走在村里的路上总能听见年轻人喝酒论事的声音，这声音飘荡在村里的上空，给原本寂静的寨子增添了几分人气。过节期间，打工的年轻人回来，口袋里总是会装几个钱，总是会聚在一起打牌打麻将。早上6点左右，我起来出去散步的时候，发现李华家和卢学贵家里还有几桌子的人在娱乐小赌，这样的兴致不知从什么地方来，

要是因为生老病死或者忙着做什么事情通宵一个晚上的话，谁也会感觉很累了，我就是佩服这样的娱乐小赌有的年轻人可以连续通宵几个晚上，不知道什么地方来劲。因为是过节，在我们农村也没有什么要玩的，有些人就是会聚在一起小赌，我不会玩的，但是，为了体验他们的这种生活，也曾经通个宵，就是累，第二天什么事情都没有精神去做，一定要休息一两天才能调整精神。一是没有钱去玩，二是没有时间去玩，三是不敢去玩了。

2017年7月13日，星期四，农历六月二十，属牛，阴，有雨

就村里来说，今天算是过了苦扎扎节，早上献祭一次就算过完这个节日了。对于多数家庭来说，村里没有咪古，不能过集体的节日，不在磨秋场杀牛，就不用牛肉献祭了，但是，上午我到朋友李庆云家吃饭，看见他家还是用牛肉献祭的，他的妈妈说是只要买回牛肉来了，还是有必要用牛肉献祭的，所以，村民献祭也没有绝对统一，都是根据自己的选择来做的。昨天，卢建忠才说不用牛肉献祭，今天李庆云的母亲又说可以用牛肉献祭，一家跟一家的做法都不同。

村里现在主要的经济来源就是打工，下午，过完节后，朋友李庆云就要带着他的几个弟兄出去工地上了。他还没有分家，已经建好的新房子还没有做过迁居仪式，还没有做好神龛的，用不着每次过节都回来，老家有他的父母亲管着，要不然的话，家里做了神龛，每次过节还是要有人献祭的，这样来去的话，要出门打工的人还是很麻烦的。

现在，村里有条件的村民孩子都想在城里上学了。今天，前两年就在新街镇上幼儿园的表哥李世华的儿子和孙子要报名到元阳县第二小学上学，但是，说是有文件规定一定要有新街镇城镇的户口和房产证，农村户口的一定要到其他学校上学，他硬是从一个朋友处找来一个房产证，证明已经在新街镇买了房子，否则，他的儿子和孙子是不能在元阳县第二小学上学的，还是有点麻烦的。

2017年7月14日，星期五，农历六月二十一，属虎，阴，有雨

早上，到田里去放鸭子，回来时看见一路上都有血，打听后知道是我的老父亲请了堂叔叔做了牛的绝育手术，是做了手术后暂时流出来的血。这头牛已经养了五六年了，说是要不做绝育手术的话，它会到处跑去找对象了，老人家没有体力，是管不了这样的牛的，所以，趁现在农闲时间不用牛，又有青草的时候给它做了。他们说，村里养着公牛的也不多，能做绝育手术的人也没有几个，村里是有人家养一两头可以配种的。

上午，村民小组李学华和村委会书记李学以及一个新街镇的工作人员登记李某家的基本情况。在前面的日记里提到过几次了，李某是我们村比较典型的家庭，生活上特别困难，老房子开了几道裂缝看起来都已经是危房还是拆建不了。这次也许是政府要推行什么扶贫工作，对李某家要采取什么措施，今天上午他们几个人要对李某家进行登记落实，说实在话，李某太懒惰了，平时都不出门打工，好吃懒做，自己一个人都会喝点小酒混日子，家里的事情基本上靠他妻子一个人撑着，记得有一年，还是十多年以前的事情了，当时，村里还在收门票，有一个管理委员会，我是其中的一员，我们负责管理村里的卫生和门票收入以及维护公共设施等。那是七八月份雨水多的时候，有一天下暴雨，寨子里水沟暴满，他家后面的涵洞堵塞了，大水直冲着他家的房子后墙，当我看见去捞通的时候，他站在自己家屋里说："为什么不来早一点？"我一时火气大冒，说道："自己的事情自己不管反而叫我们来管。"

一个三四十岁的人，应该懂得一点生活的道理了，眼睁睁看着关系到自己死活的事情都不顾，我们还有什么理由去帮助他？我认为我们要帮助的是勤快的人、无奈的人，像这样身体又好，没有什么病又懒惰的人无须去帮助他。

下午，应老战友徐正文的邀请，我和几个老战友到攀枝花乡阿猛控村参加过节，说是这两年当建筑老板赚了些钱，杀了一头牛请我们这些老战友以及跟他做建筑的弟兄吃饭。晚上回来有点晚，喝了一点酒不想做事情就休息了，时间又这样浪费了一天。

2017年7月15日，星期六，农历六月二十二，属兔，阴，有雨

早上，趁村民还没有到做饭时间，卢正学家请亲戚朋友帮助背砖，说是准备在原来的房子上加建一层，增加住宿房间。原来建房子是争取了新农村建设政府补助15000元的名额盖的，因为家里经济紧张只建了两层半，房子面积小，住宿房间就少，几年过去了，孩子已经长大，或者家里来人都需要房间，觉得需要增加房间而建盖的。当然，这几年辛苦下来，他们夫妻还是挣到一些钱的，没有一点钱怎么建房子呢？两个人身体又好，劳动力自己出的话用不了多少钱。

下午，看见李世明的妻子带着自己的行李离开了，说是"妻子"，只能说是我们村民概念上的"妻子"，为什么这么说呢？我知道，村里很多夫妇都没有办理法律意义上的结婚证，特别是五六十岁的夫妻基本都没有办理结婚证，村民认为男女生活在一起，用民族的仪式请摩批祭祀过就是夫妻了，所以，我们也只能说是妻子了。李世明的婚姻是有点问题，第一个妻子生了一子一女以后离婚，之后又娶了一个，今天离开的这个已经是第三个了，也相处了两三年，其间也经常漏出家庭矛盾的风声，这样的"夫妻"离婚没有理由也有很多理由。今天是背着她的行李，也带上了说是她来的时候带来的一个衣柜，看来，这次是真的"离婚"了，都五十几岁的人了，对待感情、对待婚姻就是这样轻薄。当然，人与人之间到了感情破裂的一天是要离开的。

到了这个时候，杂交水稻和早谷的稻子开始抽穗了，村民之间议论说是今年的老鼠和松鼠特别闹苞谷和水稻，发现刚抽穗的李正林家早谷有很多被老鼠和松鼠啃完了。不知道谁教的土办法，今天傍晚我去招呼鸭子回来的时候看见他家田间烧了几堆烂衣服，说是吓跑老鼠、松鼠的，也不知道是否会有效果。

2017年7月16日，星期日，农历六月二十三，属龙，多云间晴

就这几天的天气情况来说，今天算是晴朗的了。很多村民都拿出了几天没有洗的衣服，就是村里的水源紧张，别说自来水了，村里五个水池只有一个有水，就是卢朝生家旁边的水池还有点水算正常，这一段时间村民用水都要到这里来用水桶挑，让村民回顾20世纪七八十年代挑水过日子的生活，这样晴朗的天气洗衣服都要到水源方便的白龙泉或者其他地方，甚是麻烦。近期，村民议论最多的要数水的问题了，说是村民组长或者当老板的没有这个能力就不要把原来的水池拆了，有的话甚至就是连脏带骂的。没有办法，农村就是这样，好事不会表扬，坏事就有说的了。

在我看来，能把一个孩子养大是一件很愉快的事情，但是，真的要把一个孩子教育好又是一件很辛苦的事情。今天，大女儿的班主任告诉我，女儿的中考成绩不理想，距离元阳一中的分数还差一些，看她哭丧的脸色做父亲的我心情也无法平静，我感慨：教育好一个孩子确实需要用心啊。平时，从初一到初三，她的成绩都是班上的前三名，年级上都是前十名，还评上优秀班干部，初三还是全县五十几名的，怎么想都会考上县一中的，这次却来了一个大转弯。我真的很感慨：人生，正如行进在逆水激流中，不进则退，给了她一次深深的挫折教育也给了我很大的教诲。机会，只能属于每天都在努力探索的人们。

2017年7月17日，星期一，农历六月二十四，属蛇，多云间有阵雨

村民都说，这次政府发给的小鸭子不好养，很多家里都出现死亡的情况。有的考虑到场所的情况，这两天发现有村民到秧田做鸭舍的，有的买彩钢瓦，有的买石棉瓦，有的用竹子围起篱笆来好好管理。有的说是政府免费给的能养活几只算几只，有的说是养大了还是可以卖一点钱的尽量看顾好。昨天和今天就看见张牛后和卢荣两个人在寨子边秧田一角搭鸭圈，做成既可以让鸭子洗浴喝水又可以休息乘凉的小棚子，相比是比较用心的。

　　几年前，世博元阳旅游公司元阳分公司在我们村口售过门票，与我们村民小组签过一个协议，门票收入中要提成一部分给我们村民，这两年，它们的服务中心已经迁移到公路边，没有给我们村里提成已经两年多了，村民议论很大，经常提醒村民小组去过问。所以，今天村民小组李学华跟卢小华到世博元阳旅游公司元阳分公司调查这一情况，他们才好跟村民答复。

2017年7月18日，星期二，农历六月二十五，属马，阴，有雨有大雾

　　早上，村民小组李文才用高音喇叭通知要打预防针的孩子叫家长带着到村委会。虽然，现在村里用的高音喇叭不够好了，只有卢金家和李世荣家屋顶上的两个喇叭还勉强可以用，其他的三四个都坏了，宣传什么都说听不见了。但是，一个小寨子的，能有这两个喇叭通知一点事情也够省村民小组的力，村民间也可以相互过问知道事情的，总比没有要好，其他不好的几个也应该修理一下，这样就更省力了。

　　今天，到百胜寨彝族寨子我的朋友张勇家过"六月二十四"节，说是在今天上午，他们彝族有叫魂的习俗，每家都要叫专业的妇女叫魂，而每户被叫的人家都要给叫魂的妇女16元或者26元等吉利的小费，而村里这样能叫魂的妇女不多，所以，上午她们连饭都顾不上吃，从早上到下午都要到被邀请的人家。

　　表弟李成一家人从蒙自市回来，说是孩子们都放假了，夫妻两个要到工地上上班，不好照顾两个孩子，让他们在家里度过暑假才送回来的。

　　我的女儿今年参加中考，说是今天知道了他们的分数，要到学校去填报他们的志愿，她的同学都过去了。这孩子的成绩就是不稳定，平时是班上的第二三名，学校年级都是七八名，全县是五六十名的，说是这次数学和化学有点难度，这次考试下来的成绩不是很理想，估计只能填

报元阳县高级中学了。至于其他的职业中学和五年制大专我是没有考虑过，也要求女儿不要去考虑，叫她面对现实，既然能被录取到元阳县高级中学，这也是机会，希望她加油，三年以后考取大学的希望不是没有。

2017 年 7 月 19 日，星期三，农历六月二十六，属羊，阴，有雨

上午，元阳县农牧局的人来村里发放小鸭子，就是每亩以 25 只的标准发放的，这样，在我们村里就发放了一万多只小鸭子。到今天，要给我们村里放养的鸭子数量是足够了。每家至少有五六十只，接下来的事情就要看村民怎么管理了。说实在话，要是村民好好管理，是能带来一点收入的，要是管理不好，肯定会死亡一部分。

晚上，李志文家叫魂。村民这样叫魂的时候会请一些邻居来吃饭的，他平时与我的关系还不错，也就叫我过去吃饭。这一段时间没有多少事情，就和卢永华一起过去，与亲戚吃饭喝酒，有什么事情也可以交流一下。

2017 年 7 月 20 日，星期四，农历六月二十七，属猴，阴，有暴雨

今天早上有暴雨，田里的水都满了，村民养的鱼自然会冲出来些，我也是去修复了几米倒塌的田埂，而其他的村民就会捉鱼回来。所以，这个雨季养鱼要用心，平时要管好田里的水。

接到马老师的电话，说是要带着学校的师生们过来，我就在基地打扫卫生，准备他们的伙食。前些年也招呼过的，人多的情况下还是得用心管理的，特别是他们的安全问题。

2017 年 7 月 21 日，星期五，农历六月二十八，属鸡，阴，有雨

下午，因为马教授等学员就要到了，早上是到街上买菜。中午就一直在基地打扫卫生，这么一个房子，要铺床、打扫门窗等，忙下来，还是够辛苦的。

现在的人们都有了手机，信息就是发送得快。我们的手机上收到信息说我们红河州的州长李扬去世了，有点悲痛的，才上任一年左右，年纪才 50 岁左右，就这样去世了。

2017 年 7 月 22 日，星期六，农历六月二十九，属狗，阴，有大雨

上午，还是跟昨天差不多，下着大雨，而今天是牛角寨乡的集日，我看见很早的时候李文宽用背篓背着政府发放给的小鸭子到牛角寨乡集市上叫卖，说是自己家里养不了这么鸭子，干脆现在就卖一些，免得自己辛苦。

我们云南大学哈尼族调查点负责人马翀炜教授一行人昨天下午到。我这几天的事情就是早上买菜，中午和下午我们夫妻就做饭菜招呼这一行调查师生，直到他们离开箐口村。

2017 年 7 月 23 日，星期日，农历闰六月初一，属猪，多云，有小雨

中午，看见哈尼小镇开饭店的薛源老板到村里杨正明家买牛粪，说是要栽培蔬菜，提供自己家饭店所需要的蔬菜，要确保来的客人们吃到自己栽培的原生态蔬菜，不给他们提供市场上化肥栽培出来的蔬菜。他的想法还是好的，我们本地老百姓用农家肥料栽培出来的蔬菜要好吃些、营养些。

因为忙着招呼在基地的这一行人，我很少到村里观察其他发生的事情。

2017 年 7 月 24 日，星期一，农历六月初二，属鼠，白天晴，下午有一阵暴雨

马翀炜教授在云南大学哈尼族调查基地已经十多年了，来往了这么多年以后，还是结交了本地的一些朋友，他们到来，朋友们很高兴。

2017年7月25日，星期二，农历六月初三，属牛，阴，有雨

今天，村里是李文科家到黄草岭村民小组其妹妹家丧祭，邀请了亲戚和村民都去的，说好了不请客的，因为就在箐口1000米的后山，距离很近，吃过后可以回来，所以，去的人是多一些。我们还是带一点亲戚关系的，本来也通知了我过去，而我要招呼在基地做调查的马老师他们也就没有去了。

上午，我和马老师到多依树朋友王卫东开张的哈尼火塘喝酒，商量一些关于他开店的事情，希望我也能从中学到一些知识。

下午，是元阳县粮食局局长李富贵大哥请我们吃饭，邀请我们暑期的学员们一起过去，我们就没有在基地做饭了。

2017年7月26日，星期三，农历六月初四，属虎，多云间晴

上午，到黄草岭村民小组丧祭的李文科家的人回来，下午，还是召集这些过去帮助的人吃饭。李文科和我们还是亲戚，感情也很好，这次也特意地邀请我过去参加他们家的丧祭，但是，我们马老师带着暑期学员们来到基地，他们还没有离开，我要招呼好他们，所以，说明了情况以后就没有过去，要不然，我没有事情也不去参加的话，他是会怪罪我的。

下午，失去联系20年的战友们找到了我，用微信和电话联系过来，手机一天里响个不停。20年了，人生如梦，弹指间就这样过去了20年，当听到他们的声音，还是那样熟悉，相互之间发来那些部队时候的照片，好想念，好激动，让我回忆起在一起生活的场景。

2017年7月27日，星期四，农历六月初五，属兔，多云间晴

上午，我们村里有很多村民到黄草岭村民小组做客，还是按照民俗的葬礼过程，黄草岭村民小组过世的老人送葬以后的今天，他们家要请客接待的。附近的箐口村、大鱼塘村基本上每户都会安排一个人到他们家做客，多少会给些礼金，一般情况是三五十元，比较亲近的也有一两百元的。以前的话，多数是给大米和稻谷，或者说根据当时的经济条件，给的我记得也只有三五元，水涨船高，这几年是给50元、100元的，办理这样一桩丧事要花掉两三万元。

2017年7月28日，星期五，农历六月初六，属龙，多云间晴

这两天的天气情况稍微好转一些了，不管是对庄稼还是对村民都好，不然的话，我们都要眼睁睁地看着庄稼长不好，于是我的心情也好些了。

2017年7月29日，星期六，农历六月初七，属蛇，晴

前两天，李文科家到黄草岭村民小组丧祭。今天是李绍云家到陈安村他的姐姐家杀猪，是他的姐夫过世了，他家还得去丧祭，因为前几年，他的母亲去世的时候，他的姐姐家来丧祭过，这次是得给人家还礼的，很费精力。

这两天的天气不错，很热，已经很长时间的阴雨天气了。做农民的，看着天气好转了，田里的庄稼正要打苞的时候，我很高兴。

2017年7月30日，星期日，农历六月初八，属马，晴

今天早上，我们云南大学暑期学员们离开箐口哈尼族调查基地返回学校了，总的来说，还是比较顺利的。

下午，我和马老师他们一起到攀枝花乡普朵上寨看蓝莓基地，说是有几个大老板叫村民参与入股创业。我认为很好的，能在这些地方开创一份产业，让我们的村民有所就业，有所收入是很好的事情，我们箐口还是有部分村民有这样的想法。

2017年7月31日，星期一，农历六月初九，属羊，晴

凌晨有阵雨，白天晴。因为天气好，多数师生已经离开箐口村，我和马老师、郑佳佳一起到世界遗产哈尼梯田元阳县管理委员会调查一些相关的问题，他们要对梯田保护情况做一些了解。

原本我已经接到我们战友协会的通知，要我参加今年的八一建军节战友聚会，但是因为我要陪同马老师他们完成村里的调查工作，今天就不能去参加了，电话请假还被他们责骂了一顿，说很多战友都抽出时间来聚会了我就是不能去参加。没有办法，我要陪着马老师做好村里调查的事情，他们好不容易来一次，我在他们没有离开之前是不可能过去参加的，让战友们谅解吧。

2017年8月1日，星期二，农历六月初十，属猴，多云间晴

前天早上，来自全国各个高校的云南大学暑期师生们返回学校了，因为其他原因，马翀炜教授等几个师生留下来多调查了两天，他们几个师生今天上午也返回学校了。这么几天来，他们能够顺利平安地完成这里的调查，我的心情有点放松，说实在话，像是放下了背上的重担一样轻松，并不是我能帮助他们做些什么，只是，他们这么20多个师生在村里做调查，有几个还是国外的朋友，他们的饮食起居都要我负责，他们中的某一个有什么不妥，我的心情也会烦乱，至少，他们都是在我们村里做调查的，他们都来自不同的地方，我生怕他们水土不服，在我们村会出什么事情，这样对他们不好，也对我们村调查点的名声不好，所以他们安全回到各自的学校，我的心情也轻松很多。

中午，李绍云家从陈安村丧祭返回来，下午，还是和其他村民的做法一样，请隔壁邻居和帮助他们家做事的人来吃饭喝酒。因为前几天我要陪同马老师他们调查，这次丧祭我就没有过去参加帮助了，今天上午，马老师他们返回学校了，我就轻松很多。下午的话，我就特意过去跟家族的弟兄见面喝酒，心情放松了，感觉喝过了一点，回来以后，感到很累就休息了。

今天是八一建军节，我们这一届的战友协会原来是定了今年聚会，说是要到弥勒县去参观卷烟厂，但是因为我要招呼我们哈尼族调查点负责人马翀炜教授带来的师生们，我的战友于今天早上就出发了，我来不及追赶就不能去了。三年一次的大聚会就这样放弃了，还是有一点遗憾的，也没有办法，以后再说吧。

2017年8月2日，星期三，农历六月十一，属鸡，多云间晴

昨天早上，我们云南大学哈尼族调查点马翀炜教授师生返回学校以后，我的心情是有点放松。今天上午，我就请这几天帮助我做事的弟兄喝了两杯，是喝晕了一点，再说，昨天下午，又到从陈安村丧祭回来的李绍云家喝了两杯，或许是心情过于放松也或许是连续喝酒身体上有点累了，今天也没有做什么事情，休息了一整天，希望身心都能恢复好一点。或许是年纪问题，这么几天下来，还是感到有点累了，要是再年轻十多年，这样辛苦几天不算什么的，现在感觉体力有点支撑不住。

2017年8月3日，星期四，农历六月十二，属狗，多云间晴

今天是我们元阳县牛角寨乡的集市，我们云南大学哈尼族调查点的负责人马翀炜教授等暑期学员们都返回学校了，我很想放松一下心情，想出去走走，前两天没有做什么事情，只是休息。今天是带着朋友卢建忠到牛角寨乡赶集，说是牛角寨乡集市有很多烤烧烤的人，还有点热闹，想去品尝一次，所以就在今天中午特意过去赶集。

说是过去赶集，可是几个朋友聚在一起，哪里逃得过喝几杯小酒，放松一下心情，身体似乎要软一些，不胜酒力，喝一点也会晕，事情就会乱一点，回来后也只有休息，什么事情都做不成，生活太不规律了。我在心里告诫自己：这样下去会废掉的，提醒自己已经不是十几年前的小伙子了，喝酒，还是悠着点，还是趁着年轻多做一点事情的好。一生多交几个好朋友是好事，但是，酒肉朋友要少交几个，有几个就差不多了，当然，什么样的朋友都要吃饭喝酒的，只是天天泡在酒肉里面什么事情都做不成就不好了，要紧的是先把事情做好。喝酒嘛，偶尔的，事情少

的时候喝一点，朋友们借着酒兴聊聊天，点燃一下情绪也未必是坏事。

2017年8月4日，星期五，农历六月十三，属猪，多云间晴

　　早上听说昨天夜里，几个小孩偷了李保明家的钱，被他们抓住，说是有可能李保明在打牌的时候被孩子们看见他的口袋里面装着钱，孩子们便冲着他口袋里的几个钱，或许也看他经常酒醉的样子就敢去偷，今天上午召集村民小组商量处理意见。农村事情就是这样，有什么事情就要找村民小组商量解决，不管是大事、小事、家务事、外来的事，他们的经济来源少，事情却不少。

　　孩子们年纪还小，没有到18岁尚不能依法处理的这个观点在我们村民的思想里也是有的，所以，村民都是以教育为主、惩罚为辅的思想来处理，不可能多处罚。村民有一个不成文的习俗，出了这样一桩事情，会被认为是主人家没有灵魂了，需要请摩批做一个叫魂仪式。适当地按照所需要的费用以及被偷的钱数来处理，要是一个村民认为吉利的数字，每个孩子处罚767元算了结。总的原则，大家都认为是一个寨子的孩子，一个是孩子们不懂事；一个是在以后的生产生活中都要互相来往，自己家的孩子以后也难免会犯错，就从轻的观点来出发商量。当然，767元对我们困难的箐口村来说还是算高一点的，但是，既然他们家要叫魂的话，所要请的人会多一点，费用自然就高了一点。

2017年8月5日，星期六，农历六月十四，属鼠，阴，有大雨

　　已经有几天没下大雨了，正是雨季，今天早上，雨水又来临了，从早上7点钟就一直下，一天都没有停止过，沟里的水也上涨了，田里的水也肯定上涨。我有时候就是不敢相信我们南方的雨量就是这么的丰沛，这样下去，还真担心一年的庄稼会被雨水糟蹋。我们做农民的，雨水多了害怕，没有了水源也害怕，还真希望年年月月风调雨顺。

　　前天夜里，李保明的钱被几个小孩子偷了一点，昨天早上商量解决之后，李倮明家今天就趁新街镇的集日准备一些叫魂用的东西，决定明天下午请摩批叫魂，好像请摩批做了这样一个法事，请弟兄朋友吃喝了一顿饭菜就弥补了漏洞以后就什么事情都不会发生了似的。有时候，我看村民做这样那样的法事，村里的几个摩批还真是天天有肉吃有酒喝，现在，主人家给的小费也高了，看他们的口袋还是会满着的，总比其他村民要多些。

2017年8月6日，星期日，农历六月十五，属牛，多云，有雨

早上，村民小组登记需要化学肥料的农户，经过这么多年以后，村民小组通知什么事情，村民都会积极主动地来配合了。我过去登记的时候已经有很多村民在门口排队等候着，村里的事情还真的好理顺多了。

中午，我去领取我的朋友通过百世快递公司邮寄过来的相片。是这样的，今年我们云南大学暑期学校从7月21日到箐口村以后，到7月30日返回学校，他们在我们村的时间虽然只是短短的九天，但是，人是有感情的，师生在与村民的相处中还是进行了交流，多少结下了一点感情。他们用相机拍了一些照片，他们到了昆明市把相片洗出来以后邮寄过来，叫我带回来分发给相片主人，也算是了却一点他们的心愿。学生这样在村里做调查已经有好几届了，第一年认识的一些学生当年还是孩子，现在已经有当爸爸妈妈的了。时间过得就是这么快，我也没有具体地统计从村里调查毕业的有多少博士、研究生，有多少个当上教授，像马翀炜教授一样带着自己的学生负责其他的调查点。箐口村到现在还没有一个研究生、一个博士，但是，通过哈尼族调查点这个平台，却不知道有多少博士、研究生在此留下他们的足迹，浇灌箐口一代又一代的子孙。

下午，李倮明家叫魂，说是前天上午商量了叫几个来偷他家钱的小孩每户家处罚了767元，一共就是2000多元了。为免夜长梦多，李倮明家趁昨天新街镇的集日买回来所需要的物资，请了摩批李正林，也请了隔壁邻居和朋友来吃饭，花费还不少，听说有六七桌人，有点热闹。我是很不相信人有灵魂什么的，人最主要的是自爱，自己的健康多半掌握在自己手里，平时注意保持良好的心态，锻炼身体注意饮食，也不要强度劳动，这样的话，估计会健康些。但是，村民相信人是有灵魂的，相信人除了自己保护自己以外还有什么神灵保佑着。李保明就是一个，认为前几天被小孩偷了一点钱也是自己没有了灵魂在身的原因，这样在家里出了事情就有必要请摩批祭祀来襄解的，祈求以后灵魂附身，身体健康，家庭和睦，万事顺利，这是我参加其他叫魂祭祀时听出来的大体意思。

也怪同情的，听说这几天李保明的妻子跟他闹情绪回娘家了，就他一个人在家，难怪晚上就有这样胆大的孩子直接敢进他家摸他的钱包，要不然，估计他家的门也会关好，孩子们也不大敢进去的吧。说来，我的观点是不能全怪孩子们。

2017年8月7日，星期一，农历六月十六，属虎，多云，有雨

我们箐口村民啊，我就是想不通，人生病了不找医生，而是去找摩批，买鸡鸭来杀吃，说是人是被某些神灵主宰着的，人生病是某个妖魔鬼怪对此人的不满而引起的，需要杀鸡鸭请神灵们过来赶走某个妖魔鬼怪，这样，某人的病就好转了。人的身体是长在人身体上的，人的生病是饮食或者人的身体对某种自然界和气候环境等不适应而引起的，村民是怎么把它认为是某种非自然界的东西所害的呢？卢永华在外地打工多年，害了一身的病回来，他们一家人找药也找医生，同时也像其他村民一样，免不了要找摩批买鸡鸭来杀祭，真希望病人的身体因此而康复起来。其实，听说他的病有点严重了，听医生与他们家人说很难康复了，作为亲戚，觉得也怪可怜的，一个人活这么短短的几十年，什么也没有捞到，之前与他相好的妻子也离开了他，自己在外地混了这么多年，钱也没有挣到反而给家人添了一笔债务就这样走了。

下午，看见李华驾驶一辆面包车回来，价值四五万元，我们箐口村又多增加了一辆面包车。这样数来，我们箐口村有四五十辆私家车了，2002年，我们箐口村建设了面积1000多平方米的停车场，要是村里的多数车子回来就显得窄小了。当时还有村民说村里没有自己的车子建这么大的停车场干什么，平时都没有几辆车停着，显得宽敞些。时代在变，现在的社会发展更是快，转眼这么多年过去，基本上每天都有十几辆车停着，过年过节的，打工在外地的村民都回来，加上来些朋友，村里的停车场停得满满的，就显得小多了，现在村民就有要加宽加大停车场的想法了。

2017年8月8日，星期二，农历六月十七，属兔，阴，有雨

这一段时间，村民议论最多的一个事情就是小鸭子的情况，都说政府发放给的小鸭子不好管理，喂了这么多天都不见长大，管理好一些的村民还算正常，一般爱管不管的家庭每天还是有死亡的。每天我到寨子里去转的时候都能看见水沟里还是有死了的小鸭子，也很可惜，村民为什么不好好管理呢？

中午，我约了朋友李庆祥到哈达普村做调查。我与哈达普村民小组长普文祥联系后过去，带着他在村里进行访谈，还特意去看了附近的哈尼族传说中的惹达俄母埋着宝刀的大石头，还是让我有些想法的。

2017年8月9日，星期三，农历六月十八，属龙，阴，有大雨

上午，世博元阳旅游公司元阳分公司分管卫生的工作人员到村里检查工作，与负责村里卫生工作的李正林和李生明两个管理员商量工作的事情。说实话，李正林负责陈列室及广场，工作量不算多大，但是，李新民一个人负责寨子主要路上的卫生，我认为还是有点辛苦的，现在还好的是他的妻子每天都帮助他打扫。

中午，村民小组发放元阳县政府拨来的化学肥料，每户一包，元阳县政府和新街镇政府都没有明确要求村民施肥到什么地方，不用说，就是田和地里的。

知道朋友李国忠这两天回来，说是他跟卢新在原来的元阳县淀粉厂加工石料，不小心被蜈蚣蛰了，吃了药以后回来疗养几天。说到这个事情，我还没有听说村里有蜈蚣的，可能是我们箐口村冷了一点，蜈蚣一般是生活在热地方的。

2017年8月10日，星期四，农历六月十九，属蛇，阴，有雨

箐口村的生意还是好做的，生意人知道箐口村民养了很多小鸭子，早上，就有一对夫妇驾驶农用车运来几吨苞谷，每市斤一元一角，生意很好的，一会儿就被村民买完了。我们家也养了170多只，我也买了200斤，要不小鸭子没有吃的会饿死的，既然承担了就得负责任，一定要想办法比别人养得好些。

我认为，农民是最基层的人，他们的生活资源很缺乏，为了生活，他们挤出时间来务工挣钱是很辛苦的，他们的工钱是要付清的。前两年的事情了，在我们寨子脚做的工程款可能没有全部付清，有当时负责驮运材料的马帮工人来找带工李生明讨钱，说是时间长了，得想办法付清这笔钱。

2017年8月11日，星期五，农历六月二十，属马，多云

今天上午，我们箐口村考取元阳县高级中学的几个孩子去报名上学了，有李红的孩子、卢建忠的孙子、卢宽亮的女儿、我的女儿张奇臻。老朋友卢建忠的家庭有点特别，他的儿子与前妻离婚以后重新找了一个主鲁寨子的姑娘又生了一个女儿，之后基本没有回来过家里。两个孙子这十多年都是朋友卢建忠一人抚养的，经济上支撑不了，这次想让他的孙子卢学停学了，只是，考虑到孙子还小，还不能出去打工，想想现在的生活条件好转了，支撑几年也应该没有什么大难，在我和卢小华等几个朋友的动员资助下勉强过去上学了，希望他能听话，坚持读完高中。当然，苦孩子苦读，在这样艰苦的环境下考上大学是我们最大的愿望，多读几年书，对他以后的路很有用的。

凌晨，年仅30多岁的卢永华去世了。30多岁，自从打工起，他基本上没有在家待过一个月，这么多年就是一直在外地，曾经与村里的女孩相好过，最终也没有成家，十多年在外地打工，没有挣回来什么钱，说是还欠下一笔贷款，给家里添了一些债务，这次回来治疗又支付了一笔钱，要办理他的丧事还需要一笔钱，活得很累，死得也很累，不但没有给家人带来什么好处却还给家里添麻烦。

2017年8月12日，星期六，农历六月二十一，属羊，多云

因为是年轻人，家人也没有什么考虑的，只能速战速决，所以，亲戚朋友都筹集了准备送葬卢永华的物资。我是他的妹婿，当然是受累的人之一，忙前忙后的，一天下来，还是很累的，自己的事情就只能丢在一边了。

2017年8月13日，星期日，农历六月二十二，属猴，阴，有雨

就是因为是年轻人，家人不准备留太长时间，一般都选择短时间送葬出去，所以，卢氏家族的人今天就主办卢永华的丧事。而一般情况下，没有结过婚的人是不用杀牛的，但是，卢家人认为他已经找过妻子了，算是结婚了的人，所以，今天还是给他杀了一头牛，算是他在阴间耕田种地的牛，用有的人话说，阳间没有活好，希望阴间活得好些。

2017年8月14日，星期一，农历六月二十三，属鸡，阴，有雨

上午，在村里做调查的云南社科院罗丹因为单位有事而返回，她已经在我县新街镇、攀枝花乡、牛角寨乡等各个村寨做了二十几天的调查了。本来，我是要配合她做好调查的，但是，因为忙着去帮助卢氏家族的事情而让她自己去调查，今天早上电话通知单位有事情而返回昆明，希望她路上平安，以后有什么事情再回来调查。

下午，根据我们箐口村的葬礼程序送葬卢永华。我们箐口村民总的说来是很团结的，年轻人出体力送葬他，中老年人在他家帮助做其他的事情，就这样送走了一个生命。

2017年8月15日，星期二，农历六月二十四，属狗，阴，有雨

卢永华没有留下自己的子女，原则上不用给他杀牛的，但是，家人认为他谈过恋爱，已经是30多岁了，婚姻虽然没有成功，但是，恋人已经到过家，按照我们哈尼族的结婚程序请摩批祭祀给祖宗献饭办理过，算是结婚了，还是生活过一段时间。所以，他们家就还是按照正常的成年人葬礼来办理，今天也就正常地接待客人了。

我是他的妹婿，自然要到他家帮助的，就这样，说不清道不明忙什么又度过了一天时间。时间有时候无法打发，觉得很无聊，有时候就这样轻易地打发了。

2017年8月16日，星期三，农历六月二十五，属猪，阴，有雨

晚上，新街镇举办彝族火把节暨民族摔跤运动会开幕式，村里还是有很多的年轻人出去观看。大人嘛，已经参加了多次或者生活的原因基本没有过去观看的。听他们说原来是要在哈尼小镇举办的，离我们箐口近，想着到时候可以去看了，现在有所改变了。估计是考虑了很多因素而定在以前一直举行的新街镇广场了，也应该是新街镇广场，人员集中，交通比较便利，工作人员更是方便，干吗要来哈尼小镇呢？

2017年8月17日，星期四，农历六月二十六，属鼠，阴，有雨

今天早上，箐口村一带就下着大雨，很多农活都不能做了，但是，这两天是新街镇举行摔跤运动会的时间，特别是听说今年有女子也参加

比赛，过去看运动会的村民就多了，因为以前几乎没有组织过女子参加摔跤比赛的，村民感到新鲜，去凑热闹的也就多了，基本上每户都有家长带着孩子去的。

2017年8月18日，星期五，农历六月二十七，属牛，多云间晴

知道新街镇举行摔跤运动会，今天箐口村民上街的还是比较多，特别是家长带着孩子出去的。孩子嘛，总是好奇，看着别人家的孩子出去，自己也会吵着要出去。

孩子们都要上学了，下午，知道有堂弟张五送孩子回来。因为假期的时候，他把孩子带到他打工的蒙自市，也算是带出去见识吧，现在要上学了，就要送回来。

下午，有云南社会科学院的张群辉研究员过来我们哈尼族调查点，说是要在箐口村一带做几天的社会调查。他是我们云南大学马翀炜教授的学生罗丹博士的同事，这次到村里调查也是通过罗丹博士介绍的，要我配合他做一点调查。

2017年8月19日，星期六，农历六月二十八，属虎，多云间晴

上午，村里今年考取元阳一中高中部的几个同学都去报名上学了，有李永福的女儿、李建生的儿子、李世科的儿子、卢迁华的儿子，因为我不知道学生的姓名，这里就只能说他们父母的名字了。

今天上午，来村里做调查的云南社会科学院张群辉到普高老寨去以后，我没有多少事情，有朋友请我吃烧豆腐，随意地喝点啤酒聊天，知道卢宽亮夫妇是前几天从江苏某县回来，说是那边的天气到夏天以后太热了，他们夫妻认为不太合适就回来了。听说他们经历的一些事情后，我还真感慨：人，还是趁着年轻多出去走走，长长见识的好。特别说到我们村民带在身上的做了法事出门的物品被公安人员查出来以后被询问的事情，我就想，从来不出门的一个妇女还是长了一点见识。我建议，其他的妇女还是要出出门的，不能天天待在家里，像是一只井底之蛙，整天甚至一辈子就守着家里、田里、地里，不接受一点外面的信息，怎么能发展呢？

2017年8月20日，星期日，农历六月二十九，属兔，晴

因为我就住在箐口村进村口停车场上面云南大学哈尼族调查点，要是没有外出的话，每天早晚有什么人物来往箐口村都基本上能知道的。现在是到了学校开学的时间，今天早上7点左右，我就被上初一、初二的学生和家长吵醒，观察了一下，今天早上还是有几十个学生要上学的，他们都在家长的护送下背着各自的行李找车接送，知道有张五的儿子、杨文亮的儿子、李庆文的儿子、李建的儿子、李小生的孙子、李绍明的儿子、李正朝的儿子、张明福的女儿等十几个同学。相比往年，今年上初中的学生还是有点多，我希望看到每个村民的孩子都能完成学业，更希望看到有上大学的孩子，将来能更好地建设箐口村。

看到村里今年有这么多孩子上学，我回想起村里以前的读书人很少，都是因为家庭条件极其困难而辍学，上初中的都很少，上高中的几乎没有，上大学的就更没有。我在家庭极其困难的情况下多坚持了几年，多识了几个字，当了几年兵，又在缺少文化知识的村寨环境中生活这么多年，很有想法的，这个时候，不知道怎样来阐述我的想法。一句话，很感慨，就是箐口村多几个孩子上学，多一点知识，长一点见识，他们现在是孩子，是正在成长的幼苗，以后就是大人，是村里的接班人，学好了本领回来更好地建设我们箐口村，与时俱进。或许，其中的很多孩子读到大学也不一定能走出大山，终归要回到大山来，但是，多读一点书，多学一点知识，总要比没有读过书的强，他们的路总是要比没有读过书的多一点。总的来说，读过书的总比没有读过书要强，读书不一定有出路，但没有读书是绝对没有出路的，道理就这么简单，谁都明白，就是不知道会不会还是有孩子弃学的。

2017年8月21日，星期一，农历六月三十，属龙，晴

　　我喜欢早起，喜欢早上到田间散步，闻一闻田间泥土的香味、稻花的香味，我闻习惯了，不觉得它有什么异味，就是有一种特别的感情。都说梯田美，我20多岁就回到梯田边守护着，与我的同胞们一同修饰属于我的几块梯田，如同其他的村民，每年春夏秋冬更换它的新衣，已经20多年过去了，就是觉得累，就是辛苦，不觉得什么美。这几天早上，不知道丰沛的雨水是否过去，前几天的雨水稍微暂时停了一点，我于是早起到田间走走，闻到了田间一股稻花清香的味道，这清香味道从鼻间到心田，似乎以前从来没有享受过，确实，我就是这样长大的，可能习以为常了。听有人说："夏秋的梯田不好看，看元阳的梯田分季节性，最好是冬末春初，夏秋两季不要来。"我不知道他们是怎么看的，我就想夏秋的梯田，人行走在其间，看象征生命的绿色与丰收的金黄色，闻着清香的稻花味，享受从眼到心间无比美好的感觉，感受生命原来如此美丽！生活原来如此美好！40多年了，我却从来没有体验过，这或许是我们误解梯田，误解生命的所在，说实话，夏秋的梯田我同样喜欢，它与冬春没有什么区别的。

　　在田间，我观察了一下，我们箐口村民多数栽种的是一种本地村民叫小谷的老品种，这个品种引进箐口村大约有20年，就是2000年左右，说是朋友卢建忠从阿党寨村带回来试种的。这个小谷品种我也栽种过，因为株高，土壤比较肥的田里可以长到一米半左右，易倒伏，有点不易脱粒，这是它的一个弱势；它的优势是抗病强，谷子颗粒饱满，秕谷就少，谷草也好，米质口感很好，用村民的话说是可以与月亮谷相比的老品种了，所以，村民还是喜欢栽种的，特别是一些养牛的村民家，多少年都是栽种这个品种，有四五十户人家。目前村里栽种最多的可能要数我的二哥张明德从金平县带回来的品种，他当时也记不得是什么品种，村民干脆就叫金平谷了。这个品种株高七八十厘米，抗病强，主要是增产，李正云家栽种五六年了，说是原来他家的全部田块只能收30背口袋的谷子，栽种金平谷以后收 40 多背；李文新家原来收二十几背，这种品种可以收 30 多背；去年跟张学贵收谷子，他说是其他品种正常收三十几背，去年是收了整整 50 背，这种谷子不倒伏，米质口感也很好的，我认为是红米的优质品种，难怪村民都喜欢栽种。金平谷在箐口村栽种有七八年，就是 2010 年左右引进的，刚引进来的时候栽种的村民不多，今年大概有 100 户栽种了，附近几个村寨也带过去栽种了，是我们村栽种最多的稻谷品种了，我认为比现在县里推广的一种红米要好，值得在全县推广。

今天，又有我县农牧局的人带着绿色防控的无人机到村里来喷施农药，说是这种药要打两次的，这次就是第二次了，不知道效果会不会好些。

这两天的天气就是晴朗，是村民可以做农事的时间了，所以，有朋友卢建忠等一些村民晒谷子，晒干了以后把米碾好农忙时间吃。也有李绍云等村民收苞谷了，才知道村民家的苞谷基本要收完了，一年的时间又快要过去了，到了这个年纪以后，感觉时间过得真快，一年做不了多少事情就要过去了。

今天是农历六月三十日，明天就是农历七月初一了，又是新街镇的集日。前几天办理葬礼的卢永贵家今天上街购买一头小猪，还有一点其他的小菜，准备明天做封后墙洞口的祭祀，到明天，还要请帮助的人来吃饭的，就得多买一点蔬菜。

2017 年 8 月 22 日，星期二，农历七月初一，属蛇，晴

在我们村稻田里，元阳县粮食局推广栽种梯田红米已经几年了，他们说是以每公斤七元来收购，比我们自己栽种的稻谷品种价钱要高一些，要是从经济的角度来说，村民应该会喜欢的。但是，栽种的村民就是不多，今年还是免费给种子叫我们村民栽种的，来登记的村民也不多，我们家也只栽种了一点。现在的情况是其他品种都饱满成熟了，这种梯田红米就是很未饱满，有的还在抽穗，远远不如自己留种的品种好。今天早上

走到李祥家的稻田边，就是栽种了梯田红米，高一撮矮一撮的，只有少部分才打苞，原本高产的几块田不知道他老人家今年要收获什么，已经78岁的老人家这一生不知道有几年这样的劳动成果，他的心里肯定很心酸了。

上午，正如昨天提到的，卢永贵家请张正和摩批做封后墙洞口的祭祀，还是通知了他们所有的卢氏家族，来的人还是多的，我数了一下，有13桌人。当然，"唇齿相依，难免相碰"。隔壁邻居的几个家人与他们家有过一点隔阂以后，这次办理丧事没有过来，今天上午也就没有来，这里就暂时不说他们家的名字了，要说的一点是，卢永贵的母亲脾气有点大，与他们家族的人吵架以后他们都互相不来往。

2017年8月23日，星期三，农历七月初二，属马，阴，有雨

今天属马，是农历的七月份了，卢永贵的兄弟是农历六月去世的，按照村民的习俗，他们家就去找尼玛算卦了，具体算卦什么，我也不便去过问。

有的年轻人出门打工也是会选择日子的，村民基本都认为属马也是一个好日子。或许是这样，今天是有李四德、李世科、李院文等出门打工去了，说是离收割还有一个月左右，要挣一点收割时用的钱。

2017年8月24日，星期四，农历七月初三，属羊，阴，有大雨

天气晴朗了几天，正是谷子抽穗的时候，我是高兴了几天，然而，好景不长，今天的雨水就大了，我很担心影响了田里的谷子，一年的心血都要浪费在田里，多么的可惜。就是因为今天雨水大，不能外出做什么事情，又是农闲时间，我就在基地学习，希望把马老师交给我的事情做好些。

2017年8月25日，星期五，农历七月初四，属猴，阴，有大雨

做人啊，各有各的路。我还在做梦中，想着多数村民家的谷子都抽穗了，一天一天的，谷子就要变黄，就要变成熟了。可是，谁知道今天李万祥家收谷子了，有点神经的，早上就下这么大的雨还出去收割，听去帮助收割的亲戚朋友说其实还没有完全成熟的。我就想，我们箐口村又不是一年几熟的，慌什么，怎么这么早收割呢？一家就那么几十背谷子，谁没有能力去管理呢？还是完全成熟了再收割也不迟的。

2017年8月26日，星期六，农历七月初五，属鸡，阴，有大雨

今天，我去做鸭圈了。放养在田里的小鸭子渐渐长大了，自然会跑到别人家田里啃谷子吃，这样不好，都是为了吃饭，村民辛苦管理的庄稼就不能这样给糟蹋了。人得自觉一点，不能等着别人说了才去做，得关养起来，所以，我得把鸭圈围大一些，至少让它们有足够的活动空间。我的观点是，一个人选择做一件事情了就得尽全力去做好。

2017年8月27日，星期日，农历七月初六，属狗，多云

虽然，村里有统一的过新米节的时间，但是，有的村民家为了去收割，也会提前自己在家过节，说是自己家过新米节，不过就是按照自己的祭祀方法背一点新米回来，谷子脱粒煮熟，杀鸡献祭就行了。今天李世华家过新米节，全体村民还没有过节的，他家是栽种了早谷，想在天气好的时候就叫人收了，就提前过节，是选择今天献饭了，要不然的话，应该是在七八天以后的属龙日统一过节的。他家的谷子熟了，准备提前请人收，自己一家人杀鸡献祭一下就行了。祭祀的村民家只有先献祭了才能去收割。我是特别的人，自从与老家分家出来以后，很不相信这些东西，也就一直不做这样的法事。

2017年8月28日，星期一，农历七月初七，属猪，多云

卢世文为了砌寨子边他家的地里倒墙特意从蒙自市回来，人长大了需要有属于自己的房子，他家两个孩子渐渐长大，今天是请来挖机平整路边的菜地准备以后建房子用。现在就开始慢慢准备了，一时是凑不出那么多钱来的，现在一年建一点，就像是存款一样，真要建房子的时候也就不用费那么大的人力、物力了。

箐口小学校都开学了，两个任教的老师今天回到学校来看情况，新的一个学年就要开始了，他们还得找适龄的孩子上学。

2017年8月29日，星期二，农历七月初八，属鼠，阴，有雨

卢永贵家做法事，请的摩批是张正和，就是因为前几天他的兄弟卢永华过世了，得给神龛做一个法事，这么多年来，哈尼族最好的医生是摩批，他们的生老病死都要摩批来负责。有时候，我是感到悲哀的，村民生病了都不找医生而是去找摩批，这在其他民族来说不是神经是什么？我是疑惑的。

早上，李爱生家的水牛给外地的人买走了，说是一万多元买走的。他们夫妻俩都是60多岁的人了，不能外出务工，子女在外地做生意，家里的事情就是他们夫妻管理，两口子身体还好，在家养一头牛，养一头猪还是可以的，所以，他家的牛就管理得好，这一段时间又有青草，把牛养得肥肥的，这两年牛价又稳定，当然，来买的几个人也说是要给去世的老人杀吃的，就想买好的，这样在其他村民看来也过得去才愿意花这么多的钱买。

2017年8月30日，星期三，农历七月初九，属牛，阴，有雨

早上，李静家做法事，请的摩批是张正和，主要就是他的儿子生病了。昨天说到了，村民生病了都不找医生的，李静的儿子生病不找医生而找摩批来医治，村民是不是有问题？摩批到底能怎样？生病是身体的事情又不是精神上的事情，摩批怎么可能医好呢？而历史以来的村民就是要找摩批来做法事，做好过几个人的病呢？

下午，看见罗金得背谷子回来，看样子是他家收谷子了。他家栽种的是新杂交品种，栽种时间早，成熟得就快，但是这样的天气也能出去收谷子吗？

怎样从生活的困境中走出来？这是一直困扰我的一个问题，过日子，要是没有一点经济来源的话，生活上各方面的开支都困难，确实是做家长头痛的事情，女儿明天就要上学去了，我怎样去找她上学的费用呢？只得暂时向亲戚朋友借一点过来，到挣了钱再还给他们。

2017年8月31日，星期四，农历七月初十，属虎，阴雨转多云

上午，知道到元阳县读高级中学的几个学生于今天正式去学校了，有李宏的儿子、卢建忠的孙子、卢宽亮的女儿，说是元阳一中的录取分数要高一些，他们几个就只能到南沙镇我县高级中学就读了。要不然的话，从生活和学习上看，我认为在新街镇读一中要方便一些，但是，他们的分数就限定在那里，他们几个是上不了元阳一中的。

晚上，李庆峰家叫魂，为了叫魂，他们夫妻两个特意从蒙自市赶回来，请的摩批是张正和，当然，可能考虑到过两天就是新米节了。哈尼族就是这样麻烦，这样那样的法事多，很多事情都要牵扯法事。而叫魂嘛，其他的亲戚朋友都可以参加的，就免不了叫几个亲戚朋友去，特别是要请他们家的邻居过去吃饭喝酒的，一般情况不会少于五桌的人，所以，现在要做一个叫魂法事，至少要准备七八百元，自己家还得准备蔬菜等，生活条件好了，是比以前消费大了。而做法事，在我这么多年的观察来看，不是因为费用高而不做，有点相反的，都似乎成了一种文化、一种攀比，看他们家做自己家也会选择和创造条件来做，似乎与经济不挂钩。

我们云南人把蚂蚱也作当美食来享受，在我们箐口一带，说这段时间是捉蚂蚱的最好时间，我是不知道的，只是跟朋友们吃过这道菜，在我看来还算是一道好菜，我就一直想找时间去体验捉蚂蚱的事情。今天晚上没有雨，还有点月光，就自己一个人带上电筒，到寨子脚自己家田边走走，才发现晚上的蚂蚱都爬在水稻叶子上啃吃稻叶，飞也飞不了，很好捉拿的，只是我家田里的蚂蚱不多，两个多小时只捉了一二两，还不够一两个人下酒喝，等过两天再找多一些地方捉来叫上几个朋友喝一顿酒，小日子可以这样打发一天。

2017年9月1日，星期五，农历七月十一，属兔，阴雨转多云

明天，我们箐口村民就要过新米节了。所以，今天就有很多村民上街买菜买酒买肉，到了傍晚的话，多数村民家都要到田里背新米，这是传统的做法。说是背新米，也用不了多少粒谷子的，都是象征性地割，背几十个穗子回来就够了，主要是明天脱粒后献祭一下。有的村民家直接将穗子挂到神龛上献祭。几十株穗子顶多就是一市斤左右，说是用背箩背回来的，其实用手直接就可以拿回来了，之所以用背箩背回来，是因为哈尼族相信神灵，他们认为谷物也有它们的神灵，这样用背箩背回来就是要表示严肃，表示尊重。

就是为了明天的新米节，今天卢龙家搭伙杀了一头猪，就是几十个村民每一户都买一些吃的。还有张小明一家、卢正清一家，其他的就不知道了。现在天气热，猪肉不好保存，一头猪，不是办什么大事，一两户人家是消费不完的，每户人家消费五六公斤，十几户人家才能消费完。所以，村民都会搭伙来一起杀吃。

以前，村民嫌自己杀猪麻烦就会到镇里去购买人家杀好的猪肉，想吃猪什么部位的肉都有。这几个月来，村里这样搭伙已经杀了好几头猪了，也不觉得麻烦。

或许是知道我们箐口村明天就要过新米节了，今天下午就有几个做生意的人来村里卖蔬菜、瓜果，有的村民嫌到街上买菜麻烦，直接就在村里买，他们的生意还挺不错。

下午，看见在外地打工的李庆五夫妇、李清华妻子、李祥等回来，他们都在附近，知道寨子里过节，也就特意回来过节的，特别是当上家长的人要回来献饭，这就有点麻烦了。要是在更远一点地方的村民，这个节日还是很少回来。说实在话，不过就是回来吃一顿晚饭，也没有什么大不了，为了回来吃顿饭破费也未免夸张了，不回来也罢。按照以往的经验，这个节日我们箐口村是会很热闹的。我想明天的箐口村也会有很多客人来吧，应该也会热闹的。

2017年9月2日，星期六，农历七月十二，属龙，多云，小雨

正如昨天说到的，今天是村里统一过新米节，这个节日不用咪古组织也不用村民小组统一的，很好玩。村民都认为谷子要成熟了，快要收谷子了，农村妇女只要有人议论起来，通知过就行了，都是自发的，不需要什么人组织和号召就会过这个节日，就是自己家买鸡买菜回来做饭，约朋友们过来过节的，就是一天的事情。

我本来也要在我们云南大学哈尼族调查点基地（暂时的家）做饭菜献祭，但是这次我不用这样做。我的朋友卢建忠说他家里有朋友要来，要我帮他做饭菜。顺便过去跟他一起过今年这个新米节，我观察他今天的全部献饭过程是这样的：

首先，昨天，他就把要吃的菜都准备好了，只有鱼是等到朋友们来了再去秧田里捉。早上，他说他把背回来的新谷子脱粒后用锅爆过，拿九粒献到主神龛上，我两个负责做饭菜就行，因为有朋友来，下午两三点钟就要开饭。早饭我两个也吃得简单，只是简单地做了一点饭菜，每人喝了二两左右的酒。到了12点左右就杀鸡，捉了鱼回来，开始准备等会儿要吃的饭菜，1点左右就把饭煮熟了，之后是煮熟鸡，煮鸡的时候一定要放一点姜和盐；两点左右，他就献饭祭祖了，把鸡肝和鸡脯肉切碎拌生蒜装在一个大碗里。然后，他拿几个小碗出来，两个小碗里分装一些鸡肉进去；一个小碗里打了一点姜汤，就是煮鸡肉的汤；一个小

碗里盛酒，两个小碗里添饭，一共就是六个小碗，两双筷子摆到一个原先准备好的小桌子上抬进厨房主神龛边，顺序是姜汤，酒，两碗鸡肉，两碗饭，两双筷子摆到神龛上；然后，他又出来再打一碗姜汤，一碗酒，一碗鸡肉，一碗饭，一双筷子抬到灶台上献祭；之后又出来，再打一碗姜汤，一碗酒，一碗鸡肉，一碗饭，一双筷子抬到屋中的小神龛上献祭。把献祭物品摆到位，就叫他的孙子到主神龛边磕头（要是他的儿子、孙子都不在家的话就只有他自己磕头了），这样献饭摆几分钟，其间他吸了一会儿烟，就把这些祭品拿回到原来摆着的大桌子上摆几分钟。之后，他用一个小碗盛一点鸡肉，盛一点饭，倒了一点酒，叫他孙子把这些倒在他家的一楼门旁，这样就算结束了，他才收拾了献祭的碗筷。我俩紧接着又做接待客人的菜，打了电话说明确要来的客人不多，原来准备两三桌的饭菜也就减少到只做一桌，做得也快。3点左右客人来了就开始吃饭喝酒，我们几个聊到5点多，因为还要驾车回家，每人只喝了三杯酒，吃一些饭菜就回家了，这就是我今天的生活。

我在停车场看了一下，停满了车，来村民家做客的朋友还是多的，而我是因为到朋友卢建忠家过节，就没有约朋友来。

2017年9月3日，星期日，农历七月十三，属蛇，多云

今天收谷子的是卢同则家。他们家栽种的是杂交水稻，因为他家的田在麻栗寨河底，气温相对要高，谷子成熟得就要早些。考虑到明天要去修路，今天就约了人去收割。现在还没有几家的谷子可以收割，就可以找到互换的劳动力，要是其他村民家都要收割的话，村民都忙起来，就不一定找得到人，农忙确实会很忙，所以，他们家是考虑到这一点，就提前约人去收割。

现在还没有到收割的农忙时候，没有事情做的日子闲起来还是感觉无聊，这几天我的事情就是管管鸭子，回来看看书，整理一下自己的日记。这种看起来很悠闲的日子要是没有经济支撑的话，就会很空，每天都只有支出没有收入的生活不是常人过的日子。多少次告诫自己：闯出一条路来吧，日子总不能这样过。

2017年9月4日，星期一，农历七月十四，属马，多云间晴

今天，村民小组组织村民去修路，主要是修理从麻栗寨河底到寨子的这一段路，要求每户都出一个劳动力。就是因为谷子都成熟了，村民要去收割，来去的路不好走，有必要锄草，修理被雨水冲坏了的地段，这是一直以来的传统做法，从未改变，我们村民一直都这样执行着。

另外的话，今天村民家还要做糯米粑粑的献祭，主要意思就是要收割了，以后就要吃收回来的新米了，村民认为有必要献祭一下的。

今天的天气好，李世华家定在今天收谷子。因为今天每户要出一个劳动力去修路，所以李世华家没有请人帮忙，只是他们一家人去收割，打算今天晚上多找几个人，明天继续去收割。他是我的舅舅，他们看我没有多少事情，就叫我过去收割。所以我没有去参加修路而去帮舅舅家收割，修路的事情叫妻子过去。

2017年9月5日，星期二，农历七月十五，属羊，多云间晴

今天天气不错，收谷子的有李成家，他们一家人都在蒙自市，夫妻两个打工，两个孩子就在蒙自市上学，为了收谷子，特意从蒙自市回来。自己家的田地还得自己回来管理，就是插秧和收割都要回来的，平时的话，他的大哥李世华和老父亲管理就行了。

下午，有农科站的工作人员给几个村民小组的人运来一些鱼苗。今年的话，元阳县农业局也给村民发放了每亩十公斤的鱼苗，对于村民来说，今年的鱼是足够养的了。只是，我看村民管理得不好，有的人家的田块太小了，只要雨水来或者平时不灌溉的话，鱼要不被冲出去要不被晒死被老鼠等吃完，小田里是养不了鱼的。

2017年9月6日，星期三，农历七月十六，属猴，阴，有雨

今天是李正林家收谷子，他们夫妻两个都已经70多岁了，身体不好，只好叫了全福庄女媳卢清华、箐口村女媳李红亮等来帮助收割。经济上，他们家在村里还算过得去，也就请了村里的几个妇女打小工。有卢志林的妻子、李院生的妻子等。有几个背谷子，有几个割谷子，还是顺利地收回来了。

收完谷子以后，李成夫妇于今天下午返回蒙自市了，主要还是两个孩子在蒙自市上学，还要过去招呼他们的，家里的事情就得他老父亲和他的大哥一家人招呼了。没有办法，生活就得这样辛苦，忙完了收割的事情就得出去招呼孩子。

2017年9月7日，星期四，农历七月十七，属鸡，阴，有雨

今天上午，新街镇政府安排工作人员来村里调查落实危房改造农户，有卢新家、卢建忠家、卢朝生家、李文光家、卢荣家、李正林家、李永福家、张正荣家、李正云家等，他们家的门口上挂起了一块小牌子。说是今天也有红河州政府的工作人员来调查工作。实际上，这些人家的房子都是在前两年就建起来了，多数人家都没有享受政府的补贴，他们这样挂牌是有点冤枉的，要是新街镇政府用这样的假数据去申请项目款的话，不就是在开玩笑吗？而村民还不知道他们具体要做什么，我认为是被蒙在鼓里了。

就是因为村里到目前没有什么经济产业，村民的经济来源还是要靠年轻人外出务工的。侄子张崇祥夫妻到昆明打工已经几年了，家务事情哥嫂们还能撑着，他们就好出门了，这几年是可以放心挣钱的时候，要是再过几年，哥嫂们不能持家了，他们也要回来持家的吧。今天上午，看见他回来，还带回来他的调皮的儿子，不知道是他儿子的事情，还是想要回来过这种困难的生活。我一直在探索一条适合村民生存发展的路子，要是真的一直依靠打工挣钱来维持生活的话，我们的日子怎么会有好转的一天呢？我是真要找出一条适合自己发展的路子来，这样，即使我偶尔出门了，自己的家人也可以找一点事情做挣一点生活费持家。

2017年9月8日，星期五，农历七月十八，属狗，阴，有雨

　　这几天每天早上都有雨，对谷子已经熟了想去收割的村民是有点影响的，只是到了中午后稍微晴朗些。今天是看见李国忠家去收谷子了，他的妻子生病，家里没有什么经济来源，没有钱请小工，就他一个人一边割一边收，很辛苦的。他家养了4个孩子，还要供子女们读书，支出多收入少，家庭经济很困难的，老房子也翻建不了。到今年为止，箐口没有翻建的老房子已经没有几家了。他一家人就那样挤着居住在老茅草土坯房子里，我认为是箐口村特别困难的农户之一，政府等有关单位要帮扶的部门应该考虑他家了。

　　今天收割的还有李文科家，他家的谷子成熟得也不多，只有一部分，所以，也没有请互换劳动力的亲戚朋友，就他们一家人，母亲和妻子割谷子，自己打谷子，收工的时候背回来，一天就收几百斤，已经两三天了，估计多数都成熟了还是要请几个互换的劳动力的。

2017年9月9日，星期六，农历七月十九，属猪，阴，有雨，下午转晴

　　这几天上午都有雨，准备去收谷子的村民没有办法，只能看天气行事，等着下午转晴了再去收割，能收割一个小时就是一个小时。收割嘛，还真要争点时间抢速度的，要不然，一年的庄稼也会浪费在田里，很不甘心的。所以，今天还是有村民去收割的，有李国忠家、李世明家、李庆福家，就是收得不多，或许是秧苗的问题，一家都只能收割已经成熟的部分，每家可能就只收割两三百斤，多数的还要等几天才能收割的。

　　李世明家的话，说是栽种了早谷，水稻株高，已经倒伏了，着水的谷子都快要发芽了。本可以到天气好的时候再去收的，就是因为谷子倒伏了，很多着水的稻谷都发芽了，今天又叫了人来帮助，所以下着一点蒙蒙雨也这样收了。

2017 年 9 月 10 日，星期日，农历七月二十，属鼠，阴，有雨

昨天晚上就下大雨了，原来想下过一场大雨后，今天的雨水会少一些的。可是，今天的雨水还是大。从凌晨一直下到下午两三点钟，原来想这样的雨水天气不会有村民家收谷子了，但是两三点以后，雨水是稍微停下了，还是看见有李世文家收割。说是时间和人数都已经定了，再说，看谷子还是倒伏了一些，倒在田里的谷子不能再搁置了，所以他们家还是组织了人员去收割的，背回来的谷子还夹着大量的水分，需要背回家处理，否则的话，谷子还会生霉发芽，想想，做农民就是这样辛苦。反过来又想，做什么不辛苦呢？生活，有苦、有乐、有得、有失，什么人能一帆风顺呢？

今天，我是跟着云南农业大学苏友波博士的学生到寨子脚海拔不同的梯田区域取土样，说是他们要在箐口梯田片区取很多土样带回去化验的。今天上午又下着雨，背土样吃力，我看他们要带这么多土样回昆明学校也很辛苦的，要从河底取到山上，不要说取土样，仅空手走路都很辛苦的，这样还背一些土的话，不是很累人吗？做农民辛苦，他们这样做科学实验也很辛苦的。

2017 年 9 月 11 日，星期一，农历七月二十一，属牛，阴，有雨

今天，我还是跟着云南农业大学苏友波老师的学生们去取土样，说是这几天所取的土样要带回昆明市云南农业大学化验的。

上午，我们是到箐口村海拔最高的山头上取土样，我们发现我们去的路边到处都长满了树木，有的已经很高大了，可以说是参天树木，很多地方人畜都不能进去了。我告诉他，这些地方就是我儿时放牛的地方。当时，还有村民栽苞谷、种黄豆来充饥，还填不饱肚子，还少有树木，村民还要砍树烧火的。转眼这么多年过去，只有零散的几户村民家栽种苞谷、黄豆了。见到我们玩棋牌的大石头是多么的熟悉，我们雕刻在大石头上的十子棋图是多么的熟悉，我们演戏军人作战的草地上也长满了蒿枝、紫茎泽兰，已经不再是当年的草地了。我告诉他们，山里的孩子就是这样长大，热了，跳到池塘里游泳；冷了，烧一堆柴火取暖；饿了，烧几包苞谷充饥。

今天的行程最让我回忆起童年的一部分生活：因为农忙，父母要我请假管管牛，我担心误了学习而哭了，眼泪流淌在这草地上。我告诉他们，这就是我生活过的地方，这一片土地上到处是我的足迹，我就是这样长大的。这是20世纪七八十年代的事情，我当时十岁左右，这不是梦中的故事，而是我们成长的一个历程。

今天上午还是有点雨，到了下午是缓了一些，所以今天还是有村民去收割的，有卢某某。他家栽种的是杂交水稻，是一种成熟早的品种。说说他家的情况，父母和好已经十多年了，父亲跟一个寡妇相好，母亲离开家几年又回来，卢某某离婚了，一个孩子跟着前妻走了，还有三个孩子跟着他过日子，家庭很特殊的。今天收割就叫了他的姐妹过来帮助，一个人当爹又当妈的很辛苦的。我也是有孩子的人，不敢想象他是怎样领这几个孩子的。以后的日子还很长，要给他们吃喝的，还要供他们读书，他家里又没有固定的经济来源，要负责把他们养大，够辛苦的。

2017年9月12日，星期二，农历七月二十二，属虎，阴雨转晴

凌晨4点半，我又被外出浇灌屋顶的李庆明妻子等妇女吵醒。原来想多睡一会儿，但是，怎么也睡不着，不知道自己在想什么。就起来写点东西，白天要做农事或者其他的事情，要不是这样趁着别人休息的时间来写东西是没有时间的。有的人，过日子真的很辛苦。需要这么早起，为了生活就得用人家休息的时间干活，才会活得比人家像一点样子。

今天早上的天气也不是很好，但是，到了中午左右就逐渐转晴了，到了下午就是一个好的天气。所以箐口村民还是有人家去收割的，我知道的就有李国忠家、卢建明家等。卢建明夫妇打工在外，家里只有父亲带着两个孩子，他们夫妇俩收割完了还要出去上班的。所以他家收割都是请了小工的，说是男的工钱是一天100元、女的60元，一天吃三顿饭，这是今年现在的工价，不知道过几天工价是否会变化。

2017年9月13日，星期三，农历七月二十三，属兔，多云间晴

今天去收割的有张永福家、卢正祥家、李国忠家。总的来说，这几天真正成熟能收割的谷子还少，所以，收割的人家还是有点少的，要到一个星期以后才会真忙起来，这几天，我看收割的人家都是一家人，没有请再多的村民互换劳动力的。过几天，田地多一些的村民家要收割的话，是肯定要请小工或者互换劳动力才能完成的。

今天，我还是跟着云南农业大学苏友波老师的学生取土样。已经三天了，还没有进入正式的农忙时间，要是再过几天，是不会有时间帮他们忙的。别看是几小袋土样，我们是要从麻栗寨河底爬到山顶的，是从海拔1400米左右爬到海拔2000多米的山头，来去有五六公里。这两天的天气又热，一天下来还是很累的，好在多年没有这样走动过了，这样走动几天也是锻炼身体呢！心情好才不觉得怎么累。

2017年9月14日，星期四，农历七月二十四，属龙，中雨转晴

今天早上7点时有阵中雨，9点左右就转晴了。收割谷子的村民家有李建军家、李国忠家等。

对于李建军家来看，他们两个弟兄年纪还小，不能回来持家的。他的妈妈也在外地打工，他家只有奶奶守家了，他们两个兄弟跟着外婆外公一起生活。这几年，他家的主要劳动就只有姑姑姑爹们帮助了。李国忠家呢，家庭也特殊了一点。今年的话，他的妻子也病不能下田，几个孩子又在上学，没有什么经济来源，请不了小工的，他一个人割一点收

一点，一天只能收几背谷子的。他一个人已经收几天了，他是我的好朋友，看他很为难的，我也去帮助他背回来几背谷子了，多少还是减轻一点他的压力。

李文科的大田栽种了成熟比较早的杂交水稻，前些天就把他家大田里的水稻都收割了。今天看着天气好，他一个人就搭他家大田的田埂啦，说是准备养从其他田里捉回来的鱼。李文科是二李家族的人，但是，出于亲戚关系接管了大李家族李正明的家业，田地就多了（李正明已经过世，收养了李明，到现在已经30多岁了，还未成家），李文科就作为兄长来领养李明，为了管好这些田，他已经够辛苦的了。到目前是收割了成熟比较早的杂交水稻，还剩着大部分没有收割的，等全部收回来还是要出好大力气的。

2017年9月15日，星期五，农历七月二十五，属蛇，多云间晴

早上，我去喂小鸭子的时候，看见大哥和二哥在做收谷子用的工具谷船。说是从牛角寨乡市场上买来的，一只谷船150元钱，是用铁皮做成的，长170厘米，宽50厘米，深20厘米，做出来以后，可以根据自己的需要适当地加工一些。我知道的，村里很多人家的生产工具都在慢慢更换，包括锄头、镰刀、犁等，原来的木制品慢慢变成铁制品，有的说好用，说不太好用而自行改装的也有。我看，很多事情就是这样在慢慢地改变。

早上，村民小组通知没有上交身份证复印件的村民尽快上交，他们准备交到村委会，以后来交的村民自行负责，应该是要做什么统计了。在我们农村就是这样，做什么事情都要拖延一点时间，很多上面通知的事情都不能及时完成，只有提前通知才会做好。

2017年9月16日，星期六，农历七月二十六，属马，阴，有大雨

到了这个季节以后，箐口村一带的雨可能就是这样，晴朗几天以后，

今天又来雨水了，从早上一直下到下午3点左右，原来今天准备去收谷子的村民家都只有放假休息了。我知道的就有卢文华家、卢金家，他们两家的人都叫好了，就是因为下雨，亲戚朋友无法出去劳动，只好停止去做其他的农事了。

因为下雨，我也不能去做什么农事，原来想可以多做一点自己的作业了，想趁着收割农忙前多写一点字。但是，不知道什么原因，今天早上就停电了，一直到下午5点左右才来电，用不了电脑。这几天身体也感觉不太舒服，就好好睡了一觉。之后再去管管小鸭子，原来175只小鸭子的，忙着处理孩子舅舅的事情那几天丢失了一大部分，一部分又死了，到现在只剩下60多只了，得好好管理的。看看自己家田里到底能养多少只鸭子，养了这么多鸭子能否给自己带来一定的经济效益，是否会成为一条产业来发展。

我知道的，自从村里发来这么多鸭子以后，村民都在议论鸭子的事情，有的人多用一点心，管理得好一些。有的人不好好管理，每天都有小鸭子死亡的事情。村民也不太自觉，发现小鸭子死亡的就随意地丢到寨子中心的主要水沟里。前一段时间，每天早上都可以看到这条水沟里丢有一二十只死小鸭子的，我们村民就是这样，有时候看见一条水沟里面有这么多死鸭子还真恶心。这几天稍微少一些了。当时，每户村民家都发放了七八十只甚至100多只小鸭子，现在听来多数都只剩二三十只了，像我管理稍微好一些的都只剩六十几只了。现在的话，田里的谷子还没有收完，小鸭子不能随地放养而只能关养，每天都要喂十几斤苞谷或者谷子的，还要喂其他的杂草等饲料。在没有饲养场地的情况下，养这么多鸭子还是得多辛苦一点的，不知道谷子收完以后能否养大？可以养多少时间？能否真的带来经济效益？从现在村民的观点来看，每户要养这么多鸭子是有一点困难的，我倒是真希望从中摸索出一点经验，真希望养鸭子能给村民带来一定的经济效益。我这些年都养着的，不多的情况下还是有点收入的，就是不知道有养多少只的能力，要得实践一下。

2017年9月17日，星期日，农历七月二十七，属羊，阴雨转多云

这几天的天气就是不怎么好，今天早上还是下着一点蒙蒙雨，到了12点以后才慢慢转多云。而到了这个时候，很多村民家的谷子都成熟了，只要天不下雨，每天就会有村民家出去收割的，就是等着天气好。所以到了中午转多云以后，还是有村民家出去收割的，知道的有卢志文家，就是一家人去收割的。他们三个弟兄从父辈继承分了田地以后，每个弟兄的都不多，就是一亩多些。所以这样的情况一家人一两天就收割完毕了，根本用不着与其他村民互换劳动力的。还有卢朝生家，也就是他们夫妻两个在收割，儿子背回谷子。还有李庆福家，也是只请李文科打谷子，李庆福的母亲和李文科的妻子割谷子。还有卢荣贵家收割，他是老师，而今天是星期日，正好是他休息的时间，利用这个星期日去收割最好了。还有李永新家收割，也是他和妻子收割罢了。而要说的是，他是用了脚踩踏的打谷机，在我们村还是第一家用这半现代化机器，就是不知道是否适用。

下午，又有几个外地人来村里卖蔬菜、瓜果。因为村里已经进入农忙时间了，不是自己家收割也要到亲戚朋友家收割的，很少有时间上街了。所以，还是有很多村民图方便就来买吃的，生意就是不错。

2017年9月18日，星期一，农历七月二十八，属猴，多云间晴

今天的天气就好，早上没有一点雨水，只有一点云彩，到了中午就很晴朗了，正是收割的日子。我知道今天收割的村民家有李庆光家、李生明家、卢文华家等。逐渐地，收割的村民家就会多起来。原来想，放养到田里的鱼都被雨水冲走或者被老鼠、鸟等捉吃完了，看收工回来的村民还是捉些鱼回来的，可以吃一些，也可以继续放养到其他田里的，从政府想提高村民收入的目的来看，多少也是有点效果的。

这几天，我是没有多少事情，整理作业。李永福是寨子里出名的彩民。下午，他要驾驶汽车过去买彩票了，没有多少事情，我跟着他出去买几

注彩票玩玩。聊天中知道我们箐口村李学华出交通事故,说是他驾驶一辆三轮车撞倒了一个小水井村 70 多岁过公路的老妇女,这几天伤者都在医院住院,说是伤得不轻的,腿伤得重,我们新街镇的民族医院不会医,准备送到外地医疗条件再好一点的地方。很伤脑筋很费钱的,现在已经三五天了,以我们两个估计,到目前可能花了几万块钱了。出交通事故伤着人就是麻烦,谁知道过后还需要多少钱哪,搞不好他要赔很多钱了。

2017 年 9 月 19 日,星期二,农历七月二十九,属鸡,多云间晴

寨子脚田里的谷子都黄了熟了,像是要给村民收割似的,今天的天气就不错。知道收谷子的有卢文明家,是有两张谷船的人家;有李文宽家、李永福家、卢朝生家、卢兴家等。只要天气好,收割的村民家就是多起来了,真的进入收割的农忙时间了。

李文宽家是收割他栽种管理的李永家的田,说今年栽种的是早谷,长势不好,预计只能收十二三背的谷子了,看样子有点减产,要是正常情况是可以收十五六背的,折算出来大概就是 1000 斤。每年李永要给他管理费 1800 元钱的。这就是个变化了,以前栽种别人家的田,是要给主人家租金或者分谷子的。现在的话,管理栽种别人家的田都可以得管理费,路程远的地方和水源不方便的田还没有村民愿意去管理的。所以,有的村民家的田还是闲置着,没有人愿意去管理的。

寨子里没有人家养马,但是,到了收割的这个时候,路况好田又远的村民家还是会请马帮来驮运的。今天中午是进来十几匹马的,说是红河县的人,也许是前几天就准备好了,下午的时候就驮运张牛志家的谷子回来了,驮运他家的谷子一背就是 10 元,一次一匹马可以驮运两背,这个马帮要是好好驮运的话,每年可以在寨子里赚 1 万多元的。

2017年9月20日，星期三，农历八月初一，属狗，

孩子厌学是做父母最头痛的事情之一。我也是做父母的人了，大儿子就是厌学，只读到初一就停学了，年纪又小，那年他只有11岁，不能出门打工，在家又做不了什么，真头痛，教育过也骂过也打过，就是听不了我的话，到现在他是后悔了，还能有什么办法。我才不愿意做后悔的事情，其他村民的孩子也一样，有听话的，有不太爱听话的，他们的自觉能力就是不同。

上午，我知道卢学锋过去学校看他儿子了，说是老师打电话过来说他的儿子没有来上学。不到半个小时，就看见有他的儿子、李世明的儿子、李院文的儿子等五六个被父母带回来了。他们都是四五年级的学生，就是十二三岁的孩子，他们要是退学了能做什么呢？真是头疼的事情。他们应该在学校里多读几年书，等以后长大些再玩，再出来学校也不迟的。我真的想问：孩子们，你们在想什么？到底想干什么？到底能干什么？

今天，是有卢建忠家收谷子，我很不能做农事的，但是，作为朋友，能做什么就尽力吧，还是跟着去帮助他家收割了。他家的田有点远，路又不好走，请不了人来背谷子，就叫了这两天进来驮运谷子的马帮，每一袋谷子以12元驮运，他家是收了39袋谷子，有一袋谷种是收工回来的人每人分一点背回来的，其他38袋就是马驮运回来的，一匹马一次驮运两袋，仅驮运费就花了400多元。他家请的人多，今天的天气又好，到了4点多就收割好了。

花钱容易，我们做农民的挣不了多少钱，花钱倒是会花的，这样收割一次也要花千把元的。从卢建忠的情况来看，仅驮运谷子就花了400多，加上买一点烟酒，买一点肉和蔬菜就花去了上千元了。要算人工的话，每个人工按100元来算，今天的16个就1600元了，这次收割就要开支3000元左右，他家收回来的谷子每袋以100元来算，也不过是4000元左右，差不多与开支平衡。我是这样分析和考虑的，只是为了不让田放荒，放荒的田很难恢复的，在家的村民又没有其他什么事情来做。要不然，我们现在以这样的方式劳作是倒贴的，只是村民都没有找到更合适的事情来而维持着种水稻。人，总是要吃饭，总是得想办法维持生计，在没有其他出路的情况下，只有延续古老的传统种植方式来维持生活。我想，要是有了其他的生活方式，他们的种植生活方式也会改变的。

2017年9月21日，星期四，农历八月初二，属猪，多云，有小雨

村里直通公路，绝大多数的车辆都能进来，而现在做生意的我是发觉服务到家了。这两年，我们村似乎每天都有做生意的人进来，今天上午，是有几个做服装生意的人进来，说是原来卖五六十元的衣服、裤子现在每件只卖15元了，我看见有几个妇女是过来看了，有的还是买了几件回去的。但是，或许是价钱太便宜了，多数村民是认为质量不好而不来买的，村民也忙着收割而没有时间跟他们做生意，他们也没有卖多少件就走人了。

要是天气好的话，正是进入秋收的农忙时候了。今天早上还下着雨，到11点左右才停了，知道今天收割的有李世忠家、李文祥家、李得福家、卢荣富家、李树林家、卢新家等，到了这个时候，只要天气好，每天都会有五六家甚至十多家收割。我们箐口村这几天是最忙的时候了。总的算来，一天要收回一万多斤谷子的，这样要忙一个星期左右的。

李得福的孩子们都在外地打工，他们两个夫妇又上了一点年纪，不能与村民家互换劳力。今天收割都是请了我们新街镇百胜寨村委会的人来，这样付给他们工钱就不用去换劳动力，省了一份心。我看他们也很能干的，到了下午3点左右就收工回来了。

2017年9月22日，星期五，农历八月初三，属鼠，多云间晴

早上，从田里喂了鸭子回来，知道张里保家的公牛卖了，说是11200元。现在有嫩草，这一段时间的牛喂得肥肥的，再说，近期的牛价也高的。前一段时间李爱生家的一头牛也以10000多元卖了，我们寨子缺少饲料，或者是牛品种的原因，牛的个子都比较小，到了冬天还要瘦下去些，以前好像没有听说过寨子里的牛卖到一万元多的，只是这两年听说的。

今天的天气不错，对村民来说是收割的最好时候。所以，我看去收割的村民家也很多的，知道的就有张明福家、卢则龙家、李志宽家、李杰家、李庆贵家、李庆五家、李永禄家、张五家、张春华家、李文新家等。

岁月不饶人的，我们每个人在时间面前都不过是过眼烟云。张春华的父母已经是近70岁了，身体不太好。而这两年，张春华带着几个工人做建筑，多少还是能找一点钱回来。所以，今天都是请小工去收割的，男的每天100元，女的60元，供他们吃三顿饭，加上马帮的托运费，他家收回来三四千斤谷子要开支三四千元的。听说，两个赶马的人吃住都在他家里，驮运费是适当地减少了一点。

张五夫妇在蒙自市打工已经六七年了，几个大哥都已经分家，我们哈尼族的父母是由小儿子赡养，父母就跟他们一起过日子，已经上了一点年纪，起居还能自理，这样的农忙时候回来料理一下就好了。前天回来的时候就通知了我一起过去收割的，今天就跟着他们出去了。早上的时候，兄弟张明福说的时间就晚了一点，得跟着先说的堂弟张五过去帮忙。

这农忙期间，死人也不是时候。说是黄草岭村民小组有个张氏老人过世了，叫我们箐口村的张氏家族人过去帮忙，正是农忙的时候，没有人会过去帮助了，只能是他们黄草岭村民小组民帮助了。还有，说是棕匹寨我们村卢志华的岳母也去世，也是带着几个亲人过去奔丧了，等开祭的时候还得过去杀牛丧祭的。到时候，还得请村民过去吃牛肉的，还是有点费时间的。

2017年9月23日，星期六，农历八月初四，属牛，多云间晴

早上，村民小组用喇叭宣传叫村民养着能繁母猪的来做登记，也不知道要做什么。

今天的天气也很好的，所以，去收割的村民家就是多，看见的有李清华家、李正祥家、李世忠家、李庆生家、李文宽家、李小明家、张志学家、张宽家、李树林家、李倮明家等。像这几天的话，按每户家一天收获1000多斤谷子来算，每天，我们箐口村一共要收获来一万多斤粮食的，估计收十多天就收回来完了，这样算来，我们箐口村每年的粮食产量会是十多万斤，也就是四五百吨吧。

张宽一家人就是在外地了，他们已经近60岁了。做农民的很担心自己家的田放荒了再来恢复时很麻烦的，他们农忙时间回来管理一下，平时由在家的二哥张保祥管理，他们外出多年了，做农活的手脚不灵了，一家人都不会下田，这次回来收割都是开钱请小工解决的。怎样生产生活？村民都各自有各自的办法。他家的田虽然远一点，但是，马能下去的，收了的谷子就由马驮运回来。

2017年9月24日，星期日，农历八月初五，属虎，多云

今天上午有雾，还有点大的，到了11点还是雾蒙蒙的，不过，不下雨还好。准备收割的村民家还是照常出去，知道的有李志祥家、李庆云家、李志和家、李庆华家、李正云家等。

收割和插秧啊，我们村里在我看来就像比赛和作战一样。村民都抢时间争速度的，是最紧张的一个星期左右了，多数村民家忙起来了，个别的村民也会慌的。李志祥家就在我们基地旁边，很少早起的他家，因为今天已经说好了要去收谷子的，早上5点左右，他的妻子就起床张罗饭菜了，7点左右就叫过去帮忙的人来吃饭了。

或许是知道村民忙着收割了，很多村民忙不过来上街，有人就会过来做卖菜的生意了，有白菜、洋芋、豆腐等，知道的村民还是来买得多。

因为连续几天的晴天，估计田里晒着的谷草多数都干了。下午，是看见有卢朝生家、杨正明家等收谷草的，他们家养着牛，为了牛过冬，

他们家的谷草是要收回来的。而没有养牛的村民家，要是没有养着牛的村民去晒草来收拢的话，他们就地烧了。今天是看见有李得生烧草，他们一家人都在外地，一直都是他的没有出嫁的妹子来管理田地，犁田耙田都是请小工来做，看见晒着的谷草干了，今天一把火就这样烧了，这样烧谷草的还有几家。而舅舅李牛志家是因为收割早，已经被雨水淋了几天，时间过长了，谷草都霉了，不能正常捆拢了，被淋坏的谷草眼看干了一点，今天就点火烧了。他家是养着牛的，但是，谷草不能收拢了，就只有把自己家的烧了，联系一些不要谷草的人家去收一些谷草。现在的年轻人多数都外出打工的，基本没有年轻人在家养牛。所以，我们发现村民养牛的也在逐渐减少，200多户的寨子只有四五十户人家养牛，都认为养牛费工的，一年365天不管是阴雨天还是晴朗天都要管护的，是比较辛苦的。

2017年9月25日，星期一，农历八月初六，属兔，多云间晴

今天的天气和昨天还是一样，上午多云下午转晴。要收割的村民家还是能够正常出工的，我看见今天收割的有卢世文家、李虎芬家、李小龙家、高文和家、李欧守家、李庆峰、卢学贵家等。反正，这几天只要天气好，每天就会有十多家出去收割的。谷子都成熟完了，村民都像比赛似的，希望把田里的谷子尽快收回来。

李庆峰夫妇也是在蒙自市打工几年了，只有过年过节和农忙以及家里有特殊的事情才回来，这次也是因为要收割才回来。没有跟村民互换劳动力，他们收割完了就要上工地的。今天是付钱请了杨文亮的妻子、李建生等收割的。他家的田有两亩左右，还准备开支五六百元请小工锄草、搭田埂、犁田的。犁田的时候牛就用他岳父李其三养的，每一个工都在100元以上的，基本还是按照现在的工价开支了。

2017年9月26日，星期二，农历八月初七，属龙，阴，有小雨

昨天的天气还好好的，今天早上的天气就有点变化了，从早上就有点小雨，下到12点左右雨水就有点大了。我想不会有人家出去收割了，可是，人员和日子都定了的人家还是有出去收割的。到了下午两点雨水减少些的时候，还是有村民家出去收割了。去观察了一下，知道收割的有卢家、贵家、李庆祥家、张文和家、李文祥家等。他们都可能想到，明后天有村民家要去丧祭，又有黄草岭村民小组里死人，到时候还要去帮助还要做客的，就要耽误一两天的时间，所以，他们就这样急着处理家里的事情。

当然，因为早上下雨到中午12点左右，有的村民家是认为这样雨水天出去做农活会容易使人生病。再说了，招呼被淋湿的谷子也不容易，原来打算今天去收割的也有取消的，知道的有张明德家、李建军家、李光明家等。

晚上，卢氏家族的人在卢志华家集中开会，就是商量明天到棕匹寨丧祭的事情。因为想着这段时间大家都忙着收割而怕早早地出工，早上7点左右就安排了卢正清挨家挨户地通知他们卢氏家族的人了。

2017年9月27日，星期三，农历八月初八，属蛇，多云

就像昨天说到的，今天是有卢志华家到棕匹寨他的岳母去世处丧祭，他们卢氏家族有一部分人就得停下收割的事情去帮助了，除非是与他家不来往的家人。当然，知道的其他村民也会尽量地抽时间过去的，这样的大事也和互换劳动力一样，村民之间会相互往来的。他家也是不准备请大客的。早上，只是叫村民小组用喇叭通知了一声，说有时间的村民尽量过去吃牛肉，他家是不请客不带牛肉回来了。村里有这样一个烂喇叭也好，不像以前要一家一户安排人去通知的。当然，承担主要角色的人是要人亲自去到家里通知的，其他一般的就不用了。

我知道，哈尼族做这样一个仪式离不开摩批的。从某种意义上讲，哈尼族的摩批是村民的保护神，他们保护着其他村民的生老病死。今天也不例外，请的摩批是村里的李正林，他要带一些东西装在口袋里，吃饭之前还要做一些固定的仪式，保佑卢志华家以及跟着一起去的村民平安和健康。原则上，在他没有做完这些仪式之前是不能吃牛肉的，我们都得听主人家请的摩批和我们这边请的摩批安排。在葬礼没有完成之前，摩批是不能离开的。要是中间什么人出现什么情况都要负责禳解的，在我们看来，这样一个各种民族都要经历的葬礼中哈尼族的摩批在哈尼族葬礼中承担着重要的角色。只要他承担了这一角色，他就不能像其他一般村民可以多喝一点了，他要随时保持清醒的头脑，以防万一。

这些年，我参加的葬礼多，也知道并看见确实有摩批处理一些突发事情。两三年前，卢正明家到罢达村处理丧祭的时候，村民李庆光在准备吃饭负责分发盐巴辣子的时候突然跳起来两米多高倒下来，把一张桌子砸碎，口里流出了很多血，是张正和摩批做了一些仪式后才慢慢恢复的，我至今无法用科学的言语来解释，或许是一种巧合，或许是真的冥冥之中有某种东西伴随着人们周围，在某种条件下致使某人做某种事情，我不知道，我无法用科学的话语来阐释。

上午的天气情况不是很好，但是，有的定了时间和人数的村民家还是有收割的。知道的有卢成家、李绍云家、李正林家、李建军家、李光明家、张明德家等。谁也算不好天气，我们这里的天气今天可以是大晴天，明天可能是大雨天，好在现在的人可以通过手机或者电视知道天情况，可以准确到90%以上。要是以前没有这些信息的时候，老人们会因为算日子算天气而出现过很多笑话。现在信息发展了，比以前是好多了，可以利用信息来安排一些生产是好的。

今天一天村民的生活基本就是这样：一部分已经定了人员，定了时间的村民家还是照样出去收割，估计有一半左右；一部分的话是到卢志华家丧祭的棕匹寨吃牛肉去了；而一部分的话特别是张氏家族的人，是要到黄草岭张志华母亲去世的地方帮忙去了，办理张志华母亲丧事的摩批也是我们箐口村的张正和他们，他们是早早就过去了。

2017年9月28日，星期四，农历八月初九，属马，多云间晴

今天的天气就比昨天好多了。昨天过去棕匹寨丧祭的卢志华家于今天中午吃过中午饭以后回来，中午休息了一阵以后，下午还是请摩批做一个法事，还是请过去帮助的村民朋友来吃饭喝酒的

可是，不知道什么原因，今天却停电了。村民都只能烧火做饭，不能用电了，说是卢志华家准备的水豆腐都不能做吃了，都只能点着蜡烛过夜了。

2017年9月29日，星期五，农历八月初十，属羊，阴雨转多云

不知道什么原因，今天还是停电。我们家是准备收谷子的，因为没有电，也只能烧火做饭了，挺麻烦的。

今天，村民们要到黄草岭村民小组做客的，只是有一大部分人家要收割而没有去。

上午还有雨的，到了中午就转晴。收谷子的有李世文家、张明生家、李光明家、李庆贵家、马卫明家、李红亮家等，都快要收割完了，没收的谷子不多了。

2017年9月30日，星期六，农历八月十一，属猴，阴雨转多云

今天的天气不错，是可以正常收割去了。收谷子的有卢小华家、张文和家、张明德家、张明生家。

因为昨天有雨，影响了我们家的正常收割，没有能够按照我所计划的收割完毕。再说，这两天是要收割结束的时间，很多村民家都是这两天收割的，人手还不够，妻子还从百胜寨村委会如意大寨每天一个人80元请来几个妇女的，所以我们家今天还去收割。还听说堂兄张保祥病重，得抓紧时间收割了，生怕他过世还得帮助他们家而影响收割。

2017年10月1日，星期日，农历八月十二，属鸡，多云间晴

今天是十一国庆节，按照一般人的理解，箐口人民是要与祖国人民共同庆祝。但是，我起床的时候就知道因病重而到个旧市人民医院就医的堂兄张保祥去世了。60多岁，平时也没有听说他生病，只是前几天说是肚子有点痛要到医院打针。到医院检查，病情严重不能在我们新街镇人民医院就医，而送到个旧市人民医院。知道他老兄去世，我们张氏人家都得停止农活来帮助处理后事的。我就更不用说了，我们是隔壁又是亲戚的，他对待我们不错，现在，他老人家遇到事情了，我得停下手里的活计尽力帮助的。人得学会感恩，得感谢帮助我们成长的每一个人。

因为堂兄张保祥是在回来的路上断气的，没有到家就停止了心脏跳动，停止了呼吸。按照我们村里的民俗，这样在外面断气过世的人不能直接送回家，一定要在寨子外做一些法事才能抬回家的。所以，早上八九点钟，根据我们张氏家族摩批张正和的吩咐买回来所需要的鸡鸭等物资以后带领人员到停放遗体的寨子外来做法事，做完以后，才能抬着遗体回来。回来之后，还不能直接进入家里，一定要搭一个梯子从二楼窗子进屋，所有参加法事的人都要从窗子进入屋里，才可以出入。之后，我们才能给他净身、理发、换寿衣等其他一系列的事情。我的老家与他们家是隔壁邻居，一直以来关系很好，也是帮助过我们成长的，这样的事情我们必须出面帮助，一天下来，还是辛苦还是累的。

我们村民家的谷子是要基本收尾了，只有零散的几户人家还没有收完，他们还是继续去收割，知道的有李朝生家、高里发家、李明沙家等。到今天以后，还没有收割的村民家就不多了。等他们都收割完了，一个寨子的人过几天都要帮助办张家丧事，这个时候村民一般都会停止手里的活计来帮助的。

晚上，我们张氏家族人还集中到他家开会，安排明天的事情，我一天的时间就这样度过了，寨子里其他的事情观察得就少了。

2017年10月2日，星期一，农历八月十三，属狗，阴，有小雨

昨天，堂兄张保祥去世了。根据昨天晚上我们家族的会议，我们张氏家族大摩批张正和的意见和他主人张春华的意见是定在10月4日属鼠主办丧事，5日送葬。所以，我们张氏家族今天通知了他家所有亲戚明天来奔丧，还安排人手趁牛角寨乡的集市买牛，买鸡鸭等。还要安排人手买接待来人的物资，还要做好饭菜接待所有来的亲戚朋友。今天的事情还是很多的。农村的事情就是这样多。这几天，我都得在他家帮助。今天随堂兄张庆贵到牛角寨乡买黄牛了，是以2700元买了市场中最小的一头黄公牛，他家人说大公牛用他生前养的那一头了就没有再买。

知道收谷子的人家有李永得家，李永得是全村出了名的懒汉，没有钱也不出门打工。但是他的妻子勤快，就把家庭的担子扛着，负责家里的生产生活，平时还要跟其他妇女出体力挣钱供两个儿子上学，还是能干。要不是有这样一个能干的妻子，李永得家的生活要成问题。问题是两个孩子还要上学，没有他的妻子苦钱供他们上学，李永得是无法带好两个孩子的。

因为张保祥已经是60多岁的老人了，当上爷爷了，亲戚多，村民的生活水平提高了，按照家庭生活条件得给他厚葬。所以，每天都有亲戚家来杀猪杀鸡的。晚上，还要请哈尼族民俗歌手唱歌，还要发放糖果吃消夜，来的人很多很热闹的。今天是卢世文家来，杀了一头大肥猪，伙食很好的，每餐十多个菜，猪肉都吃不完，过上一两天就倒了，有点浪费，有人想改变一下这样的习俗，但是谁能简单地说改就改呢？

对于村民来说，亲不亲就要看这个葬礼了。卢世文的母亲是大姐，张春华的母亲是妹子，是同父母生养长大的，张春华家出事了，卢世文家就来出面撑腰，酒也带来50斤，还有其他的烟、蔬菜等。晚上，一个屋子都挤得满满的，12点之前都很热闹，只有等小孩子们吃了糖果散场的时候才静些下来。

2017年10月3日，星期二，农历八月十四，属猪，阴，有小雨

　　这次，张保祥的丧事有点特殊。一个是从外面断了气带回来；一个是他们家要使用三天的祭祀方法，说是这种就是大祭了，要给去世的张保祥杀两头牛。一头是小公黄牛，摩批念词后要到寨子外打死，由参加的其他姓卢姓李的村民分肉牛吃，这头小黄牛肉，我们张氏人家是不能去参加分吃的。一头就是主祭祀的大水牛。所以，他家今天就开始祭祀了。晚上，摩批们就得念经了。因为是大祭，晚上就得给摩批们摆一桌子，要得在正席上念经的，而陪同的念经人也不能随意地参与。一定是身体健康，子女齐全的人。今天晚上念一段，明天晚上是要念到鸡叫的，我出于感情上的考虑也陪到他们鸡叫才休息，才知道当摩批也是很辛苦，要从晚上八九点念经到半夜，这么多的词怎么记住怎么念下来呢？不要说念词，仅坐在那里七八个小时都很累了，参加过今天晚上的念词以后，我由衷地感到做摩批的他们真的很辛苦。

　　这几天，每天都有几户亲戚家到张春华家来杀猪，今天是他的亲家李正祥家来，也是杀了一头大肥猪。原来是打算叫他家来丧祭的，说是他家不能用牛来丧祭，他家就取消丧祭。来丧祭的两头牛的事情有一头就落到李成家了，一头是落到他的侄女张保文家。

2017年10月4日，星期三，农历八月十五，属鼠，阴，有中雨

　　今天，按照我们张氏家族的安排，村里是有张春华家主办他父亲的丧事，我们张氏家族的人都停止了农事来帮助，很多村民都是亲戚朋友，这样的丧事都要相互帮助，基本上没有村民出去干活了。就仅是丧祭的亲戚家来说，表弟李成家是二李家族的人。出于面子问题，村里二李家族的人是到李家帮助，而全福庄其女婿是在卢荣家落脚，卢氏家族的人和一部分亲戚朋友要到卢荣家帮助，其亲家李正祥家因为其他什么原因不用牛来丧祭，要用小猪来丧祭，加上其他一些寨子的人要在一些亲戚村民家落脚，很多村民就不可能出去干活。当然了，主要是多数村民家都收割完了，肯定是要来帮助的。

只是卢学明家与他们没有什么关系，平时也不怎么来往，他家的谷子没有收割回来，也就约了人冒着雨水去收割的，冒雨收割的事情很辛苦的。

因为我们是张氏一家人，晚上我都坚持着过去，还坐上了摩批们念经词的正席桌子。这个葬礼有点特殊，摩批要叫大公鸡爬到棺材上打鸣的，要是公鸡不打鸣，还有点头疼的，在场的村民都会认为摩批的功力不到位。所以，念这一段经的主要就是负责人。今天晚上，原来是叫他的儿子张贵学念的，到了凌晨两点经词都念完了鸡还不叫，后来是由堂叔张正和来念，凌晨3点左右，他使出最大的功力鸡才打鸣的，大摩批张正和才松了一口气。

2017年10月5日，星期四，农历八月十六，属牛，阴，有小雨

今天下午，就是送葬张春华的父亲，因为连续几天的辛苦，还是感到累的。上午，吃过饭后休息了一阵，下午的时候就没有出去送葬堂兄张保祥了。他老兄在世时是一个很开朗的人，跟我们的关系不错，看着他的这一生就这样走完，想着他对我们的好，这样一走就再也回不来，这个时候，我们的心里都感到难过。所以，我有点故意回避的意思，不想看着他就这样离开，心里祝愿他走好。

这几天，我啥事都没有做，是家族又是朋友的，每天吃喝都到张春华家，也尽自己的能力帮助做些什么，时间就这样晃过了五六天。

2017年10月6日，星期五，农历八月十七，属虎，阴，小雨

这几天，我都是在张春华家帮助的，今天是负责接待来做客的村民及朋友。现在的生活条件好了，我们准备了很多饭菜，要做十几个菜，所以我们都很忙。妇女们负责洗菜煮饭，男人们负责做菜，从早上五六点开始忙到中午十一二点才吃饭的。不过，从现在的生活角度来说

也是很正常的，生活条件好了，零食多了，只有撑着的没有饿着的，到十一二点吃饭才好玩呢。而现在的话，晚上也做消夜吃了，每天晚上唱歌，到了凌晨两三点也要做饭吃的，都饿不了肚子。

按照习俗，今天来做客的人是要过礼的。物价上涨，生活水平提高，村民间过的礼金也提高，从以前五元十元上升到五十、一百元了，也有给两三百元的，根据各人感情亲近关系和经济能力来定了。

2017年10月7日，星期六，农历八月十八，属兔，阴，有小雨

在农村，我们的事情还是多的，这么连续几天帮助张春华家，很费时间、很费精力的，这么几天下来，感到很累很辛苦。今天吃过饭后好好休息了一天。

李世忠是跟着李正祥做工的，因为张春华老父亲过世，就是李正祥的亲家，李正祥就带着工人回来处理。今天，总算处理完事情就又带着工人出去了。为了生活，大人们总是得想办法找事情做，得挣钱持家的。

2017年10月8日，星期日，农历八月十九，属龙，阴，有中雨

今天，还有李祥家收谷子。他打工在外，忙着工地上的事情，这几天放假了回来。而另外的一个原因是他父亲已经70多岁了，今年的身体明显不如往年，已经不能下田了，而他的兄弟又是残疾人，不能下田劳动。再说，他家今年栽种的红米品种长势不好，成熟得很晚，今天的天气又不照顾人，他家收工回来已经晚上八九点了，可能是村里最后一家收割，也是收工最晚的一家了。做一天的活计，做到晚上八九点，从现在社会来说是要被村民笑话的，很不应该，我要是他的好朋友，是应该严肃交流的。

国庆节期间，学生放了一个小长假，学生应该放松些了，今天是看见他们都返回学校，开始接受新的知识。

2017年10月9日，星期一，农历八月二十，属蛇，晴

我原来是这样想的，要是这两天天气变晴朗就可以收捆谷草了。可是，昨天又下过一场中雨，就把谷草淋湿不能收捆了。这个收谷草的事情还真是麻烦的，只能等两天天气晴朗了晒干些再看了。

2017年10月10日，星期二，农历八月二十一，属马，阴，有阵中雨

村民家的谷子都收完了，村民又开始锄草和搭田埂的农事。知道今天有李绍云家、李倮明家等搭田埂。一年一次，也不知道先民具体是出于什么考虑，每年的这个时候就是要锄草、搭田埂的，估计是为了保水、养鱼、护田等。村民都是这样耕种着，我也只能学着他们劳作，也开始忙田里的事情了。

傍晚五六点，刚从田里回来，张春华就打电话过来，叫我到他家吃饭，还不知道是怎么回事。估计是前几天帮助他家以后为了表谢意吧。过去之后才知道，今天是送葬他父亲的第六天，今天晚上是要请他父亲的舅舅过来办一个仪式。因为我们这一代年轻人不懂这些程序，整个过程就由家族的摩批张正和主持。基本过程是这样的：

晚上6点左右，我到达他家的时候基本已经把饭都煮好了，做了几个菜就开始吃饭了，有摩批张正和、我、张永福、李成、张春华、张文学、张绍宇、张祥，还有妇女们一桌人。本是通知了张春华父亲的舅舅来的，说是到田里做农事，没有等他到来就吃饭了，我们一边喝酒一边吃饭等着他到来。摩批安排妇女们准备所需要的东西，有草木灰、火塘等。他来了之后煮一碗牛肉要几个人围着吃，这碗煮好的牛肉只能是他们几个人吃完，每人先捡三口牛肉，一边捡一边要说："不好吃，不好吃——"还要象征性地吐口痰而丢在地上，捡丢了三次之后才能可以喝酒吃饭的。之后，来的舅舅要把原来准备好的一碗饭和酒带出去，倒在院子边头也不回地离开。具体的案例我将做一个记录，有兴趣的人可以去参看。

原来认为今天的天气会好些的，可以收捆谷草了。但是，天气就是

转晴不了，一天都基本见不到太阳，到了下午两三点的时候还下了一阵中雨，很多村民家的谷草是收不了的。要是真想要谷草的话，为什么不想其他的办法——能让谷草可以晒干又淋不了雨的办法呢？今年的雨水多，大家都收不了谷草，就是看着天气干活，私底下埋怨着天气呢。

2017年10月11日，星期三，农历八月二十二，属羊，阴，有大雨

原来想，昨天下了那么大的一场雨后今天就不会下雨了，可是今天的雨还是下这么大。一整天都在下雨，好像天空通了一个洞口下个不停，烦死人了。我们村民都不能出门干农活了，多数都在休息了。可是，有的人家定了时间和人数的还是照样出去干活的，知道有表弟李成家是请了几个村民去搭田埂的。因为下雨，早上吃饭的时候，表弟李成跟说好的弟兄商量是否休息，他们都说披着雨具照样出工就出去干活了。其实，在雨里干活是要比平时辛苦的，很容易得病，身体不强壮的建议少干，身体再强壮也要悠着点，没有干得完的活计。

天气冷暖变化，注意身体，雨天路滑，小心跌倒。这两天，听说村里又有很多病人了。早上，知道60多岁的李文光又送去医院了，还知道60多岁的李树林不慎跌倒，看见卢迁华背着过来要找车送医院去，还是小心些好。

2017年10月12日，星期四，农历八月二十三，属猴，阴，有大雾

今天又是新街镇的集日，虽然天气不好，但是上街的村民还是有几个的。离城近，买卖什么来回都快的。

昨天的雨实在是大，基本没有停止过，或许是昨天这样下多了，今天的雨是少了一点。就有不少村民出来做农活的，越是要收割完的时候越是会有很多的事情。下午，听村民说，箐口小寨黄土坡李某某的妻子去世了，已经80多岁了。今天是叫亲戚朋友理顺家里的事情，通知所有亲戚来奔丧的，多数村民忙着自己家田里的事情，我估计去帮助的人要少些了。李某某的大女儿与他们闹矛盾不来往，还是亲生的，不知道什么原因就闹成这样，赌嘴说是到送终都不来往了。

2017 年 10 月 13 日，星期五，农历八月二十四，属鸡，多云

今天有点雾，就是没有雨。出去干农活的村民还是多的，对于农民来说，这样的天气是好干活，只是一直没有连续晴朗几天，村民家的谷草就是收不了。我也烦死了，原来是打算收了田里的谷草换一下基地的茅草顶，这样看来是不可能的了。

听村民说，今天是有李江在昆明市某饭店举行婚礼。他的家人过世早，留下的就是他一个孤儿，十几岁以后一个人在外面打拼出来，家里的事情都是几个姑姑帮助料理的，现在长大成人了，说是女方家经济条件还算过得去，就在昆明市举办他们的婚礼。家里几个亲戚也是过去参加他们的婚礼，有点麻烦，但也不得已。这是我记得村里这么长时间来的一个特殊的例子，想想他的成长，也够每一个村民心寒的。

2017 年 10 月 14 日，星期六，农历八月二十五，属狗，阴，有大雾

今天上午，我们又知道黄草岭村民小组有张氏老人去世。晚上与我们张氏结拜的李得福通知我们张氏家族人明天到黄草岭村民小组帮助。

我担心的事情终于发生了。上午，我去取云南大学给我发放的工资的时候，发现打过来的钱已经没有了，到元阳县农业银行新街镇分行调查时，知道是被儿子取了。我没有想到，放到抽屉里的农行卡都会被不听话的孩子拿去用了，这样的孩子真让人担心。实在没有想到，听别人说谁的孩子不听话，做出来什么样的事情。自己的孩子现在也到了这个地步，真是不敢想象，以后会长成什么样子！

2017 年 10 月 15 日，星期日，农历八月二十六，属猪，阴，有大雾

就像昨天说到的，今天，我们张氏家人约了到黄草岭村民小组张氏老人去世的地方。就是这样的，黄草岭村民小组、大鱼塘村、箐口村有老人去世，都要相互通知家族的人来帮忙的，这样一来一往，总的来说很友好，每年在这方面花费的时间也不少。

今天，我也就是到黄草岭村民小组，毕竟是我们张氏家一家人，老人过世了，总得与活着的家族人见个面，说是去帮忙，实际上，他们村里的人都会做的，我们外村去的人基本不用做什么，就是跟他们见个面，喝几杯酒，吃一顿饭就回来了。

2017年10月16日，星期一，农历八月二十七，属鼠，多云

在我们农村，事情就是会多。今天是办理黄土坡李志荣妻子的丧事，而我们寨子的李志祥家要去丧祭的，说是以前就有对方来丧祭过，这次算是还礼的。李志祥是我妻子的舅舅，我和他们家还是有一点亲戚关系的，面子上过意不去，就跟着他们去丧祭了，能做什么都只有尽力帮助了，也就是做后勤工作，跟着他们做饭菜，打理饭菜的，经历得多了，做一点这方面的事情自然是没有什么问题的。

早上就跟他们过去帮助打理伙食，忙了一天，吃了晚饭回来，关了鸭子，到了晚上就休息，就这样打发了一天时间。

2017年10月17日，星期二，农历八月二十八，属牛，多云

昨天，李志荣家做了主要的祭祀后，今天是去送葬李志荣妻子，是送到我们寨子的集体林里。路程是远，但路好走，年轻人都比较集中的，能把她安全送葬过去的。

对于葬礼，村民都比较团结，到现在葬礼中还没有出现过什么大的问题。

2017年10月18日，星期三，农历八月二十九，属虎，多云

按照我们村里的习俗，今天是有李某某家接待。听说去做客的人少，他的家庭还真的有点特别，说是大姑娘与他们两个老人闹矛盾，赌嘴自己亲生的大女儿到了死的时候都不来看望了，领养了一个儿子又因为关系不好而与他们分开不往来，这次的葬礼也是他的小女儿和女婿来操办。村民们都看在眼里，记在心上，说是两个老人也够狠的。

2017年10月19日，星期四，农历八月三十，属兔，多云

这死人的事情也太频繁了，说是附近的团结村委会新广坪又死了一个人。今天又有卢建忠带家族的人出去奔丧，说是他女婿的大伯去世，因为天气冷的原因，村民都做不了农活，另外一个原因是朋友卢建忠平时帮助他们家族的人多，其他村民有什么事情他都尽力帮助。所以今天他是叫了家族的男人们去，都很听他的话。去的人多，有12个，平时的话，去两三人就行了。而且，很多家庭都是女人们过去的，今天是朋友卢建忠亲自带着家族人过去。他的家庭有点特别，他一个人当爹当妈的，带着两个孙子过日子，妻子过世得早，儿子常年打工在外，不会挣钱回来还与父亲闹矛盾，儿媳又与儿子离婚，他就一个人带着两个孙子过日子。

很贫困的箐口村民到了这个时候就有一大部分年轻人外出打工了，家里的农活得请外地的人来干，包括妇女。这几年就是发现有外地的妇女来村里做农活的，包括锄草和搭田埂的活计。以前的话，认为妇女们做这些农活不好，基本上看不到妇女锄草和搭田埂，这几年反而成了常事，有一大部分村民家的田是她们来打理的。

2017年10月20日，星期五，农历九月初一，属龙，多云间晴

在我们农村，是有很大一部分时间要来处理丧事的，前几天才处理了一桩丧事。今天上午，又听说张雨亮的妻子去世了，年纪可能在五六十岁，还算是年轻的，说是生病已经一年多了，老房子又刚建了一层，估计经济上缺乏不能就医而病倒的。

正因为这样，晚上就有张小明通知我们张氏家人明天到黄土坡张有亮家帮助。而同时，张绍卜通知我们张氏家人明天早上到张春华家参加祭祀，我们就决定先在张春华家做好祭祀吃了饭再过去黄土坡张有亮家，这样也比较合理。

2017年10月21日，星期六，农历九月初二，属蛇，多云

正如昨天说到的，早上，是有张春华家做祭祀，就是处理他家父亲的丧事。就是因为过了农历的八月份，昨天是新街镇集日，买回来用的祭祀物品，主要是一头小猪、一对鸡、一只鸭子，做完祭祀就要封他家后墙上打开的一个洞口，摩批是张正和。这个祭祀我们家族的人都参加，包括其他姓氏的村民也可以来参加。所以做这个祭祀的时候得多准备一点饭菜，一般都会有七八桌的人来吃饭。今天是有八桌的人，要求是做祭祀的猪肉及鸡鸭的肉不要带回到屋里，吃不完的也要倒掉的，其他的菜不限定，可以带回屋里再吃的。

就像我们说好的，上午参加完张春华家的祭祀以后，我们张氏家人还是相互约好了到黄土坡张有亮家帮助。今天通知了亲戚来奔丧，我们过去的张氏家人每人只要带一斤左右的米就够了，主要的事情就是作为主人做好饭菜接待来的亲戚朋友。

2017年10月22日，星期日，农历九月初三，属马，阴，有雨，有大雾

昨天上午，是参加了张春华家的祭祀，主要就是请张正和摩批做封后墙洞口的祭祀，我们张氏家人都参加了，家人聚在一起喝了一杯。下午，又到黄土坡张有亮家去帮助，这样来去的帮助，跟着亲人朋友吃几顿饭、喝几杯酒的，还是累的，天气又是阴又是雨的，又用去了一天的时间。

今天的话，还是阴雨天气，田地里的事情做不了，就在基地学习，整理自己的作业，要不是趁着这样的时间赶做作业，很多时间是被村民朋友的事情占用去的，要得学会利用时间，自己要会帮助别人，别人也会来帮助我们的。

2017年10月23日，星期一，农历九月初四，属羊，阴，有雨，有大雾

这几天的天气情况就是不好，有雾有雨的，农事基本上做不了什么，我就尽量抽时间做作业吧。知道明后天又要赶过去帮助张有亮家的丧事，我的时间只有不够用的，不会多余的，还是要学会合理安排时间。否则的话，忙了别人的事情而做不了自己的事情，自己的事情将什么也做不了。

对于我来说，今天还接到了一个电话，说是有两个云南农业大学的学生下来，准备明天早上就来找我。可能是天气又雾又雨的，路滑车速慢，到达我们新街镇就晚了，今天晚上就没有过来箐口村。说好了明天9点钟要我在村里等他们两个到来，我更要抓紧时间处理自己的事情。

2017年10月24日，星期二，农历九月初五，属猴，阴，有雨，有大雾

就像昨天说到的，今天，是有我们张氏家族的人组织到黄土坡张雨亮家办理他妻子的丧事。因为是一个寨子的村民，我们张氏家还是集资了五元钱、一碗黄豆、两升大米，还是按照正常的葬礼来举行。家规上也是要求我们张氏家族的人都要参加的，除非有什么特殊的事情再说，这是我们村民对葬礼的做法。

对于我来说，今天是有两个云南农业大学的学生来找我，准备在我家田里做水稻试验的，就得配合他们俩做各方面的事情，在他们带过来的航拍图上统计今年村民栽种的水稻品种以及村民各家的水田面积情况，也就没有跟着上去帮助了。没有办法，我们都是凡夫俗子，不是孙悟空不能分身，只能做一边的事情，等处理了这边的事情再过去帮助。

2017年10月25日，星期三，农历九月初六，属鸡，阴雨

今天的话，村里是送葬张雨亮妻子，她已经是50多岁的人了，村里成立老年协会的时候说是50岁以上就可以参加了，但也是本着自愿的原则，她就没有参加。这次葬礼的话，老年协会的人就没有集资，要不然的话，老年协会的人是每人要集资10元钱买花圈、买鞭炮的，她没有参加老年协会，也就没有给她送花圈买鞭炮了。

说是一个寨子的，毕竟不是在一起，还是离我们箐口村有两三百米的，生产生活上还是会有点差异。所以，我们张氏弟兄们骂他一家人平时很不来帮助我们箐口村张氏家族的事情，到了现在才知道弟兄多的好，都希望以后家族的事情多来参加。

2017年10月26日，星期四，农历九月初七，属狗，阴，有大雾

按照我们村民的葬礼程序，今天是有张雨亮家请客接待。因为是张氏人家，我们同是一个家族，我们张氏家族的人都上去帮助。前两天忙过两个云南农业大学学生的事情，我今天早上就去参加做客，或许是他们家平时到别人家做客的少，今天来他家做客的也少。还叫我分主食牛肉，我还犹豫了一会儿，正因为来的人少，牛肉又多，每桌上分两碗都吃不完，谁也不敢说没有吃到牛肉了。

黄土坡户数少，人口也少，发生这样的大事是需要箐口村民上去帮助的。包括桌子碗筷都要带过去，有点麻烦的，而因为这样，他们几户年轻人就提议每户凑一些钱来购买物资了。

2017年10月27日，星期五，农历九月初八，属猪，阴，有雾

上午还下着雨，看着就不会好转，但到下午1点钟左右，天气有所好转。我还是到田里挖田了，想早点完成田里的事情，一是害怕天气变冷；二是想把该做的事情趁早做好，免得误以后的事情。

我家的田就在寨子脚不远，来去都方便，每天只要劳动一阵，几天

就做好。所以，也不用着急，像锻炼身体一样，每天劳动一阵也是好的。

2017 年 10 月 28 日，星期六，农历九月初九，属鼠，多云转晴

上午，村民小组统计村民人数，说是我们箐口村 2018 年上半年农村最低生活保障费用要按照人口来分配，两三年以前的统计数据有点失误，需要更正而再次进行统计。是的，我们箐口村民每年有生有死，要是真按照人口发放的话，是应该再次核实了，要不然，到了发放保障资金的时候会引起一部分人的不满，估计还会出现问题。

今天的天气终于转晴了，很长一段时间没有见过阳光了，身上都发霉似的。今天终于转晴，我的心情也感觉好多了，无法用语言来表达，做起事情来愉快很多。

李建军家请人犁田，也许是牛的问题，也许是人的问题，看今天的情况不是很好，只犁了一会儿就把牛放了，像这种犁法的话，估计五六天都犁不好的。

卢建忠犁黄草岭人家的田，说是每天 250 元，还有可能供吃饭喝酒，还会给一两包烟的。为了生活以及供孙子上学，他都很辛苦，已经犁了很多天，钱也挣着一点了。

2017 年 10 月 29 日，星期日，农历九月初十，属牛，晴

人活着就要做事情，就要活出意义来。这几天，每天早上 6 点左右就有妇女们上班了，说是要去牛角寨附近栽树，每天都是这个时候。有二十几个妇女，每天的工钱是 60 元，还不供应吃饭的，中午的一餐饭也要自己带着过去。

这几天天气好，我就是抓紧时间整理自己家的田，还真是希望把手里要做的事情尽快做好的，不然，过几天村里出事还得停下来。

2017年10月30日，星期一，农历九月十一，属虎，多云间晴

连续晴朗了两天，有的村民就到田里检查谷草是否可以收拢了，有的是一边检查一边收的，就是把希望寄托在这一次能够全收回来。

天气逐渐转凉，还是担心冷天气的到来，希望把田里的事情尽早做掉。我是到田里给田埂锄草了，发现这两天整田的村民最多了，特别是没有收谷草的村民，他们真希望这一次天气转晴的时候就把田里能收的谷草都收了。要是再下一次雨，田里的谷草是绝对不能再收起来了。养牛的人家过冬饲料就成问题，所以还是争取时间，投入劳动力收起来。

只要天气好转，就是整田的时间了。今天是看见有卢学贵搭田埂，卢朝生搭田埂，卢建忠犁李文祥家的田。田边都是整田的村民，都想在天气很冷之前把田整好，之后才好找时间挣过年钱去。

2017年10月31日，星期二，农历九月十二，属兔，多云间晴

这两天的天气情况稍微好转一些了，所以村民们忙着处理田里的事情，都希望这一次就把田里的谷草处理了，我也趁天气好转就到田里做事。

劳累了一天，回来就做饭吃了，也没有精力去观察村民做事，就知道这两天村民主要是整理田里的事情。

2017年11月1日，星期三，农历九月十三，属龙，晴

今天的天气就很晴朗了，可以说是万里无云，与前几天相比根本就是变了一个天，虽然这个时候在我们国家的北方来说已经很冷了，但是今天的箐口村中午还是像夏天一样很热。今天的村民就很忙，多数都在晒谷子，都想在这样晴朗的日子把谷子晒干了存起来就不会坏。我记得从收谷子以来，就没有晴朗过几天，很多村民家收回来的谷子都没有晒干，村民就是希望有这样的几天天气。谷草就不用说了，晴朗一天又被淋湿一天，根本晒不干，村民真是希望这样晴朗几天，把田里的谷草收回来才安心，特别是养牛的村民家，更担心没有了牛过冬的饲料。

因为天气晴朗，做田里事情的村民也就很多，卢建忠犁卢落以家的田，每天工钱是260元，是以请小工的方式做的；还有卢志林犁田，三个弟兄分家以后，所分的田不多，每家一两天是可以完成的；还有李正云犁李庆五家的田，到今天已经是第3天了，正常情况应该是两天就犁完了，只是这次的谷桩又深又硬，犁田要费劲，而李正云年轻，技术上可能不够熟练，所以到今天才犁完，回来还有点晚，做什么活计都还是要一定的技巧，像犁田这样比较费劲的活计，年轻人又很少去做，大都是中年以上的人才会做。

因为前两天也晴朗了一段时间，能干的村民把田里的谷草翻过来晒了，今天是可以收捆一些了。我看见有卢正荣在收谷草，前几天他跟着一些妇女打工植树，知道这样的天气可以收谷草，就放弃打工挣钱的机会回来收谷草，这也是不得已的事情，要是谷草被雨再淋湿一遍恐怕就收不了。

做人做得再差也要有自己的几个朋友的，李金华在外地打工已经几年了，有村民说是混到了所谓的黑道上，在附近的几个城市瞎混，今天带了几个朋友回来家里捉鱼吃，看人怎么能看得出他是好还是坏呢？要看他们做什么，对社会对人们做了什么事情，他们所做的事情是否对社会对人们有好处。

今天的游客是多了一些，来了两辆大客车，还有一些是用村里的面包车接送的，让卢生亮、李华等几个有车的村民赚了一点油钱。

2017年11月2日，星期四，农历九月十四，属蛇，多云间晴

今天没有昨天晴朗，到了中午还有点阴冷，本来想去收一点谷草都没有办法，只好等下午两三点再看情况，上午，我就在基地学习了。

不过天气还不算冷，村民还是能正常出去种田的。没有人告诉我这个时候村民为什么这样地忙着整田，我也是种田人，也是和村民一样劳动一样生产，认为这个时候整田，主要是把草除了，把田埂翻新了保水，

犁田以后要让谷桩腐烂,让土质变松软,来年种田就更容易些,年复一年,人们就这样劳动着,一代又一代地世袭耕种梯田,农闲时间又挣一点生活费用,他们就是这样生活着。谁知道他们要这样活着?活出了什么意义?还要这样生活多少代人?有时候,我就感到种田累,想把田放干了种菜或者做其他的什么事情,我感到种田比做其他事情要累些,再者是有点入不敷出,投入多收入少,算下来可能还不如种其他的蔬菜等好。

这年头,年轻人不喜欢种田了。今天有李庆华家、李平发家都是请人搭的田埂,张春华家也是请李永新、李四德、卢明华等几个中年人去搭田埂,他们也不是很有钱,只是有其他的事情做,就用做其他事情挣回来的钱请在家里的中年人转换了劳动的角色,平时的话,还是要自己家去管理的。

李绍新犁卢成家的田,李绍新是卢成的姑爹,卢成还不会犁田,就只有叫他帮助犁田了。李正云犁自己家的田,牛是从罢达村他妻子娘家借来的。只要天气好,村民都要赶着把田里的事情做好,一则担心天气逐渐变冷,不愿意在天气很冷的时候下田;二则是把田里的活计做了就可以放心地做其他的事情,可以去挣点过年钱,这是村民一般的想法,他们的日子就这么简单地过着。

2017年11月3日,星期五,农历九月十五,属马,多云转晴

凌晨4点,我听到外面有几个人说话。我知道,这是李爱生家昨天晚上到罢达村养老人回来了,就是李爱生妻子娘家有丧事,他们到那里去发放糖果。听说过两天还要去丧祭的,还要花费他家一定的经济,还要叫村民亲戚帮助,这么多年我看来,村民花费在葬礼中的经济和时间确实不少,我认为哈尼族的葬礼是应该改变一些的。

上午,红河哈尼梯田申报世界遗产协议领导小组办公室的工作人员来村里,说是元阳县农牧局要在田间补助资金给村民做田棚,要他们来看村民家上报的地点是否合适,协商建设方案。他们建议外墙用石头或

者土坯，用砖的话要粉刷墙的，高度不能超过三米，建设用地尽量用田边的地块，不能把现有的梯田放干水来使用，建筑面积不能超过 30 平方米，基本建设方案是这样的。从今天知道的情况来看，有李万祥家、李文才家、李世华家、李庆五家、李文科家、卢明华家、李生明家等。

元阳县农牧局为了实施"稻—鱼—鸭共生"项目，在村里投了不少资金，上半年六七月份是发放了鱼苗和鸭子，但收完谷子后捉回来的鱼不是很理想，多数人家的鸭子都死完了，只有管理好些的人家还有大半部分活着。现在，谷草都收完了才放鸭子养到田里，我的感觉是多了一些，有的鸭子会跑到一起，都不知道是谁家的了，因为鸭子的事情村民间闹意见的也有，主要是妇女之间，吵嘴的事出现了，从某种程度上说还是给村民增加了一些矛盾的。当然，我不是说上级给的政策不好，毕竟是投入了人力、物力，总的来说还是为人民好。

今天有点雾，还有点冷，只是没有下雨，整田的村民就多了。今天有李院生、李正云犁田，卢学贵、卢朝生、张学贵搭田埂等，因为连续几天的晴朗天气，田里晒着的谷草很多都可以收了，有腐烂的就地烧毁了，今天我看见李贵祥的父亲、李庆亮的母亲等在田里烧谷草，到今天为止，田里的谷草都基本处理完了，接下来的农事基本就是搭田埂和犁田了。我们箐口村人多地少，像这样天气好几天就会做完农活的，像比赛似的，或者说村民都担心天气变冷，冷天进田干活不是好滋味，我生活在这里，这一点我深有体会。

2017 年 11 月 4 日，星期六，农历九月十六，属羊，多云

今天我帮助朋友李祥家搭田埂，这个朋友，一天就忙着苦钱，还比我大几岁，已经 40 多岁了，当农民的，田里的活计就是不会干，犁田耙田就不用说了，搭田埂都不会，害得基本上都是我出力，一天下来很累的，加上晚上吃饭时喝了一点酒，晚上就睡了一个没有梦的觉。我在想，做一行爱一行，既然是农民的儿子就该会做一点农民的活计，要不然也

会被村民说不称职的。

今天，就因为帮助李祥去搭田埂，一天下来也很累，自己的事情就没有做，也没有去观察其他村民做什么了。算了，就这样过一天吧。

2017年11月5日，星期日，农历九月十七，属猴，多云

今天是星期日，朋友李祥昨天就回来休息了，可是他家的田埂还没有搭好，他的兄弟身体残疾，不能做重农活，父亲又上了年纪，自己一个人又很不善于做农事，就叫我过去帮助他搭了两天的田埂。今天的活计说是三个人的份，所以请了李永新来，看今天做下来的活计可能多了一个人份，要是三个人真能做下来的话，必须是能干的人。再说他家栽种的是杂交水稻，根系发达，挖起来还是比较费劲的，所以到了傍晚6点左右，他家的田埂还是没有搭完，在我看来，李永新也不是很能干的农民，完成的数量和质量就是没有我做出来的好。

这两天就是这样，帮助朋友李祥搭了两天的田埂，今天早早地就在他家喝二两酒，吃一碗饭，出发干活。中午是他妻子送饭过来，休息一下再干活，到了5点多回来，洗一个澡，到他家吃饭，喝二两酒吃一点菜就忘记吃饭了，到了9点左右，感到有点累了就回来休息。他的妻子给我200元我也没有拿，朋友之间嘛，是该相互帮助的，何必斤斤计较，我们也有需要朋友帮助的时候，感情的事怎么能用金钱来衡量呢？

2017年11月6日，星期一，农历九月十八，属鸡，多云

我们哈尼族过节，一个地方和一个地方根据自己村寨的习俗有点大同小异。这两天，说是黄草岭乡俄扎乡一带过哈尼族十月年，村里的卢小华、卢迁华妻子是那边的人，前两天回娘家过节，回家串亲戚嘛，总是会带着一点酒肉回来，说是从昨天晚上到今天早上就在家里请亲戚朋友吃饭喝酒，还是有点热闹的。

原本我今天是打算去搭田埂的，可是，早早地朋友卢小华就打电话过来，叫我早上到他家喝两杯酒。几个朋友聚在一起，总是会找一些共同的话题来，兴致来了，总是会喝晕一点的，11点左右结束喝酒，有点累，休息了一阵，就没有兴趣下田了。前两天跟朋友李祥干活也累了，今天也该休息的，保养一天，人也像机器一样，有时候还是需要休养的，田里的事情永远干不完，明后天再干也不迟，就这样，又过了一天。

2017年11月7日，星期二，农历九月十九，属狗，多云

今天，听说李永福在白龙泉树林边建一个棚子，说是他的儿子李云认为在那里看梯田壮观，要在那里做一点饮食生意，扩大经营范围，就请了几个师傅过去搭建，他一个人不会做，还是出钱请了几个小工。

前两天跟着朋友李祥搭田埂，感到有点累，今天起来感觉不是很好，所以，没有去搭自己家的田埂，而是处理一下晒在田里还未干透的谷草，要等谷草晒干了烧火才好干田里的其他事情。

人的体能确实有限，太累了是应该休息一下的，自己的身体自己最清楚，还是得保护一下。就这样，我又休息了一天，好在学习了一天。

2017年11月8日，星期三，农历九月二十，属猪，多云

明天是新街镇集日，傍晚的时候，李文祥的母亲背着小鸭子回来，说是养不起这么多。到了这个时候，田里基本上没有什么吃的了，自己家粮食又少，每天都要拿家里的粮食出去喂养的，五六十只鸭子每天要吃很多的，养不起，要等明天到集市上去卖十多只，好歹找回一点本钱。

政府或者有关部门对我们给予这样那样的政策，上级是要出钱的，是对我们老百姓帮扶的，总体来说是好的。但是，有的政策对有的人家就不适合，对副食少、劳力少，或者已经外出的人家给这些鸭子是难以养殖的，在我实践过来的这么几年里，我无法想象一亩田里怎么养25只鸭子，不知道要给它们喂什么，它们总不可能仅喝水，25只鸭子搅来

搅去的，水都混混的，能长出什么东西来？所以，有的数字对一些人是错的，对一些人才是对的。

2017年11月9日，星期四，农历九月二十一，属鼠，多云间晴

前两天，李永福是叫人去修理田棚，今天是叫人去搭田埂，两个儿子都忙着挣钱，田里的事情基本不来管，只有请李永新、罗金得、李爱生等去搭田埂了，每天一个人要给100元的，加上吃饭、喝酒的，仅搭田埂就要开支六七百元，所以有时候有人问我梯田是怎样保护的，我就说："以前是靠人保护，现在是靠钱来保护。"想一想，也不是没有道理。我是村里的农民之一，与村民同生产同劳动，知道生产中的投入，只是没有细细地算来，从收回来的粮食来算的话，大概就是找回了它的本钱，100斤谷子就要投入100元。比如，用我家的来算，大概是收回来2000斤，前个月收割请六七个互换工，买一点吃喝的用去六七百元，到了三四月份插秧的时候请几个插秧的妇女又花去五六百元，其他的锄草、搭田埂、犁田耙田还要折半，多数是自己做，有时候还请一两个人，平时灌水少算一点也要人力的，所以，现在种田是不划算了，我们担心的是放荒一年的田想恢复很难只能这样坚持着，也怪不得很多年轻人放荒了田出去，离寨子远、水源不方便的田给钱不适合的情况下没有人愿意去管理。当我们去问有关部门的相关人员梯田有没有放荒的情况时，他的回答是：没有。那是假的，我们寨子就有张祥家、张斌家、卢学昌家的田放荒已经多年了，去年又因为李志光家外出而没有栽种，现在是杂草丛生，已经没有田的样子了。我们寨子总的来说，水源方便，放荒的还不算多，就只是刚才说到的几家。

今天搭田埂的还有卢学明、李光明等，卢建忠是犁李庆祥家的田，卢朝生是犁卢明家的田，因为这些年轻人都外出打工挣钱去了，他们就挣钱回来请人管田来保护自己家的梯田，就怕放荒了的田难以恢复，有的年轻人对田里的粮食是不在乎的。

卢新家开始建房子了，说是原来的老宅基地建筑面积小，大儿子又不愿意到其他菜地上重新建盖，偏要挤着与小儿子隔开来建盖，小儿子认为房子面积太小就挣钱在菜地上建盖了。原本是打算去年就建的，只是去问了几个老人说是他的年龄和生辰在去年不适合建房子，就只好推到今年来建盖了，我看今年他家是要建盖到底了。

2017年11月10日，星期五，农历九月二十二，属牛，多云转晴

从这一段时间来说，村民最忙的就是田里的活计了。卢建忠犁李倮明家的田，李永华搭李庆亮家的田埂，我也是到自己的田里搭田埂了，生怕拖一段时间水冷了再下田，那种感觉可是不好受的。

还没有到天气很冷的时候，村民主要忙着处理田的活计，谷子、谷草是收完了，村民把鸭子都放到田里。这几天，听说农牧局发放的一个品种鸭子下蛋了，长得很小的一种，个子不大，就是跑得快，说是四五个月就会下蛋了。鸭子体形小，下的鸭蛋就很小的，其他的体形再大一点的品种还没有下蛋，估计再过一两个月才会下蛋。

这一段时间，村里的水电就是不正常，生产生活是有点不方便。下午说是卢氏家族的电不正常，是请电力公司收费员来接的，向卢老师等几户人家每户收了120元，说是公司规定要收的。

2017年11月11日，星期六，农历九月二十三，属虎，多云间晴

我也是农民，生活方式还是得跟着当地的村民来过。我也害怕到了冬天水冷了再下田，所以，这两天我把手机丢在家里去搭田埂了，有几个朋友打电话来我都没有接，只能回家以后再回复他们，因为手机装在口袋里种田是不方便的，或者会因为什么事情就集中不了精力来种田，这是我的一个毛病。今天的一个好久没有见面的老同学来找我也没有找到，有点遗憾，也不知道是否需要改一改，要是有什么急事的话怎么办？

下午，孩子的舅舅卢永贵回来，他是在本县大理石厂上班的，已经

两个月了，今天停电，干不了活计就回来休息一两天，也顺便看看家里的田是否种好。

2017年11月12日，星期日，农历九月二十四，属兔，晴

这两天的天气情况不错，只是早上有点雾，八九点以后就很晴朗了，正是整田的时候，要不然天气不好也不适合下田。所以，我也趁这两天去搭田埂，今天已经是第三天了，估计明天再干一天就能完成了。种田十多年，是有点厌烦了，不像十多年前年轻力壮时候两三天就可以完成的，以前种田是为了填饱肚子，现在种田嘛，仅仅是为了保持梯田。从经济的角度来算，还要倒贴钱，以前租人家的田种谷子是要付租金的，现在倒贴钱的田还没有人来种了，这是一个大的变化。

正如我感到种田厌烦一样，很多人家也可能有点讨厌了。这几天每天都有外地攀枝花乡阿挡寨村的妇女来村民家搭田埂，今天我看见有张志学家、卢永贵家，一家都有三四个的，以前是没有这种情况的，我们普遍认为妇女的力气小，搭出来的田埂不会结实，但是没有人去种的话，也只有请她们来种了，人们的观念只能随现实生活来决定。

今天是星期天，卢荣贵老师正好休息，就请了朋友卢建忠去犁田，连人带牛，一天的工钱是250元，早晚在主人家吃饭。

今天知道离家出走的孩子跟他的朋友一起打工，心里是踏实了一些。有时候，做人还真有点矛盾，对孩子不严格要求会误导他，而严格多了又让孩子产生逆反心理，孩子认为做父母的没有照顾好他们，而做父母的有时候就是无可奈何。做父母的教育不了，也只能交给社会来教育了，十五六岁的孩子了，让他摸着石头过河，我们也只能大方向地指导他了。

2017年11月13日，星期一，农历九月二十五，属龙，晴

今天又是新街镇的集日，我看见老人李志宽背着十几只鸭子上街去卖了，说是他家有五六十只鸭子，现在村民的田都快犁翻了，田里没有掉漏的谷子吃，家里又没有很多的杂粮喂养，养不起了，趁着集日卖一些换一点钱，说是一只鸭子卖25元。他家的鸭子放到田里的时间早，算是村民中鸭子照看得好的，说是有的已经下蛋了，可就是养不起。其他村民的鸭子还很小，听说，今天堂叔张正和的妻子去卖的还只是十元一只，卖了十只，也是说养不起而卖的，养了这么几个月，还没有找回来喂养它们的本钱。

对于体力活，女的总是比男的弱一点，昨天卢永贵家请了四个妇女搭田埂，还剩五六十米没有搭完，往年都是3个男人搭的，昨天没有完成，今天只好出去搭昨天剩余的部分了，两三点钟搭完再回来。

早上，我到村里去转的时候，发现有妇女在做糯米粑粑，问了她们才知道，今天属龙，说是这个月村民都当作农历的10月份了，就按照民俗，认为旧的一年要过去，新的一年要来临，新米就要入仓库了，有必要做糯米粑粑献祭一下。当然，现在很多新式的房子都没有做以前的仓库了，有的村民家还在楼梯口处做着，多数就是特意留一间出来做仓库，也还是按照传统的民俗在新米堆放的房间献祭的，指望虫鼠不来啃咬，粮食满仓，年年有余，就是这样的意思。

晚上，村民小组支部书记用喇叭通知明天张志学家要到上广坪丧祭，希望有时间的村民一起丧祭，一块去吃牛肉，喝酒，还说是请客，就是明天回来，后天还要在家里请客。现在，村里有个喇叭了，通知这样的事情也简单些了，要是以前，还得安排人挨家挨户通知，还挺麻烦的。

2017年11月14日，星期二，农历九月二十六，属蛇，晴

今天黄土坡张志学家要到上广坪村丧祭，是他舅舅家的葬礼，是近亲了，我们新街镇规定这样的葬礼不能用牛去丧祭已经一段时间了，说是谁家违反了都要罚款的，但是，出于这样认亲的情况也没有出面阻止过，也没有听说谁家被罚款。现在的村民都知道这样丧祭一次要花一两万元，很破费的，自发地认为每桩葬礼丧祭一两家很亲的人热闹一下，

认个亲就足够了,再多了也没有意思,也很懂情理的。没有一两家来丧祭就像没有一个亲戚一样冷清,这是村民的说法,很多村民都很自觉,都懂得节约,但是太亲近的来丧祭一两家也是合理的。

本来,这是张氏家族的事情,我们是要去参加的,只是今天我有其他的事情而没有过去,想着等回来的时候再出面帮忙做一些能做的事情就算了。

2017年11月15日,星期三,农历九月二十七,属马,晴

早上,正准备去工地上干活的时候遇到张有春来接摩批张正和老人,说是要接他去上广坪张志学家丧祭的地方吃饭,今天我也没有多少事情就跟着过去了。心想,正是我们张氏家的事情,昨天没有过去,今天早上过去照个面也好,反正吃过上午饭就回来,不会用去多少时间,这样过去也是给张志学一个面子吧。到那里已经快9点了,同是在一座山上,一个在东方一个在西方,我们箐口村出太阳已经一个多小时了,他们寨子却见不到太阳。这次来参加丧祭的人也很少,就只有二三十个人,到了吃饭的时候也只有6桌人,我们张氏家族的人加上结拜的二李氏家族的人一共有70多户,而张氏家的人也只有两三个,我就纳闷,他们弟兄之间是否出现家庭纠纷了,怎么连他的两个亲兄弟也没有过来一个参加。

中午,云南农业大学的苏友波老师过来找我,说是要在村里找几块田做稻秆还田的试验,希望我配合他的学生选择几个不同海拔的村民家田,对比稻谷的生长情况。

2017年11月16日,星期四,农历九月二十八,属羊,晴

昨天我们箐口小寨黄土坡张某某家从上广坪村丧祭回来,按照他家的想法,今天是他家请客,出于一个家族的原因,我也过去参加做客。应他的要求,我做了会计,登记来做客的人的姓名和礼金数目,到我离

开的时候，一共收到礼金 15900 元。总的来看，来做客给的礼金要么是 50 元，要么是 100 元，少数的有几个是给 200 元等，已经没有以前的 20 元或者 30 元的情况了，从给礼金的情况看是前进了一大步，但是礼尚往来，以后的日子他们家还是要还礼的。从其他村民听到的情况来看，他们家的为人还是有点欠缺的，说是他们家以前一直都在外地打工，回来才几年，也是为了挣钱，平时与村民来往得少，而回来的这几年，又是接连地办了几桩大事，这次其实有很多村民没有来，今天能来这么多村民已经是给他面子了，基本上赚回了这次丧祭所花的钱，村民是这样议论的。

下午，有两个年轻人来村里找村民小组，说是过两天就要召开我们红河州 60 周年建州大会，我们哈尼小镇也要举行活动，元阳县申报世界遗产办公室的人要求他们施工队来维修我们村里的路灯。

2017 年 11 月 17 日，星期五，农历九月二十九，属猴，晴

已经连续晴朗了很多天，方便了村民整田。今天是李平真家和李小生家搭田埂，李平真家田埂多，是请了一些外村的妇女来搭的，而李小生家就只是我家田旁边的一块，田埂不长，他一个人就能搭好了。到现在为止，绝大多数村民家的田埂是要搭好了，就是多数村民家的田还没有犁好，要是犁好了，就要过冬了，等到了来年的二三月份插秧之前才种田了，村民可以休息好长一段时间再下田了。说到底，只要经济上富有一点，做农民的一年到头下田也用不了多少时间，还是够闲的。

我啊，最害怕生病了，只要生病就什么事情都做不了，很难受，所以到现在为止也很少生病。二三十年了，记得前年重感冒睡了两天，输过一次液，花了 60 块钱，气死我了，要是每个人都像我一样，医院和医生会出问题的，像我一样的人很多，但是不怕生病的人也很多的，我的朋友李宏就很不怕，他经常去医院看医生的。今天他又过去看了，出于友情，我和李庆祥过去看望他一眼，说是被蚜虫叮了，刚去医院时医

生也检查不出来，说明情况打了蚜虫的药水后现在是康复一点了，准备过两天就要出院，还要给上高中的两个孩子挣钱去的，年纪轻轻的，生什么病，快把它赶走吧！

2017年11月18日，星期六，农历十月初一，属鸡，晴

早上起来，我就想，天气那么好，田埂也搭好了，今天，我要做什么事情呢？有时候事情多了忙不过来，一个人的精力确实有限，而闲下来又没有什么事情，时间长了也会很无聊的，闷得慌，就像疯子一样。有时候我会想想，会不会疯了？农闲时间，村民们在做什么？今天早上，我出去放好鸭子，白天做作业，可以看看书，增长一点知识，整理农忙这一段时间发生的事情，一天还是要给自己找点事情做，要不然，会闲得慌的。

今天，有一些人跟着李正林拍摄他唱歌的镜头，因为忙着去处理自己的事情也没有问是什么地方的人，等明天或者过后再问问他。

村民都担心再过一段时间进田里劳动水太冷，今天就有张春华家请人犁田，老父亲过世以后，自己就当上了父亲，家里家外的事情都得自己承担了。李志明是犁李正林家的田，他家的田就在我家的旁边，说是田里的水不够，要不然还可以多犁一点田的。我不是那么的懂行，就知道水不够不好犁田，水太多了也不好犁，还是要适可而止，这样操作起来要方便些。

傍晚，天气就阴转雨了，滋润干燥了这么多天，也该下一点雨了，要不然，天气太干了很难受，空气太潮湿也对生产不利。

2017年11月19日，星期日，农历十月初二，属狗，阴雨，有大雾

今天是星期日，是我们红河州建州60周年纪念日，在我们哈尼小镇摆长街宴，说是参加会议的州领导都来参加宴会，还举行文艺会演。我本来想去看看，但是又雨又雾的，懒得过去看了，就在基地学习，下

雨天的能干什么，前几天累了休息一两天也好。再说因为农活的事情耽误了一点学习时间，就想着趁阴雨天来补做吧。

2017年11月20日，星期一，农历十月初三，属猪，阴，有大雾

这两天是我们红河州建州60周年纪念日，学生们都说是学校放假了回来，要等后天收假了再回学校。

没有什么厂矿、企业支撑经济来源的箐口村民确实困难，年轻人只有外出务工挣钱来维持生活。下午李文祥打工回来，说是自己消费了一些，也挣不了多少钱，有时候车费还是在家里拿的，很可怜的，辛苦出去却又空着手回来。

2017年11月21日，星期二，农历十月初四，属鼠，阴，有雨

今天是新街镇集日，我看见李志宽背着小鸭子出去卖，说是政府给的小鸭子现在长大一些了，天气变冷，田里没有什么吃的了，家里也没有那么多副食来喂养，就卖掉一些算了。

2017年11月22日，星期三，农历十月初五，属牛，阴，有雨

下午，我看见卢新他们开一台小型挖机回来，说是他们在淀粉厂、大理石场干了一年多了，这两三个月老板支付不了他们员工的工资走了，要是过一段时间老板还不来付他们工资的话，他们准备把小型挖机卖了分钱。这年头有的事情就是不好做，我们农民想辛苦挣几个钱持家都不容易，这样的事情也会出现。

2017年11月23日，星期四，农历十月初六，属虎，阴，有大雨

今天一天都有大雨，雾也很浓，农事基本都做不了，有村民想建田棚，买了材料回来都不出去了。李云家原本答应要到他开张的田棚边去打野炊的，因为一整天都下雨，就只能在家里做了，杀了一只山羊，请了哈

尼小镇万善酒店的员工来会餐。

2017年11月24日，星期五，农历十月初七，属兔，阴，有大雨

前一段时间天气晴朗了，田里的事情基本做好了，这两天的天气又阴又雨的，室外的事情根本做不了什么，很恼人的。虽然我们南方不是很冷，但是，这样又阴又雨的天气，养牛的村民都不敢把牛放养出去了。

前两天接到马老师的电话，说是云南大学发放不了基地人员的工资，心情有点坏，辛苦这么多年，这样说不干了就不干了，天气不好，心情不好，做事情也就带着情绪做不好。到了下午的时候，电又不正常了，连饭都煮不了，很麻烦。

2017年11月25日，星期六，农历十月初八，属龙，阴，有雨

今天没有昨天冷了，但想去搭田棚还是不太方便，等天气好转一点再去做吧。我想多做一点基地里的事情，电压又不正常，烦死人了。天气好的时候又得去找事情做，必须得挣一点钱持家的，否则一家人的生活过不好。

听说陈安村有人过世了，李正福一家人又带着隔壁亲戚去奔丧了，过几天还要去杀猪，耽误亲戚的一两天时间。下午，我是跟着堂兄张庆贵到全福庄村他的岳父那里去养老，今天晚上是得通宵的，因为是冬天，得穿些保暖的衣服过去。

2017年11月26日，星期日，农历十月初九，属蛇，多云

昨夜通宵，到今天凌晨才回来，明知道这样的事情很累，但是感情的事情有时候不能回绝的。作为一个社区的人，我也会有这种情况的那一天，到时候还得请这样的弟兄过去，也是一种感情和劳力的互换。

去年我向新街镇信用社借了3万元，因为一时凑不够钱，过期了几天，是到今天下午才还清的，找不够钱的时候还是着急的，今天还清的时候像

是放下了一副重担，心情轻松了很多。对于一直在家没有什么经济收入的我来说，凑够三万元还是有好大的压力的。

2017年11月28日，星期二，农历十月十一，属羊，晴

为了建一个属于自己的房子，我得到新街镇信用社借款五万元，我下午带着妻子过去办理手续，事情还算顺利。

天气晴朗了，今天犁田的有卢建忠、张明福，都想在晴天的时候把田犁好了过冬，再过一段时间田里的水会更冷，村民都不愿意在水很冷的时候进田里劳动。

2017年11月29日，星期三，农历十月十二，属猴，晴

今年，元阳县农业局给了我们箐口村十个建设田棚养鸭子的名额，我也申请到了一个，只要在原来的田棚基础上处理一下就好了。前一段时间都忙着整田而没有去搭建，今天我请了朋友李国忠过去建做，因为里面堆放了很多木料，两个人一天都忙着整理木料，还不能开始动工，等把材料准备到位了明后天再建做。

天晴了，村民就出来犁田了，今天是卢建忠犁卢荣贵家的田，马卫华犁李扎卜家的田，李绍新犁卢世文家的田。

2017年11月30日，星期四，农历十月十三，属鸡，晴

上午，村民小组发放我们村民集体的退耕还林款3万多元，因为我要去建做我的田棚而没有去，说是每户可以发到100多元，按照户数的话，我们寨子已经有238户了，我退任村民干部七八年，当时的203户到今年的238户。增加了35户，还是以每年四五户的数字分家的。村民小组今天还组织人手收齐护林员的费用，每户一斗谷子，一斗谷子是15斤左右，通知了大鱼塘村我们请的护林户来运回去。因为我们寨子238户，所收的谷子大概就是3570斤，这样的谷子收入可是我们寨子的

中等水平以上人家的收成，我们箐口村人多田少，人均不到一亩，三四口人家就是1600斤，要不是出门打工，少数人家的谷子还不够吃的。但是现在的生活条件好了，其他副食品多了，营养丰富，粮食就有多余的了，现在只有卖谷子的而没有买谷子的了。

2017年12月1日，星期五，农历十月十四，属狗，晴

为了生活，我不能怕冷，不能像一般的村民睡懒觉，我得早起，白天做体力劳动。昨天请朋友李国忠一起去建田棚，晚上早睡，让劳累了一天的身体早点恢复，早上又是早起，今早是4点钟起床。在整理自己的日记时，顺便思考今天要做的事情，在心里安排一下一天的工作，这样才好按照自己的思路更好地做事情。

在我们经济来源缺乏的农村，建一个房子也是很费劲的事情。为了建一个属于自己的房子，我也是想尽了一切办法，年初就花了十几万元钱，到现在还不能运材料进去，所以，今天又请了挖机重新平整地基，把多余的土都运出去，好在要运过去的地方不远，又叫了3辆拖拉机，今天基本就把所预算的土都运走了。向着自己设定的目标前进了一步，心里又踏实了一点，我相信，只要不放弃，自己的这个理想总是会实现的。

2017年12月2日，星期六，农历十月十五，属猪，多云

昨天，大概把自己想建房子的地基平整了一点以后，还想着用人力再过去平整地基的。但是，早上就接到初中时候同学们的电话邀请，中午，我就到新街镇参加初中时候的同学聚会。这么多年了，觉得感情上过意不去就过去了。说是聚会，也不过就是一起吃顿饭，喝点小酒，聊聊天而已，能做什么呢？有八九个人，这同学与朋友之间的事情，自己不出面，别人会觉得你不开放不够容纳。但是，到了这个年纪啊，我认为只有亲密接触的人才能在一起做事，偶然的接触只能是喝酒聊天，消遣时间罢了，基本上做不了什么事情的。而这样回顾一下曾经一起学习的场景也

是一种乐趣。

有时候，一天的时间就是在这样的喝酒聊天中过去了，还好今天控制得好，酒没有喝多。我不会喝酒，不敢喝多的，但是，我是性直之人，我喜欢我的同学，我的朋友，我的亲戚，一旦遇到与他们聚会的时候，总会有喝多的时候。有时候，还真的是感到洋相出尽，也只有让其他人去体谅我了，而今天的情况要好些。

2017年12月3日，星期日，农历十月十六，属鼠，多云

昨天酒没有喝多，但是，还是感觉有点疲倦，就在要建房子的基地休息着。一大早，大表哥普灿打电话过来，叫我到水卜龙村旁边栽种重楼的地方看他卖重楼。重楼是一种良药，听说是云南白药的配方之一，可以治百病，现在的市场价还算可以。一公斤重楼可以卖到300多元，投入大，收益也好。我也管理过一段时间，栽种还是得下功夫的，还得懂一定的技术知识，还要辛勤管理的。他们栽种已经五年多了，或许是管理问题，或许是品种问题，我看还不是那么理想，这次是赚不回它的本钱的，只有好好管理，改良土壤，再栽种几年才有可能赚钱。

今天过去跟大表哥普灿吹牛，喝酒聊天，回来已经是晚上了，村里的事情就没有来得及观察了。时间就这样又过了一天，有时候，我感觉我们的时间浪费得太多了，很多时间都用在琐碎的事情上。无聊的时间，还是多用在正事上的好。

2017年12月4日，星期一，农历十月十七，属牛，多云

今天，本来是想去建田棚的，只是前两天跟同学喝酒，昨天又跟大表哥喝，说是没有喝多，还是有点累，身体就是不舒服，只好在基地好好休息，这样又过了一天。已经两三天没有做自己的事情了。小时候认为一个人一生很长，时间过得慢，盼望着赶快长大，长大了做大事赚大钱，可到了这个年纪，看着身边的亲人朋友一个个倒下，就感觉到一个人一

生其实很快就走完了，能活到七八十岁的很少。很多人走完他的一生也没有给后人留下点什么。我就想，要想在这一生做一点对人们有意义的事情也要付出劳动的，还是得趁着年轻做事，要不然的话，一个人一生将会碌碌无为，平凡地来，简单地走了，感到一个人真想做什么事情就得趁年轻，时光一去不复返，活着的时候还真要好好珍惜时间的。老天给一个人的时间其实也不是很多的，只有人去珍惜才会过得好。

这两天的天气不是很冷的，村里养牛的人也不多，所以马卫华和卢建忠每天都给其他村民家犁田赚钱，每天是250~300元，请的村民还是多，听我的老朋友卢建忠说他已经犁了二十几天田了，已经挣到了4000多元，可以保证这个学期他孙子的上学费用了。我就想，一个人只要能干了，总是会有人来找你帮助他做事情的，日子总是好过的。种庄稼也是这样，种得好了总会有人请你帮助他们去做，会根据现在的生活水平给你务工费用的。

2017年12月5日，星期二，农历十月十八，属虎，多云间晴

今天的天气好些了，我就得抓紧时间找了朋友李国忠建田棚。我一直就这样想：事情不能拖的，到了这个年纪，事情只会一天比一天多起来，每桩事情都得逐一地做好，事情拖久了累积了就会麻烦，就会感到活得很累很辛苦的。

下午，村里有人来卖菜，听村民说这个人就是水卜龙村中奖900多万元的儿子，卖的有卤肉、猪皮、香肠、鸡脚等。卖的品种算多的，有的人可能还不相信，有了900多万元怎么会来卖这些小东西呢？我得有意地找时间去核实，有这么多钱的孩子也来做这样的小买卖，得向我的村民们说清楚，多数人致富都是苦出来的。我始终相信，一般情况下，天上不会掉下无缘无故的馅饼，人多数是苦出来的、大事情都是小事情累积起来的。

2016年12月6日，星期三，农历十月十九，属兔，晴

上午，我们家做一个法事，请的是胜村村委会下属自然村里的女摩批，家离我们箐口村有点远，她走路到胜村村委会以后还要坐车过来，上午到基地来已经10点多了。说是儿子不听我们的话，是有某种阴灵在害他引导着他，使他无法自作主张，需要做法事禳解一下，文化见识低的妻子相信了，就请了她过来，很希望儿子好转之后走上正途。我很不相信，事在自己个人身上，自己的孩子自己教育不了，还把问题推到其他虚无的事情上，很没有依据，很不科学的。这只不过是做家长推卸责任的理由，孩子的表现是能反映做父母的教育水平。要是做父母的多想办法，好好指导，严加管教，相信会好转的，怎么就这样无理地去费自己的精力、物力呢？

今年，元阳县农业局为了让我们试养鸭子方便，给了我们箐口村建十个田棚的指标，我也申请了，他们要求我们要在这个月内建好。所以，这几天，我也是抽了时间找朋友李国忠一起去建，想在这几天内建好。我知道，到了这个年纪的我们，事情只会越来越多，只有把事情一个个地尽快做好，日子过起来才舒服，要不然事情多起来的时候会很忙、很累人的。

今天，我去田里的时候，看见马卫华还在犁李明里家的田，我们看在眼里，记在心上，马卫华用的牛很行的，他本人也能干。以前李明里的老公犁田的时候要用三四天的时间才能犁完她家的田，马卫华却只用了两天的时间就犁好了。我就总结了一点：干什么事情都需要师傅的，能干的就是能干，不能干的就是不能干，我们得承认，这就是事实，别看种田简单，我的经历感到还是需要技术的。

2017年12月7日，星期四，农历十月二十，属龙，晴

箐口村的生意好做，每天都有外地的人来村口卖东西，今天早上6点半天刚亮就有人过来了。今天早上也是来卖蔬菜、糖果的，而懒得到

地里到街上购物的村民就要在村口买一点过一天了，表面看来，小日子还是好过的，也是的，还是方便了村民。

知道云南大学不给我们村民日志记录员发劳务补贴了，十多年了，记录一两月，甚至一两年都可以，坚持十多年还是需要很大毅力的，我认为很辛苦的。而且，每个月发得也不多，现在发钱经常不按时，我是有点火气的，气愤的时候还想把材料全毁了。但是，静下心来想了一下，他们不要也罢，材料是自己的，也许自己也需要的。所以，我还是习惯继续记录一些，即使云南大学不需要我们，我们也要学会玩一点自己觉得好玩的东西，不能忘本。或许，对我、对我们村寨以后有用。活到老，学到老，人的想法也会改变的，有的观念也会进步的，而有的时候就是需要现在的知识指导以后的知识。我觉得这样玩下去也是很好的，有必要慢慢玩下去，或许会有一种意外的收获，自己所学到的东西最终对自己有用，不能拿其他人的不是来责难自己，我要坚强地写下去。

这次元阳县农业局给了我们建田棚的机会，我命令自己必须在这几天之内做好，所以，今天，我也是放下了其他的事情，配合我的朋友李国忠建自己的田棚，想一定要在其他村民完成之前建好的。自己都想做的事情，何况现在正好有这个机会为何不好好做呢？人，不能掉队，掉队就要落后，就挨打的。总是要往好的方向想，往好的方向走。

2017年12月8日，星期五，农历十月二十一，属蛇，晴

我知道，我们南方的冬天比起寒冷的北方来暖和多了，但是，习惯了在温室般的天气里生活的我们感觉这几天还是有点冷，很多人都穿起厚衣服，白天都晒太阳了。但是，做事情的人就是不能睡懒觉，要得早起，我相信早起的鸟有食吃，我不相信勤快的人就富有了，但是，我更不相信不勤快的人就会富有了。我们活一辈子，总得按照自己的目标前进，也许实现了，也许没有实现，总得做到问心无愧。我和我的朋友李国忠建田棚，到今天已经一个星期了，得先把它做好，所以，我就早起了，

预算一下还需要什么东西，等天亮了就要去找的，到白天才好干活。所以，早上起床以后就叫了李生亮的车去买所需要的材料回来，白天正常施工，估计一两天就可以完成了，命令自己一定要在天气好的这几天做好，要不，天气太冷了也不好做事情的，会拖累下一桩事情的，完成了这桩事情才有精力做下一桩事情。

只是，我也太懒惰了一点，今天和朋友李国忠做了一天的田棚就感到累了，也就没有去观察其他村民的事情，想写点什么也想不出来，今天的故事就不太精彩了。

2017 年 12 月 9 日，星期六，农历十月二十二，属马，多云，有雾

我要建的田棚面积不是很大，根据他们的要求也不能过大，只能建一个 30 平方米左右的棚子，能关养 100 多只的鸭子就可以了。昨天早上买回来所需要的石棉瓦等以后，今天是要盖屋顶了，至于少部分的要再稍微处理一下就好啦。要是其他几个村民都做好了，就可以叫村民小组请新街镇农业局的工作组来验收，就可以去做其他的事情了。完成一桩事情就像是放下一个重担一样，心里轻松很多，可以腾出时间来做其他的事情了。

晚上停电，停电的生活就是不正常，到了晚上都不好做饭。原本打算今天晚上要在基地做饭请几个弟兄吃的，没有电，基地又没有做烧火的灶，不能生火，没有办法，只好到朋友卢建忠家搭伙吃了。我就想，在我们农村是应该要有一个灶的，没有电的时候也能生火。我有一个固执的想法，最原始的东西有时候就可以用得上了。

2017 年 12 月 10 日，星期日，农历十月二十三，属羊，多云，有雾

前两天的天气好些，好在我的田棚基本建好了，这两天天气就变化了，要不，雾这么大，天气又冷，像我一样懒惰的人就懒得去劳动了，但是，勤劳的人就是勤劳，到田里看鸭子的时候还是看见马卫华去犁田，我佩服了，这么冷的天气都还进到水里劳动，我得向他学习这一点的。

昨天，我和朋友李国忠基本把田棚做好后，我就得找另外的事情来做了，今天是到地里转了一圈回来休息，考虑一下以后的事情，我们的身体还是需要休息的。回过头来想一想，前几天加快速度把自己的田棚做好是最明智的，要不然，像这样的天气就会懒惰。昨天建好了，我就不用担心他们来检查了，免得他们来的时候说我的不对。

2017年12月11日，星期一，农历十月二十四，属猴，多云

生病就是麻烦，要是病重一些，还让亲戚朋友们担心一下。今天，听朋友们说村里又有李永忠生病了，早上就看见他出去打针的，他是五十多岁的人，听说有点严重，孩子还小，还在上学，真要是病倒了，家庭的负担就会增加。从现在的社会来说，50岁应该是年轻的，村民都认为这样的年纪去世是可惜的，我还是希望他好转的，只是各人命谁都说不准。

今天的天气不好，心情也不好，懒惰的我什么事情也没有做，就这样休息着过了一天。

2017年12月12日，星期二，农历十月二十五，属鸡，多云

前两天跟朋友李国忠建我的田棚，做事情不说别的，就是要说酒，我的这些农民朋友啊不知道在想什么。有几个朋友的话，早晚就是喜欢喝一点小酒，一两个人吃饭，不陪他们喝一点又过意不去，陪他们喝一点又要伤我的身体，前几天每天都喝一点的，感到有点累了，这两天又阴冷阴冷的，只想好好休息，吃过早饭后什么地方也没有去，又是休息了一整天。

有的事情是不顾身体也要做的，有的事情还是要根据自己的身体来做的。自己的身体怎么样只有自己知道，到了这个年龄以后，感到身体真的不如二三十岁的时候，跟朋友喝多一次就要休息一两天才能恢复。

自己的身体只有自己来保护，吃喝什么东西都不能过量的，特别是在我们农村，今天跟这个朋友喝，明天又跟那个朋友喝，不注意的话，最容易把自己的身体搞垮。明知道村里有几个人就是酒搞垮的，现在也还有几个，我时刻提醒自己悠着点，一个人最多只能活到八九十岁，而我又是四十几岁的人，已经过半了，要是还不趁着年轻做一点对亲戚、对朋友、对自己有益的事情，终将后悔的。

2017年12月13日，星期三，农历十月二十六，属狗，多云转晴

今天的天气就好转了，天气好的时候心情也好的，还是得找点事情来做，吃过饭后，就到自己准备建房子的地方去。地基基本平整了，可以开始准备材料了，我没有积蓄，也没有多少亲朋好友来帮助。做人，得先自助而后人助。在身无分文的情况下，自己先得多劳动，该准备的东西就可以慢慢准备了，所以，只要天气好，我得尽能力去找材料准备着，最终要建一幢属于自己的房子。

否则，我会后悔，我会死不瞑目，对不起生我养我的父母，也对不起我的子女，爱我的朋友，我要承担责任，给我的家庭一个生活的空间。

所以，有的时候，把精力集中到自己的私事上就会忘记记录一点东西，也是无可奈何的事情，精彩的故事每天都会有，每一天的记录就不一定精彩了。

2017年12月14日，星期四，农历十月二十七，属猪，多云转晴

这几天村里没有多少事情，我就到自己准备建房子的地方里做事情，一个人的能力有大有小，现在我的能力是小了一点，但是，我是这样想的：我的目标不能过小，既然要建就要建一个让自己有发展空间的房子，不能仅用来生活起居，要是可以做一点生意带来一定的经济利益或许会好得多。

2017年12月15日，星期五，农历十月二十八，属鼠，多云转晴

在我们箐口村，建一个房子多半得自己出力，准备好钱再建房子的人家几乎没有。卢新的小儿子去年就打算建房子的，只是我们箐口村民多数人做这样的一个大事需要请老人算卦一番。他家找了几个稍微懂一点算卦的老人算一算，说是生辰不合适，所以去年没有建盖，今年开始建盖了。前一段时间就已经动工下石脚，今天是几个家人抬木头过来，要去木器厂解木板，准备要用自己家的树木解开了做建筑材料，可能就是他们一家四五个人，没有看见其他的人帮助。

在我的记忆中，小时候谁家建房子都会有亲戚朋友主动来帮助的，主人家准备一些饭菜，除了给请的师傅付工钱，而不用给来帮助的人工钱，到其他家人建房子的时候家人也过去帮助他们家就行了。而现在的话，谁家建房子基本都要付工钱请人，只有自己家最亲近的人才会偶尔过来帮助几天，或者是以给物资的方式来帮助，多数都忙着挣钱而很少有人来帮助了。

是这样的，箐口村这一段时间早晚还是有点冷了，或许是气温的原因，早上整个山谷布满云海，白天，太阳出来又是一种颜色，傍晚又是一种颜色，一天可以看见变化几种颜色的梯田。对于摄影师来说，这一段时间确实有点漂亮，只是，对于看惯了、劳作累了的我们却没有什么感觉。多少代人生活在这里，一年四季都要在里头劳动，出力出汗还赚不了什么钱，把精力和钱财都要投入田里反而有点厌烦，身在福中不知福。

天气是有点冷了，但是，只要出太阳，我们箐口村的白天还是比较热的，水温还是会高的，所以，勤快的人还是会在这一段时间下田劳动的。今天的话，是看见卢建忠犁李学家的田，没有办法，卢建忠为了供他的孙子上学，或者说为了生活吧，60多岁了，还得这么辛苦劳动，趁有机会的时候多挣一点钱。

我说过，我们村里有几个彩民的，知道的有李祥、李永福、李学、李生民、李国忠、张华等,这些是经常与我接触的人。也听说在外地打工的一大部分年轻人买的,还是有几十个的,经常买的估计不会太多,就是偶尔买得多一些,中上万元的我知道的有李学、李永福、李祥他们三人。中几十万以上的还没有听说,几千元的还是有几个,我也是其中之一。前几天,又听说李四德中奖1040元,昨天晚上是有卢学明中了1040元,他很不买的,昨天也只是买着玩,只买了一注3D彩票号码162却中奖了,把他家坏了的电视修理回来,还买了一点菜请几个朋友吃饭,有点愉快的。

2017年12月16日,星期六,农历十月二十九,属牛,多云转晴

我认为,这几个月来村里老人去世多了一点,每个月都要死去一两个,死了一个老人要帮助两三天甚至更多,村民的时间用去不少。昨天晚上,又听说有黄土坡张贵忠的老母亲去世,我们张氏家族通知每户人家,今天早上就要集中一起过去帮助处理丧事的。农村的事情就是这样多,杂七杂八的,而这样的大事又需要很多人手帮助,只有一个家族的人以及其他的村民都团结起来帮助才能做好的。这就是我们平时要求对人、对村民友好的缘由。平时人缘不好的人,到了这样的时候来帮助的人自然也会少的。有一句我们村里的古话,说是:"一个人身体好的时候不怕虎狼,死的时候没有人来分虎尸。"意思就是把平时的恶人死了比作老虎是不会有人来管的。

我们箐口村民还是团结的,其中以张姓家族更团结,要是谁不听话都会在会上批评指正的,所以,今天的张氏家族人都比较集中,能够正常处理事情。

2017年12月17日,星期日,农历十月三十,属虎,阴

正如昨天说到的,昨天理顺了一些事情,通知亲戚朋友今天来奔丧,我们张氏包括其他的村民都会过来帮助的。都是70多岁当奶奶的人了,亲戚多来的人就多，我也是后勤的一个成员，大体来了60多桌的人。

从上午10点左右，我们就开始做饭菜了，到下午两点多吃饭，一切事情都很顺利的，就是因为准备的碗筷不够，吃饭的时候有一部分人稍微落后了一点。

2017年12月18日，星期一，农历十一月初一，属兔，多云

本来，出于堂弟兄的面子问题而打算到黄土坡吃饭喝酒，又想看看需要做些什么，但是，在元阳县高级中学读书的大女儿打电话过来，要我今天下南沙镇，为她办理一张银行卡，叫我带身份证和户口本，所以，今天，我就没有到黄土坡张贵忠家帮忙了。

就是因为到南沙镇为女儿办理银行卡，回来已经是晚上6点多了，村民都正常地做饭菜吃了，村里的事情就没有去观察了。

2017年12月19日，星期二，农历十一月初二，属龙，多云转晴

或许是要到了冬至的时间，前几天天气阴有雾，我们都感到有点冷了，到了今天中午后转晴了，气温升高了一些，心情也好转一些了，做点什么事情都感觉有点精神的。知道家族堂弟张贵忠老母亲还没有送葬，今天还是会有事情做的，我就主动到他家帮忙做些力所能及的事情。吃过早饭后，主要是到山上准备所需要的沙子和砖等，是准备安埋在我们集体林里，今天上午是叫了几个年轻人到墓地准备沙和砖，到后天送葬的时候就方便多了。

今天是新街镇集日，我知道，只要到新街镇集日，多少还是会有村民上街赶集的，我在停车场观察了半个小时左右，看见有五六个村民上街。

2017年12月20日，星期三，农历十一月初三，属蛇，晴

在我们村里，今天是主办张贵忠老母亲的丧事，又是家门又是朋友的，而且，这么多年我一直在家，村里的事情都基本能参加的，今天这

样的事情自然是离不开的，就约了几个家门的弟兄过去。用我们的话说："只有别人有难的时候我们去帮助，我们有难的时候别人才会来帮助的。"

村里有卢志林家去丧祭，他们家准备请大客，所以，通知了全村的人去参加。以前的话，这样的事情是要安排一个人每家每户地去通知，现在，有点改变的是，只要请村民小组的人用喇叭通知一下就行了，下来的话，村民间还会相互间传达的，一下子全村村民都会知道的。只是，这些年丧祭的人家多，多数人家嫌麻烦就很不请客，这样请客的人家是没有做大事的时间长，而偶尔办一次罢了。

2017年12月21日，星期四，农历十一月初四，属马，晴

今天，我们箐口村民是送葬张贵忠老母亲，是我们张氏门家的，我自然要参加的。但是，因为我的一点私事下南沙镇而吃过饭就走了，没有送兄弟张贵忠老母亲一程，心里有点过意不去，但是，领导要我做的事情也不能推迟，只能相互体谅了。

昨天过去丧祭的卢志林家今天上午吃过饭就回来了，虽然说是一个寨子，但是，箐口大寨和黄土坡还是相距五六百米，卢志林家的伙食还是要到黄土坡办理，因为准备请客，他们卢氏家族的人回来以后还是挺忙的，吃过晚饭后就开始准备明天的伙食了。

2017年12月22日，星期五，农历十一月初五，属羊，晴

今天是冬至，我知道很多地方的人是会杀鸡祭祀的，附近的土锅寨彝族寨子就过这个节了，就是不知道我们箐口村为什么不过这个节。不杀鸡不祭祀，知道的年轻人还会学着汉族杀鸡、吃饭、喝酒，说是过了冬至气温就逐渐变暖和，相互还会说点鼓劲的话。

今天，黄土坡张贵忠家做接待，而去丧祭的卢忠文家也接待请客。我是昨天下午去南沙镇的，主要是商量我们云南大学哈尼族调查点茅草顶修缮的事情，因为昨天事情还没有完全办好，到今天上午办理以后再回来，还好，在他们吃早饭前就赶到了。

2017年12月23日，星期六，农历十一月初六，属猴，晴

前两天的天气是冷了一点，很不想做事情，但是，村民朋友家出事总得过去帮助的，时间又这样过去了几天。今天的太阳就很好了，就是早晚有点凉，还有点风，我们还是得注意穿衣，听说这两天感冒生病的人还不少。

以前，村民的田埂都是就地势做成，都是土层，在以后的生活中，村民之间分田地，采用了石头隔界，也采用石头砌墙固土。现在的村民有了一点钱，又采用石头加水泥筑固田埂了。李志学一家人在外地挣钱，自己家的田每年付3000元管理费给马卫华管理了。听说，他家的田埂都要倒塌了，今年准备重新用石头加固起来，这两天请妇女背石头下去，很费精力的，买石头开钱，背石头下去要开钱，砌石头还要开钱的。我们箐口村民家的田间缺少沙石，砌这样一立方米石头都要花五六百元的，但是，为了保持自己的田地，有村民还是这样用心下功夫管理。

2017年12月24日，星期日，农历十一月初七，属鸡，晴

上午，村民小组收取农村合作医疗保险费用，每人180元，到年底了，村民小组抓得紧，还是有村民没有来交的。就是有村民想不通，一家五六口人，要七八百元，一时拿不出这么多钱的，去年每人交150元，家人没有生病的，没有去买过一颗药的，认为这是在花一笔冤枉钱。再说，现在的人就是会说话，有人又听说这是最后一次交医疗保险费用，以后不再交了，所以，有的村民更是抱着不愿意交钱的心理，我估计，多数村民都还没有交钱。

近期，建了田棚的几户人家又议论起来了，说是田棚基本建好了，就是不见有元阳县农业局有关人员过来验收，村民也急着要钱了。我的田棚门基本做好了，今天是买了几块层板做两道门，总算把田棚的事搞定了，也是等着元阳县农业局来验收就可以使用了。对我来说，建一个田棚确实很有意义，真的可以养一点鸡鸭，每年还是会带来一定的经济利益，要是管理跟上了，场地适合的情况下，扩大一点规模，预计还是会有很好的效果。

2017年12月25日，星期一，农历十一月初八，属狗，晴

人生不过百年，都会很快走完的。早上起来，就听说前一段时间生病的李文光去世了。他也才60多岁，一生很辛苦的，坐过牢，出狱后当过一段时间的老板，他手头掌握不好，赚过钱也贴过钱，就是把自己的几个子女带大，建了一幢房子，到现在可能还欠着一大笔债务。前一段时间治疗之后，家里没有钱了，听说，今天买牛买猪买棺材的几万元都是他女婿李庆五夫妇拿的，他这一生在我看起来真的很辛苦。

在我们村里来说，遇到这样的丧事，绝大多数村民都会停止家里的活计来帮忙的，从这点上来说，村民很友好。今天也是这样，村民过来帮忙后，事情都很顺利的。

要说的是，今天是牛角寨乡的集日，不知道出于什么考虑，他的女婿李庆五到牛角寨集市上买了一头牛杀了做伙食。在其他人家的话，一般都是杀猪而不杀牛的，可能是这些年赚了一点钱，想在这一刻表现一下吧。

2017年12月26日，星期二，农历十一月初九，属猪，晴

在我们农村，我也感到确实有很大一部分时间要被婚丧嫁娶的事情占去的。昨天是有李文光去世，根据他们家的安排，昨天是我们村民过来帮忙准备物资，打扫家庭卫生和做好他的棺木。而这几年来，村民家都很少自己家拿出木板来做棺材了，多数都到市场购买了。要是以前，家里有老人到了七八十岁的，家人就会到自己家地里砍大树回来解开大板准备，临时请村里的木匠来做棺材。昨天的李家也是从木器厂买棺材

的，说是李文光人有点胖，找了几家才找到适合他的棺材，价钱是3460元，比一般去世的老人贵一些。

昨天晚上用电话通知了以后，今天是亲戚朋友来奔丧。他们家族的人以及其他村民，特别是年轻人都要来他家帮忙的，主要的事情就是接待来宾办理好伙食，把来宾带来的鸡杀了，让来的亲戚朋友献祭一下，吃过饭后再返回他们的家。

2017年12月27日，星期三，农历十一月初十，属鼠，阴，有雨有雾

今天，在我们村里，主要的事情就是办理李文光的丧事，虽然今天的天气很不好，但是是农闲时间，还是有很多村民过来帮忙的。李世文家跟我们张氏是结拜的，算是一个家族的人，所以我就到李世文家帮忙而没有到李文光家了。

今天村里还有卢学文家到李文光家丧祭，因为卢学文的老人去世的时候李文光家属与女婿家来丧祭过，这次的卢学文家是属于还礼的。

2017年12月28日，星期四，农历十一月十一，属牛，多云

今天，村里的事情主要就是送葬李文光。本来想像年轻时候一样去出力送一程的，但是，早上就到与我们结拜的三李氏李世文家帮忙了，吃饭的时候与弟兄们喝了一点酒，身体感觉不太对劲，今天的葬礼就没有参加了，要不然的话，在家的时候，村民的葬礼我都基本参加的，尽自己的能力做能做的事情。

在这次葬礼中要说的一点是，给他找墓地的时候，首先是到我们寨子脚的坟山上去找的，只是去找的时候，根据我们村民的习惯，带着他的小儿子拿鸡蛋去找的时候，鸡蛋丢了三个地方都没有烂，只好放弃埋在寨子脚坟山的念头，而到大鱼塘村后山上找了一个地方才砸破了鸡蛋，最后才决定就送葬到大鱼塘后山上。

2017年12月29日，星期五，农历十一月十二，属虎，多云

箐口村民办理丧事的时间相比附近其他的民族还是长一些的，前几天办理好丧事的李文光家接待，到李文光家丧祭的李世文家也接待，我们其他村民就要做这两家的客，多出一份钱了。这样的礼来得频繁，有村民就开玩笑地说："要是不打一点工的话连做客的钱都没有。"

上午，我们在与我们张氏结拜的小李家族李世文家吃饭，接待来宾，知道办理丧事接待的二李家族李文光家昨天晚上出现被偷牛肉的事情。真是丢人，在这么小的一个村寨居然到办丧事的人家偷肉，而且说是他们一个家族的人偷的，真是不像话，好像一辈子没有吃过牛肉一样，丢尽了他的脸面，丢尽了他子女的脸面，连其他村寨的人们都知道，也丢尽了我们箐口村民的脸面。听得我们几桌子的人都很气愤，没有人不骂的，大家真是恨透了这样的人。

2017年12月30日，星期六，农历十一月十三，属兔，阴，有雨

晚上，我们张氏家族人还是在李世文家吃饭喝酒，又听说村里的李建国老人去世了。我听到这个消息的第一个想法是："嗯，老牛老马真难过冬。"这几个月村里去世的老人是多了一点，每个老人去世帮忙几天，每个月就要用去几天的时间。真有点害怕吃牛肉了，这样接连地吃牛肉，真的不是为了吃，现在村民的生活条件都提高了，村民都基本不愁吃，就是为了脸面，不得不放下手里的活计去照面。

而在今天晚上几个朋友吃饭中议论最多的问题是这次李文光家丧事牛肉被偷的事情，都说是真的丢尽人。他们李氏家族民愤大，其他村民知道以后也很愤怒，都骂说："连死人家的牛肉都要偷，下一个应该他去死。""应该要到他家拖牛拖猪地处罚。"真的，我看在场的年轻人都很愤怒了，这消息一下子传遍全村，没有人不骂的。说是这次丢的牛肉还多，差不多有一大桶，说是在昨天凌晨4点左右被偷走，分明是有人看见了，就是不说，希望他能悔过，最后是在早上他们家族人集中开

会的时候，主要组织人李其三要求把水桶还回来，这水桶是他们家族筹钱买的，不要因为这又叫家族的人筹钱了。

真是的，这是箐口村历史性的事件。这年头生活条件都提高了，而且是到办丧事的人家去偷牛肉，村民愤怒，其他村寨的人知道了也会笑话的，千不该万不该出现这样的事情。

2017年12月31日，星期日，农历十一月十四，属龙，阴，有雨

这几天都在李世文家帮忙，他知道我们都很辛苦，早上，出于谢意又特意过来请我们到他家吃饭。我知道，今天的李世忠家没有通知亲戚朋友来奔丧，估计不会有多少事情，我就到李世文家吃饭了。说是吃饭，几个青年朋友集中到一起，哪里躲得过一杯酒呢？我又不擅长早上喝酒，喝了一点酒以后休息了一个中午，到了下午再去管理鸭子，仅是吃喝还是有点累的，就是有时候想躲也躲不开。

李世忠的老人是昨天晚上去世的，今天的李世忠家主要做棺材。说做棺材，这两年来都没有村民自己家做棺材了，都到木器厂或者做棺材的地方去购买，村民认为做出来的不精致，到专业的木器厂买的做工好，又方便，一般的都是一两千元，当然，木质好的要贵一些。买回来以后，只要主人家安排人到树林砍一棵直一点的树，请村里的木匠在棺材上钉上刻有木纹的树，按照民族的习俗处理就好啦。